성 찰 적
지 식 인
청 년 학 생 을
위 한

한국사 인물산책 1

성찰적
지식인
청년 학생을
위한

한국사 인물산책 1

이은직 지음 ::: 정홍준 옮김

100
HISTORICAL
PERSONS
INFLUENCED
KOREAN
HISTORY

일빛

한국사 인물산책 1

초판1쇄 인쇄일 2014년 11월 3일
초판1쇄 발행일 2014년 11월 10일

펴낸곳 도서출판 일빛
펴낸이 이성우
지은이 이은직
옮긴이 정홍준

등록일 1990년 4월 6일(제10-1424호)
주소 (121-898) 서울시 마포구 동교로27길 12 동교씨티빌 201호(동교동 198-9)
전화 02) 3142-1703~1704
팩스 02) 3142-1706

값 22,000원
ISBN 978-89-5645-172-5 04910

처음에 이 책을 쓰기 시작하였을 때는 우리나라의 대표적인 학자와 예술가들의 이야기를 소개하고픈 생각이었습니다.

그런데 써 나가는 동안 우리나라의 역사를 바꾸는 데 큰 역할을 한 뛰어난 선조들의 이야기를 덧붙이게 되었습니다. 게다가 우리 역사에 기록된 중요한 인물의 이야기를 써서 전하는 일은 매우 의미 있는 일이라 생각하여 자료를 최대한 폭넓게 모아 계속 써 나가기로 하였습니다.

그것이 어느덧 해를 거듭하여 만 6년여에 걸쳐 집필하게 되었고, '신채호'로 끝을 맺게 되었습니다. 그 동안 글의 주제가 되었던 인물만도 92명, 그들을 둘러싼 수백 명의 이야기를 써온 것입니다.

그간 나는 많은 사람들로부터 격려의 말을 들었으며, 모쪼록 좋은 일이니 꼭 완성해달라는 요망도 들었습니다.

여러 가지 자료를 구하러 다니다 보면 대개의 인물 전기는 그 업적에 대해 칭찬하는 말이 많고, 그의 인간적인 면에 대한 묘사가 충분치 못하여 구체적인 인간상을 파악한다는 것이 대단히 어려웠습니다. 게다가 쓰는 사람에 따라서 보는 시각이 달라, 같은 인물을 놓고도 여러 가지 엇갈림이 있어서 어떤 자료가 진실한 것인지 눈매가 서로 다른 경우도 많았습니다.

또한 역사에 관한 저서 대부분이 전문적인 지식이 없으면 이해하기 어려운 기술이 많아 역사에 특별한 흥미를 가지고 있지 않으면 제대로 이해하기 힘들겠다는 느낌을 받았습니다. 그것을 알기 쉽게 설명하는 것도 예삿일이 아니었습니다. 그런 만큼 역사상의 인물을 정확히 전달하는 일은 전문적인 역사학자가 담당하지 않으면 안 되는 일입니다.

그 점을 잘 알면서도 내가 이 책을 집필하게 된 동기는 우리 청소년들에게 "우리 조국에도 이처럼 뛰어난 사람들이 있어 조국이 발전하고 역사가 유지될 수 있었고, 훌륭한 문화를 쌓을 수 있었다"는 것을 가르쳐서 민족적인 긍지와 조국애에 눈뜰 것을 호소하고픈 생각 때문이었습니다.

그래서 이 책에서는 가능한 한 많은 사람들이 재미있게 읽었으면 해서 되도록 어려운 한자어를 피하고 쉬운 문장으로 쓰려고 노력하였습니다. 그러나 막상 쓰고 나서 보니 나도 모르게 문장이 어려워지고, 난해한 용어를 그대로 쓴 곳도 있었습니다.

한편으로 아무리 역사적으로 위대한 인물일지라도 그 인물들도 슬픔과 기쁨과 고통 속에서 산 사람들이므로, 나는 인간적인 모습을 가능한 한 생생하게 묘사하고자 노력하였습니다. 또한 그 사람들이 우리와 서로 피가 통하는 동족이며 선조라는 것을 독자들에게 느끼게 하고 싶었습니다.

이를 위해 나는 여러 가지 자료를 읽으며 맞추어보고, 그 안에 있는 여러 가지 다른 인상을 머릿속에서 하나로 종합된 인간상으로 재구성하고, 내가 그 인물에 품었던 생각을 솔직하게 써내려고 하였습니다.

때로는 생생한 인간상이 도저히 파악되지 않아서 답답한 마음으로 글을 쓴 적도 있었고, 때로는 그 인물의 위대함을 새삼 깨닫고 감동의 눈물을 흘리며 원고를 써 나간 적도 있었습니다.

물론 내가 이 책에서 소개한 인물들은 역사적으로 위대한 인물이므로 각별히 뛰어난 재능을 가지고 있는 인물상의 전형들이었습니다. 그 점에서 이 책은 내가 묘사한 우리 민족사이며, 우리 민족사의 다양한 성격을 그려낸 것이라고 할 수 있는지도 모릅니다.

마음에 남는 사람들

이 책은 삼국 시대의 예술가와 문호 몇 명을 소개하면서 시작되는데, 그 시대의 자료와 문헌이 매우 제한적인 것밖에 남아 있지 않아서 지극히 간단한 사실밖에 전할 수 없었습니다. 그러나 '최치원'은 각별히 자세히 써보고 싶은 인물이었습니다.

"열두 살에 당나라에 유학하여 문재를 떨치고 출세도 한 그는 향수에 사로잡혀 스물아홉 살에 귀국하였음에도 불구하고, 그 역량과 재능을 제대로 발휘해보지 못한 채 산속의 절에 틀어박혀 멸망해가는 신라 정권의 말로를 바라봅니다."

이는 난세에 태어난 비극적인 문학자의 모습으로, 여러 가지를 느끼게 하는 기록이며 능히 장편 소설의 소재도 될 수 있는 이야기입니다. 그러나 상상은 할 수 있으되 남아 있는 구체적인 기록이 없어서 멋대로 추측해서 쓸 수도 없었습니다. 통속적인 역사 소설을 쓴다면 둘도 없는 주인공감이라 할 수 있습니다.

다음에는 '김부식'의 이야기를 썼는데, 김부식에 의해 토벌된 승려 '묘청'과 그 일파의 활동은 다른 주인공보다도 더 구체적으로 써야만 하였습니다. 과거 봉건 사회의 기록이 한결같이 김부식의 공적을 기리고 묘청 등을 반역자로 취급하였기 때문에 그 활동의 전모가 정확히 전해지지 않습니다. 그러나 묘청 등은 당시 전성기를 맞은 고려의 국력을 배경으로 민족의 오랜 숙원인 고구려의 영토를 회복하여 우리 조국을 동아시아의 강대국으로서 발전시키려는 장대한 꿈을 품고 있었습니다.

하지만 이 운동을 전개한 방식이 너무 성급한 탓에 평양 천도 계획이 실패하고, 자력에 의한 혁명 정부도 수립하지 못하고 지지 세력을 결집하는 데도 실패하여 무너지고 맙니다. 하지만 묘청 등을 단순한 반역자로 묻어버려서는 안 된다고 주장하는 사가들도 많습니다.

이어서 고려 시대 피차별 지역에서 일어난 농민 봉기와 개경의 노에 해방 투쟁의 지도자들에 대한 이야기를 썼습니다. 이 사건들은 우리 역사에서 민중 해방 운동의 주요한 일면을 말해주는 기록으로, 금후 전문적인 역사가들의 연구가 절실하게 요망되는 중대한 사항입니다.

고려 시대에는 정치적 이유로 인한 피차별 지역이 매우 많았다는 것이 여러 자료에 기록되어 있으며, 또한 피차별 계급에 대한 억압도 가혹하기 그지없었습니다. 그러나 그러한 처지에 있던 우리 민중들은 인내하고 복종하기보다는 끊임없이 떨쳐 일어나 싸워왔습니다. 부당한 차별과 압박에 결연히 저항하여 싸웠던 역사적 기록은 감동 없이는 읽을 수 없는 존경스러운 역사적 사실입니다.

이것은 우리 민족이 전통적으로 길러온 저항 정신의 표현이었습니다. 그 불굴의 의지로 우리 민족은 역사의 전 기간을 통하여 이민족으로부터 헤아릴 수 없이 많은 침략을 받으면서도 민중의 힘을 결집하여 이를 물리치고 민족의 독립을 지키며 민족의 전통 문화를 꽃피워 왔던 것입니다.

이어서 쓴 '배중손'의 몽고군에 대한 지칠 줄 모르는 저항도 그러한 일면을 보여주는 것입니다. 결국 고려 왕조가 무너진 것은 낡은 봉건 체제의 압박을 깨뜨리려는 민중의 투쟁에 따른 것이었다는 점을 간과해서는 안 될 것입니다.

고려가 무너지고 이성계에 의해 새로 조선 왕조가 수립된 뒤 고려 시대의 광범한 피차별 지역이 사라지게 된 것에 대하여 앞으로 역사가들은 더욱 과학적인 연구를 통해 명쾌한 해답을 제시해야 하는 과제를 안고 있습니다.

세계 사상사에 비추어보았을 때 우리나라는 상상하기 어려울 정도로 선진적인 진보를 이룩하였다고 할 수 있습니다. 그 편린이 투쟁하는 민중들의 모습을 통하여 드러나고 있음에도 불구하고 그에 대한 종합적인 연구가 이루어지지 않고 있는 것은 의도적으로 역사적 사실을 말살하려고 한 일제 침략자들의 범죄적인 정책이 빚어낸 후유증 때문인지도 모릅니다. 그 점에서 '망이'와 '만적'의 투쟁에 관한 기록은 매우 귀중하다고 하지 않을 수 없습니다.

다음에 소개한 '최무선'과 '문익점'도 그에 못지않은 귀중한 기록입니다. 최무선은 과학적 연구를 거듭하여 신무기를 만들어 포악한 일본 해적들을 물리친 애국자이며, 문익점은 중국 오지에서 목숨을 걸고 목화 씨앗을 몰래 들여와 우리나라에 퍼뜨린 공로자입니다. 그들은 그리 높지 않은 지위에 있던 평범한 사람들이었지만, 강렬한 애국심이 그들을 불멸의 애국자로 길이 빛나게 하였습니다.

이어서 '고려의 마지막을 장식한 사람들'을 썼는데, 이 글은 고려의 멸망과 조선의 수립이라는 역사적인 변동기를 배경으로 다양한 삶을 살아간 전형들을 묘사한 것입니다.

이 글은 극적인 요소를 가진 역사 이야기인 만큼, 나는 민중의 혁명적인 요구를 능란하게 명분으로 내걸었던 이성계가 새로운 지배 권력을 장악해가는 과정을 부각시키고 싶었습니다. 그러나 생각한 원고 매수에 제한이 있어 제대로 표현하지 못하고 끝내고 말았습니다. 다만 그 혁명기를 맞이하여 일관되게 소신을 밀고 나가다가 비극적으로 생애를 마친 '정도전'을 덧붙일 수 있었던 것은 다행이었습니다.

다음에는 '세종 대왕 시대의 공로자들'을 썼는데 세종 대왕은 조선의 4대 왕으로, 우리나라 역사상 최고의 명군으로 일컬어지는 인물입니다. 건국 초기에 혈육들과 동지들의 피비린내 나는 추악한 왕위 쟁탈전이 일단락된 뒤에 왕위에 오른 그의 아버지 태종과 함께 세종 대왕은 많은 우수한 인재를 거느리고 빛나는 업적을 쌓아올렸습니다.

특히 세종 시대에 우리나라는 경제적으로나 문화적으로나 역사상 전에 없는 번영을 누렸으며, 군사적으로나 정치적으로도 절대적인 위력을 발휘하였습니다.

그런 만큼 위대한 정치가와 학자들이 배출되어 문화, 예술을 비롯하여 의학과 과학 부문에서도 뛰어난 인물들이 활약하였습니다. 이렇게 혜성처럼 빛나는 인물들의 이야기를 써서 전하는 일은 매우 흥미로운 작업이거니와 보람 있는 작업이기도 하였습니다.

그에 이어서 '훈민정음을 만든 사람들'을 썼습니다. 훈민정음은 세계의 숱한 문자 가운데에서도 가장 과학적이며 가장 우수한 문자로 알려져 있습니다. 이처럼 우수한 문자가 치밀한 계획 아래 만들어졌다는 것은 세종 시대의 우리 문화 수준이 매우 높았음을 보여주는 것이며, 또한 그 문자를 만드는 작업에 종사한 인물들의 우수성을 과시하는 것이기도 합니다.

따라서 이 업적을 남긴 학자들은 최고의 애국자로 칭송되고도 남음이 있습니다. 하지만 이 우수한 학자들은 왕위가 절대적인 권력을 갖는 봉건 사회 속에서 왕위 쟁탈전이라는 추악한 소용돌이에 휩쓸렸고, 어제의 친구와 동지가 오늘의 적이 되어 서로 으르렁대고 서로 죽고 죽이는 아수라장을 연출하게 되었습니다.

그들에 대해 쓴다는 것은 곧 우리 역사의 최대의 불행을 묘사하는 것이기도 하며, 우리 민족의 치부를 묘사하는 것이기도 합니다. 나는 이러한 가혹한 운명 속에서 재능 있는 사람들이 어떠한 행동을 취하며 어떠한 생활을 하였는지를 감히 분명하게 묘사하려 하였습니다.

이어서 쓴 '김시습'은 평생 권력에 거역한 사람입니다. 그는 우리나라를 대표하는 문학자이자 철학자로서 우리 민족의 인물상에서 한 전형을 보여준 사람이기도 합니다. 나는 진작부터 그에게 애착을 느끼고 있었으므로 여러 가지 생각을 담아서 글을 써 나갔습니다.

'서경덕'은 평생을 세속을 초월하여 깨끗이 살아간 철학자입니다. 그에게는 인간적인 훈훈함이 있었던 만큼 그 인간성의 전모를 묘사하기란 대단히 어려운 일이었습니다.

'신사임당'은 우리 여성사에서 한국 여성의 거울로 칭송되어온 사람입니다. 그녀는 뛰어난 시인이며 화가이기도 하였지만, 그녀의 비애를 담은 문장은 깊은 감동이 있습니다.

다음에는 '퇴계 이황', 그리고 '율곡 이이'를 썼습니다. 후세 사람들은 이 두 학자의 행적을 우리나라의 공자, 맹자에 비유하였는데, 그 훌륭한 삶의 자세에는 그저 머리가 숙여질 따름이었습니다. 특히 나는 '이율곡'을 쓰고 있을 때 그 위대한 인간성에 감동한 나머지 눈물을 주체할 수 없었습니다. 나는 이처럼 훌륭한 인물이 살았다는 것만으로도 우리 민족의 위대함을 과시하여도 좋을 듯하다고 생각하며 흥분을 느끼기도 하였습니다.

이어서 쓴 '정철', '허준', '임제', '박인로'는 모두 뛰어난 학자이며, 또한 문학자로서 우리나라의 문화 발전에 크게 공헌한 사람들입니다.

'황진이'와 '허난설헌'은 역사상 드문 여류시인인데, 명기로서 자긍심이 강했던 황진이는 매력적인 인물인 만큼 다각적으로 묘사해보았습니다. 그러나 자료에 한계가 있어 여의치 않았습니다.

16세기 말 일본의 침략을 격퇴한 뒤 가난한 민중들은 조국을 재건하기 위하여 떨쳐 일어났지만, 양반 계급은 변함없이 권력 투쟁에 몰두하였습니다. 그 가증스러운 지배 세력에 맞서 사회 변혁을 계획하던 사람들의 장렬한 투쟁과 비극적인 말로를 묘사하려고 한 '허균과 『홍길동전』'은 그 내용이 한 편의 드라마라고 생각합니다. 『홍길동전』은 당시 변혁에 앞장섰던 사람들이 꿈꾸던 하나의 이상향이었던 만큼 많은 사람들에게 들려주고 싶은 내용이었습니다.

'윤선도', '김만중'은 권력에 박해를 받아 유배 생활을 하면서도 뛰어난 문학 작품을 남긴 사람들이었다.

다음에는 애국적인 실학 운동을 일으켜 크게 발전시킨 학자들의 공적을 소개하고 이어서 '18세기 후반에 활약한 학자들'을 썼는데, 이러한 학자들의 업적, 사상, 삶의 자세에서는 우리가 배워야 할 것이 헤아릴 수 없이 많을 것입니다.

이어서 '박지원과 그의 문학'을 썼는데, 실학자였던 박지원은 『열하일기』를 비롯하여 주옥같은 문학 작품을 남긴 인물입니다. 그 전부를 서술할 수는 없었지만, 처음 읽는 주위 사람들은 자못 감동을 받았는지 여러 사람한테 소감을 들을 수 있었습니다.

다음에는 뛰어난 화가를 몇 명 소개하였는데, 이 이야기에는 역시 전문적인 화가들이 깊은 인상을 받았는지 그 감상을 말해주었습니다. 필자는 그림에 대해서는 그들만큼 잘 알지는 못하므로 송구스러운 생각도 들었지만 아무튼 즐거운 일이었습니다.

'정약용'의 이야기도 독자들에게 꼭 전하고 싶은 내용이었습니다. 가혹한 권력의 박해 속에서도 정의감으로 일관한 이 위대한 학자의 애국적인 삶은 아무리 칭송해도 부족한 것이었습니다.

이어서 소개한 애국적인 학자들은 학문이란 민중의 행복과 풍요로운 사회의 건설을 위하여 존재한다는 것을 고결한 삶을 통하여 가르쳐주었습니다.

다음에 쓴 '혁명아 홍경래와 그의 투쟁'은 19세기 초에 우리나라를 휩쓴 대사건이었습니다. 이 혁명이 성공하였다면 우리나라는 동양에서 가장 선진적인 길을 걸었을 것이라는 생각에 애석한 마음을 금할 수 없었습니다. 그런 만큼 점차 역사 문학의 소재가 되고 있습니다.

이어서 특이한 문학자로서 '김삿갓'을 소개하였습니다. 평생 전국을 방랑하던 이 시인은 방방곡곡에 일화를 남겼는데, 그의 풍자시는 매우 통렬하여 뭇사람의 절찬을 받아왔습니다.

다음에는 19세기의 대표적인 극작가 '신재효'의 이야기를 썼는데, 그는 우리 대중에게 절대적인 인기를 모았던 '판소리'의 명창을 길러내고 민중들의 깊은 사랑을 받아온 많은 고전 소설을 판소리 대본으로 써냈습니다. '춘향'을 우리 민족의 연인으로, '심청'을 민중의 효녀로, '흥부'를 민중의 벗으로 만든 사람이었습니다.

그리고 일본 제국주의자의 침략에 맞서 싸운 애국지사들에 대하여 썼습니다. '김옥균'을 중심으로 한 갑신정변의 실패와 김옥균의 고난에 찬 일본 망명 생활, 그리고 그의 비극적인 최후는 꽤 알려져 있는데, 그런 만큼 많은 분들이 흥미를 갖고 읽어준 듯합니다.

다음에는 갑오 농민 전쟁의 이야기를 썼습니다. 독립을 지키려는 농민군과 일본 침략군의 '공주 대회전'은 사실상 조국의 운명을 결정하는 장렬한 싸움이었습니다. 이 싸움을 지도한 전봉준의 영웅적인 활동과 그 비극적인 최후는 멸망해가는 조국의 운명을 상징하는 것이었습니다.

전봉준의 이름은 식민지 시대에 조국의 독립을 염원하는 모든 민중들의 가슴속에 김옥균과 함께 뿌리 깊이 새겨져 있었습니다. 애국심에 불타는 작가들은 그의 이야기를 은밀하게 소설화하여 그의 이름을 청소년들에게 보급하기도 하였습니다.

이어서 '구국을 위한 투쟁에서 산화한 사람들'이라는 제목으로 일본의 침략에 대항하여 최후까지 싸우다 죽어간 애국자들을 서술하였는데, 그 중에는 정치가도 있고 보수적인 학자도 있으며 용맹한 의병대장도 있고 정열적인 혁명가도 있었습니다.

그들의 투쟁은 모두 장렬하였으며, 특히 '이준'은 북한에서 영화 「돌아오지 못한 밀사」로 제작되어 일본에도 널리 알려진 이야기이며, '안중근' 또한 영화를 통하여 많은 관객들을 감동시킨 이야기입니다. 그런 만큼 쓰기 어려운 면도 있었지만, 이러한 인간상을 정확히 묘사해내고 싶은 의욕에 힘이 솟기도 하였습니다.

다음에 쓴 '홍범도'는 거의 전설적인 의병 대장으로서 일본 정규군의 대부대를 섬멸한 용장입니다. 그러나 그에 대한 기록이 적어 그 활동을 제대로 소개하지 못한 것은 유감스러운 일이었습니다. 일찍이 소련으로 건너가 그곳에서 삶을 마친 사람이지만 소련에서의 활동은 거의 알려져 있지 않습니다. 그 점은 여전히 마음에 걸립니다.

'주시경'은 교육자의 귀감이라 하여도 좋을 사람입니다. 이 위대한 선생의 삶을 써 나가면서 이러한 애국적인 선생이 있었기 때문에 우리 민족이 가혹한 역경 속에서도 싸울 수 있었다는 것을 새삼 느낄 수 있었습니다.

마지막에는 역사학자 '신채호'에 대한 이야기를 썼습니다. 이 분이 저술한 『조선상고사朝鮮上古史』는 과거 사가들이 봉건 사회를 물들이던 사대주의에서 벗어나지 못하여, 또는 우리 민족사를 말살하려던 침략 세력의 정책을 극복하지 못하여 크게 왜곡하였던 우리 고대사를 5천 년의 시간을 거슬러 올라가 생기 넘치는 원형 그대로 복원해주었습니다. 나는 해방 후, 그것도 30년 가까이 지나서야 비로소 이 책을 읽을 수 있었는데, 그때의 감동을 지금까지도 잊을 수 없습니다.

광활한 대륙을 누빈 우리 선조의 위대함을 원형 그대로 복원한 이 책이 청소년들에게 널리 알려져 있지 않고, 또 이렇게 뛰어난 역사가가 업적에 비해 너무 과소평가되고 있습니다. 그것을 크게 유감으로 생각한 만큼, 마지막 장에서 독자들에게 강한 인상을 남겨두고 싶은 생각도 있었습니다.

느낌들

위대한 선조들의 이야기를 쓰면서 나는 식민지 시대에 활약한 수많은 애국지사들과 해방 후에 큰 공적을 남기고 죽어간 사람들의 이야기도 많이 써서 전하고 싶었습니다.

그러나 일제의 지배 아래서 변절한 사람이 매우 많고, 또 보는 사람의 시각에 따라 그 인물들에 대한 평가도 가지각색으로 나타나고 있습니다. 조국이 아직 통일되지 않아 역사적인 인물과 사건에 대한 평가도 여러 가지로 어긋나는 경우가 많습니다. 무리하게 뛰어들었다가 자칫 우를 범하여서는 안 될 것입니다. 신채호 선생의 이야기로 끝을 맺은 것은 그러한 한계를 느꼈기 때문입니다.

그러나 이 책을 끝맺고 보니 장편이었습니다. '용케도 계속 써왔구나' 하는 생각이 있는 반면, 뭔지 부족한 듯하다는 자책감 같은 것도 남아 있습니다. 그 점에서 독자들에게 송구한 마음을 금할 수 없습니다.

원고를 쓴다는 것은 인내가 요구되는 일이었습니다. 아무튼 주변 사람들에게 크게 걱정을 끼쳐드리지 않을 수 있었던 것은 다행이었습니다.

그 동안 여러 가지 힘든 일도 있었지만, 특히 고통스러웠던 것은 덜컥 병에 걸려 여러 달을 누워 있어야 할 때였습니다. 결국 중단하여야 하나 보다 하고 생각하였지만 독자들이 내 글을 기대하고 있다는 이야기를 듣고 기운을 내기도 하였습니다.

매우 많은 분들이 출판을 위하여 애를 써주셨습니다. 그러나 이 내용이 청소년을 위한 것인 만큼 시종일관 민족의 자주성을 강하게 호소한 것이어서, 일반 출판사에서는 그다지 내키지 않는 글로 보았는지 선뜻 손을 대려고 하지 않았습니다.

나는 청소년들을 위해서는 상업적인 경영을 접어두고 하나의 민족 운동으로서 강력한 출판 사업이 필요하다는 것을 뼈저리게 느꼈습니다. 물론 출판 사업은 돈이 들며 돈벌이는 되지 않고 손해 보기 십상이지만, 교육이라는 관점에서 볼 때 학교를 빼면 이 이상 강력한 효과를 기대할 수 있는 사업은 없습니다. 따라서 가장 애국적인 사업이라고도 할 수 있습니다. 그 점을 생각하여 경제력이 있는 사람들이 협력하여 출판 사업을 강력히 펼쳐줄 것을 호소하지 않을 수 없습니다.

또한 설령 여러 가지로 부족한 점이 있다 하여도 내가 지금껏 써온 우리 선조들의 이야기를 우리 모든 청소년들이 모쪼록 읽어주었으면 싶습니다.

강하게 산다는 것은 바람직한 것이지만, 그것은 혹독하고 지난하고 고통스럽고 또한 슬픈 길입니다. 그러나 우리 선조들은 그 고통을 견디고 슬픔을 극복하며 강하게 살아온 것입니다. 설령 그들의 최후가 비참하며 성과가 적다 할지라도 강인하게 살았다는 점에서 어느 세상에서나 추앙받고 존경받으며, 후세를 살아가는 사람들에게 용기와 긍지를 주는 것입니다.

그러므로 나는 이처럼 훌륭하게 산 선조들의 애국심으로 가득 찬 삶을 글로 써서 전하는 일을 할 수 있는 나 자신을 지극히 행복한 사람이라고 생각하고 있습니다. 그리고 이러한 멋진 일을 할 수 있게 해준 출판사 편집부 여러분들께 감사드리지 않을 수 없습니다. 그리고 언제나 격려를 아껴주지 않았던 여러 사람들에게 마음으로부터 "정말 고맙습니다"라고 사례를 드려야 할 것입니다.

차
례

100
HISTORICAL
PERSONS
INFLUENCED
KOREAN
HISTORY

14. 선승처럼 살다 간 반골의 학자 김시습 275

15. 언어의 대중화에 헌신한 언어학자 최세진 289

16. 신진 세력 조광조와 재야 철학자 서경덕 299

17. 진실하고 뛰어난 여성의 표본 신사임당 311

18. 주자학의 일가를 이룬 퇴계 이황 323

2권 차례

1. 삼국 시대를 꽃피운 우리의 예술가들

　　우리는 고구려의 고분이나 백제, 신라의 수많은 유적들을 보면서 우리 민족이 2,000년 전부터 얼마나 훌륭한 문화를 쌓아올려 왔는가에 대해 새삼스레 생각하게 됩니다.

　　뛰어난 재능을 지닌 우리 민족은 용맹함과 넘치는 적극성으로 유사 이래 수십 차례가 넘는 강대한 이민족의 침략을 받으면서도 국토를 지켜왔고, 풍부한 문화를 꽃피워 왔습니다. 그렇지만 수없이 많은 고난을 겪으면서 많은 문화적 유산이 파괴되었고, 또한 옛 문헌도 거의 사라지고 없어져 버렸습니다. 그래서 많은 문호들의 옛 문학 작품도, 위대한 음악가나 미술가들의 전기도 거의 남아 있는 것이 없어 못내 안타까움만 느낄 뿐입니다.

　　그럼에도 불구하고 얼마 되지 않는 기록을 모으고 의지하여 우선 7세기까지 활약한 몇몇 사람의 미술가와 음악가를 소개하고자 합니다.

힘차고 박력 넘치는 우리의 고대 벽화들

고구려의 고분 벽화

　　우리나라의 고대 미술을 이야기할 때 가장 먼저 언급되는 것이 고구려의 고분 벽화입니다. 현재까지 발굴된 고구려의 고분 벽화는 중국 지안(集安 집안)의 20여 기基를 비롯해 100여 기에 이르는데, 주로 압록강 맞은편의 퉁거우(通溝통구 : 중국 지린성吉林省 지안集安 지역) 일대, 평양을 중심으로 한 대동강大同江 유역 일대, 황해도 안악安岳 지방 등 세 지역에 걸쳐 분포되어 있습니다.

　　벽화의 종류로는 석실 벽면에 석회를 바르고 그 위에 그린 것, 화강암이나 대리석 벽면에 직접 그린 것 등이 있는데, 우아한 색채를 자유자재로 구사하여 그린 천체도天體圖와 사신도四神圖, 각종 문양 그리고 이 외에도 여러가지 옷, 머리모양, 모자, 신발, 놀이, 사냥, 악기, 수레 등 당시 사회생활을 반영한 각양각색의 풍속風俗들도 그려져 있습니다.

　　그림의 기법은 고분이 지어진 시기, 시대에 따라 다소의 차이가 있기는 하지만 벽면의 색채는 1500년이 지난 오늘날까지도 조금도 변하지 않고 원래의 상태를 유지하고 있는 것이 많습니다. 또한 힘차고 박력 넘치는 뛰어난 예술적 수준은 5세기 전후의 것으로는 아마 세계 최고의 것들 가운데 하나일 것으로 평가받고 있습니다.

백제와 신라의 그림도 고분 벽화를 비롯한 예술품들에서 그 편린을 찾아볼 수가 있는데, 고구려 못지않은 높은 수준의 것으로 평가되고 있습니다. 그러나 고구려 고분의 것들처럼 잘 보존된 것들이 많지 않아 그 전모를 알 수 없다는 점이 아쉽습니다. 하지만 기록을 통해 천재적인 화가가 있었음을 분명히 알 수가 있습니다.

백제와 신라의 그림에 대한 평가

솔거와 「노송도」

김부식金富軾이 지은 『삼국사기三國史記』 「열전列傳」을 보면 화가 솔거(率居 : ?~?년)에 대한 이야기가 다음과 같이 기록되어 있습니다.

솔거는 신라 사람이다. 출신이 미천하여 그의 집안 내력에 대한 기록은 없다. 그는 태어나면서부터 그림을 잘 그렸다. 일찍이 황룡사皇龍寺 벽에 노송을 그렸는데(「노송도老松圖」), 나무둥치의 껍질은 비늘처럼 주름이 졌고, 가지와 잎은 꾸불꾸불 서리어 얼크러져 있어 까마귀나 솔개, 제비, 참새가 가끔 멀리서 날아와 앉으려다가 미끄러져 떨어지곤 했다. 세월이 흐르고 흘러 본디의 빛깔이 엷어지거나 윤기가 없어져 그 절의 스님이 새로 덧칠을 했는데, 그 다음부터는 까마귀나 참새가 다시는 찾지 않았다. 또 경주 분황사芬皇寺의 「관음보살상觀音菩薩像」과 진주晉州 단속사斷俗寺의 「유마상維摩像」은 모두 그가 손수 그린 작품인데, 대대로 신화神畵라고 전해져 내려오고 있다(率居 新羅人 所出微 故不記其族系 生而善畵 嘗於皇龍寺壁畵 老松 體幹鱗皴 枝葉盤屈 烏鳶燕雀 往往望之飛入 及到 蹭蹬 而落 歲久色暗 寺僧以丹青補之 烏雀不復至 又慶州芬皇寺觀音菩薩 晉州斷俗寺維摩像 皆其筆蹟 世傳爲神畵 솔거 신라인 소출미 고불기기족계 생이선화 상어황룡사벽화노송 체간인준 지엽반굴 오연연작 왕왕망지비입 급도 층등이락 세구색암 사승이단청보지 오작불복지 우경주분황사관음보살 진주단속사유마상 개기필적 세전위신화).

그에 관한 기록은 여기에 그치고 있어 언제 태어났고 언제 죽었는지 알수가 없습니다. 신라에서 화가의 지위가 낮았던 탓인지는 모르지만, 어쨌든이름 없는 가난한 농가農家에서 태어났음에도 불구하고 어릴 적부터 천재성을 발휘하여 신라에서 가장 규모가 큰 황룡사의 벽화를 그렸다는 걸 보면 신라의 대표적인 화가였다는 것만은 분명해 보입니다.

황룡사가 569년(신라 24대 진흥왕眞興王 14년인 계유, 즉 553년에 짓기 시작하여 진흥왕 30년에 완성)에 완공되었으니, 아마도 솔거는 6세기 중반에 활약했던 화가로 짐작이 됩니다.*

우리의 예술가들, 일본 아스카문화를 창조하다

『삼국사기三國史記』나 『삼국유사三國遺事』의 백제에 대한 기록에는 화가이름이 나오지 않습니다. 하지만 일본 기록을 보면 우리나라에서 일본으로얼마나 많은 문화가 건너갔는지, 그리고 얼마나 많은 지도자와 예술가가 건너갔는지를 잘 알 수 있습니다.

일본에서 아직 국가가 분명한 형태로 등장하지 않았던 285년에 백제의학자 왕인王仁이 일본에 건너가 문자를 가르치기 시작하였다는 설이 있습니다. 367년에는 많은 백제 사람이 일본에 파견되었고, 372년에는 많은 보물이일본으로 전해졌다고 합니다. 또한 백제에서 일본으로 건너간 궁월군(弓月君 : 유즈키노 키미) 일가는 양잠과 베 짜기를 퍼뜨리고 하타씨秦氏의 시조가 되었다고 합니다.

이처럼 3세기에서 5세기에 걸쳐 여러 문화가 백제에서 일본에 전해지

285년에 백제의 학자 왕인王仁이 일본에 건너가 문자를 가르치다.

---

* 「백률사(柏栗寺) 중수기(重修記)」에 보면 신문왕(神文王 : ?~692년, 신라 제31대 왕) 때 당나라 사람 승요(僧瑤)가 신라에 와서 솔거로 이름을 바꾸었다는 기록이 있다. 이를 근거로 솔거를 통일신라 때 사람으로 보는 견해도 있다.

고, 신라에서도 많은 사람이 일본으로 건너갔는데, 이는 6세기가 되면서 더욱 빈번해 집니다.

백제는 513년에도 일본의 초청으로 오경박사五經博士 단양이段楊爾와 저미문귀姐彌文貴를 일본에 파견하였고,* 538년에는 불교를 전파하였으며, 552년에는 사원 건설을 위해 많은 학자와 기술자들을 비롯하여 의원醫員과 음악가까지 파견합니다. 이어서 577년에는 대대적인 학자와 승려 집단, 불상을 비롯한 사찰을 지을 목수들이 건너갔고, 신라에서도 579년에 승려와 불상을 보냅니다. 그리고 588년에는 다시 백제에서 수많은 승려와 학자, 화공畵工, 사찰을 짓거나 기와를 제조하는 기술자들이 파견됩니다.

백제에서 일본에 파견된 화가 중에서 특히 유명한 사람은 6세기 초의 인사라아因斯羅我와 558년에 건너간 백가白加 등이 있습니다.

593년에는 일본에서 쇼토쿠 태자聖德太子가 정권을 잡아 아스카 문화(飛鳥文化 : 삼국 시대의 영향을 받은 일본의 불교 문화)**가 번성하는데, 그는 집권과 동시에 불교를 융성시킬 것을 선언하고 오사카大坂의 시텐노지(四天王寺 : 사천왕사)를 비롯하여 호코지(法興寺 : 법흥사) 등의 큰 사찰을 건설합니다. 이와 때를 같이하여 595년에는 고구려의 승려 혜자惠慈와 백제의 승려 혜총惠聰이 쇼토쿠 태자의 스승이 되어 불교를 전파하는 데 중요한 역할을 하기도 합니다.

그리고 597년에는 백제 위덕왕(威德王 : ?~598년, 제27대 왕)의 아좌 태자阿佐太子가 일본에 파견되어 쇼토쿠 태자상을 그렸는데, 이 그림은 현재 일본 최초의 초상화이기도 합니다. 이는 곧 백제의 그림 수준이 매우 높았다는 것을 웅변적으로 역설하고 있는 이야기입니다.

596년에 장대한 호코지가 낙성되자 혜자와 혜총은 그곳으로 거처를 옮겨 본국인 백제와 고구려에서 많은 승려들을 불러오는 한편, 많은 도서를 수입하여 일본의 문화 건설에 이바지합니다.

---

* 단양이는 백제의 학자로 513년(무령왕 13) 일본의 초청을 받고 저미문귀와 함께 건너갔다가 유학儒學을 가르치고 오경박사 고안무高安茂와 교대하고 돌아왔다.
** 아스카 문화는 6세기 후반부터 7세기 중반까지 쇼토쿠 태자와 소가씨蘇我氏를 중심으로 한반도의 문화를 받아들여 아스카 지역에 꽃피웠던 불교 문화를 말한다.

「금당벽화」

610년에는 고구려의 승
려 담징(曇徵 : 579~631
년)이 일본으로 건너가
다.

610년에는 고구려의 승려 담징(曇徵 : 579~631년)이 일본으로 건너갑니다. 그는 뛰어난 승려일 뿐만 아니라 학식이 풍부한 학자이며 과학자였고, 예술가이기도 하였습니다. 그는 고구려의 발달한 새로운 그림 도구나 종이를 전해주고, 먹을 제조하는 방법을 널리 가르쳤는데, 이에 감동한 쇼토쿠 태자는 그를 자신의 궁전인 이카루가노미야(班鳩宮 : 반구궁)로 불러 국사國師로 모셨다고 합니다.

그리고 담징은 곧 낙성(落成 : 건축물이 완공됨을 뜻함)을 앞둔 일본 최대의 사원인 호류지(法隆寺 : 법륭사)의 금당金堂에 벽화, 즉 석가, 아미타, 미륵, 약사 등으로 구성된 사불정토도四佛淨土圖를 그렸다고 전해지고 있는데, 이 장대한 벽화는 담징 혼자서 그린 게 아니라 백제의 화공畵工 집단과 함께 그린 것으로 보입니다. 아마도 담징은 그 총지휘자였을 것입니다.*

또한 담징은 물방앗간을 일본에 처음으로 퍼뜨린 사람이기도 합니다. 물방앗간은 물의 자연적인 흐름을 이용하여 바퀴를 돌리고 그 힘으로 절굿공이를 움직이는 구조인데, 이는 곡물을 찧기 위해서 뿐만 아니라 광석을 분

---

* 호류지 금당벽화金堂壁畵는 1949년 수리 중에 화재로 소실되어 현재는 모사품만이 남아 있다.

쇄하여 동이나 철을 제련하는 과정에도 큰 도움이 됩니다. 일본에서는 670년에 처음으로 이 방법을 이용하여 철을 만들었다고 하는데, 담징은 이렇게 일본의 문화 발전에 결정적인 공적을 남긴 것입니다.

아스카 시대의 대규모 건축물은 백제나 고구려 양식을 그대로 모방하였으며, 거기에 사용된 기와나 여러 공예품들도 백제나 고구려의 것과 똑같습니다. 또한 그 무렵 대사원을 장식한 불상이나 조각물은 백제나 신라에서 가져온 것이거나 백제, 신라, 고구려 등에서 온 기술자나 예술가가 만든 것들뿐입니다.

아스카 시대의 대규모 건축물은 백제나 고구려 양식을 그대로 모방하였으며, 기와나 여러 공예품들도 백제나 고구려의 것과 똑같다.

일본에서 가장 오래된 대사원인 호류지의 목조관음보살은 세계 고미술계에서 최고의 걸작 가운데 하나로 평가받고 있는데 「구다라간논百濟觀音」, 즉 「백제관음」이라는 이름대로 백제의 작품임을 알 수 있습니다.

710년, 일본에는 아스카 문화를 토대로 최초의 화려한 수도 '나라(奈良 : 혼슈本州 긴키近畿 지역에 위치)'라는 도시가 만들어집니다. 이렇듯 아스카 문화와 나라라는 도시를 만들어낸 장본인들은 다름 아닌 백제, 신라, 고구려 삼국에서 파견한 학자나 승려, 기술자, 예술가들이며, 그 자손들이라고 할 수 있습니다.

왕산악과 거문고

고구려의 고분 벽화에는 많은 악대와 악기 등이 그려져 있고, 또한 많은 무용도舞踊圖도 그려져 있습니다. 기록에 따르면 고구려에는 열일곱 종류의 악기로 편성된 대규모의 연주대가 국가적 행사에서 화려한 복장으로 연주를 하고, 여기에 맞추어 화려한 무용수들이 아름다운 춤을 추었다고 합니다.

고구려, 백제, 신라의 음악

또한 4세기 중반에는 고구려의 이상(二相 : 부수상)인 왕산악(王山岳 : ?~?년)이 새로운 6현금을 켰더니 검은 학들이 그 절묘한 곡에 끌려 날아와 춤을 추었다고 합니다. 그리하여 이 악기를 '흑학금黑鶴琴'이라고 하였는데, 나중에 거문고로 발전하게 되고, 이 거문고는 곧바로 고구려, 백제, 신라에 널리 퍼지게 됩니다.

한편 백제는 238년부터 국가적 행사에서 취주악대吹奏樂隊가 연주를 하였다고 하는데, 주요 악기는 정(鉦 : 징 혹은 종 모양의 아악기雅樂器), 적(笛 : 대나무로 만든 관악기), 고(鼓 : 북), 금(琴 : 아악기에 속하는 현악기絃樂器) 등 이었습니다. 백제에서도 '백제금百濟琴'이라는 악기를 만들어 민요가 연주되고 가면춤(탈춤)도 유행하였는데, 이러한 백제의 음악이 그대로 일본에 전해졌다고 합니다.

백결선생과 방아타령

『삼국사기』에는 신라의 음악가 두 사람이 소개되어 있습니다. 한 사람은 백결선생(百結先生 : ?~?)이고, 또 한 사람은 우륵(于勒 : ?~?)입니다.

백결선생에 대한 기록은 다음과 같습니다.

> 백결선생은 (내력이) 어떠한 사람인지 알 수 없다. 그는 (경주慶州) 낭산狼山 밑에서 살았는데, 집이 매우 가난하여 옷을 백 군데나 누덕누덕 기워 마치 메추라기의 꽁지깃이 빠진 것 같았기 때문에 당시 사람들이 그를 동리(東里 : 동쪽 마을)의 백결선생이라 불렀다. 일찍이 영계기(榮啓期)*의 사람됨을 본받아 거문고를 가지고 다니면서 일체의 기쁘거나 화나거나 슬프거나 즐겁거나 불평스러운 일에는 모두 거문고로써 이를 표현하였다.
>
> 한 해가 저물 무렵 이웃에서 곡식을 찧고 있었는데, 그의 아내가 절굿공이 소리를 듣고 말을 하기를, "남들은 모두 곡식이 있어 방아질을 하는데, 우리만 곡식이 없으니 무엇으로 설을 쇠겠는가?" 하니, 백결선생이 하늘을 우러러 탄식하며 말하기를, "무릇 죽고 사는 것은 운명에 달린 것이고 부귀는 하늘에 매여 있는 것이니, 그것이 오더라도 막을 수 없으며 가더라도 붙잡지 못하는 것이거늘, 그대는 무엇을 그리 걱정하는가. 내 이제 그대를 위해 떡 찧는 소리를 내줄 터이니 슬픔을 잊으시오."

*중국 춘추시대 때의 은사隱士로 공자孔子와 같은 시대의 인물이다. 그는 항시 낙천적이어서 허름한 가죽옷을 입고도 언제나 거문고를 타면서 노래를 부르며 일생을 즐겁게 지냈다고 한다.

그리고 그는 가야금을 켜서 떡 찧는 소리를 내었다. 세상에 이것이 전해져 대악(碓樂 : 방아악, 방아타령)이라고 한다(百結先生 不知何許人 居狼山下 家極貧 衣百結若懸鶉 時人號爲東里百結先生 嘗慕榮啓期之爲人 以琴自隨 凡喜怒悲歡不平之事 皆以琴宣之 歲將暮 隣里舂粟 其妻聞杵聲曰 人皆有粟舂之 我獨無焉 何以卒歲 先生仰天嘆曰 夫死生有命 富貴在天 其來也不可拒 其往也不可追 汝何傷乎 吾爲汝 作杵聲以慰之 乃鼓琴作杵聲 世傳之 名爲碓樂 백결선생 부지하허인 거랑산하 가극빈 의백결약현순 시인호위동리백결선생 상모영계기지위인 이금자수 범희노비환부평지사 개이금선지 세장모 린리용속 기처문저성왈 인개유속용지 아독무언 하이졸세 선생앙천탄왈 부사생유명 부귀재천 기래야불가거 기왕야불가추 여하상호 오위여 작저성이위지 내고금작저성 세전지 명위대악).

어쨌든 우리는 이 짧은 설화에 담긴 애처로운 부부애나 삶을 달관한 인생관에 감동하지 않을 수 없습니다. 이는 또한 신라 음악가들의 탁월한 기량과 고상한 정신력을 칭송한 것이기도 합니다.

기록에 의하면 457년에 신라의 음악가 80여 명이 일본으로 건너가 음악을 널리 알리는 데 힘썼으며, 6세기 초에는 '신라금新羅琴'이라는 가야금伽倻琴이 즐겨 연주되었다고 합니다.

우륵과 가야금

우륵于勒에 대해서는 『삼국사기』「신라본기新羅本紀」 24대 '진흥왕조眞興王條'에 나와 있습니다.

12년(551년) 봄 정월에 연호를 고쳐 개국開國이라 하였다. 3월에 왕이 순행巡行을 하다가 낭성(娘城 : 지금의 청주淸州)에 이르러, 우륵과 그의 제자 이문泥文이 음악을 잘 한다는 말을 듣고는 특별히 그들을 불러들였다. 임금이 하림궁河臨宮에 머물며 연주를 하게 하니, 우륵과 이문이 각기 새로운 노래를 지어 연주하였다.

그 전에 가야국의 가실왕(嘉悉王 : ?~?, 가야 말기의 왕)은 12개월의 음률에 맞취 12현금을 만들게 하고, 우륵에게 곡을 짓도록 하였다. 가야가 쇠망하자 그는 악기를 걸머지고 신라로 건너갔는데, 그것을 가야금이라고 했다…….

13년(552년)에 왕은 계고階古, 법지法知, 만덕萬德 세 사람에게 명하여 우륵에게 음악을 배우게 했다. 우륵은 그들의 재능에 따라 계고에게는 가야금, 법지에게는 노래를 가르치고, 만덕에게는 춤을 가르쳤다. 수행을 마친 세 사람은 왕 앞에서 연주를 했다. 왕은 '지난번 낭성에서 우륵에게 들었던 음악과 조금도 다르지 않다'고 말하며, 그들에게 후한 상을 내렸다(十二年 春正月 改元開國 三月 王巡守次娘城 聞于勒及其弟子尼文知音樂 特喚之 王駐河臨宮 令奏其樂 二人各製新歌奏之 先是 加耶國嘉悉王製十二弦琴 以象十二月之律 乃命于勒製其曲 及其國亂 操樂器投我 其樂名加耶琴했다……. 十三年 王命階古法知萬德三人 學樂於于勒 于勒量其人之所能 教階古以琴 教法知以歌 教萬德以舞 業成 王命奏之日 與前娘城之音 無異 厚賞焉 십이년 춘정월 개원개국 삼월 왕순수차낭성 문우륵급기제자니문지음악 특환지 왕주하림궁 영주기락 이인각제신가주지 선시 가야국가실왕제십이현금 이상십이월지률 내명우륵제기곡 급기국란 조락기투아 기락명가야금……. 십삼년 왕명계고법지만덕삼인 학락어우륵 우륵량기인지소능 교계고이금 교법지이가 교만덕이무 업성 왕명주지왈 여전낭성지음 무이 후상언).

또한 『삼국사기』 「잡지雜誌」의 '악樂'에는 우륵의 업적이 여러 가지로 덧붙여져 있습니다.

기록에 있는 대로 우륵은 가야 사람이며, 그는 가야왕의 후원을 받아 전래되어 온 진한금辰韓琴을 고쳐 12현의 가야금을 만들고, 12개의 곡을 지었다고 합니다. 그 곡은 보기寶伎, 사자기獅子伎, 이사爾赦의 세 곡을 빼면 하가라도下加羅都, 상가라도上加羅都, 달기達己, 사물思勿, 물혜勿慧, 하기물下奇物, 거열居烈, 사팔혜沙八兮, 상기물上奇物과 같이 모두 가야의 지방 도시 이름입니다. 이는 바로 그의 곡이 지방의 민중 생활과 밀접하게 관련되어 있었음을 말해 주고 있습니다.

이렇게 고국을 사랑하고 민중을 사랑한 그가 제자와 단둘이서 가야금을 둘러메고 낯선 땅을 유랑한 것이 부패하고 타락한 조국의 특권 계급에 절망한 탓인지, 혹은 세속적인 싸움에 식상해 버린 탓인지에 대해서는 기록이 없어 알 수가 없습니다.

그는 화려한 신라의 수도 경주에는 가까이 가지 않고 먼 북방의 변경 낭성에서 유랑하였습니다. 아마도 그들은 금을 켜고 노래를 부르며 가난한 유랑 생활을 계속한 것으로 짐작됩니다.

신라의 제24대 왕인 진흥왕(眞興王 : 534～576년)은 음악 애호가여서 백결 선생의 곡도 즐겨 들었다고 합니다. 우륵이 진흥왕과 만나게 된 것은 그에게 행운이었다고 할 수 있을지도 모릅니다. 그러나 그는 왕이 자신을 당시의 수도인 경주로 데려가려는 것을 단호히 거절합니다. 하지만 왕명을 받아 세 명의 제자를 가르치게 된 덕분에 생활에 다소 여유도 생겼습니다.

한편 젊고 유능한 제자들은 스승의 기술을 배우고 나면 스승의 곡을 새로 고치고, 낡은 부분이나 지루한 부분은 줄여서 새롭고 활기 넘치는 곡으로 다듬었습니다. 그는 처음에는 크게 노했지만, 곧 제자들의 훌륭한 재능을 인정하고 눈물을 흘리며 자신의 고집을 뉘우쳤다고 합니다. 그의 제자들이 경주로 돌아가 눈부시게 활약하여 그들의 가야금 연주는 큰 인기를 끌었고, 수도 안팎에서 열리는 가야금 연주회에는 수많은 청중이 모여들었다고 합니다.

이러한 풍조에 대해 신라의 일부 권력자들은 거세게 비판을 하였습니다. 562년 신라는 가야군의 최후의 저항을 분쇄하고 마침내 가야를 멸망시켰는데, 이 승리에 기고만장하여 가야의 것이라면 모두 멸시하던 무리들은 가야금을 망국의 악기라고 무시하고, 가야금 연주를 '망국조亡國調'라 주장하기도 하였습니다. 그러나 가야금 연주는 그러한 비판에 아랑곳하지 않고 더욱 성행해 갑니다.

경주의 이러한 상황에 아랑곳없이 먼 북방의 국원(國原 : 현재의 충주忠州)에 거처를 정한 우륵은 조용히 전원생활을 즐기며 홀로 금을 뜯고 있었다고도 하는데, 그가 즐겨 금을 뜯은 장소는 지금도 탄금대(彈琴臺 : 현재의 충주 명승 42호)라는 명소로 남아 있습니다.

어쩌면 그는 평생 망국 백성의 허무함을 지울 수 없었는지도 모릅니다. 사망 연대나 장소는 기록에 남아 있지 않지만 우륵은 끝내 경주에는 발을 들여놓지 않았습니다. 그것은 멸망한 조국에 대한 충정의 표현이었는지도 모릅니다. 그러나 어쨌든 우륵이 만든 가야금은 우리 민족의 대표적인 악기가 되었고, 신라 중기 이후에는 185개 곡이 만들어져 전국 방방곡곡에서 연주되었습니다.

서양 음악과 우리 민족
음악의 전통

이와 같이 우리나라는 삼국 시대 초기부터 고도로 발달한 많은 종류의 악기를 만들고 우아한 곡을 많이 지어 대규모 연주를 해온 것입니다. 물론 그것은 16세기 이후에 발달하기 시작한 서양 음악과 다르지만, 4세기 무렵부터 발달한 우리 민족 음악의 전통은 대단히 높은 수준이었다는 것을 엿볼 수 있습니다.

우리 민족은 예로부터 예술적 소질이 뛰어난 민족으로 알려져 왔지만, 삼국 시대에 활약한 일부 미술가나 음악가의 업적을 보더라도 그것이 얼마나 훌륭하였는지 알 수 있습니다. 오늘날 우리나라의 음악과 무용은 세계 곳곳에서 '황금黃金의 예술藝術' 즉 '한류韓流'로 찬양받고 있으며, 이는 곧 우리 조상들이 물려준 자랑스러운 전통에서 싹튼 것입니다.

2. 신라의 뛰어난 문호들 : 강수, 설총, 최치원

강수, 삼국통일에 공로를 세우다

『삼국사기』「열전」 '제6第六'에는 문호文豪 세 사람의 전기가 씌어져 있는데, 그 앞머리에 강수(强首 : ?~692년)가 소개되어 있습니다.

강수는 692년에 사망하였다고 하는데, 출생 연도가 기록되어 있지 않아 몇 살이었는지는 알 수 없습니다. 그는 태어나면서부터 머리 뒤에 높은 뼈가 있었다고 합니다. 그의 아버지는 크게 걱정하여 아들을 데리고 유명한 관상쟁이를 찾아갔습니다.

"이 아이는 반드시 위대한 인물이 될 것입니다."

관상쟁이에게 이런 말을 들은 아버지는 집에 돌아와 부인에게 말했습니다.

"이 아이는 보통 아이가 아닐 성싶으니 소중하게 잘 키워 나라의 인재로 만들어야 할 것이오."

강수는 자라면서 스스로 글을 읽을 줄 알고 문장의 뜻에 통달하였습니다. 어느 날 아버지는 아직 어린 그에게 물었습니다.

"너는 불법佛法을 배우고 싶으냐, 아니면 유학儒學을 배우고 싶으냐?"

"제가 듣기로는 불도는 세속을 떠난 가르침이라 합니다. 저는 인간세계에 사는 사람인데 어찌 불도를 공부하겠습니까? 유가의 도를 배우고 싶습니다."

이렇게 말하는 아들의 답을 들은 아버지는 크게 기뻐하였습니다.

"그러면 네가 하고 싶은 대로 공부하여라."

그는 스승을 모시고 유학의 고전을 배우기 시작하였는데, 곧 여러 사람을 제치고 두각을 나타냈습니다.

또한 강수는 다정다감한 젊은이기도 하였습니다. 그는 공부하러 오가는 길에 부곡(釜谷 : 현재의 제천堤川 근교)이라는 곳의 대장간 집 딸과 사랑에 빠지게 됩니다. 그런데 강수가 스무 살이 되자, 부모가 고을의 부자집 처녀들 가운데 용모와 행실이 좋은 규수를 중매하여 아내로 삼게 하려고 하였습니다. 그러자 그는 연인이 있다는 것을 부모에게 밝히고 혼담을 거절합니다. 그의 아버지는 화가 나서 강수를 야단쳤습니다.

"너는 세상에 이름이 나서 나라 사람들 중에 모르는 사람이 없는데, 그런 볼품없는 집안의 딸을 얻어 부끄럽지도 않으냐?"

그는 아버지 앞에 머리를 깊이 숙이고 조용히 말했습니다.

"가난하거나 신분이 낮은 것은 결코 부끄러운 일이 아닙니다. 학문을 배워 그대로 실행하지 않는 것이야말로 부끄러운 일입니다. 옛날부터 조강지처는 버려서는 아니 되고, 설사 가난하고 천하게 태어났다고 해도 평생을 함께 하는 것이라고 하였습니다. 볼품없는 집안의 딸이라 해도 가까이 지내던 여자를 버릴 수는 없습니다."

아들의 강한 의지에 아버지는 더는 할 말이 없었습니다.

신라 무열왕이 우두를 강수라 부르다.

신라 제29대 무열왕(武烈王 : 604~661년, 김춘추金春秋)이 즉위하였을 때(654년), 당나라의 사신이 와서 서신을 전달하였는데 그 가운데 난해한 문장이 있어 곤경에 처합니다. 결국 무열왕은 학자로 유명한 강수를 불러 그 글을 해석하도록 하였습니다. 강수는 단 한 번 읽고 즉시 그 문장의 뜻을 풀이하였습니다. 왕은 놀라 기뻐하면서 그의 내력을 묻습니다. 이에 강수는 다음과 같이 대답합니다.

"신은 원래 임나가량任那加良 사람으로 이름은 우두牛頭라고 합니다."

그러자 국왕은 웃으면서 말합니다.

"경의 두골(頭骨 : 얼굴 생김새)을 보니, '강수선생强首先生'이라 부르는 것이 좋을 것 같소."

그때부터 사람들은 그를 강수라고 부르게 됩니다.

왕의 부탁으로 그는 당나라에 보내는 답서를 썼는데, 왕의 의향을 적절하게 표현한 명문이어서 왕은 그를 더없이 존중하였다고 합니다.

강수의 명성은 날이 갈수록 높아졌으나 출세를 바라지 않는 그는 여전히 가난하게 지내고 있었습니다. 그래서 왕은 그를 위하여 일부러 쌀을 보냈을 정도였다고 합니다.

660년 백제가 멸망하고, 668년에는 고구려가 멸망합니다. 무열왕의 뒤를 이은 신라 제30대 문무왕(文武王 : 626~681년)은 그의 공적을 다음과 같이 칭송하였습니다.

강수는 뛰어난 문장으로 내가 생각하고 있는 일을 상세하게 중국이나 고구려, 백제에 써 보내어 수교를 맺는 데 큰 공을 세웠다. 선왕이 당나라 군대를 청하여 고구려나 백제를 평정한 것은 그 무력의 공인지도 모르지만, 강수의 문장의 위력으로 외교상 성공을 거둔 것도 소홀히 할 수 없다.

문무왕은 그를 위해 특별히 공로상을 내리기도 하였으나 신문왕 때 그가 죽자 그의 아내는 재산 일체를 그의 명복을 빌기 위한 불사에 쓰는 바람에 하루하루를 지내기도 어려웠습니다.

왕은 특별히 도와주려 하였으나 한사코 그의 아내는 사양을 하였습니다.

"미천하게 태어난 몸이지만 지아비 덕으로 부족함 없이 살면서 나라의 은혜를 크게 입었습니다. 이제 혼자 몸이 되었는데 더 이상 폐를 끼칠 수는 없습니다."

그리고는 시골 고향으로 돌아가 여생을 보냈다고 합니다.

『삼국사기』에는 그가 같은 시기의 문장가 중에서 1인자였다는 것을 덧붙이고는 있지만, 그의 저서에 관해서는 언급이 없습니다. 『삼국사기』에 있는 간단한 기록만으로 그의 전모를 알 수는 없지만, 그 속에 그려진 그의 강렬한 개성은 우리에게 큰 감동을 주고 있습니다.

그는 소년 시절부터 일찌감치 자신의 의지로 진로를 선택하는 성숙함을 보입니다. 물론 신라 귀족 계급 사이에 불교가 유행하여 현란하고 장대한 사원이 건립되고 학승學僧이 권세를 휘두르는 가운데, 그의 아버지가 자식을 학승으로 만들고 싶었던 것은 당시로서는 상식적인 생각이었다고 볼 수 있습니다. 또한 권력자의 딸을 며느리로 삼고자한 것도 매우 당연한 일이었다고 말할 수 있습니다.

그러나 그는 사람의 삶에 도움이 되는 학문을 선택하였고, 자신이 사랑한 가난한 대장간 집 딸을 평생의 반려자로 삼았습니다. 『삼국사기』나 『삼국유사三國遺事』에는 아름다운 사랑에 관한 이야기가 몇 가지 씌어져 있기는 하지만 강수의 사랑은 신분적인 차별을 넘어섰다는 점에서 후세 사람들에게 더욱 강한 인상을 남긴 것입니다.

이와 같이 우리 민족은 어느 시대나 사치스러운 생활을 바라지 않고 가난을 이겨내면서 성실히 사는 것을 이상적인 삶으로 여겨왔습니다. 강수가 자기 이상을 실현하며 살 수 있었던 것도 아내의 훌륭한 내조 덕분이었다고도 생각됩니다. 남편을 잃은 후 그의 아내가 모든 것을 버리고 시골의 농부農婦가 되어 힘든 길을 선택하였다는 것 역시 우리 민족으로서는 자랑할 만한 삶의 방식이었다고 할 수 있습니다.

설총, 우리나라 최초의 소설 「화왕계」를 쓰다

설총(薛聰 : ?~?년)은 신문왕 시대에 활약했던 대문호로 신라 십현十賢 중의 한 사람입니다. 그의 아버지는 우리가 익히 잘 알고 있는 유명한 원효대사(元曉大師 : 617~686년)입니다. 승려는 부인을 얻을 수 없었기 때문에 상식적인 경우라면 물론 자식을 낳을 수 없습니다. 하지만 설총이 태어난 경위는 『삼국유사』에 다음과 같이 기록되어 있습니다.

원효는 스승도 없이 혼자서 학문을 닦고, 승려가 되어 각지를 돌며 불교를 퍼뜨리는 데 큰 공헌을 하였다. 그러던 어느 날, 그는 경주(서울)의 대로에서 돌연 큰소리로 노래를 부르기 시작했다.

누가 내게 자루 빠진 도끼를 빌려 주려나
내가 하늘 받칠 기둥을 찍어내리라*

---

* 자루 빠진 도끼는 여성의 생식기를 의미하고, 하늘 받칠 기둥이란 국가를 짊어질 인재를 뜻한다.

誰許沒柯斧 수허몰가부

我斫支天柱 위작지천주

사람들은 그 노래의 의미를 알 수가 없었다. 이때 우연히 태종 무열왕이 그 노래를 듣고는 말했다.

"저 스님은 아마 귀부인과 결혼하여 훌륭한 자식을 낳고 싶은가 보다. 훌륭한 인물이 태어난다면 국가로서는 더없는 이익이 아닌가."

그때 요석궁瑤石宮에 미망인이 된 공주가 살고 있었는데, 왕은 원효를 그 공주와 결혼시키려 사람을 시켜 불러오게 했다. 마중 나간 사람이 동네 다리에 당도하니, 원효는 일부러 개울에 빠져 물에 젖은 생쥐 꼴을 하고 있었다. 마중 나간 사람은 원효를 요석궁으로 데리고 가서 옷을 말려 주었고, 이렇게 해서 원효는 궁전에 머물면서 공주와 결혼하여 설총을 낳았다.

원효는 이렇게 파계승이 되었기 때문에 그 뒤 환속하여 스스로를 낮추어 '소성거사小姓居士'라 일컬었습니다.

설총은 태어나면서부터 머리가 좋았고, 어려서 이미 모든 이치를 깨달아 대단히 뛰어난 학자가 됩니다. 우리나라에서는 삼국 시대 초부터 한자漢子의 음을 가지고 우리 고유의 말을 글로 써서 표현하였습니다. 이것을 '이두吏讀'라고 하는데, 한문에 정통하였던 설총은 이 방법을 더욱 발전시켜 어떤 한자 문장이라도 우리말로 읽을 수 있도록 한 것입니다.

그는 많은 저서를 지었고, 전국 어디서나 그가 쓴 비명碑銘이 있었다고 하는데 지금은 하나도 찾아볼 수가 없습니다. 다만 그가 신문왕에게 들려주었다는 「화왕계花王戒」라는 짧은 이야기가 『삼국사기』에 기록되어 전해올 뿐입니다.

어느 해 여름 5월(음력)에 궁전의 전망 좋은 방에 앉아 있던 신문왕은 곁에 있던 설총을 돌아보며 말합니다.

"오늘은 장마가 그쳐 날이 개고 바람도 시원하게 불고 있으니, 늘 먹던 진수성찬이나 음악을 듣기보다는 고상하고 기지가 넘치는 이야기나 나누면서 찌뿌드드한 기분을 푸는 것이 좋을 것 같은데 무슨 재미있는 이야기가 있으면 말해 주지 않겠는가?"

그래서 설총은 다음과 같은 이야기를 합니다.

옛날에 화왕(花王 : 모란)이 처음 들어왔을 때 이것을 향기 가득한 화원에 심고 녹색 장막을 둘러 보호하였더니, 춘삼월을 맞이하여 예쁜 꽃을 피웠습니다. 그 꽃은 모든 꽃 중에서 특별히 뛰어난 아름다움을 갖고 있었습니다. 가까운 곳은 물론이고 멀리까지도 아리따운 영기가 퍼졌기 때문에 모든 꽃들이 앞 다투어 화왕을 뵙고자 하였으나 황송한 나머지 감히 가까이 갈 수 없었습니다.

이때 홍안紅顔의 아름다운 이를 가진 한 미녀가 화려한 화장에 예쁜 옷을 입고 돌연히 화왕 앞에 나타나 아주 얌전히 아뢰었습니다.

"저는 백설 같은 모래사장을 밟고 거울 같이 맑은 바다에 얼굴을 비추면서 봄비에 목욕하여 때를 벗기고, 상쾌한 산들바람을 입은 몸으로 이름은 장미라고 하옵니다. 전하의 높으신 덕을 듣고 옆에서 시중이나 들까하여 뵈옵니다. 전하께서 저의 소원을 들어주시지 않으시렵니까?"

연이어 머리는 백발이며 베옷에 가죽 띠를 두른 한 사내가 손에는 지팡이를 짚고서 비틀거리는 걸음으로 허리를 굽히며 들어와 말했습니다.

"저는 도성 바깥의 한 길가에 살고 있습니다. 아래로는 아득한 들의 경치를 바라보고, 위로는 우뚝 솟은 산의 풍물을 쳐다보며 살고 있는 몸으로 이름은 백두옹(白頭翁 : 할미꽃)이라 하옵니다. 생각하옵건대 전하殿下 주변에 받들어 올리는 것들이 넉넉하여 기름진 음식으로 배를 채우고 차와 술로 정신을 맑게 하고 의복이 장롱 속에 쌓여 있더라도, 반드시 좋은 약으로 기운을 돋우고 독한 침으로 병독을 없앨 악석(惡石 : 극약)도 있어야 할 것입니다. 그래서 옛일을 들어 아뢰자면, 설령 명주나 세마로 짠 좋은 옷감이 많다고 해도 풀 껍데기로 짠 성긴 삼베를 버려서는 아니 된다고 하였습니다. 예부터 분별이 있는 무릇 모든 군자들은 항상 모자라는 것을 미리 준비해 놓았습니다. 전하께서는 어떻게 생각하시는지요?"

이 모습을 지켜보던 왕의 측근이 물었습니다.

"아름다운 여인과 현자 두 사람이 나타났는데, 누구를 택하고 누구를 버리실 생각이신지요?"

화왕은 망설이다가 대답하였습니다.

"현자의 말도 일리는 있지만, 아름다운 여인은 찾기 힘든 것이다. 이를 어찌하면 좋을까?"

그러자 현자가 다시 앞으로 나와 말했습니다.

"저는 화왕께서 총명하시고 의리를 분별하신다고 해서 찾아왔습니다만 지금 뵈오니 그런 것 같지 않습니다. 무릇 왕이 된 사람치고 간사하고 아첨하는 자를 가까이하고, 정직한 자를 멀리한 이가 적지 않습니다. 때문에 맹자孟子는 불우한 가운데 일생을 보냈고, 풍당馮唐*은 머리가 희어질 때까지 하찮은 하급 관리로 지냈습니다. 예로부터 이러하였던 까닭으로 저로서도 뭐라 할 수가 없습니다."

이 말에 마음이 뜨끔해진 화왕은 "내가 잘못했다, 내가 잘못했다"라고 말했습니다.

이 이야기를 다 듣고 난 왕은 숙연한 얼굴로 말했습니다.

"그대의 우화에는 매우 깊은 뜻이 있어, 이를 기록하여 왕으로서 지켜야 할 훈계로 삼도록 하고 싶구나."

그리고 설총에게 높은 지위를 내립니다.

「화왕계」는 유일하게 전해져 내려오는 그의 단편 소설입니다. 『삼국사기』에는 그의 손자인 설薛 판관判官이 신라의 사자로 일본에 건너갔을 때 진인眞人이라는 사람이 그를 만나 매우 감격하였다는 이야기가 나옵니다.

"나는 일찍이 원효 거사居士가 쓴 『금강삼매경론金剛三昧經論』을 읽고서 이렇게 훌륭한 사람을 만나보지 못했음을 한탄하였는데, 이번에 만난 신라

---

* 중국 한漢나라 문제文帝 때 국방 대책을 건의하였으나 받아들여지지 않고, 무제武帝 때에야 높은 벼슬에 올랐으나 이미 나이가 90이 되어 있었다.

사절이 거사의 손자라는 걸 알고 거사를 만난 듯이 기뻤습니다. 그 기쁨을 시로 표현한 것입니다."

그러면서 감격적인 시를 신라에 보내왔다는 이야기를 덧붙여 놓습니다.

우리나라의 옛 역사학자 가운데 설총이 이두를 최초로 만들었다고 잘못 전하고 있는데(집대성하여 정리함), 이는 『삼국사기』나 『삼국유사』에 그의 이야기가 최상급으로 칭송되고 있기 때문입니다. 설총은 고려 때인 1021년에 홍유후弘儒侯라는 높은 지위가 추증되었을 만큼 후세 사람들에게도 위대한 문호로서 더없이 존경을 받습니다.

어쨌든 그의 「화왕계」는 우리 고대 소설의 원류로서 문학사적인 가치를 가지고 있으며, 부친인 원효와 더불어 일본 문화에도 커다란 영향을 미쳤습니다.

최치원, 고독한 천재로 삶을 보내다

고운孤雲 최치원(崔致遠 : 857~?)은 신라 말기부터 고려 초기에 걸쳐 파란 만장한 삶 속에서 생애를 보낸 사람입니다. 『삼국사기』에는 그가 경주에서 태어난 사람이라고만 기록되었을 뿐, 그의 가계는 전하지 않습니다. 아마도 이름 없는 집안의 자손이 아니었나 생각되며, 다만 그가 857년(신라 46대, 문성왕文聖王 19년)에 태어났다고 기록된 것은 그 당시 그가 당나라에서 유학한 학생이었기 때문이라 생각합니다.

어릴 적부터 천재로 불린 그는 열두 살 때 당나라 유학생으로 선발되어 영광스러운 길을 떠나게 됩니다. 그때 그의 부친이 "10년 내에 과거에 급제하지 못하면 내 자식이 아니다. 가서 열심히 공부하여라"라고 격려한 것으로 보아 그의 부친도 어지간히 학문을 닦은 사람임에는 틀림없습니다.

최치원은 당나라에서 열심히 공부한 보람이 있어 당나라에 도착한 지 6년이 지난 18세에 진사進士 갑과甲科 시험에 수석으로 합격하고, 20세 때 당나라 선주(宣州 : 지금의 안후이성安徽城 쉬안저우宣州)의 율수현위溧水縣尉라는 자리에 임명됩니다.

그는 관리가 되고 나서도 더욱 높은 시험에 응시할 생각으로 공부에 노력하는 한편, 문학적 소질을 살려 많은 시를 썼습니다. 시험에 합격한 18세 때까지 상자 가득히 시를 썼고, 20세 때에는 135수의 시를 모아 세 권의 시집을 냅니다.

최치원의 문명文名은 크게 오르고 지위도 점점 높아집니다. 그래서 당나라의 서울인 장안(長安 : 지금의 산시성陝西省 시안西安)이 산동山東에서 일어난 황소(黃巢 : ?~884년)의 농민 반란군에게 점령되는 사건이 일어났을 때 그는 토벌군 사령관 고병高騈의 종사관으로 참가하여 881년 역사상 유명한 「토황소격문討黃巢檄文」을 씁니다. 이것은 반란군을 토벌할 군사들의 분전을 호소하는 격문인데, 그 장대하고 위엄에 찬 문장에 적장 황소까지 겁을 집어먹었다고 합니다. 일개 서기관인 그가 4년 동안 종군을 하며 최대의 공적을 세운 것처럼 전해지는 것은 그의 명문이 높이 평가되었기 때문입니다.

그가 선주의 관리로 있을 때의 일화도 그의 문재文才를 칭송한 것입니다.

최치원이 율수현溧水縣 남쪽 경계에 있는 초현관招賢館에 가서 노닐 때, 이 초현관 앞산에 '쌍녀분雙女墳'이라는 옛 무덤이 있었습니다. 초현관은 고금의 명현名賢들이 놀던 곳으로, 최치원은 그 무덤 앞의 석문石門에다가 이렇게 시를 써놓습니다.

뉘 집 두 딸이 묻혀 있는 무덤인가
적적한 황천 문에서 가는 봄을 얼마나 원망했을까
모양과 그림자는 시냇물에 비치는 달에 부질없이 남아 있고
이름을 무덤가 먼지에게 묻기조차 어렵도다
꽃다운 정이 혹 그윽한 꿈속에서나마 통하기를 허락한다면
기나긴 밤에 이 나그네를 위로함이 어찌 해로울 것인가
외로운 관사에서 만약 운우의 정을 나눈다면
서로 시를 주고받으며 낙신부洛神賦*를 이어 부르리

---

* 중국 위魏나라 조식曹植이 낙수의 여신 복비宓妃를 그리워하며 지은 산문이다.

誰家二女此遺墳 寂寂泉扃幾怨春 수가이녀차유분 적적천경기원춘
形影空留溪畔月 姓名難問塚頭塵 형영공유계반월 성명난문총두진
芳情儻許通幽夢 永夜何妨慰旅人 방정당허통유몽 영야하방위여인
孤館若逢雲雨會 與君繼賦洛川神 고관약봉운우회 여군계부낙천신

이 시를 써놓고 초현관으로 돌아와 밝은 달 아래 천천히 산책을 하는데, 이때 갑자기 한 여인이 나타나 손에 붉은 주머니를 들고 아룁니다.

"팔낭자(八娘子 : 여덟째 아씨)와 구낭자(九娘子 : 아홉째 아씨)께서 수재秀才께 말씀을 전하나이다. 아침에 오시느라고 특히 옥지(玉趾 : 남의 발의 존칭)를 수고롭게 하시고 겸하여 경장(瓊章 : 남의 글의 존칭)까지 주셨으므로 두 낭자께서 각각 수답(酬答 : 화답)하신 글이 여기에 들어 있사오니 받들어 올리나이다."

최치원은 그녀를 돌아다보고 깜짝 놀라 아씨의 이름이 무엇이냐고 거듭 묻자, 그녀는 "아침나절 수풀을 헤치고 돌을 닦아 시를 써놓으신 곳이 바로 두 낭자께서 사시는 곳입니다"라고 대답합니다. 최치원은 이내 깨닫고 주머니를 열어 보았습니다.

세상에 있을 때는 항상 나그네를 부끄러워하였으나
오늘은 알지 못하는 사람에게 교태를 품는도다
몹시 부끄럽게도 시의 글귀로 제 마음을 알아주시니
한 번 고개를 돌릴 때마다 한 번씩 마음을 아파하나이다

當時在世長羞客 당시재세장수객
今日含嬌未識人 금일함교미식인
深愧詩詞知妾意 심괴시사지첩의
一回延首一傷神 일회연수일상신

그리고 또 그 뒤폭에는 다음과 같이 쓰여 있었습니다.

"이름을 숨김을 이상히 여기지 마십시오. 외로운 혼이 속세의 인간을 두

려워하기 때문입니다. 장차 심사를 모두 말씀드리고자 하니 잠깐만 서로 친할 수 있도록 허락하여 주십시오."

그는 이런 꽃다운 시를 보고 자못 희색이 만면하여 답시答詩를 써주게 됩니다.

청조(靑鳥 : 사자使者를 비유, 심부름 온 아가씨를 말함)가 뜻밖의 사연을 알려주니
잠시 서로 생각하는 마음에 눈물이 두 뺨을 적십니다
오늘 밤 만약 그대 선녀를 만나지 못한다면
여생에 남는 한을 어찌하오리까

靑鳥無端報事由 청조무단보사유
暫時相憶淚雙流 잠시상억루쌍류
今宵若不逢仙質 금소약불봉선질
判却殘生入地求 판각잔생입지구

한참 후 두 여인이 바람처럼 나타났고, 최치원이 두 여인에게 물었습니다.
"낭자들께서는 어디 사시며 어떤 사이입니까?"

그러자 붉은 치마를 입은 여인이 눈물을 흘리며 말했습니다.

"저와 제 동생은 율수현溧水縣 초성향楚城鄉 장씨의 두 딸입니다. 돌아가신 아버님께서는 현리縣吏를 지내지 않으셨어도 고향에서는 제일가는 부자여서 넉넉하기가 동산(銅山 : 구리가 많아 동전을 만들었다는 산)과 같고 호화롭기가 금곡(金谷 : 금물이 흐른다는 골짜기)과 같았습니다. 제 나이 18세였고, 동생의 나이가 16세 때였습니다. 부모님께서는 저희 둘 다 시집을 보내기로 의논하시면서 저는 소금 장수에게 시집을 보내고, 제 동생은 차茶 장수에게 보내기로 하셨습니다. 저희들은 그것이 싫어서 남편감을 바꾸어달라고 매일 조르며 마음에 불만만 품다가 울적함을 풀지 못하고 결국 일찍 죽은 것입니다. 단지 저희는 어진 이를 만나기를 바랄 뿐이니 그대께서는 제발 꺼려하지 마십시오."

그리하여 그와 두 여인은 시를 주고받으며 술잔을 나누게 됩니다. 그리고 셋이 함께 자며 아기자기한 정을 나누었다고 하는데, 결국 그의 멋진 시가 죽은 영혼까지 감동시켰다는 이야기입니다.

최치원의 비범한 재능과 고매한 인격은 당나라 사람들의 존경을 받았습니다. 그러나 이 이방인의 인기를 시샘하는 인간들은 그를 독살하려고 획책하기도 하였고, 그를 중상 모략하여 절해의 고도로 유배를 보내기도 하였습니다.

박해를 받게 되자, 그는 나날이 귀국할 뜻을 굳힙니다. 결국 당나라의 고관들이 애써 만류하였음에도 불구하고, 그는 884년 10월에 당나라에서 받은 높은 지위를 내던진 채 당나라 정부에 귀국 신청서를 제출합니다.

그의 절절한 망향의 그리움은 그의 시 「추야우중(秋夜雨中 : 가을밤 빗속에)」에 다음과 같이 나타나 있습니다.

가을바람에 괴로이 읊나니
온 세상에 나를 알아주는 이 드물구나
창 밖에는 한밤중에 비가 오는데
등불 앞에서 마음은 만리를 달리노라

秋風唯苦吟 추풍유고음
世路少知音 세로소지음
窓外三更雨 창외삼경우
燈前萬里心 등전만리심

그리고 「동풍(東風 : 샛바람)」이라는 시에서는 그의 그리움을 이렇게 읊고 있습니다.

바다 건너 먼 고향땅에서 불어오는 봄바람
새벽 창가에 읊조리는 내 마음 걷잡을 수 없게 하네

때때로 다시 내 서재의 휘장을 펄럭이며
고국 동산에 꽃이 피려는 소식 전하는 듯하여라

知爾新從海外來 지이신종해외래
曉窓吟座思難裁 효창음좌사난재
堪憐時復撼書幌 감련시부감서황
似報故園花欲開 사보고원화욕개

최치원은 17년의 이국 생활을 청산하고, 29세의 젊은 나이에 금의환향합니다. 그와 가까이 지냈던 당나라의 유명한 문인들은 눈물을 흘리며 이별을 슬퍼하였는데, 특히 최치원과는 동년同年이었던 고운顧雲이라는 시인은 다음과 같은 석별의 시를 써줍니다.

열두 살에 배를 타고 바다를 건너와
그 문장으로 중화국을 뒤흔들었네
열여덟 살이 되어 전사원(戰詞苑 : 과거장)을 횡행하고
한 화살로 금문책(金門策 : 과녁, 즉 목표물을 뜻함)을 꿰뚫었다네

十二乘船渡海來 십이승선도해래
文章感動中華國 문장감동중화국
十八橫行戰詞苑 십팔횡행전사원
一箭射破金門策 일전사파금문책

또한 고운은 최치원에 대해 이렇게 높이 평가하고 있습니다.

"그의 학문은 고래가 큰 바다의 물을 뿜어내는 듯한 기세이고, 그의 문장의 기백은 예리한 칼이 은하를 떠받치고 있는 듯하다."

조국을 위해 모든 것을 바치려는 정열에 불타 귀국한 최치원은 곧 높은 지위에 오릅니다. 하지만 그가 귀국한 다음해(886년)에 제49대 헌강왕(憲康王:

?~886년)이 죽고 왕이 새로 바뀌면서 신라는 급격히 몰락의 길을 걷게 됩니다. 무능하고 부패한 무리들이 권력을 쥐고 국정을 주무르게 되니 도무지 그가 역량을 발휘할 자리가 없었던 것입니다.

나라의 정책을 근본적으로 개정하고자 하는 의욕에서 「시무십여책時務十餘策」을 써서 조정에 제출하다.

조정에 환멸을 느낀 최치원은 한때 지방 관리가 되기도 하였는데, 894년 2월에 나라의 정책을 근본적으로 개정하고자 하는 의욕에서 「시무십여책時務十餘策」*이라는 글을 써서 조정에 제출합니다. 그러나 부패할 대로 부패한 권력자들은 그가 건의한 정책 따위에는 눈길 한 번 주지 않고 오히려 그를 박해하였습니다.

신라 서남쪽에는 견훤의 후백제가 서고, 북쪽에는 궁예의 태봉이 일어나다.

최치원은 자기 힘이 닿는 한 지방관으로서 성실히 일하였지만, 나라는 갈수록 어지러워졌고 각지에 도적떼가 날뛰었습니다. 여기에 신라 서남쪽에는 견훤(甄萱 : 867~936년)의 후백제가 서고, 북쪽에는 궁예(弓裔 : ?~918년)의 태봉(泰封 : 후고구려)이 일어납니다. 모든 것에 절망한 그는 관직에서 물러나 산속의 절에 들어박혀 버립니다.

그리고 경주 근방의 금오산金鰲山을 비롯하여 곳곳의 절을 떠돌던 그가 가족을 이끌고 가야산伽倻山의 해인사海印寺로 옮겨갔는데, 이때가 그의 나이 마흔을 넘어서였다고 합니다. 그는 그때의 심경을 「입산시(入山詩 : 산으로 들어가리)」에서 다음과 같이 표현하고 있습니다.

스님이여, 청산이 좋다 말하지 마소
산이 좋은데 어이 다시 나오시었나
먼 훗날 내 종적 눈여겨보시게
한번 청산에 들어가면 다시는 나오지 않으리니

僧乎莫道靑山好 승호막도청산호
山好何事更出山 산호하사갱출산

---

* 894년(진성여왕 8년) 2월, 최치원이 진성여왕에게 건의한 정책으로 현재 전하지 않아 확실한 것은 알 수 없으나, 아마도 사회가 극도로 해이해지고 골품제骨品制가 일으킨 여러 가지 문제점들을 해결하려 했던 것 같다.

試看他日吾踪跡 시간타일오종적

一入靑山更不還 일입청산갱불환

　　그는 조국의 황폐한 현실에 대해서도 분노를 담아 「고의(古意 : 깊은 생각)」
라는 시에서 이렇게 읊습니다.

　　여우는 미인으로 둔갑하고

　　살쾡이는 또 선비 노릇을 한다

　　누가 알았으랴 짐승의 무리들

　　사람의 탈 쓰고 세상을 속일 줄이야

　　변화는 오히려 어렵지 않으나

　　마음 곧게 잡긴 어려워라

　　그대 참과 거짓을 분별하려거든

　　그대 마음 거울부터 닦고 보라

狐能化美女　狸赤作書生 호능화미녀　리역작서생

誰知異類物　幻感同人形 수지이류물　환혹동인형

變化尙非艱　操心良獨難 변화상비간　조심량독난

欲辨眞與僞　願磨心鏡看 욕변진여위　원마심경간

　　그리고 일하는 민중에게 쏟는 그의 애정은 다음과 같은 시에 잘 표현되
어 있습니다. 「강남녀江南女」라는 제목의 시입니다.

　　강남땅은 풍속도 음탕해라

　　딸을 키워 아리땁고 예쁘기만 하라네

　　천성이 요염해 바느질은 싫어하고

　　단장 마치고 거문고만 탄다네

　　우아한 곡조는 배우지 못했으니

그 소리 온통 춘정에 이끌리네

아름답고 꽃다운 그 맵시

길이길이 청춘일 줄만 안다네

이웃집 딸을 도리어 비웃나니

아침부터 저물도록 베틀에 앉아

진종일 땀 흘려 비단을 짠들

네 몸에 걸쳐볼 일 있으랴

江南蕩風俗 養女嬌且憐 강남탕풍속 양녀교차련

性冶恥針線 粧成調管絃 성야치침선 장성조관현

所學非雅音 多被春心牽 소학비아음 다피춘심견

自謂芳華色 長占艶陽年 자위방화색 장점염양년

却笑隣舍女 終朝弄機杼 각소인사녀 종조농기저

機杼縱勞身 羅衣不到汝 기저종노신 나의불도여

　　한편 그는 냉정하게 시대의 흐름을 읽고 있었는데, 그가 쓴 글귀에 다음과 같은 구절이 있습니다.

계림(신라)은 낙엽 지고

곡령(고려)은 무성하네

鷄林黃葉 계림황엽

鵠嶺靑松 곡령청송

신라의 멸망과 왕건에 의한 고려 왕조의 융성을 간파하다.　　즉 최치원은 신라의 멸망과 왕건(王建 : 877~943년)에 의한 고려 왕조의 융성을 간파하고 있었던 것입니다. 그는 신라의 멸망과 함께 깊은 산속으로 숨어버렸지만, 그가 가르친 많은 제자들은 신흥 고려의 문관으로 들어가 수많은 업적을 쌓았습니다.

최치원은 평생 동안 수많은 저작을 남겼다고 하는데, 『삼국사기』에는 "중국의 『신당서新唐書』 「예문지藝文志」에 최치원의 『사륙집四六集』 1권과 『계원필경桂苑筆耕』 20권이 있다고 기록되어 있으며, 또 문집 30권이 있어 세상에 남아 있다"는 기록이 있지만, 그의 작품은 거의 전해지지 않고 있습니다.

　　그러나 그는 신라에서는 물론이고 당나라에서도 세상에 드문 문호로 숭배를 받았고, 해가 갈수록 신격화 되었습니다. 그리하여 우리나라 전국 곳곳에 그와 관련된 많은 전설이 전해지고 있습니다.

3. 고려 초기의 선비이자 대학자인 최충

9세기 이후 신라는 후삼
국으로 분열되었다가,
마침내 936년에 고려로
통일되다.

9세기 이후 신라는 크게 어지러워져 후삼국으로 분열되었다가, 마침내 936년에 다시 고려로 통일됩니다.

고려는 중앙집권적인 봉건 제도를 다지고 북방 개척에 힘을 기울였기 때문에 국력이 강대해졌습니다. 또한 농업과 수공업이 발달하고, 996년에는 금속 화폐가 만들어져 통용될 만큼 상업도 발달하였습니다.

그러나 거란이 일어나 고구려 유민들이 세운 발해를 공격하여 멸망시키고 세력을 더욱 키우더니, 993년에 80만 대군을 이끌고 고려를 침입합니다. 거란은 중국 대륙을 평정할 계획을 세우고 이를 이루기 위해 우선 배후의 고려를 공격하지만, 고려는 이 첫 번째 거란의 침공을 서희(徐熙 : 942~998년) 장군의 활약으로 물리치게 됩니다.

이에 1010년 10월, 거란은 40만 대군을 이끌고 다시 고려를 침입합니다. 고려의 용감한 군사들은 고전을 거듭하면서도, 다음해 1월에 거란군을 궤멸시키지만 개경(開京 : 지금의 개성시) 시가지가 불타버리는 큰 피해를 입습니다.

그러나 거란은 두 번의 대패에도 불구하고 1018년 12월에 세 번째로 대대적인 침략을 개시합니다. 이 전쟁에서 고려는 강감찬(姜邯贊 : 948~1031년) 장군의 지휘로 적을 전멸시키는 역사상 보기 드문 큰 승리를 거두게 됩니다. 이후 거란은 두 번 다시 공격해오지 않았으나, 고려 역시 이 세 차례의 전쟁으로 국토가 황폐해지고 문화와 산업에 큰 타격을 입었습니다. 최충(崔沖 : 984~1068년)은 이처럼 긴박한 시대에 성장하여 청년기를 맞이합니다.

청년 시절 학자로 뛰어난 역량을 평가받다

최충은 984년 그다지 이름이 알려지지 않은 지방관의 아들로 태어났습니다.

고려는 958년부터 관리 등용 시험 제도인 '과거'를 통해 관리를 선출하였는데, 대부분은 유학을 공부한 지배 계급의 자제들이 응시하였습니다. 따라서 최충의 아버지도 과거를 통하여 관리가 된 사람으로 보이는데, 기록에는 그 아버지의 이름이 확실하지 않습니다.

양반이기는 해도 명문이라고는 할 수 없는 집에서 태어나서 자란 최충은 어려서부터 학문을 좋아하고 시를 즐겨 지었으며, 당당한 풍채로 성장하여 정의감이 강한 젊은이가 되었습니다.

1005년, 20세가 막 넘었을 때 최충은 그 당시 유명한 학자였던 최항(崔沆 : ?~1024년, 고려 현종 때의 문신)이라는 시험관 밑에서 과거를 보고 뛰어난 성적으로 수석 합격하여 문관으로 임명됩니다. 그리고 거란의 침략 때는 무관으로서 전선에 나가 싸우기도 합니다.

거란군의 두 번째 침입 때 수도인 개경이 불타서 국가의 중요한 문헌이 모두 소실되자, 고려 정부는 1013년에 새로이 국사편찬사업을 일으킵니다. 그때 그는 대선배 격인 최항, 주저(周佇 : ?~1024년, 송나라에서 귀화한 문인) 등의 학자와 함께 국사 수찬관(修撰官 : 시정時政의 기록을 맡은 관리)으로 선발됩니다. 이것은 최충에게 대단히 명예로운 일로 학자로서의 뛰어난 역량을 평가받았다는 것을 의미합니다. 그는 자기 책무를 다하여 관리로 빠르게 출세의 길을 걷기 시작합니다.

고려 정부는 1013년에 새로이 국사편찬사업을 일으키는데, 최항, 주저 등의 학자와 함께 국사 수찬관으로 선발되다.

관리로 유능한 삶을 살다

1035년 최충은 과거 시험관(당시 이 직위를 지공거知貢擧라고 부름)이 됩니다. 그는 시험을 주관하며 뛰어난 재능과 훌륭한 인격을 지닌 사람을 뽑기 위하여 노력하였는데, 그가 선발한 사람들 가운데서 유능한 인재가 속출하였으므로 시험에 합격한 사람들은 그에게 뽑힌 것을 크나큰 명예로 생각하였습니다. 그리하여 스스로를 '상서방尚書榜'이라 일컬었다고 합니다. 상서란 대신을 말하는데, 최충이 상서 자리에 있었기 때문입니다.

최충은 과거 시험관 된 후, 스스로를 '상서방尚書榜'이라 일컬었다.

그는 역사학자로서 국사 편찬을 계속하였으나, 1041년에는 판서 북로병마사判書北路兵馬事라는 무관의 직위에 올라 북방의 국경 지대를 순시하고 국방상 요해처에 견고한 진지와 성을 쌓습니다. 이 성은 훗날 고려 역사에서 유명한 '북방 천리장성'의 일부가 됩니다.

그 후 최충은 다시 문관으로 복귀하여 1046년에 최고 벼슬인 문하시중(門下侍中 : 수상)에 오릅니다. 재상이 된 그는 법률가들을 모아 종래의 법령들을 상세히 검토하여 고려의 형법을 근본적으로 정비합니다.

그는 또 인재 등용에서 엄격한 실력 위주의 원칙을 지키고, 국사에서는 스스로 성실과 근면의 모범을 보입니다. 국왕이 된 사람은 항상 백성을 사랑하고, 위정자(爲政者 : 정치를 하는 사람)가 된 사람은 항상 백성의 처지를 생각해야 한다는 강한 정치적 신념을 갖고 주위에도 늘 그렇게 가르쳤습니다. 그리하여 그는 농번기에 농민을 부역에 동원하는 일을 일체 금지하였고, 경비를 절약하여 국가 재정의 기초를 충실하게 하는 한편 백성들에게 부과하는 세금이 가혹하지 않도록 늘 배려하였다고 합니다.

노후에 구재학당을 세우다

1053년 많은 공을 세워 이름을 빛낸 최충은 70세를 맞이하자, 계속 권좌에 머무르는 데 한계를 느끼고 은퇴를 청원합니다. 그러나 왕은 계속해서 명예직을 맡기며 재상 자리에 머물러 있을 것을 요구합니다. 때문에 그는 2년을 더 공직에 있다가, 1055년에 마침내 퇴직을 허락받게 됩니다.

그는 몸은 노쇠하였지만 국가에 동량이 될 후진을 양성할 꿈을 간직하고 있었는데, 정계를 은퇴하면서 바로 사숙私塾을 만들어 학문을 지망하는 청년들을 모으게 됩니다. 신라 시대 젊은이들의 훈련소를 화랑도花郞徒라고 불렀던 데서 이 사숙을 '화랑도'라 이름 지었는데, 세인들은 그 학사를 '최공도崔公徒' 혹은 '최충도崔冲徒'라고 부르기도 하였다고 합니다.

최충은 처음에는 자기 집 사랑방에 몇몇 제자를 모아 가르치기 시작하였으나, 그가 학사를 연 것이 널리 알려지자 전국에서 향학열에 불타는 청년들이 몰려들었습니다. 그는 결국 아홉 개의 교실을 갖춘 학교를 세우고, 그가 신뢰하는 실력 있는 학자들을 모아 교수진을 구성하여 수백 명의 청년을 교육하는 당당한 교육 기관을 만들게 됩니다.

아홉 개의 학급은 낙성樂聖·대중大中·성명誠明·경업敬業·호도浩道·솔성率性·진덕進德·대화大和·대빙待聘이라고 이름 지었고, 교실을 재齋라고 불렀습니다. 이 9재학당九齋學堂 가운데 '낙성재'라고 하면 육예(六禮 : 예禮, 악樂, 사射, 어御, 서書, 수數), 즉 기초 교육을 하는 초급반을 의미하였고, 한 학급 올라갈 때마다 수준이 높아지며 마지막의 '대빙재待聘齋'는 졸업반을 뜻하였습니다.

이 학교는 고려 정부가 세운 국학이 단지 과거 시험을 준비하기 위한 교육 기관이었던 것과는 달리 인간 교육을 기본으로 삼았습니다. 그러나 국학은 거란의 침입으로 완전히 황폐해지고 교육 내용도 형식적이어서 젊은이들에게는 흥미 없는 학교가 되어 있었으니, 과거를 지망하는 젊은이들이 국학보다 '구재학당'에 들어가기를 바라게 된 것은 극히 당연한 풍조였다고 할수 있습니다.

그의 교육 방침은 과학적이고 합리적이었습니다. 여름이면 고원高原의 큰 사찰을 빌려 '하과夏科'라는 여름 학교를 연 것도 이를 입증해 주고 있습니다. 이 '하과'에는 교수나 학생뿐만 아니라 과거에 합격하였으나 아직 관직에 나가지 못한 선배들도 다수 참가하여 생생하고 현실감 있는 교육을 하였습니다. 때로는 저명한 학자나 고관들도 참가하여 밤을 새우며 함께 토론하고, 시원한 밤바람을 쏘이면서 '각촉부시회(刻燭賦詩會)'를 개최하여 여흥도 즐겼습니다. 이것은 양초에 선을 긋고 그 선까지 초가 타들어가는 사이에 시를 지어 발표하고 우수한 시를 칭찬하는 것이었는데, 이러한 시회가 끝나면 간단하게 다과회도 열고 각자 좋아하는 노래를 부르기도 하였다고 합니다.

최충도를 포함한 12도 사학이 번성하다

최충의 구재학당에서 과거 합격자가 속출하자, 평판이 점점 높아져 이 학교에 입학하고자 하는 사람들이 전국에서 모여들게 됩니다. 그러자 퇴직한 많은 학자들이 이에 자극을 받아 속속 최충의 학교와 같은 학사를 만들기 시작합니다. 내용이나 규모는 여러 가지였지만, 특히 유명했던 것은 최충도 외에 다음의 11도였습니다.

정배걸鄭倍傑의 홍문공도弘文公徒, 노단盧旦의 광헌공도匡憲公徒, 김상빈金尙賓의 남산도南山徒, 김무체金無滯의 서원도西園徒, 은정殷鼎의 문충공도文忠公徒, 김의진金義珍의 양신공도良愼公徒, 황영黃瑩의 정경공도貞敬公徒, 유감柳監의 충평공도忠平公徒, 문정文正의 정헌공도貞憲公徒, 서석徐碩의 서시랑도徐侍郎徒, 설립자 미상의 구산도龜山徒가 바로 그것입니다. 이 학교들은 대체로 1050년대부터 1080년대 사이에 설립되었습니다.

사립학교가 번성하게 된 이유

이처럼 사립학교가 번성하게 된 것은 고려 사회에 과거 제도가 완전히 뿌리를 내리고 있었고, 특권을 누리던 소수의 왕후 귀족을 제외하면 과거에 합격하지 않고는 벼슬을 할 수 없었기 때문입니다. 더구나 지망자가 증가하면서 과거 는 더욱 어려워지고, 어지간히 실력을 쌓지 않고서는 과거에 합격할 수 없었습니다.

또한 거란과의 전쟁에서 승리하고 평화가 지속되면서 무관의 지위보다 문관의 지위가 급격히 높아지자, 출세를 원하는 사람들은 유학을 공부하여 과거에 합격하는 것만을 생각하게 되었습니다. 게다가 국립인 국학이 전화戰禍를 입어 시설이나 서적이 거의 모두 불타버려서 복구가 늦어진 것도 한 원인이었습니다. 또한 국학은 고려 정부가 불교를 장려하고 불교 경전 교육에도 힘을 쓰고 있었기 때문에 유학에 대해 학식이 깊지 못한 교사들도 많았습니다. 이러한 이유로 과거 지원자들이 국학에 등을 돌리고 사학으로 모여들게 됩니다. 사학의 설립자들이 대부분 과거 시험관을 거친 학자들이었다는 점도 역시 과거를 지망하는 사람들을 사학에 모여들게 한 요인이었다고 할 수 있습니다.

고려 초기에 지방 행정 기관이 확립되어감에 따라 조정은 지방의 주요 지역에 학자들을 파견하여 '향학鄕學'이라는 지방 교육 기관을 설립합니다. 하지만 이들 향학도 전란 중에 쇠퇴하여 과거를 지망하는 사람들에게 만족할 만한 교육을 해주지 못한 상태였습니다. 따라서 지방에 있는 양반 가문의 자제들도 공부를 하기 위하여 대개 서울인 개경으로 상경하여 사학인 '도徒'에 입학하게 됩니다.

이리하여 12도는 11세기 후반에 고려를 대표하는 교육 기관으로 발달하여 점점 번성하게 됩니다. 그 중에서도 도의 원조라고 할 수 있는 최충의 '시중최공도侍中崔公徒'가 가장 권위 있는 존재로서 세인의 동경을 받았고, 그 후 그의 자손들이 그것을 이어받아 더욱 융성하게 하였습니다.

최고의 영예를 누리며 삶을 마감하다

최충은 관직에서 은퇴한 뒤에도 원훈(元勳 : 나라를 위해 큰 공을 세워 임금에게 인정받는 늙은 신하)으로서 국정의 조언자 역할을 하였습니다. 아울러 그가 경영하는 학교가 번창함에 따라 그의 명성은 더욱 높아져 갔습니다.

1067년 국왕 문종(文宗 : 1019~1083년, 고려 제11대 왕)은 나라 안의 원로들을 위로하기 위하여 큰 잔치를 연 적이 있는데, 80세를 훨씬 넘긴 그가 이미 대관으로 출세해 있는 두 아들 유길惟吉과 유선惟善의 부축을 받으며 참석한 모습을 보고, 모두들 사람으로 태어나 더 이상의 영예는 없을 것이라며 칭송이 자자하였다고 합니다.

1068년 9월, 최충은 86세의 천수를 다하고 많은 사람들의 추앙을 받으며 숨을 거둡니다.

젊어서부터 정의감이 강했던 최충은 오랫동안 관직에 있으면서도 청렴한 생활을 지켰으며, 그는 자손에게 다음과 같이 가르쳤습니다.

선비가 권력으로 세상에 나가면 그 최후는 결코 아름다운 것이 될 수 없다. 뛰어난 문재와 성실한 행동으로 나간다면 반드시 유종의 미를 거둘 수 있다. 나는 다행히 문재로 세상에 나아갔기 때문에 인생을 깨끗하게 마칠 수 있었던 것이다.

안타깝게도 최충의 시나 문장은 엄청나게 많았지만 대부분 소실되어 버리고, 겨우 몇 편의 시만 남아 있을 뿐입니다. 그 가운데 「계이자시(戒二子詩 : 두 아들에게 훈계하며)」라는 유훈이 있습니다.

집안 대대로 대단한 것이라고는 없지만
오직 보배 한 가지를 간직해왔노라
문장은 비단이 되고
덕행은 옥이 되는 것
오늘 분부하노니
나중에 잊지 말지어다
잘 간직해서 조정에서 쓰면
대대로 더욱 번창하리라

家世無長物　惟傳至寶藏 가세무장물　유전지보장
文章爲錦繡　德行是珪璋 문장위금수　덕행시규장
今日相分付　他年莫敢忘 금일상분부　타년막감망
好支廊廟用　世世益興昌 호지랑묘용　세세익흥창

과연 교육자다운 훈계가 아닐 수 없습니다.

최충에 대한 역사적 평가

최충은 고려 초기의 가장 뛰어난 학자로서, 『고려사高麗史』 「열전列傳」에서 그의 공적을 크게 칭송하고 있지만 그 기록만으로 그의 인간 됨됨이를 다 파악할 수는 없습니다.

봉건 시대의 지배층에 대하여 장점만을 늘어놓는다면 자칫 지루하기 십상입니다. 봉건 지배 체제에서 권력 투쟁은 늘 있게 마련이며, 출세 가도를 달리면 달릴수록 음험한 중상이나 모략이 주위를 둘러싸게 마련입니다. 정의감이 강한 사람이 주위와 충돌하지 않고 살아간다는 것은 실로 어려운 일입니다. 더구나 수재는 타인의 시기를 받기 쉬운 법입니다.

그런데 최충에 대한 기록에는 그 어느 곳에서도 그가 남들과 심하게 다투었다는 내용을 찾아볼 수 없습니다. 정의감이 강하고 보기 드문 수재였던 사람이 권력자의 사랑을 받고 주위의 존경을 받으며 언제나 청렴하게 살면서 출세의 극을 달렸다는 점에서, 그는 실로 모범이라 해도 좋을 인간이었을 것입니다.

아마도 그는 매우 조심성이 많은 사람이었음에 틀림없고, 또한 젊어서부터 강한 자제력으로 삶을 꾸리고 처세에서도 굳은 신조 같은 것이 있었을지도 모릅니다.

그가 절에 가기를 좋아하고 절에 많은 필적을 남겼다는 것은 이름 있는 학승들과 교제가 깊었음을 말해줍니다. 후세의 유학자 가운데는 그가 불교에 너무 관심을 쏟았으므로 순수한 유학자로 볼 수 없다는 식으로 비판하는 사람도 있지만, 바로 그러하였기 때문에 그의 삶에는 일찍부터 일종의 철학적인 신념이 있었다고 볼 수 있습니다.

평온하게 살아가기 위해서는 내 주장을 내세워서는 안 된다고 말하지만, 그렇다고 타협만 한다면 주위로부터 경원시되기 쉽습니다. 아마도 그는 냉철하게 사물을 판단하고 확고한 주관을 갖고서 주위의 여러 의견에 조용히 귀를 기울이는 사람이 아니었나 생각됩니다.

그 점에서 그는 영웅도 호걸도 아닌, 극히 평범하고 차분한 사람이었을 것입니다. 아니면 그는 미천한 집안에서 태어났기 때문에 스스로 자신을 지키는 것만이 살아남는 방도임을 일찍 깨닫고, 오직 참을성 있게 출세의 계단을 끝까지 올라갔는지도 모릅니다.

인간으로서도 삶의 자세에서도 그는 누구의 비난도 받지 않고 훌륭한 인간으로 칭송받았습니다. 그것은 물론 찬사를 받아 마땅하지만, 그렇다면 과연 그는 역사에서 어떠한 역할을 한 것일까요?

최충 자신의 주관은 선의로 가득 차 있고, 민중에 대해서도 항상 성실하게 배려하였다는 것은 기록에 나타난 대로입니다. 그러나 고려 봉건 왕조 내에서 그는 평생 권력의 옹호자였지 결코 민중의 편에 선 사람은 아니었습니

과연 그는 역사에서 어떠한 역할을 한 것일까?

다. 노후에 그가 온힘을 다하여 이룩한 교육 사업은 고려 사회의 문화 발전에는 물론 기여하였지만, 그가 만든 교육 기관은 인간 교육에 중점을 두었음에도 불구하고 실제로는 권력을 동경하여 과거를 보려는 사람들을 육성하는 장소였습니다.

최충은 분명히 훌륭히 제자를 가르치고 학식이 높은 유능한 인간을 수없이 길러냈지만, 그가 가르친 제자들이 잇달아 과거에 합격한 후에는 고려 사회의 최대의 학벌을 이루고 권위를 휘두르는 도당徒黨이 되어갔습니다. 사실 그가 사망한 이후인 1100년, 고려 정부는 학벌의 만연으로 여러 가지 사회적 폐해가 발생하자, 국학을 진흥시켜 사학을 억압하려 하였습니다. 1109년에 국학 7재를 설치하고 국립 학교의 발전에 힘을 쓴 것은 그러한 노력의 흔적을 보여주는 것입니다. 그러나 사학은 이미 권력 사회에 확고하게 뿌리내렸기 때문에 정부의 일시적인 정책으로는 어찌할 수 없는 존재가 되어 있었습니다. 그리하여 약 300년 동안 이들 사학은 고려 사회에서 최고 학부의 지위를 누립니다.

필연적으로 구재학당을 배경으로 한 최충의 가문은 고려 사회에서 최대 학벌의 중심 세력이 되었으며, 그의 직계 자손들은 대부분 대신이 되어 고려 왕조에서도 재상을 가장 많이 낸 가문이 됩니다.

또 기록에 의하면, 최충이 이와 같은 대규모 학교를 건설하여 운영하게 된 것은 당시 고려 최대의 권력을 손에 쥐고 있던 왕의 외척 인주 이씨(인주仁州는 지금의 인천을 말하며, 경원慶源 이씨라고도 함)와 인척 관계를 맺고 있었던 덕분이라고도 합니다. 오늘날 말하는 정략결혼과는 다를지도 모르지만, 어쨌든 최충은 결과적으로 고려 최대의 권력을 쥔 학벌과 문벌의 창시자가 된 것입니다.

우리는 이 같은 최충의 생애를 보면서, 아무리 훌륭한 인물이라 하더라도 그가 역사에서 어떤 역할을 담당하였는가를 다른 측면에서도 다시 한 번 돌아보는 것도 매우 중요하다고 생각합니다.

4. 사대주의와 민족주의의 두 얼굴, 김부식

우리나라는 기원전인 고조선 시대부터 역사 편찬 사업이 계속되어 왔습니다. 삼국 시대에는 고구려의 『유기留記』, 백제의 『서기書記』, 신라의 『국사國史』 등의 역사서가 있었음에도 불구하고, 오늘날 그 문헌들은 하나도 남아 있지 않습니다. 현존하는 가장 오랜 역사서는 바로 『삼국사기三國史記』입니다. 그러한 점에서 이 귀중한 문헌을 편찬한 김부식(金富軾 : 1075~1151년)의 공을 높이 평가하지 않을 수 없습니다.

유복한 환경 속에서 출세의 길을 걷다

김부식은 1075년(고려 11대 문종 29년)에 신라 왕족의 혈통을 이어받은 명문가에서 태어났습니다.

고려 초기는 대체적으로 신라 귀족의 자손들이 정치의 중심 세력을 이루고 있었는데, 김부식의 집안도 조상 대대로 고관 자리를 이어왔습니다. 아버지 김근金覲도 조정의 고관이었기 때문에 그 역시 당연히 관리가 되기 위해 공부하였습니다. 특별한 점이 있다면 그가 과거를 볼 때 두 형과 동생이 함께 응시하였고, 네 사람 모두 합격을 하였다는 사실입니다.

이것은 그의 형제들이 모두 학문이 뛰어났다고도 할 수 있지만, 그의 가문이 대단한 세력을 가지고 있었다는 반증이기도 합니다. 이것이 1097년의 일입니다.

김부식이 처음으로 임명된 자리는 지방의 하급 관리였는데, 이는 명문의 자제에게는 아주 드문 일이었습니다. 그가 스스로 그러한 길을 지원하였는지 아니면 그의 아버지가 자식에게 고생을 겪게 하려 하였는지는 확실하지 않지만, 그는 임기 중에 업무 성적이 좋아 조정에 발탁되어 학문에 몰두하면서 순조롭게 출세 가도를 걷게 됩니다. 그러나 젊은 시절에는 김부식이 몹시 교만하고 자부심이 강했다는 것이 역사의 한 단면에 나타나 있습니다.

연대는 명확하지 않지만, 어느 날 예종(睿宗 : 재위 1105~1122년, 고려 16대왕)이 1101년에 사망한 자신의 숙부 대각국사 의천(大覺國師 義天 : 1055~1101년, 고려 문종의 아들로 출가하여 승려가 된 인물)의 업적을 기리기 위하여 당시 명신으로 추앙받던 윤관(尹瓘 : ?~1111년)에게 비문의 집필을 의뢰한 일이 있습니다.

윤관은 수차례에 걸쳐 여진女眞의 침입을 물리쳤을 뿐만 아니라, 여진이 금金나라라는 대국이 된 후에도 다시 고려를 넘보지 못하도록 옴짝 못하게 만든 명장으로서 당시 조정의 가장 높은 지위에 올라 있었습니다.

그런데 김부식은 이 대선배가 지은 비문에 대해 "저 문장은 아무렇게나 쓴 것이어서 그다지 좋다고는 할 수 없다"고 비판하면서, 자기 제자를 시켜 왕의 귀에까지 이 말이 들어가게 합니다. 그러자 왕은 명문으로 이름을 날리기 시작한 김부식에게 새로 비문의 집필을 부탁합니다.

당시의 상식으로 보자면 예의상으로도 국가의 공신인 대선배의 문장을 내세우는 것이 도리이고, 아무리 왕명이라도 사양하는 것이 당연한 일입니다. 그런데 그는 왕의 말이 떨어지자마자 사양하지 않고 즉시 윤관의 문장을 고쳐 씁니다. 과연 비문은 몰라보리만치 나아졌지만, 이 일로 교만하고 무례한 사람이라는 평판이 나돌게 됩니다.

윤관은 1111년에 죽었지만, 뛰어난 학자였던 윤관의 아들 윤언이(尹彦頤 : 1090~1149년)는 이 일로 김부식에게 깊은 원한을 품습니다. 한번은 왕이 국자감國子監에 들러 김부식에게 『주역周易』 강의를 시킨 일이 있었는데, 김부식이 아무리 박학하다고는 하지만 주역은 그의 전공이 아니었습니다. 왕은 마침 곁에 있던 국자감의 교수 윤언이에게 김부식의 강의에 대해 질의를 하였습니다. 주역에 관해서는 당대 제일인자로 정평이 난 윤언이는 철저하게 김부식을 물고 늘어졌고, 김부식은 윤언이의 당당한 논조 앞에서 대답이 궁하여 비지땀을 흘렸다고 합니다.

후일 윤언이와 김부식은 정책적인 면에서도 대립하게 되었는데, 그때 김부식은 있지도 않은 구실을 꾸며서 윤언이를 조정에서 밀어내려고 하였습니다. 다행히 윤언이는 죄를 벗어났지만, 김부식에게는 이렇게 음험한 면이 있었습니다.

이자겸의 난에서 살아남아 권력을 장악하다

김부식은 조정의 요직을 역임하고, 1122년 예종이 사망하자 즉시 왕의 연대기를 편찬하는 책임을 맡게 됩니다. 그만큼 학자로서 실력을 높이 평가받고 있었던 것입니다.

그리고 그의 명성을 더욱 높여주는 사건이 일어납니다. 당시 고려는 북방 세력의 침입도 끝나고 생산도 급속하게 늘어서 국력이 전에 없이 충실해지고 있었습니다. 무역도 번창하여 항구에는 수백만 석의 곡물을 쌓아올린 창고가 처마를 맞대고 늘어서 있었습니다.

그러나 그에 비해 국가의 권력은 일부 문벌들이 장악하여 추악하기 그지없는 권력 다툼이 벌어지게 됩니다. 권력을 잡은 대신들은 자기 딸을 왕비로 들이고, 외척의 지위를 이용하여 마음대로 권력을 휘두르고 있었습니다. 이 무리들은 권력을 유지하기 위해서라면 왕까지도 마음대로 바꾸는 형편이었습니다.

그 가운데서도 7대에 걸쳐 고려 왕의 외척이 된 인주 이씨 일파가 가장 큰 세력을 쥐고 있었는데, 그 일문인 이자겸(李資謙 : ?~1126년, 고려 중기의 문신)은 사치를 뽐내어 공공연히 뇌물을 받고 많은 국토와 타인의 토지를 가로채 사유지로 삼고 수많은 노예를 거느렸으며, 그의 창고에는 언제나 먹고 남은 고기가 수만 근씩 썩어나갔습니다.

이자겸은 둘째 딸을 예종의 왕비로 들였는데, 예종이 죽자 그 딸이 낳은 인종(仁宗 : 1109~1146년, 고려의 17대 왕)이 왕위를 잇게 됩니다(1123년). 이자겸은 이제 왕의 외조부가 되어 '한양공漢陽公'으로 불리게 되지만, 그래도 안심할 수가 없었던지 다시 셋째 딸과 넷째 딸을 잇달아 인종의 왕비로 보냅니다. 이에 인종은 이자겸에게 '조선국공朝鮮國公'이라는 이름을 내리게 되고, 나라 안에서는 이자겸의 면전에서 머리를 쳐들 사람이 아무도 없었습니다.

인종은 이렇게 지위가 높은 이자겸을 일반 신하와 구별하여 대우하는 것이 좋겠다고 생각하여 조서를 내려 대신들에게 의견을 묻습니다. 이자겸에게 빌붙어 아첨하는 대신들은 모두 왕의 의견에 찬성을 합니다.

"국왕의 외조부인 만큼 당연히 다른 신하들과는 다르게 대우해야 합니다."

김부식이 동서고금의 역사를 보기로 들면서 정론을 주장하다.

그러나 김부식만은 동서고금의 역사를 보기로 들면서 정론을 주장합니다.

"하늘에 두 해가 없는 것처럼 왕은 오직 하나입니다. 비록 외조부라고 해도 신하임에는 틀림이 없습니다. 다만 가정 안에서 외조부 대우를 하는 것은 사람의 도리로서 당연한 일이지만, 공적으로는 신하로 대해야 합니다."

재상은 이 두 의견을 그대로 인종에게 보고하였고, 내심 이자겸을 두려워하던 인종은 가까운 신하를 이자겸에게 보내 그의 의견을 물어봅니다. 그러자 이자겸은 짐짓 겸손을 가장하여 김부식을 칭찬합니다.

"김부식의 의견이 참으로 천하의 공론이라 할 만합니다. 만일 그가 없었더라면 뭇사람의 부추김에 편승하여 이 늙은이가 크게 물의를 일으킬 뻔하였습니다."

하지만 인종은 이자겸의 기분을 풀어주기 위하여 그의 조상들에게 높은 벼슬을 추증합니다. 그래서 이자겸의 조상을 위한 성대한 제사를 지내게 되는데, 아첨 잘하는 관리들이 왕가王家의 제사에만 연주할 수 있는 악기를 사용하려고 하였습니다. 김부식은 이에 정론을 내세우며 왕실의 악기를 쓰지 못하도록 가로막습니다.

그러자 이번에는 이자겸의 생일을 인수절(仁壽節 : 고려 시대 임금의 탄생일을 기념하여 정한 날)로 정하여 명절로 삼자는 안을 내놓는 패들이 생겨납니다. 김부식은 또 중국의 예를 들어, "왕의 탄생일 외에는 절節로 정할 수 없다"는 반대 의견을 주장합니다.

김부식이 이렇게 절대 권력을 쥐고 있는 이자겸에 대하여 감히 정론을 주장하고, 더구나 그 의견이 먹혀들었다는 것은 그가 조정 안에서 상당히 강한 세력을 가지고 있었음을 말해 주는 대목입니다. 또한 김부식이 이자겸의 전횡을 미워하는 사람들로부터 절대적인 지지를 받고 있었기 때문이기도 하였습니다.

이자겸의 난

그러나 이자겸은 더욱 사치를 부려 왕궁보다 훌륭한 저택을 세우고 인종을 불러 마치 신하처럼 대하였습니다. 자기가 사실상의 국왕이라고 공공연하게 표현한 것입니다. 겁이 많은 인종은 이자겸을 두려워하여 몇 번이나 왕위를 이자겸에게 넘기고 싶다고 말할 정도였습니다.

그러면서도 인종은 몰래 이자겸을 죽이려는 계획을 세우기도 하였는데, 이에 노한 이자겸은 궁전을 불태우고 인종을 자기 집에 가두어버립니다. 이를 '이자겸의 난'*이라고 하며, 내친김에 이자겸은 인종을 독살하고 자신이 왕이 되려고까지 합니다. 그러나 왕비인 이자겸의 딸의 도움으로 인종은 겨우 도망칠 수 있었습니다.

이처럼 인종과 이자겸이 계속 심각하게 대립하던 중에, 1126년 5월 이자겸의 심복인 척준경(拓俊京 : ?~1144년)이라는 무신이 이자겸을 배신하고 그를 체포합니다. 이리하여 이자겸은 남해의 끝으로 유배되어 죽게 되고, 그가 죽은 뒤 그 권력을 대신 차지하려던 척준경도 곧 추방당합니다.

김부식이 이 소동에 말려들지 않은 것은 권력에 대한 야심이 없었던 까닭이라고 하는데, 어쨌든 그에게는 행운이었습니다. 이자겸이 유배된 후 김부식은 송나라에 사신으로 파견됩니다.

그가 사신으로 처음 송나라에 간 것은 1116년이었습니다. 그의 박학함이 소문이 나면서 송나라 황제로부터 그림을 상으로 받아왔고, 그 공적으로 후에 그는 송나라에서 온 사신을 접대하는 자리에 임명되기도 합니다. 1124년 고려에 온 송나라의 사신은 김부식에 관하여 다음과 같은 글을 남겼습니다.

체구가 크고 얼굴이 검으며 눈동자가 불룩한 모습으로, 박학하고 문장이 뛰어나 많은 학자들의 존경을 받았으며 그보다 뛰어난 학자는 없는 것 같다.

한편 송나라 사신의 기록에 따르면, 그는 중국의 귀중한 고서가 고려에 산더미처럼 쌓여 있는 것을 보고 놀랐다고 합니다. 또 고려의 사신들이 중국

---

* 1126년(인종 4) 2월, 최고 권력자였던 이자겸이 척준경拓俊京 등과 함께 '십팔자十八子'가 왕이 될 것이라는 도참설圖讖說을 내세워 인종을 폐위시키고 스스로 왕위를 찬탈하고자 일으켰던 반란이다.

에 가면 닥치는 대로 책을 사들인다는 소문을 들은 송나라의 어느 학자는 이렇게 탄식하며 주장하였다고 합니다.

중국의 책이란 책은 모두 고려로 흘러 들어가고 있으니, 이 상태가 계속되면 중국에는 한 권의 책도 남지 않게 될 것이다. 고려의 사절이 오지 못하게 해야 한다.

고려와 송나라의 국교는 중국 북방을 지배하던 요(遼)나라나 금나라의 방해를 받았으나, 양국의 무역이나 문화 교류는 매우 활발하였습니다. 김부식은 사신으로 송나라에 가서 외교관으로도 역량을 발휘하였지만, 송나라에서 새로이 배운 내용으로 학자의 관록이 더해지고 마침내 권력의 중심에 앉게 된 것 또한 사실입니다.

서경 천도를 주장한 묘청과 싸우다

고려 정부는 송나라와 수교를 쌓아가면서도 한편으로는 중국 북방의 금나라에 비굴한 사대주의적 외교를 계속하고 있었습니다. 일부 사람들은 금나라에 사대주의적 태도를 취하는 데 대해 줄곧 비판적이었는데, 그 무리의 중심은 서경(西京 : 평양) 출신의 관리들이었습니다. 고구려의 옛 수도 출신인 이들은 고려 초기부터 북방으로 진격하여 고구려의 옛 땅인 압록강 이북을 회복해야 한다고 주장해왔습니다.

묘청의 서경 천도

이자겸이 몰락한 뒤 서경 출신인 묘청(妙淸 : ?~1135년, 고려의 승려이며 서경의 천도를 주장한 인물), 정지상(鄭知常 : ?~1135년), 백수한(白壽翰 : ?~1135년) 등은 사대주의를 버려 민심을 일신하고, 독립국답게 연호(年號)를 만들고 왕을 '황제'로 칭할 것을 주장하였습니다. 또한 서울을 서경으로 옮겨 금나라를 토벌할 계획을 세우자고 주장하였습니다.

특히 승려인 묘청은 운이 강한 땅에 도읍을 정하면 나라가 번창하였다는 풍수지리설을 빌려 이렇게 주장하였습니다.

"개경(開京 : 지금의 개성)은 이미 운세가 다하여 궁전이 불타게 된 것입니다. 이래서는 나라가 쇠약해질 뿐이니, 운세가 성한 서경으로 도읍을 옮기면 금나라를 멸망시킬 수 있고 이웃 나라들이 따르게 될 것입니다."

당시 이 풍수지리설을 믿는 사람이 많았고, 인종도 묘청의 이야기에 마음이 기울어 서울을 서경으로 옮기는 데 찬성하였습니다. 그러나 송나라에서 막 귀국한 김부식은 이에 강력히 반대하였습니다.

"엉터리 미신을 퍼뜨리는 묘청의 말 따위는 믿을 수 없습니다. 그를 응당 처벌해야 합니다. 수도를 옮기는 일을 당장 그만두어야 합니다."

많은 보수적인 유학자들이 김부식의 주장에 동조하였으나, 왕이 그들의 주장을 듣지 않자 한때는 모두 관청에 출근을 하지 않는 동맹 파업을 일으키는 일도 있었습니다.

묘청 일파의 천도 운동은 한때 성공을 거두어, 1118년에 왕이 직접 서경에 가서 궁전 건축 공사를 착수하라고 명합니다. 다음해 '대화궁大花宮'이라는 새 궁궐이 낙성되고, 궁궐 주위에 우람한 성을 쌓고 궁궐 안에는 '팔성당八聖堂'을 세워 그 화려함은 눈이 부실 지경이었습니다.

왕은 일 년에 몇 번씩 서경을 오갔지만, 김부식을 비롯하여 개경을 지키려는 보수파의 완강한 반대 때문에 천도 결의는 실행되지 못합니다. 그러자 묘청 등은 단번에 일을 해치우려고, 1132년에 대동강 속에 기름을 넣은 떡을 많이 가라앉혀 두고 왕을 서경으로 모셔와 대동강에서 뱃놀이를 열게 됩니다. 묘청 등은 기름이 배어나와 반짝거리는 강물을 가리키며 역설합니다.

"이는 대동강에 서기瑞氣가 있다는 증거이니, 속히 수도를 옮겨 연호를 정하고 금나라 토벌군을 일으키면 반드시 성공할 것입니다."

그러나 곧 이 잔꾀가 들통이 나 큰 소동이 벌어지게 됩니다. 김부식을 선두로 한 개경의 보수파들은 묘청의 처형을 재촉하고, 묘청 일파의 음모를 폭로하여 왕과 더불어 동요하고 있던 개경의 일부 양반들을 고립시킵니다.

금나라에 대한 사대 외교를 중지하고 자주적인 연호를 쓰고 고구려의 옛 땅을 회복하자는 것은 당시 진보적 의견을 가지고 있던 사람들의 공통된 생각이었습니다. 개경의 학자들 가운데서도 적극적으로 찬성하는 사람이 많았으나, 묘청 등의 어리석은 술책이 도리어 보수파의 사기만 북돋워주는 결과가 되고 만 것입니다.

그런데도 두 파의 의견이 백중하여 좀처럼 결론이 나지 않은 채 몇 년 동안 논쟁이 계속되다가, 개경의 복구 공사가 진척됨에 따라 보수파의 주장이 강해져서 결국 인종은 1134년에 서경 천도를 중지하기로 결정하게 됩니다.

서경을 근거로 하고 있던 묘청 등은 개경 보수파의 압정에 항거하는 서북 지방 민중들의 지지를 얻어 군비를 확장하고, 1135년 서경을 수도로 하는 '대위국大爲國'을 수립합니다. 그리고는 연호를 '천개天開'로 정하고 개경의 보수파와 투쟁할 것을 선언합니다(묘청의 난 : 인종 13년인 1135년 1월부터 1136년 2월까지 묘청 등이 서경에서 일으킨 난).

인종이 김부식을 묘청
토벌의 대장군에 임명
하다.

이에 인종은 개경 보수파의 실질적 우두머리인 김부식을 묘청 토벌의 대장군에 임명합니다. 그 무렵 개경에는 진보파인 정지상, 백수한, 김안(金安 : ?~1135년) 등 많은 학자들이 있었지만, 묘청의 거사와는 아무 관계가 없었습니다. 하지만 김부식은 토벌에 나서기 전에 이들이 반란군에 합세하였다고 단정하고 남김없이 처형해버립니다. 이 사건은 정적을 무너뜨리기 위해서는 수단과 방법을 가리지 않는 그의 냉혹한 일면을 보여주고 있습니다.

김부식은 묘청과의 전투에서 매우 용의주도한 작전을 펼칩니다. 정면에서 서군을 공격하지 않고 토벌군을 삼군으로 나누어, 그 일부를 서북방 깊숙이 진격시켜 후방에서 서군의 보급선을 끊어 서경을 고립시키고 이를 포위하는 태세를 갖추었던 것입니다.

그리고 묘청만 죽는다면 반란군에 가담하였던 사람들에게 절대 죄를 묻지 않겠다고 선전하였습니다. 그러자 서경의 군대 안에서 동요가 일어나고, 서군의 실질적 지휘관인 조광(趙匡 : ?~1136년)이 묘청의 목을 베어 개경으로 보내 용서를 청합니다.

김부식은 자기 작전의 성공을 기뻐하고 서군을 무마하려 하였으나, 그의 방식에 반감을 갖고 있던 개경의 일부 고관들은 조광의 사자를 감옥에 가둬버립니다. 이 소식에 격분한 조광은 다시 전의를 가다듬었고 개경군을 격렬하게 공격합니다.

토벌군은 대동강을 거슬러 올라가 서군을 공격하려고 하였던 수군 작전이 실패하여 큰 손해를 입었고, 그 후에도 작전이 좀처럼 풀리지 않아 두 번째 겨울을 맞이하고 맙니다. 개경에서는 김부식의 무능을 규탄하는 소리가 높아지고 그를 물러나게 해야 한다는 요구까지 나왔지만, 그는 오로지 포위 작전을 강화하여 서군의 보급을 차단하고 서경의 성 밖에다 그 높이보다 더 높은 대를 세워 공격의 거점을 만드는데 집중합니다.

　　식량이 끊겨 아사 직전에 놓인 서군은 1136년 2월 최후의 반격을 시도하였으나 실패로 돌아가고, 토벌군은 단숨에 성을 함락시킵니다. 조광 등 지도부는 불타 무너지는 성과 함께 자살해버리고, 서군은 봉기한 지 14개월 만에 진압됩니다.

　　토벌군은 포로가 된 반란군 간부들을 그 자리에서 처형하였습니다. 김부식은 항복하는 자는 관대하게 처벌하겠노라는 당초의 약속을 어기고 이들의 얼굴에 '서경 역적' 또는 '서경'이라는 먹자를 새겨 유배를 보냈으며, 성 안에 있던 죄 없는 백성들까지도 천민 부락인 지방의 부곡部曲과 향鄕에 보내고 일부는 노예로 삼습니다. 승리를 거두고 개경에 돌아온 김부식은 대위국 토벌의 공을 인정받아 최고의 지위에 오르게 됩니다.

　　많은 역사가들은 이 서경 천도 운동을 반대한 김부식의 자세를 사대주의자의 전형이고, 반민족적인 행위로 비난하고 있습니다. 봉건 시대에는 한결같이 그를 애국자로 떠받들었지만, 해방 후 오늘날의 역사가들은 그의 보수성과 반동성을 준엄하게 지적하고 있는 것입니다.

　　하지만 일부에서는 그가 외교관으로서 당시 동북아시아의 정세를 냉정히 판단하여 아무런 승산도 없는 황당무계한 주장으로 국가를 파멸의 길로 이끌려했던 묘청 일파의 음모를 깨뜨린 것은 칭송받아 마땅한 일이라고 말하기도 합니다.

『삼국사기』를 편찬하다

　　정적이 거의 사라졌으므로 김부식은 그가 원하기만 하면 어떤 권력도 줄 수 있었습니다. 그런데도 그 후 김부식이 권좌에 앉으려하지 않은 것은 그가 현명하였기 때문일까요, 아니면 학자로서 자기의 분수를 지켜 여생을 학문의 길에서 살고자 하였기 때문일까요? 『고려사』에 나오는 그의 전기로는 이를 명확히 알 수 없지만, 어쨌든 1137년 이후 그가 『삼국사기』 편찬에 전력을 바친 것은 확실합니다.

오늘날 남아 있는 우리나라 최고最古의 역사서 『삼국사기』를 편찬하다.

　　오늘날 남아 있는 우리나라 최고最古의 역사서가 된 이 『삼국사기』 50권이 완성된 것은 1145년인데, 김부식은 이 저서를 쓴 동기에 관해서 다음과 같이 말하고 있습니다.

　　　우리나라 사대부들은 중국의 경학經學이나 역사에는 상세하나 자기 나라의 역사에 관해서는 아는 것이 거의 없으니, 그것을 개탄하여 이 책을 편찬한다.

　　이 문장에는 그의 기본적인 애국심이 드러나 있습니다. 그는 이 책을 편찬하기 위하여 그때까지 남아 있던 우리나라의 옛 문헌을 정독하였을 뿐만 아니라, 중국의 옛 문헌에 나오는 우리나라에 관한 오랜 기록이나 비문 등 모을 수 있는 모든 것을 그러모았습니다.

　　『삼국사기』는 1권부터 12권까지가 「신라본기新羅本紀」이고, 13권부터 22권은 「고구려본기高句麗本紀」, 23권부터 28권까지는 「백제본기百濟本紀」, 29권부터 31권까지는 「연표年表」, 32권부터 40권까지는 「잡지雜志」, 41권부터 50권까지는 「열전(列傳 : 개인의 전기)」으로 되어있습니다.

　　「본기」는 연대기 형식으로 되어 있는데, 삼국 가운데 신라가 가장 빨리 건국된 것처럼 쓰여 있는 것은 고구려 건국이 제일 빨랐다는 역사적 사실과 다릅니다. 이는 중국식 역사관에 빠져 있던 김부식이 고려가 신라의 전통을 이어받아 건국되었음을 강조하려고 하였기 때문입니다.

　　또한 『삼국사기』는 중국의 역사 체계를 그대로 흉내 낸 나머지 우리나라의 '민속', '설화', '언어' 등 고유한 것을 거의 잘라냈기 때문에 후세 연구자들에게 지나치게 사대주의적이라는 비판을 받습니다. 건국 신화의 기술도 분석적인 해설을 붙이지 않고 사실과 혼동하는 듯한 모호한 표현을 하였다하여 비판받고 있으며, 고구려가 멸망한 후 그 유민들이 건국한 '발해'에 관해서 언급이 전혀 없다는 점에 대해서도 비난받고 있습니다.

그러나 연표에서 중국의 각종 역사서를 참고하여 동양의 여러 나라의 연대를 대조해놓은 것은 그가 학자로서 얼마나 열심히 연구하였는가를 말해 주고 있습니다.

또 「잡지」에는 '제사'·'음악'·'복장'·'거마(車馬 : 수레와 말)'·'기구'·'가옥'·'지리'·'관직' 등이 다방면에 걸쳐 기술되어 삼국 시대의 정치, 경제, 문화, 민속을 아는 데 귀중한 자료가 되고, 역사나 지리, 국가 통치 기구 등이 구체적으로 설명되어 있어 후세 역사가의 높은 평가를 받고 있습니다.

특히 평가를 받는 것은 「열전」인데, 여기에는 조국을 지키는 데 위대한 공적을 남긴 영웅적인 장군들과 뛰어난 예술가들과 서민들의 아름다운 이야기 등이 개성 있게 그려져 있습니다.

「을지문덕전乙支文德傳」은 고구려에 침입한 수나라의 수백만 대군을 물리친 을지문덕 장군의 영웅적인 활동을 서사시적 표현으로 장대하게 그려, 언제 읽어도 신선한 감동을 느끼게 합니다.

「김유신전金庾信傳」은 전기 가운데 가장 긴 문장으로 삼국 통일을 이룩한 그의 인간적 전모가 폭넓게 그려져 있어 인간을 보는 그의 눈이 얼마나 깊고 정확하였는지를 말해 주고 있습니다.

또한 마지막 권에는 고려에 멸망당한 두 명의 비극적인 영웅 궁예와 견훤이 잘 묘사되어 있는데, 이 두 인물의 전기는 전기 문학의 모범으로까지 평가되고 있습니다. 그 밖에 「온달溫達」, 「설씨녀薛氏女」, 「도미都彌」에는 성실하기 그지없는 사랑 이야기가 그려져 있고, 「효녀 지은知恩」에는 우리 민족성의 아름다움을 노래한 가난한 효녀 이야기가 감동적으로 그려져 있습니다.

이들 전기를 통하여 김부식은 뛰어난 문학자의 자질을 유감없이 보여 주었고, 이 점에서 『삼국사기』는 대표적인 문학서의 하나로도 평가되고 있습니다. 여러 가지 결점과 비난받을 면이 있다고는 하지만, 그가 『삼국사기』를 써냄으로써 우리 역사에서 영원히 빛날 공로자의 한 사람인 된 것만은 부정할 수 없습니다.

유복한 일생을 보내다

김부식은 『삼국사기』를 집필 중이던 1142년, 왕에게 간청하여 모든 관직에서 물러납니다. 그렇지만 인종이 그의 노후를 위하여 많은 배려를 해주었기 때문에 그는 다른 일에 신경 쓰지 않고 대작을 끝맺을 수 있었습니다.

그가 『삼국사기』를 완성한 다음해에 인종이 사망하고 아들인 의종(毅宗 : 1127~1173년, 고려 제18대 왕)이 즉위하자, 김부식은 다시 천거되어 인종의 연대기를 편찬하게 됩니다. 그는 2대에 걸쳐 왕의 연대기를 편찬하고 평생 20여 권의 저작을 남겼다고 하는데, 현재 『삼국사기』 외에는 극히 일부밖에 남아 있지 않습니다.

의종은 그의 공로를 치하하여 1184년에 높은 명예직을 내리고 많은 영지領地도 하사합니다. 그는 이렇게 혜택 받은 환경에서 아무 불편함 없이 평화롭게 노후를 보냈고, 1151년에 당시로서는 장수하였다고 할 수 있는 77세에 세상을 떠납니다.

김부식은 명문 귀족의 집에서 태어나 출세 가도를 달렸고, 아무에게도 거리낄 것 없이 하고 싶은 말을 하고, 하고 싶은 일을 할 수 있었습니다. 또한 그는 정적을 거꾸러뜨리기 위해서 수단 방법을 가리지 않는 비열한 짓을 몇 번이나 자행하였음에도 불구하고, 누구한테도 복수를 당하지 않고 평온무사하게 일생을 마칩니다.

이는 김부식이 지극히 좋은 사주팔자를 타고난 덕분인지, 혹은 한때 개경의 보수파 우두머리의 자리에 있으면서도 파벌 다툼에 직접 끼어들지 않은 덕분인지 알 수는 없지만, 그가 확실히 영리하고 조심성이 많은 사람이었다는 것만은 사실일 것입니다. 김부식은 실로 축복받은 행복한 사람이었습니다. 그것은 김부식의 삶이 봉건 사회의 권력 유지에 봉사하는 것이었기 때문이었으며, 또한 이 때문에 후세의 진보적인 역사가들이 그를 전형적인 반민중적 인물로 격렬하게 비난하는 것입니다.

그러면서도 그는 『삼국사기』 덕분에 공로자로 기록되고 있고, 이것은 훌륭한 저작이 얼마나 위대한 힘을 발휘하는가를 잘 말해 주는 예이기도 합니다.

5. 100년의 무신 정치, 민중 봉기와 노예 해방 운동

1135년부터 36년까지 서경에서 커다란 반란(묘청의 난)이 있었지만, 고려의 지배층들은 태평성대를 구가하면서 민중을 수탈하여 사치스러운 삶을 즐기고 있었습니다. 그 수탈이 얼마나 극심하였는지, 이미 1105년에 조정에서 다음과 같은 심각한 문서가 나왔을 정도였습니다.

> 현재 전국의 여러 주州, 군郡의 지방관 가운데 청렴한 관리는 열 명에 한두 명도 되지 않으며, 대부분 사욕에 눈이 멀어 부정을 저지르고 있다. 뇌물을 받아 사재를 쌓는 자들뿐이고, 백성들에게 견딜 수 없는 고통을 강요하니 농촌에서 도망치는 농민들이 줄을 이어 대부분의 농촌이 텅 비어 있는 형편이다.

고려 제17대 왕 인종(仁宗 : 재위 1122~1146년) 시절에 조정은 지배층의 사치한 생활이나 나라 밖에서 들어온 경박한 유행을 금지하는 명령을 내리고, 관리들의 부정이나 게으름을 문책하는 한편 민중의 생활이 황폐해지고 있는 데에 신경 쓰도록 주의를 촉구하였습니다. 그러나 지배층의 타락한 생활은 전혀 변하지 않았고, 제18대 왕인 의종(毅宗 : 재위 1146~1170년) 시절에는 더욱 심해지게 됩니다.

의종과 문관들, 사치와 쾌락에 빠지다

고려는 건국 초기인 958년에 국가 체제를 정비하면서 과거 제도를 마련하여 이에 합격한 문관文官들에게 권력을 나누어 주었습니다. 그 후 문관들은 지배층의 중심이 되고 무관武官은 문관에 비해 낮은 지위로 밀려나, 외적이 침략할 때나 국내의 반란이 일어날 때에도 군대의 지휘권이 문관에게 있었습니다.

고려 초기에 거란군을 격멸하여 공을 세운 강감찬, 여진군을 쳐부순 윤관, 서경의 반군을 평정한 김부식도 모두 문관이었습니다. 문관 중심의 이와 같은 사회 제도는 지배층 가운데 문약(文弱 : 문학만 숭상하여 용기가 없고 약해짐)한 기풍을 낳았고, 걸핏하면 성대한 잔치를 열어 쾌락에 빠지는 형국이 되었습니다.

의종과 지배층의 타락한 생활

의종은 젊어서부터 행실이 경박하여 그의 아버지 인종은 유언에 "언제나 충신 정습명(鄭襲明 : ?~1151년, 고려의 문신)의 말을 잘 듣고 정치를 하라"는 말을 남겼다고 합니다. 그러나 왕위에 앉은 지 5년이 되자 의종은 성가시게 구는 정습명을 내쫓고 아첨 잘하는 무리들을 요직에 앉힙니다. 정습명은 분개한 나머지 약을 먹고 자살하였고, 의종과 고관들은 욕심껏 향락에 빠져들기 시작합니다.

의종은 곳곳에 화려한 별장을 세우고 대신들의 저택이나 수십 채의 민가를 헐어 장대한 이궁離宮을 건설하였는데, 이 건설로 인해 민중들이 강제로 동원되어 노동을 하게 됩니다. 특권 지위에 있는 문관들은 이러한 왕의 행실을 따라 앞 다투어 호화스러운 저택을 짓습니다.

왕은 이들 문관을 데리고 줄곧 명승지를 돌아다니며 밤마다 잔치를 열었는데 착취당하고 혹사당하는 민중의 고통이야 더 말할 것도 없지만, 무신武臣들의 입장 또한 비참하였습니다. 학문이 모자라도 그저 몸집이 우람하고 무술이 뛰어난 사람을 무관으로 채용하여 왕이나 귀족들을 경호하게 하였고, 심지어는 공사장에서 잡역부로 혹사시키기도 하였습니다. 또한 왕이나 문관들이 술을 마시고 진수성찬을 헤적거리며 악대와 무희들과 희롱하고 있는 동안에 무신들은 주먹밥 하나 먹지 못하고 경비를 서야 하였습니다.

더구나 문관들은 지위로 보자면 같은 급인 무관들을 마치 하인 대하듯 하고 거리낌 없이 모욕을 주기 일쑤여서 문관에 대한 무관의 질시와 증오는 이만저만한 것이 아니었습니다.

정중부를 비롯한 무신들, 정권을 탈취하다

1170년 정중부의 무신 반란

썩을 대로 썩은 문관 특권 세력이 망하는 것은 시간 문제였습니다. 그리하여 무신武臣들은 정중부(鄭仲夫 : 1106~1179년, 1170년 무신반란을 일으키고 정권을 쥔 후 독재 정치를 펼침)를 선두로 궐기하여 문관 정권을 빼앗습니다.

정중부는 황해도 해주의 이름 없는 집안에서 태어났으나 힘이 매우 세고 큰 눈에 이마가 넓었으며, 멋진 수염에 키는 7척이 넘어 위압적인 풍모를 가지고 있었다고 합니다. 해주 지방관이 그를 군졸로 뽑아 개경으로 보냈고, 조정은 그를 왕궁 경비직에 임명하였습니다. 순조롭게 근무한 그는 40세에 '대정(隊正 : 대隊라는 단위부대를 이끄는 최하위 무관 지휘관)'이라는 장군 자리까지 오르는 출세를 하게 됩니다.

그런데 어느 날 중앙 관청의 의식이 끝나고 문관과 무관이 뒤섞여 휴식을 취하고 있을 때, 김돈중(金敦中 : ?~1170년, 고려의 문신, 김부식의 아들)이라는 젊은 문관이 술에 취하여 그에게 객기를 부렸습니다.

"무관의 수염은 타지 않는다고들 하던데 어디 시험해볼까?"라고 말하며, 정중부의 턱 밑에 촛불을 대려고 하였습니다. 그러자 정중부는 "젊은 놈이 무례하구나!"하고 소리치며 김돈중을 호되게 때렸습니다. 이에 놀란 김돈중은 겁을 먹고 도망쳐 버렸는데, 사실 이 젊은이는 그 유명한 김부식의 아들이었습니다. 화가 난 김부식은 정중부를 잡아다가 고문을 하려고 하였습니다.

주위 사람들이 몸을 숨기라고 권하여 정중부는 간신히 위기를 모면하였지만, 이 사건이 문관을 증오하게 된 계기가 됩니다. 이때가 1144년 5월이었습니다.

의종 시대가 되어 무관에 대한 문관의 모멸 행위가 갈수록 심해짐에 따라 무관들의 반항 의식은 더욱 깊어졌고, 은밀히 난을 일으킬 기회를 엿보게 됩니다.

그러던 중 1170년 8월, 의종이 신하들을 거느리고 보현원(普賢院 : 경기도 장단에 위치)이라는 별장으로 놀이를 갔는데, 도중에 지루함을 달래기 위하여 젊은 문관과 늙은 무관들 사이에 무술 시합을 시켰습니다. 이때 이소응(李紹膺 : 1111~1180년)이라는 늙은 장군이 한뢰韓賴라는 젊은 문관과 상대하게 되었는데, 이소응은 도저히 시합할 기력이 없어 도망쳐 버립니다. 기가 오른 한뢰는 늙은 장군을 쫓아가 많은 사람들이 보는 앞에서 그를 때리며 '비겁한 늙은이'라고 심하게 놀려댔다고 합니다. 문관들은 손뼉을 치며 늙은 장군을 비웃었고, 왕 역시 함께 웃으며 뒹굴 정도였습니다.

하지만 그 자리에 있던 대장군 정중부는 불같이 노하여 호통을 쳤습니다.

"이소응 장군은 아무리 무관이라 해도 3품의 고관인데, 지위도 낮은 애송이 놈이 주먹질을 하다니 이 무슨 짓이냐!"

이 일로 흥분한 무관들은 한결같이 궐기할 의지를 굳히게 됩니다. 그리고 무관들은 왕의 일행이 개경에서 멀리 떨어진 별장에 도착하자마자 군대를 동원하여 왕을 따라온 문관을 모두 죽여 버립니다. 몇몇 문관이 개경으로 도망치자 무관들은 군사를 이끌고 뒤를 쫓으며 명령하였습니다.

"문관의 복장을 한 자는 하급직까지도 모조리 죽여라!"

그리하여 개경에 숨어 있던 주요 문관 50여 명을 마저 죽입니다. 이 난을 일으킨 인물은 정중부, 이고(李高 : ?~1171년), 이의방(李義方 : ?~1174년)이었습니다.

한편 이렇게 큰 난리가 벌어졌는데도 무관들에게 둘러싸여 개경으로 돌아가던 왕은 줄곧 술만 마셨습니다. 정중부를 비롯한 무관들은 왕을 거제도로 유배시키고 왕자는 진도로 보냈으며, 도망가 숨어 있던 김돈중을 비롯하여 권력을 쥐고 있던 문관을 모조리 죽입니다. 그리고 왕의 동생을 데려다가 새로운 왕으로 세웠는데, 그가 바로 고려의 제19대 왕인 명종(明宗 : 1131~1202년)입니다.

1170년(의종 24), 이렇게 정중부의 쿠데타는 성공하여 무신이 정권을 탈취하게 됩니다.

무인 정권의 실체가 드러나다

정권을 빼앗은 무신들이 가장 먼저 한 일은 의종이 세운 이궁을 탈취하여 자기 집으로 삼고, 문관들의 호화로운 저택을 습격하여 산더미 같은 재화를 탈취하고, 문관의 부녀자들을 범하거나 노예로 팔아넘기는 짓이었습니다.

무관들의 집합소를 '중방(重房 : 고위 무관들이 모여 군사軍事를 논하던 회의기관)'이라고 불렀는데, 정권을 쥔 무신들은 이 중방에서 실질적인 정치를 하기 시작합니다. 그러나 그들은 대개 가난한 집에서 태어나 거의 학문을 배우지 못한 탓에 통치 능력이 전혀 없는 폭력 집단과 다름이 없었습니다. 그들이 정변을 일으킨 것은 부패한 문관 귀족 정권을 없애거나 사회를 개혁하여 민중의 생활을 안정시키고 생산과 문화를 높이기 위해서가 아니었습니다. 그저 오만한 문관들에게 복수를 하고, 문관들이 쥐고 있던 권력을 자신들이 대신 누리는 것만이 목적이었습니다. 따라서 정권을 빼앗은 무인들의 탐욕은 예전의 문관들에 비할 수 없을 만큼 지독스러웠습니다.

중방 정치

통치 능력도 행정을 관리할 역량도 없는 그들은 하는 수 없이 예전에 무관에게 동정적이었다 하여 죽음을 면한 문관들을 데려다가 중방 정치를 돕게 할 수밖에 없었습니다. 부패로 얼룩졌던 역대 군사 정권을 되돌아보면 무신 정권의 실체라는 것이 예나 지금이나 전혀 다를 게 없음을 새삼 깨닫게 됩니다.

부패로 얼룩졌던 역대 군사 정권을 되돌아보면 무신 정권의 실체라는 것이 예나 지금이나 전혀 다를 게 없음을 새삼 깨닫게 된다.

무신들 가운데도 다소 양식을 갖춘 사람은 있었지만, 다음과 같은 정론을 펴다가 동료 무신에게 살해당하기도 하였습니다.

"이렇게 무턱대고 문신을 죽여 버렸다가는 자칫 선량한 사람들까지 재앙을 입게 된다. 이는 바른 일이 아니다."

높은 정치 이념도, 도의적 신념도 없던 그들은 정권을 탈취한 후 무턱대고 높은 지위를 차지하고 앉았지만, 도리어 서로를 의심하고 앞 다투어 지위나 부를 높이는 데에만 혈안이 되어 있었습니다. 때문에 무신들끼리 싸움이 벌어져 1172년에 이고가 이의방에게 살해당하는 사건이 발생하였고, 그 틈에 무신 정권 타도를 부르짖는 난이 일어납니다.

1173년 8월, 동북방의 사령관이었던 문신 김보당(金甫當 : ?~1173년)은 동지를 규합하여 개경의 무신 정권을 공격하고, 거제도에 있던 의종을 복위시키기 위하여 경주로 내려갑니다. 반란은 즉시 진압되었으나 처형되기 직전에 김보당은 "문신 중에 이번 모의에 가담하지 않은 사람은 한 사람도 없다"는 말을 남깁니다. 반미치광이가 된 무신들은 남아 있던 문관들을 닥치는 대로 살해하게 됩니다.

경계庚癸의 난 이와 같이 1170년 경인년庚寅年과 1173년 계사년癸巳年의 두 번에 걸친 무신들의 문관 대학살을 '경계庚癸의 난'이라 하는데, 의종도 정중부가 내려 보낸 이의민(李義旼 : ?~1196년, 천민 출신의 무신 집권자)에게 경주에서 살해되고 맙니다.

이 난이 있은 후 무신들은 삼경(三京 : 개경, 서경, 동경, 즉 지금의 개성, 평양, 경주)의 관리들은 물론이고 지방 각지의 관리를 모두 무관으로 바꾸어 버립니다. 그러나 이 무능한 무관 관리들이 얼마나 어처구니없는 짓을 하였는지는 굳이 설명할 필요도 없이, 전국 방방곡곡에 무신 정치를 저주하는 소리가 흘러넘치게 됩니다. 여기저기서 무신 정권 타도 운동이 일어났고 민중 봉기가 일어난 것입니다.

승려와 조위총 등의 반란이 거듭되다

두 번에 걸친 문관 대학살 후, 가장 먼저 무신 정권 타도를 위하여 일어선 것은 승려들이었습니다. 고려에서는 많은 토지와 노예를 소유한 큰 사찰이 강력한 정치 세력이기도 하였는데, 이 사찰의 승려들은 왕이나 문관 권세가와 연결되어 보호를 받고 있었기 때문에 무신 정권에 대한 적의가 상당하였습니다.

1174년 정월 초부터 개경에 있는 각 사찰의 승려들은 무신 정권 타도 시위에 나섰는데, 그 수가 2천 명을 넘어서면서 무신 정권의 군대와 시가전을 벌였습니다. 승려군은 이의방의 병력에게 진압당하였으나, 같은 해 서경에서 다시 대규모 반란이 일어납니다.

조위총의 서경 반란 서경의 수비대장을 맡고 있던 조위총(趙位寵 : ?~1176년, 고려의 문신으로 무신들을 토벌하기 위한 명목으로 난을 일으킴)은 9월 북방의 여러 성을 지키고 있던 사람들에게 호소하여 정중부, 이의방을 토벌할 군사들을 모읍니다.

"개경의 중방重房은 북방의 여러 성 사람들이 굳센 것을 미워하여 대군을 동원해 쳐들어왔다. 조용히 죽기를 기다릴 것인가? 여러 성은 어서 서경에 모여 포악한 그들을 무찔러야 한다!"

이런 격문에 북방의 40여 성이 호응하여 일어섰고, 더구나 그 중심을 이룬 것은 무신 정권의 수탈에 반감을 가지고 있던 농민들이었습니다.

개경 정부는 즉시 토벌군을 파견하였으나, 지금의 황해도 북단에 해당하는 자비령慈悲嶺에서 서경군의 격렬한 저항에 부딪쳐 크게 패하고 개경으로 도망쳐 버립니다. 서전에서 승리하여 크게 기세가 오른 서경군은 개경을 목표로 진격을 개시하지만, 이의방의 대군에 진로를 저지당하자 하는 수 없이 서경에서 농성을 하는 전술로 바뀌게 됩니다.

양군은 대동강을 끼고 일진일퇴를 되풀이하였는데, 이 싸움 도중에 개경의 무신 정권은 내분을 거듭하다가 1174년 12월에 이의방이 정중부의 아들 정균(鄭筠 : ?~1179년)에게 살해당하는 사건이 일어납니다. 이의방은 딸을 왕자에게 시집보내 궁정의 세력을 독점하고자 꾀하였지만, 도리어 정중부 일족의 모략에 걸려 목숨을 잃은 것입니다.

한편 포위된 가운데 싸우고 있던 서경군의 지도부 안에서도 동요가 일어나, 조위총은 비겁하게도 농민들을 배반하고 금나라에 밀사를 보냅니다.

"자비령 이북의 40여 성을 거느리고 금나라에 귀순하고자 하니, 급히 금나라의 원군을 보내주기 바랍니다."

이 배반 행위가 발각되어 농민의 지지를 잃게 된 서경군은 사기가 급속히 떨어지고 맙니다. 마침내 1176년 6월 조위총은 개경군에 잡혀서 죽고 성은 함락됩니다.

이리하여 3년에 걸친 서경의 반란은 끝나게 되지만, 이 반란은 개경의 무신 정권에게도 큰 타격을 주었습니다. 또한 서경이 함락된 후에도 서북 지방 농민의 저항은 각지로 이어져, 1179년까지 곳곳에서 농민의 봉기가 계속됩니다.

망이 농민군, 봉기를 일으키다

서경에서 싸움이 아직 끝나지 않았던 1176년 1월, 공주를 중심으로 한 충청도 일대에서 대대적인 농민 봉기가 일어납니다. 그 봉기의 중심 인물은 '망이(亡伊 : ?~1177년, 농민 반란의 지도자)'라는 용감한 농민이었습니다.

고려는 건국 초기부터 정치적으로 저항하는 지역을 소所, 향鄕, 부곡部 曲이라 부르고 노예 취급을 받는 피차별被差別 지역으로 지정하였다.

망이는 공주 명학소鳴鶴所의 가난한 농가에서 태어났습니다. 고려는 건국 초기부터 정치적으로 저항하는 지역을 소所, 향鄕, 부곡部曲이라 부르고 노예 취급을 받는 피차별被差別 지역으로 지정하였는데, 이 지역에 사는 사람들 대부분은 농민이었지만 다른 지역의 농민과는 달리 비천한 천민으로 취급되어 왔습니다.

원래 충청도 남쪽은 신라 말기에 일어섰던 후백제의 중심지로 고려가 건국될 때 최후까지 저항한 지역이었습니다. 고려 정부는 정치적으로 반항적이라는 이유만으로 이 지역의 주민들을 몹시 싫어하여 인간적인 자유가 전혀 없는 노예의 지위로 떨어뜨렸습니다. 그러나 이 지역의 주민들은 오히려 향토애가 강하고, 권력의 횡포에 최후까지 저항하는 참된 자유 정신을 지니고 있었습니다. 때문에 동포에 대한 사랑도 나라에 대한 애국심도 더욱 강하였다고 할 수 있습니다.

이 피차별 지역에 대한 고려 정부나 특권 세력의 수탈은 가혹하기 그지 없어서 이 지역 농민들은 아무리 열심히 일을 해도 언제나 기아에 허덕일 수밖에 없었고, 무신 정권으로 바뀐 후에도 수탈은 더욱 가혹해질 뿐이었습니다. 그러던 중 서북 각지에서 농민군이 봉기하였다는 소식은 이 지역의 농민들을 일어서게 하였습니다.

노예 취급을 받아온 지역에서 태어나 인간다운 성씨도 붙일 수 없었고 글도 배우지 못한 천민이었지만, 망이는 자라면서 자신들의 운명은 스스로 떨쳐 일어나 개척하여야 한다는 생각을 깊이 하게 됩니다. 또 그러기 위해서는 동료들과 함께 뭉쳐서 지배자와 싸우는 수밖에 달리 길이 없다는 것도 깨닫게 됩니다. 망이는 마을 친구들에게 자기 생각을 전하고, 싸움에 대비하여 무기를 준비하고 전투 훈련을 시작합니다.

망이와 망소이의 농민 봉기

개경의 무신 정권이 내분을 겪고 더욱이 서경과의 싸움으로 지쳐 있다는 것을 안 망이는 지금이야말로 봉기할 절호의 기회라고 판단을 합니다. 그래서 그는 친구 망소이(亡小伊 : ?~?견)와 손잡고 1176년 1월, 부근 일대의 천민 지역 농민들에게 궐기를 호소합니다. 이에 즉시 수천의 농민이 달려왔고, 마침 겨울 농한기여서 농민들이 모이기 쉬운 시기이기도 하였는데, 망이는 애초에 그 점을 계산에 넣고 있었던 것입니다.

봉기한 농민들은 망이를 지도자로 선출하고 그를 '산행병마사(山行兵馬使 : 망이와 망소이가 난을 일으켰을 때 스스로 만들어 부른 관직의 이름)'로 삼았습니다. 그리고 먼저 그들을 직접 수탈하고 있는 공주의 관청을 습격하기로 하고 60리 길을 단숨에 달려가 내처 공주성을 점령해 버립니다. 농민군의 이 빛나는 승리는 충청도 일대의 다른 농민들도 봉기에 참여하게 하였고, 그들은 직접 만든 무기를 손에 들고 공주성으로 달음질쳐 갑니다.

개경의 무신 정권은 망이의 봉기 소식에 놀라 우선 왕의 이름으로 농민군을 달래려고 하였습니다. 망이는 왕의 거짓말을 단호하게 물리치고, 천민 지역의 완전 해방과 농민의 생활 안정을 위하여 수탈을 중지하라고 요구합니다. 개경의 무신 정권은 뾰족한 대책을 세우지 못하고 5일 동안이나 의논만 거듭하다가 마침내 토벌군을 파견하기로 합니다.

공주가 함락된 지 20일 후에 토벌군 3천 명이 공주를 공격해왔으나, 그동안 전투 준비를 마친 봉기군에게 일거에 무너져 버리고 대장만 가까스로 목숨을 건져 개경으로 도망칩니다. 이에 당황한 개경의 무신 정권은 수천의 승려군을 토벌군에 가세시킵니다. 당시 사찰이나 승려는 천민 지역의 농민들에게는 양반 지배층 이상의 적이었습니다. 승려들은 그들을 멸시하였을 뿐만 아니라 끊임없이 수탈하는 흡혈귀 같은 존재였기 때문입니다.

승려군이 참가한 것을 본 농민군은 더욱 분개하였고, 전력을 다하여 정부군에 대항하였습니다. 개경에 도착하는 소식은 연일 정부군이 패하고 있다는 내용뿐이었습니다. 무신 정권은 하는 수 없이 망이 농민군을 달래고 무마하여 그들의 요구를 받아들이는 척하기로 결정합니다.

그 무렵 개경 거리에 다음과 같은 벽보가 나붙습니다.

남적(南賊 : 망이 농민군)이 봉기한 것은 재상인 정중부와 그 아들 균, 그리고 사위 송유인(宋有仁 : ?~1179년, 고려의 무신)이 권력을 제멋대로 휘둘러 실정을 거듭한 탓이다. 그 책임이 이 세 사람에게 있으니 군을 동원하여 남적을 토벌하기 전에 저들부터 처형해야 마땅하다.

정권 탈취 때는 힘을 모아 싸웠던 정중부, 이고, 이의방이었지만, 먼저 이고가 이의방에게 죽고 이의방은 정중부의 아들 균에게 죽게 되면서 모든 권력이 정중부 한 사람의 손에 집중되었습니다. 정중부는 허수아비 같은 왕의 이름을 마음대로 사용하여 스스로 국가 최고 지위에 앉고, 아들 균과 사위 송유인에게 중방의 모든 권력을 잡게 한 것입니다. 정중부는 광대한 타인의 영지를 가로채서 자기 땅으로 삼았고, 아들 균은 왕을 감시하기 위하여 왕궁 바로 곁에 왕궁보다 큰 저택을 세웠으며, 사위는 사위대로 정적들을 모조리 지방으로 좌천시켜 버립니다. 이렇게 정중부 일족이 모든 국가 권력을 독차지하고 있었습니다.

하지만 천하의 정중부도 이 벽보에는 충격을 받고, 잠시 일체의 직위에서 물러나 은거하고 싶다고 말하기까지 하였다고 합니다. 서경이 함락되었으니 모든 병력을 망이 농민군 토벌에 돌릴 수도 있었지만, 정작 정중부를 비롯한 중방의 지배자들이 동요하고 있었기 때문에 개경군의 기세가 오르지 않는 것은 당연한 일이었습니다. 결국 1176년 6월, 개경 정부는 왕의 이름으로 망이 농민군의 요구를 받아들여 공주 명학소를 승격시켜 '충순현忠順縣'이라 고치고, 천민을 해방하여 양민으로 만들고 고관을 파견하여 민생을 안정시키겠다고 약속합니다.

농민군은 자신들의 요구가 받아들여졌다는 데 만족한데다가 농번기가 되었으므로 싸움을 일단 멈추고 농토로 돌아가려고 하였습니다. 망이도 그러한 농민들의 동태를 헤아려 정부군과 협상을 맺을 것을 승낙하였지만 개경의 움직임에 경계를 늦추지 않았습니다. 그는 예산의 관군들이 농민군의 배후를 몰래 습격하려는 것을 알아채고, 9월에 단숨에 예산성禮山城을 점령하여 악질적인 관리나 군관들을 베어 버립니다.

망이 농민군의 활약상은 남쪽 각 지역의 농민들을 고무시켰고, 1176년 가을에는 경상도 각지에서 농민 봉기가 잇달아 일어납니다. 개경 정부는 각지의 농민군을 진압하기 위해서도 우선 망이 농민군을 설득하는 데 모든 힘을 기울입니다. 망이는 정부의 설득을 받아들여 1177년 1월에 주요한 동료들과 함께 개경에 가서 조정과 화평 교섭을 하였습니다. 정부는 왕을 앞세워 망이 일행을 정중하게 대접하고 예를 갖추어 그들을 고향까지 보내 주었다고 합니다.

그러나 이는 무신 정권의 음모였습니다. 그들은 망이 등이 농민군을 해산하고 고향 마을로 돌아간 직후 대군을 이끌고 습격하여 망이의 어머니와 아내를 체포합니다. 망이는 때마침 마을 밖에 있던 덕분에 위험을 피할 수 있었습니다.

개경 정부가 화평 교섭을 깨다

개경 무신 정권의 비열한 짓거리에 분격한 망이는 즉시 농민군을 재편성하여 각지의 큰 절들을 습격하여 전투에 필요한 자재를 빼앗고, 개경으로 가는 교통의 요지를 점령하여 강고한 전투 태세를 갖춥니다. 망이의 재봉기 소식에 남방 각지의 농민들도 함께 일어나니 농민군의 세력은 나날이 확대되어 가고, 망이는 개경 정부에 즉시 다음과 같은 항의문을 보냅니다.

우리 고향을 현으로 승격시키고 지방관을 두어 농민의 안정을 꾀하겠다고 약속해놓고는, 다시 토벌군을 보내어 내 어머니와 처를 잡아가두는 건 무슨 짓인가? 이제는 설령 싸움터에서 죽는 한이 있더라도 결코 항복하지 않을 것이다. 우리는 기필코 개경을 함락시킨 후에야 무기를 거둘 것이다.

그리고 4월 망이 농민군은 아산성牙山城을 공략하고, 55개 군현郡縣을 해방시키는 데 성공합니다. 망이 농민군의 격렬한 기세에 눌린 개경 정부는 재차 협상을 청해옵니다.

보리를 거두어들이고 모내기철이 되자 농민군은 논밭으로 돌아가지 않을 수 없는 상태였고, 그들은 싸움보다도 당장의 농사짓는 일에 열중하게 됩니다. 농번기를 맞아 농민군이 동요하게 되자, 망이는 비록 다시 속을지라도 정부와 휴전 협상을 진행하지 않을 수 없었습니다.

개경 정부는 일단 농민들의 요구대로 하겠노라고 약속하였지만, 다음 달이 되자 다시 대군을 동원하여 농촌을 습격하고, 1177년 7월에 드디어 망이, 망소이를 비롯한 농민군 지도자를 대부분 체포해 버립니다.

이렇게 망이 농민군의 싸움은 2년에 걸쳐 수많은 승리를 거두고서도 무신 정권의 음험한 모략에 패하고 맙니다. 그러나 망이 등의 해방을 위한 투쟁은 훌륭한 성과를 거두어, 고려 말기에는 대부분의 피차별 지역이 해방됩니다. 이는 곧 망이 농민군의 불굴의 투쟁을 이어받아 농민들이 투쟁한 결과였습니다.

정중부 일족이 멸망하다

망이 농민군이 진압된 후에도 남쪽에서는 농민들의 투쟁이 끊임없이 이어졌습니다. 특히 서북 지방의 농민 투쟁이 더욱 격렬해져 갔습니다. 일부 농민군은 산악 지대를 이용하여 게릴라전을 전개하면서 몇 년 동안이나 정부군을 괴롭혔고, 서경성은 거의 매년 농민 봉기군에게 점령당하였습니다.

개경 무신 정권의 토벌 작전은 잔인하기 짝이 없었습니다. 그들은 식량이 끊긴 농민군에게 식량을 주겠다고 속이고는 식량을 얻으러온 사람들을 남김없이 죽여 버리는 비열한 방법을 썼다고 합니다.

1179년 4월의 가주(嘉州 : 지금의 평안도 가산嘉山) 학살은 그 전형적인 예인데, 개경군은 농민들에게 일체 무력을 쓰지 않을 테니 안심하라고 속이고는 백여 명을 쌀 창고로 유인하여 탈출하지 못하게 단단히 가둬 버립니다. 농민들은 그제야 속았다는 것을 알았지만 아무리 발버둥 쳐도 탈출구를 찾을 수 없었습니다. 창고에 갇힌 농민들은 "저들에게 죽느니 차라리 자결하는 쪽이 낫다!"고 절규하며 창고에 불을 질러 모두 타죽고 창고 안에 쌓여 있던 4만 석의 쌀도 같이 불에 타 버립니다.

농민들은 무신 정권의 잔악하기 짝이 없는 짓에 대한 보복의 투쟁을 멈추지 않았으며, 개경의 무인들 내부에서도 싸움이 끊이지 않았습니다. 정중부 일족에게 살해당한 이의방의 잔당들이 줄곧 정중부를 암살할 기회를 엿보고 있다가 오히려 정중부 일족에게 발각되어 죽임을 당하는 사건도 있었습니다.

늙은 정중부는 암살이 두려워 극도의 불안 상태 속에서 지내고 있었지만, 아들 균은 점점 더 오만불손해져 마침내 본처를 쫓아내고 왕의 딸을 처로 맞이하려고 하였습니다. 물론 왕은 이를 불쾌하게 생각하였으나 정중부 일족 앞에서는 제대로 말도 못하는 꼭두각시에 불과하였기 때문에 그저 잠자코 일이 되어가는 모양만 지켜볼 따름이었습니다.

무인들 사이에서도 정중부 일족의 횡포를 규탄하는 소리가 날이 갈수록 높아졌습니다. 그러던 1179년 9월, 정중부 일족은 26세의 청년 무사인 경대승(慶大升 : 1154~1183년)에게 처단됩니다.

26세의 청년 무사인 경대승의 정권 탈취

경대승은 청주 태생의 무인으로 성격이 매우 강직하였다고 합니다. 그는 줄곧 정중부 일족을 거꾸러뜨릴 계획을 궁리하다가, 때마침 궁중에서 불사佛事가 열리는 틈을 이용하기로 하고 친구인 허승(許升 : ?~1180년)과 계획을 세웁니다.

"오늘 밤 행사가 끝나면 숙직 군사들은 피곤한 나머지 곯아떨어질 것이 틀림없네. 정균의 호위병들도 술에 취하여 고주망태가 되겠지. 나는 궁궐문 밖에 복병을 배치하고 기다리고 있을 테니 자네는 궁궐 안으로 숨어들어가 균을 죽이고 휘파람을 불게. 그럼 내가 즉시 복병들을 데리고 일족을 몰살시키겠네."

허승은 경대승과 약속한 대로 한밤중에 궁궐 정원(政院 : 승정원承政院)에서 정신없이 자고 있는 정균을 한칼로 찔러죽이고 문 쪽으로 가서 휘파람을 불었습니다. 경대승은 기다리고 있던 30여 명의 결사대를 인솔하여 즉시 담을 타고 궁궐로 들어가 정중부의 부하인 대장군 이경백(李景伯 : ?~1179년) 등을 죽이고, 왕으로부터 정중부 일당의 소탕 허가를 받아냅니다.

80세가 넘은 정중부는 이 소식을 듣고 당황하여 가까운 민가에 숨었지만 경대승이 보낸 왕의 친위병에게 잡혀 개경 대로에 목이 내걸립니다. 문관 정권을 탈취한 무신 정중부는 이렇게 치욕스런 최후를 맞이합니다.

정중부 일족이 토벌되었다는 소식이 장안에 알려지자 문관들은 환호성을 지르며 경대승의 의거를 칭송하고, 일반 시민들은 물론 전국의 농민들도 함성을 울리며 기뻐하였습니다. 하지만 무인들 가운데는 이렇게 말하는 자들도 있었다고 합니다.

"정 재상宰相은 대의를 외치며 문신을 억눌러 오랫동안 쌓일 대로 쌓인 우리의 원한을 풀어주었으니 그 공은 더없이 크다. 하지만 이제 경대승이 하루아침에 사공(四公 : 정중부, 정균, 송유인, 이경백)을 살해하였다. 언젠가는 그도 필시 보복을 당할 것이다."

백성의 행복이나 민족의 운명보다 권력욕의 노예가 되어 있던 단순한 무신들의 생각을 대변한 듯한 말이 아닐 수 없습니다.

경대승, 도방 정치를 시작하다

독재자 정중부를 쓰러뜨린 청년 무사 경대승은 정중부 일파를 몰아내고 역시 독재자가 됩니다. 경대승은 무인들 가운데 자기를 없애려는 움직임이 있음을 간파하고 신변을 지키기 위하여 자기 집에 수백 수십 명의 결사대를 두었습니다. 이것을 '도방(都房 : 정대승이 처음 조직한 사병집단)'이라고 하는데, 경대승은 이 사병을 이용하여 반대 세력을 억누르고 자신에게 저항하는 무관들을 숙청하여 사실상 정권을 떠받치는 중심 세력으로 키워갑니다.

경대승은 학식이 없음을 부끄러워하며 겸허한 태도를 보였으나 자신에게 적의를 보이는 사람에게는 인정사정이 없었습니다. 그리하여 무수한 사람을 살해하거나 섬으로 유배를 보내 그의 주위에는 아첨하는 무리들만 들끓었는데, 그 중에는 도적떼의 두목까지 끼여 있을 정도였다고 합니다. 왕과 옛 귀족들은 그를 매우 미워하면서도 그의 세력을 겁내 금은보화를 보내고 성대한 연회를 열어 그를 추켜세워야만 하였습니다.

그는 강직한 사람이었다고는 하지만 정치적 능력도 학식도 없는 무지한 무인이었기 때문에 이렇다 할 업적을 남기지 못하고, 1183년 30세라는 젊은 나이에 병사하고 맙니다. 그 후 도방은 불량배들이 모이는 무서운 곳이라고 소문이 나 도방의 중심이었던 무신들은 경대승의 죽음과 함께 대부분 살해당하였고, 결국 도방도 폐지되기에 이릅니다. 그러나 국왕과 문관 귀족들은 무인들을 매우 두려워하였기 때문에 세력 있는 무인 가운데 한 사람인 이의민을 맞아들여 그에게 모든 권력을 맡기게 됩니다.

소금 장수의 아들 이의민, 정권을 잡다

이의민(李義旼 : ?~1196년)은 신라의 고도 경주 태생인데, 아버지는 소금 장수이고 어머니는 절의 하녀로 당시 사회에서 가장 낮은 계층 출신이었습니다. 그와 두 형은 키가 8척이나 되는 거구이며 못된 불량배들이었기 때문에 관청에 잡혀가, 두 형은 고문으로 죽고 이의민만 용서를 받아 병졸이 되어 개경으로 보내졌다고 합니다.

괴력을 지닌 덕분에 무인으로 출세한 이의민은 정중부가 정권을 빼앗을 때 공을 세우고, 김보당이 난을 일으켰을 때 거제에서 돌아오는 의종을 경주에서 죽인 공으로 대장군의 지위에 올랐습니다. 그 후 평양의 반란을 토벌하여 출세가도를 달렸으나 경대승이 정중부를 죽이자 겁을 집어먹고 병을 구실삼아 고향으로 도망쳐 숨었던 것입니다. 하지만 이의민은 경대승이 죽은 후 왕의 부름을 받고 개경으로 돌아가 대신이 됩니다. 이 어리석은 무인이 두려워 개경으로 불러들이는 왕의 비굴한 행동에 개경 사람들은 모두 탄식할 수밖에 없었습니다.

이 어리석은 무인이 두려워 개경으로 불러들이는 왕의 비굴한 행동에 개경 사람들이 모두 탄식하다.

대신의 자리에 앉은 이의민은 세력 있는 무장들을 무력으로 눌러버리는 난폭한 방식으로 모든 권력을 틀어쥡니다. 뇌물을 받고 관직을 주고 민가를 제멋대로 빼앗아 호화로운 집을 짓는 등 그의 방약무인함은 정중부의 횡포가 무색할 지경이었고, 더욱이 국왕을 비롯한 군신들은 날마다 그의 집으로 문안을 가서 안색을 살피는 형편이었습니다.

1193년 경상도에서 반란이 일어났는데,* 조정에서는 전존걸(全存傑 : ?~

---

* 명종 23년, 경상도 일대에서 김사미金沙彌와 효심孝心을 중심으로 일어난 농민 반란인 김사미의 난을 말한다.

1193년)이라는 장군을 대장으로 삼아 토벌군을 보냅니다. 그 가운데는 이의민의 아들인 이지순(李至純 : ?~1196년)도 장교로 끼여 있었습니다. 지순은 욕심이 많은 자로 반란군의 두령들에게 뇌물을 받고 내통을 하였다고 합니다.＊때문에 정부군은 반란군에게 패하였고, 이에 분개한 전존걸이 독을 마시고 자살하는 사건이 일어나기도 합니다.

이의민에게는 그 밖에 지영至榮, 지광至光이라는 아들이 있었는데, 이들도 아버지나 형을 닮아 무엇이든 제멋대로 하고 타인의 재산이나 토지를 탈취하였으며, 어디에 미인이 있다는 소문만 들리면 남의 아내일지라도 함부로 빼앗는 짓도 서슴지 않았다고 합니다.

하지만 이의민 부자를 저주하는 소리가 방방곡곡에 자자한 가운데, 이들은 마침 기회를 엿보고 있던 최충헌(崔忠憲 : 1149~1219년)＊＊과 그의 동생 최충수(崔忠粹 : ?~1197년) 형제에게 무너지고 맙니다.

최충헌의 무신 정권이 들어서다

최충헌 형제는 황해도의 이름 없는 가난한 집안에서 태어났는데, 무신 정권이 들어선 후 반란군 토벌에 공을 세워 장군의 지위에 올랐습니다.

한번은 아우 최충수가 애완용으로 기르던 비둘기를 이의민의 아들 지영이 빼앗으려 하자 그와 다투게 되었는데, 지영은 충수의 태도가 불손하다며 처벌하려 하였습니다. 이에 원한을 품은 충수는 형 충헌에게 물었습니다.

"이의민과 세 아들은 용서할 수 없는 국적國賊입니다. 그들을 죽이려 하는데 어떻게 생각합니까?"

충헌은 실패를 우려하여 주저하였지만 충수의 의지가 굳은 것을 알고 할 수 없이 동의하고 비밀리에 거사 계획을 세우기로 결심합니다.

＊ 이지순이 자신의 아버지 이의민을 새로운 왕으로 세우기 위하여 농민군과 내통을 했다는 설도 있다.

＊＊ 1196년, 아우 최충수와 함께 이의민을 살해하고 정권을 탈취한 고려의 무신이다. 그는 1199년에 도방을 설치하여 강력한 독재 체제를 확인하였다.

1196년 4월 국왕인 명종은 신하들을 데리고 보제사(普濟寺 : 지금의 황해도 개성에 위치)로 행차하고, 이의민은 병을 구실로 자기 별장에 머무르고 있었습니다. 최충헌 형제는 이 틈을 노려 일족의 무사단을 이끌고 이의민의 별장을 습격하여 그의 목을 벤 후 무사들과 함께 왕궁으로 달려가 보고하였습니다.

"역적 이의민의 목을 베었으나 사전에 계획이 누설될까 두려워 보고가 늦었습니다. 용서하여 주시옵소서."

명종은 최충헌 형제의 무력 쿠데타를 그대로 인정하였습니다. 최충헌 형제는 이의민의 자식들을 집안에 가두어 죽이고 그 일파를 모두 없앤 뒤, 이의민의 고향에도 병력을 보내 먼 친척이나 조금이라도 관계가 있는 사람을 남김없이 죽여 버립니다.

최씨 형제는 이의민 일족을 전멸시킨 것만으로는 만족하지 않았는지 조금이라도 반항의 기미가 보이는 무인들을 이런저런 구실을 대어 잇달아 제거하였다고 합니다. 이에 왕궁에 있던 일부 무신들이 왕의 친위병과 관노 천여 명을 이끌고 최씨 형제를 토벌하기 위하여 일어났으나, 최씨 형제는 수천 명의 결사대를 동원하여 궁궐을 포위한 채 왕을 협박하고 궁궐에 돌입하여 닥치는 대로 살해하였습니다. 시체가 궁궐을 메웠고, 궁녀들은 흔적도 없이 도망쳐 버렸습니다.

최씨 형제는 이렇게 대학살을 자행한 뒤, 국왕에게 「봉사십조封事十條」*라는 개혁안을 강요합니다. 이로써 그들은 자신들의 권력 탈취나 대학살 행위가 모두 국정 개혁을 위해서였다는 식으로 선전합니다. 확실히 그 글은 당시로서는 악정을 바로잡기 위하여 필요한 내용이기는 하였습니다.

1. 불필요한 관직을 없애고 국가의 경비를 절약한다.
2. 공사전公私田을 탈취한 대토지 소유자의 부정을 바로잡아 원래 소유자에게 돌려준다.

---

* 명종 26년(1196)에 이의민을 제거한 후 무신의 최고 집권자가 된 최충헌이 명종에게 올린 10개조의 봉사를 말한다.

3. 권력자가 함부로 백성의 생산물을 빼앗지 못하게 한다.

4. 터무니없는 과세를 금지하고 관리가 뇌물을 받지 못하게 한다.

5. 승려가 함부로 궁중에 출입하며 국정에 간섭하는 것을 금지한다.

6. 왕실이 민간에 고리대금업을 하는 것을 금지한다.

7. 관리 등용을 공평하게 한다.

8. 사치를 금한다.*

이 내용만 보면 최충헌이 훌륭한 정책을 행하는 정치가처럼 보이지만, 그는 음험한 권력욕을 감추기 위하여 문관들을 시켜 이 글을 쓰게 한 것일 뿐 사실 이것을 실행할 힘도 의지도 없었습니다. 그는 궁중을 자기 입맛에 맞게 바꾸기 위하여 왕의 형제인 승려들을 모두 추방하였고, 1197년에는 왕이 간신들을 가까이하여 국고를 낭비하였다는 구실을 내세워 명종을 쫓아낸 후 제멋대로 신종(神宗 : 1144~1204년, 고려 제20대 왕)을 왕위에 앉히게 됩니다. 그리고 궁내관(宮內官) 70여 명을 모두 섬으로 유배시켜 버립니다.

최충헌, 아우를 죽이고 도방 정치를 하다

국왕은 단순한 꼭두각시에 불과하였고 최충헌 형제는 아무도 거역 못할 독재자가 됩니다. 점점 오만불손해진 아우 충수는 최고의 지위에 오르기 위해서 딸을 태자비로 삼아, 다음 왕의 장인이 되고자 획책합니다. 때문에 태자는 사랑하는 아내와 이혼하도록 강요받았고, 태자비는 눈물을 흘리며 궁궐을 떠나야만 하였습니다.

최충수를 저주하는 목소리가 도성 안에 자자해지자, 형 충헌은 권력이 흔들릴까 우려하여 아우에게 터무니없는 억지 결혼을 그만두라고 충고를 합니다. 한때는 형의 말을 따랐던 동생이었지만 야망을 버릴 생각이 없던 최충

---

* 이 외에도 왕에게 정전(正殿 : 조회를 하던 궁전. 즉 延慶宮을 말함)으로 환어하라는 것과 비보사찰(裨補寺刹 : 나라의 운명을 돕는다는 설에 의해 세워진 사찰) 이외의 사찰을 없애라는 것이다.

수는 형을 거역하고 딸의 결혼을 강행합니다. 이를 무력으로 막으려는 형의 군사와 힘으로 강행하려는 아우의 군사가 도성의 대로를 끼고 대혈전을 벌인 끝에 패한 최충수는 도망치지만, 결국 파평(坡平 : 지금의 경기도 파주)의 금강사金剛寺에서 살해됩니다.

최충헌은 권력을 둘러싸고 아우를 죽여 버렸고, 젊은 시절부터 둘도 없는 참모였던 조카 박진재(朴晉材 : ?~1207년)가 자기 의견을 따르지 않자, 그 역시 가차 없이 섬으로 유배를 보내 죽게 합니다. 이렇듯 그는 권력욕에 눈이 먼 무인의 모습을 적나라하게 보여주었습니다. 권력을 독점하고 있다 해도 독재자는 항상 적의 그림자를 두려워하게 마련입니다.

잇따른 반란과 무인들의 암살 음모 사건에 시달리던 최충헌은 1199년에 경대승의 도방 제도를 답습하여 사병私兵으로 하여금 하루 종일 자신을 경호하게 하고 외출할 때는 대병력을 거느리고 다녔습니다. 그의 사병은 3천 명에 달하였으며 모든 신하들을 자기 집에 불러들여 다시 도방 정치를 폈습니다. 하지만 최충헌을 암살하려는 음모는 끊이지 않았습니다. 많게는 한 해에 몇 번씩이나 반복되었지만, 곳곳에 첩자를 두고 있던 그는 언제나 그 음모를 사전에 알아차리고 위험에서 빠져나갈 수 있었습니다.

1204년, 최충헌에 의해 왕위에 오른 신종은 무엇 하나 왕다운 일도 하지 못하고 자리를 태자인 희종(熙宗 : 1181~1237년, 제21대 왕)에게 넘기게 됩니다. 바로 이 해에 조정의 30여 명의 관리가 최충헌 암살 계획을 추진하였는데, 그들은 성공을 바로 눈앞에 두었다가 첩자에 의해 폭로되고 맙니다. 1209년에도 역시 최충헌이 여행하는 틈을 노려 그와 자식들을 일거에 처단하려는 음모가 있었으나, 이것도 첩자에게 발각되어 실패로 돌아갑니다.

암살 음모 가운데는 왕까지 가담하여 완전히 성공을 거둘 뻔한 적도 있었습니다. 왕위에 앉아 있다고는 하나 최충헌에게 실권을 빼앗기고 언제나 그의 압력에 떨고 있던 희종은 1211년 10월에 내시들과 심복 장군들을 모아 최충헌을 궁궐로 불러들여 암살할 계획을 세웁니다.

왕의 궁녀가 최충헌에게 "마마께옵서 식사를 같이 하시자고 전하셨사옵니다"라며 그를 궁궐 깊숙이 안내해 들어왔을 때, 돌연 수십 명의 무사가 최충헌의 호위병 수십 명을 죽여 버린 것입니다. 당황한 최충헌은 왕좌 곁으로 뛰어가 "제발 살려 주십시오"라고 애원하지만, 왕은 아무 말 없이 문을 잠그고 안으로 들어가 버립니다. 최충헌은 재빨리 다락 안으로 몸을 숨겼고, 그곳을 무장한 승려들과 무사들이 세 번이나 뒤졌지만 끝내 그를 찾지 못하였습니다. 그러는 동안에 도방에 있던 최충헌의 사병들이 급보를 듣고 달려와 그를 무사히 궁궐에서 구해냅니다. 참으로 운이 좋은 인물이라고 말하지 않을 수 없습니다.

그 후 최충헌은 음모를 꾀한 자들을 철저히 조사하여 모두 죽이고, 왕을 비롯하여 왕자와 그 직계 왕족들을 모두 섬으로 유배시키고는 보잘것없는 왕족 한 사람을 끌어다가 왕위에 앉힙니다. 이 사람이 곧 고려 제22대 왕 강종(康宗 : 1152~1213년)입니다.

이렇게 최충헌은 두 번이나 왕을 제멋대로 바꾸었는데, 그에 의해 왕위에 오른 왕들은 신하인 그를 오히려 제왕처럼 섬기고 그의 앞에 엎드릴 정도였다고 합니다. 왕들은 그에게 터무니없이 높은 고위 명예직을 수여하였고, 그는 자기 저택을 짓기 위하여 백여 채의 민가를 빼앗아 왕궁보다 훨씬 훌륭한 집을 짓고 신하들을 불러들였습니다. 최충헌은 사실상의 왕이었고, 정작 왕은 그를 겁낸 나머지 딸을 그의 첩으로 내주는 형편이었습니다.

모든 권력을 장악한 최충헌은 뇌물을 바친 자에게는 높은 관직을 주었고, 고려에 침입해온 이민족과 싸웠던 용사일지라도 자기에게 뇌물을 바치지 않으면 포상은 고사하고 그 지위에서 쫓아내기도 하였습니다. 그의 포악함은 우리 역사상 유례를 찾아보기 어려울 정도였습니다. 하지만 그는 거란족의 침입 때에도 무사히 위기를 넘길 수 있었고, 우리 민족 최대의 국난인 몽골의 대습격을 받기 직전인 1319년에 71세로 천수를 마칩니다.

그의 정권은 4대에 걸쳐 60년 동안이나 계속되었습니다. 그 사이 30년에 걸친 몽골과의 대전쟁이 있었음에도 불구하고 그 권력이 흔들림 없이 계속된 것은 우리 역사에서 운명적인 사건이었다고 말할 수밖에 없을 것입니다.

그의 정권은 4대에 걸쳐 60년 동안이나 계속되었는데, 이는 우리 역사에서 운명적인 사건이었다.

곳곳에서 민중 봉기가 일어나다

죽동의 민중 봉기

경대승의 집권 시대는 매우 짧았지만 일반 서민에게는 포악무도한 무신 정권이었다는 점에서 별로 다를 바가 없었습니다. 그러던 1182년(명종 12) 민중을 수탈할 생각만 하는 지방관의 학정에 반대하여 삼남(三南 : 충청도, 전라도, 경상도 세 지방을 뜻함) 일대의 농민들이 봉기를 일으켰는데, 그 중에서도 전라북도 전주의 죽동(竹同 : ?~1182년)이 이끈 저항('죽동의 난' 혹은 '전주관노비의 난'이라고도 함)은 치열하기 짝이 없었다고 합니다.

전주의 지방관은 세금을 무겁게 부과할 뿐만 아니라 관선官船을 만드는 일에 민중을 동원하여 가혹하게 부렸습니다. 참다못한 농민들은 죽동을 기두旗頭로 내세우고 관노와 일반 시민들까지 합세하여 지방관을 쫓아내고 전주성을 점령한 뒤 토벌군과 격렬한 공방전을 벌였습니다. 40일이나 전투를 벌이고도 성을 함락시키지 못한 정부군은 승병僧兵을 간첩으로 삼아 죽동을 비롯한 지도자를 살해하고 나서야 성을 함락할 수 있었습니다.

이의민이 정권을 장악한 뒤로 무신 정권의 부패는 더욱 심해졌습니다. 1186년에는 경상도 진주와 안동에서 폭동이 일어났고, 다음해에는 경상도 지방관이 차마 눈뜨고 보지 못할 부정 행위를 저질러 폭동이 일어나 지방관이 교체되는 소동이 있었습니다. 같은 해 평안도 순천順川에서는 민중들이 들고일어나 죄수 수백 명을 풀어준 사건도 있었고, 1190년에는 경주를 중심으로 대대적인 민중 봉기가 있었습니다. 심지어 이 봉기는 수많은 사상자를 내고 한 해가 지나도록 해결되지 않았다고 합니다.

김사미와 효심의 민중 봉기

1193년에는 경상도 일대에서 다시 격렬한 봉기가 일어났습니다. 이 봉기의 선봉장은 운문(雲門 : 지금의 경북 청도)의 김사미(金沙彌 : ?~1194년)와 초전(草田 : 지금의 울산)의 효심(孝心 : ?~1193년)이었습니다. 조정에서는 이에 전존걸을 대장으로 삼아 대대적인 토벌군을 파견하였는데, 그 중에는 독재자 이의민의 아들 지순도 장교로 참가하게 됩니다.

봉기를 일으킨 민중들이 내건 표어 중에는 "고려를 쳐부수고 신라를 부흥시키자!"라는 것도 들어 있었습니다. 원래 이의민은 신라의 왕이 될 꿈을 꾸고 있었다고 하는데, 지순은 아버지의 그러한 야망을 알고 있었기 때문인지 봉기군과 내통하여 뇌물을 받고 군의 비밀을 누설하였다고 합니다. 이 때문에 정부군은 각지에서 패전을 거듭하였고 대장군 전존걸은 자살로 생을 마감합니다. 그리하여 조정에서는 다시 대부대를 편성하여 토벌에 나섭니다.

전투로는 이길 수 없다고 판단한 정부군은 봉기군 지도부에게 거짓 협상을 제안합니다. 그 결과 다음해 김사미는 협상 교섭을 하려고 개경으로 올라갔다가 죽임을 당하고, 봉기군은 막대한 피해를 입고 붕괴되고 맙니다.

그러나 최충헌이 집권한 이후 민중 봉기는 더욱더 규모가 커지게 됩니다. 1199년에는 강원도에 대란이 일어나 봉기군이 삼척, 울진의 두 현을 점령하였고 경주에서도 다시 반란이 일어납니다. 경상도 일대는 그 후 수년간에 걸쳐 민중 봉기가 계속되었는데, 1200년 경남 진주에서 일어난 민란은 조정을 놀라게 한 대사건으로 번져가게 됩니다.

이 난은 처음에 진주의 공노公奴, 사노私奴라는 천민 계급이 진주성 관리의 주택 50여 호에 불을 지르면서 시작되었습니다. 이때 진주의 관리 정방의(鄭方義 : ?~1201년)는 자기 집이 불타자 정부군에게 토벌을 강력히 요청하였지만, 오히려 난을 일으키려 하였다는 오해를 받고 정부군과 대립이 생기자 스스로 대란을 일으켜 6천4백여 명의 사람들을 학살합니다.

경상도 각지의 반란은 주로 천민 지역에서 일어났고, 반란군은 각지에서 서로 연락을 주고받으며 정부군을 계속 공격하였습니다. 그들은 "이제 고려 왕조는 끝났다. 반드시 신라가 부흥할 것이다"라고 외치며 봉기를 이끌었습니다.

이러한 추세는 서경을 중심으로 일어선 봉기군이 "우리는 고구려를 부흥시키는 군대다!"라고 외치고, 전라도의 봉기군은 "우리는 백제를 일으키는 대원수군이다!"라고 부르짖는 식으로 전국적으로 퍼져갔습니다.*

이는 민중이 무지몽매한 무신 정권에 철저히 반항하는 한편, 자기들 힘으로 차별 없는 이상적인 나라를 수립하려는 열망을 표현한 것이라고 보아

---

* 1217년에 서경에서 고구려의 부흥을 표방했던 최광수崔光秀의 난, 1137년에 전라도 담양에서 백제 부흥을 표방했던 이연년李延年의 난을 말한다.

야 할 것입니다. 이처럼 학대받는 백성들이 꿈꾸던 해방 운동은 만적의 투쟁에서 가장 선명하게 나타납니다.

노예 해방 운동의 세계적인 선구자 만적

만적(萬積 : ?~1198년)의 투쟁은 『고려사』「열전」에 상세히 기록되어 있습니다. 당시의 권력층은 개인적으로 노예를 소유하고 있었는데, 만적은 최충헌의 사노였습니다.

1198년 만적은 동료 사노 6명과 함께 개경의 북산北山으로 나무를 하러 가서 다른 많은 동료를 모아놓고 격렬한 연설을 하였습니다.

"우리나라는 정중부의 난 이래 천민이나 노예 출신이 높은 자리에 앉게 되었다. 대신이나 장군이 되는 자에게 애초부터 종자가 있을 리 없다. 때가 오면 누구든지 될 수 있는 것이다. 우리들이라고 권력자에게 학대받고 고생할 필요가 있겠는가. 들고 일어나서 권력을 빼앗아야 한다!"

모든 공·사노들은 함성을 지르며 이에 호응하였고, 그들은 노란 종이 수천 장을 잘라 '정丁'자로 표시를 만들고 굳게 맹세합니다.

"우리 일동이 일시에 흥국사興國寺 뜰에 모여 큰북을 울리고 함성을 지르면 궁중에 있는 관노도 반드시 호응할 것이다. 관노들은 궁중에서 조정의 무리들을 베어 죽이고 우리는 성안에서 봉기하여 먼저 최충헌 등을 죽인 다음, 각자의 주인을 죽이고 노예 문서를 불태워 버리면 이 삼한三韓의 나라에서 천민은 영구히 사라질 것이다. 그리고 국가의 권력 기관을 모두 우리가 장악하여 새로운 정치를 펼칠 것이다!"

하지만 약속한 기일에 모인 숫자는 예정한 수에 모자라는 수백 명뿐이었습니다. 이래서는 봉기해도 성공할 가망이 없다고 보고 새로 날짜를 정하여 보제사에 모이기로 합니다. 그리고 '비밀을 지키지 않으면 절대로 성공할 수 없으니 발설하지 않도록' 단단히 다짐합니다.

그런데 율학박사 한충유韓忠愈의 가노家奴인 순정順貞이란 자가 이 비밀을 주인에게 발설해 버립니다. 한충유는 이 일을 즉시 최충헌에게 보고 합니다.

이렇게 거사 계획이 발각되고 체포된 만적과 백여 명은 개경의 강물에 던져져 죽임을 당합니다. 한충유는 그 공으로 후작의 지위에 올랐고, 순정에게는 백금 80냥의 상금을 내리고 그를 양민으로 풀어줍니다. 하지만 이 계획에 가담하였던 수많은 공·사노는 죽지 않고 풀려났습니다. 이들을 죽여 버리면 결국 주인의 손해가 되기 때문이었습니다.

그로부터 5년 후 개경에서는 또다시 권력자의 노비들이 나무꾼으로 가장하여 동쪽 교외의 산에 모여 조직을 짜고 전투 훈련을 계속하다가 발각됩니다. 대부분은 도망쳤으나 50여 명은 체포되어 혹독한 고문을 받은 후 역시 강물 속에 던져져 죽습니다.

이는 곧 만적 등의 해방 운동 정신이 면면히 계승되고 있었음을 말해 주는 것이고, 그 운동 전개의 사상적 내용으로 볼 때 세계의 인류사상 선구적인 노예 해방 운동이라 할 수 있는 위대한 사건이었습니다.

만적 등의 해방 운동 정신이 면면히 계승되고 그 운동 전개의 사상적 내용으로 볼 때 세계의 인류사상 선구적인 노예 해방 운동이라 할 수 있다.

평량, 개인적으로 천민의 지위에서 벗어나고자 했던 비극의 주인공

이 시대 우리나라 피차별 민중의 싸움은 세계사에 자랑해도 좋을 만큼 혁명적인 정신으로 충만해 있었습니다. 학대받은 민중은 어떠한 박해나 탄압을 받아도 기세가 꺾이지 않고 끈질기게 투쟁을 전개해갔던 것입니다. 하지만 개인적으로 천민의 지위에서 벗어나고자 하였던 사람들이 비극을 만난 경우도 숱하였습니다. 그 한 예가 평량平亮 사건입니다.

평량은 김영관(金永寬 : ?~?년)이라는 벼슬아치의 가노였습니다. 그는 견주(見州 : 지금의 경기도 양주楊州)의 농촌에서 열심히 농사를 지어 부자가 된 후, 관리들에게 뇌물을 주고서 양민이 되려고 애쓴 결과 무관 8품직인 산원동정散員同正이라는 벼슬에 오르게 됩니다. 평량의 처 역시 왕원王元이라는 관리의 하녀였는데, 생활이 극도로 어려워진 왕원이 가족을 이끌고 평량의 집에 의지하러 옵니다. 평량은 왕원 일가를 후하게 대접하고, 개경에 돌아가 살수 있도록 해줄 터이니 수도로 돌아가라고 권합니다. 그런데 왕원 일가가 개경으로 돌아가는 길목에 숨어 있다가 왕원 부부와 아이들을 모두 죽여 버립니다. 왕원의 가족이 살아 있으면 자신이 사노 출신임이 누설되어 양민으로 살아갈 수 없다고 생각하였기 때문입니다.

이 비극적인 사건을 저지르고 완전히 양민이 된 평량은 아들 예규禮圭를 하급 장교 관리 자리에 앉히고 판관 박유진朴柔進의 딸을 며느리로 맞이하였으며, 처의 오빠도 벼슬아치의 딸과 결혼시켜 줍니다. 그러나 평량의 죄상이 1288년에 어사대御史臺에 의해 밝혀져 평량은 유배형에 처해지고, 결국 가족들도 뿔뿔이 흩어져 행방을 감추게 됩니다.

이기적인 행동은 결코 행복을 가져올 수 없다는 것을 역사는 이렇게 가르쳐주고 있는 것입니다.

무신 정권에 대한 역사적 교훈

고려 시대의 무신 정권은 1170년부터 약 백 년 동안 존속되었습니다. 그 일은 지금부터 약 9백 년 전의 오래된 사건이기는 하지만 우리는 오늘날의 정세와 비교하여도 많은 것을 배울 수 있습니다.

동서고금을 막론하고 무력으로 군사 쿠데타를 일으키는 무리들은 부패한 정치를 숙정하기 위하여 일어선 것이라고 입을 모아 왔습니다. 그러나 군사 정권은 어떠한 경우든 예외 없이 폭압 정치를 행하여 민중에게 가혹한 고통을 안겨줄 뿐만 아니라, 결국 부패한 정치를 행하여 권력을 쥔 자들에게 봉사하게 마련입니다.

이렇듯 고려의 무신 정권 시대 역시 우리 역사상 가장 어두운 암흑 시기였다고 할 수 있습니다.

6. 해좌칠현과 지식인의 초상 이규보

1170년 정중부가 무신 정권을 세운 후 고려의 지식인들은 말로 다할 수 없는 탄압과 박해를 받았습니다. 시대가 바뀌었다고는 하지만 일제로부터 해방된 이후 역대 군사 정권 아래서 양심적인 지식인들이 받았던 숱한 박해는 9백 년 전의 역사를 오늘에 그대로 재현한 듯한 느낌이 들기도 합니다. 때문에 여기 실린 고려 시대 지식인들의 모습은 단순히 옛날 이야기가 아니라 오늘을 살고 있는 우리의 삶과 서로 통하는 바가 있다고 할 수 있습니다.

허무주의에서 벗어나지 못한 해좌칠현

무신 정권 때문에 파란만장한 생애를 보낸 사람들 가운데 이인로(李仁老 : 1152~1220년, 고려 시대의 문인)라는 문인이 있습니다. 그는 1152년 문관 가문에서 태어나 어려서부터 열심히 공부하였는데, 그만 양친이 일찍 세상을 떠나는 바람에 친척의 도움을 받아가면서 벼슬을 얻기 위하여 공부에 열중하였습니다.

그러나 1170년 정중부의 무신정변武臣政變이 일어나자 난을 피해 산으로 들어가 머리를 깎고 중이 됩니다. 그러다가 얼마 후 세상이 조용해지자 1182년에 과거에 합격하여 관직에 몸을 담지만, 그는 언제나 우울해하고 괴로워한 듯합니다.

그는 절에 있을 때 「국菊」이라는 제목으로 다음과 같은 시를 썼습니다.

시들어 바래진 한 떨기 국화꽃
그러나 꽃다운 그윽한 향기는
여기서 피어남을 원망이나 하는 듯
오래오래 드높이 풍기고 있어라

사람이란 그 뜻이 곧아야 하는 것

으스대던 그대들 무엇이 두려워

시류를 좇아 태도를 바꾸고

오늘은 그들 앞에 애원을 하는가

강좌칠현 : 인인로, 오세재, 임춘, 조통, 황보항, 함순, 이담

이인로는 이처럼 고고한 생각을 품고 있으면서도 추악하기 그지없는 무신 정권에 굴복하고 있는 자기 모습에 절망하지 않을 수 없었으리라 생각됩니다. 그래서인지 그는 관리로 출세하지 않고 그저 문인들과 어울려 술잔을 나누는 일에만 열중해 있었습니다. 당시 문인으로나 학자로나 평판이 높았던 오세재(吳世才 : 1133~1199년), 임춘(林椿 : 1148~1186년), 조통(趙通 : ?~?년), 황보항(皇甫抗 : ?~?년), 함순(咸淳 : ?~?년), 이담(李湛 : ?~?년) 등과 항상 어울리며 술을 마셨기 때문에, 세상 사람들은 그들을 중국 진晉나라의 죽림칠현竹林七賢에 비겨서 '해좌칠현海左七賢'*이라 불렀습니다.

그들은 주로 자연의 아름다움과 인생의 무상함을 노래하는 허무주의에서 헤어나지 못하였는데, 옳지 못한 권력과 정면으로 맞설 만한 힘과 용기를 갖지 못한 지식인들의 한 단면이라고도 할 수 있습니다.

소문난 신동 이규보, 시와 술과 거문고로 날을 보내다

이규보(李奎報 : 1168~1241년, 고려의 문신)는 1168년 11월 16일 황려현(黃驪縣 : 지금의 경기도 여주驪州)의 문관 이윤수(李允綏 : 1130~1191년)의 아들로 태어납니다. 그의 아버지는 비록 하급 관리에 불과하였으나, 그의 집은 상당한 토지를 소유한 호족이어서 유복한 생활을 할 수 있었다고 합니다.

이규보의 초명初名은 인저仁氐였는데, 어찌 된 영문인지 갓난아이 때 온몸에 부스럼이 나서 가족들까지도 그가 곧 죽을 것이라고 생각하였습니다.

---

* 고려 후기 무신 정권에 불만을 품고 정계를 떠나 은거했던 일곱 선비들을 일컫는 말로 '강좌칠현江左七賢'이라고도 한다.

하지만 어린 이규보의 몸에 있던 부스럼은 없어졌고 모두들 신이 그를 도왔다고 믿게 됩니다. 또한 그가 태어난 지 2년 후에 무신정변이 일어났는데 그의 집은 별 영향을 받지 않았고, 그의 아버지는 지방의 하급 관리로 임지를 돌다가 그가 여덟 살 때 개경으로 돌아옵니다.

이규보는 글을 배우기 시작할 때부터 천재성을 발휘하였는데 아홉 살 무렵부터는 시를 즐겨 지었다고 합니다. 그래서 사람들은 그를 신동, 기동奇童이라 불렀습니다. 그가 열한 살 때 마침 중앙 관청에 근무하던 그의 숙부가 동료들에게 조카 자랑을 하였습니다. 그러자 모두들 그 아이를 관청으로 불러 시를 짓게 해보자고 난리였습니다. 어린 이규보는 '지紙'자가 운韻으로 주어지자 즉석에서 다음과 같은 시를 썼다고 합니다.

> 종이 위의 먼 길에는 모학사(붓)가 줄을 짓고
> 술잔 속에는 항상 국선생(술)이 들어 있네

> 紙路長行毛學士 지로장행모학사
> 盃心常在麴先生 배심상재국선생

이 멋들어진 응수에 관리들은 크게 감탄하였습니다.

열한 살 소년이 술을 마시는 심경을 교묘하게 표현한 것은 이 천재 소년의 눈에 술에 빠져 사는 문인들의 모습이 강하게 인상 지워진 때문이라고 생각됩니다. 그것은 당시의 무기력한 문관들의 상징적인 모습이었다고도 할 수 있을 것입니다.

14세가 된 이규보는 당시 수재들이 모이는 사학십이도(私學十二徒 : 사학 교육기관 12개교를 뜻함) 중 하나인 명문 '문헌공도(文憲公徒 : 시중최공도侍中崔公徒라고도 함)'에 입학을 합니다. 그는 거기서도 곧 두각을 나타내 유학의 모든 분야에 정진하였을 뿐만 아니라 당시의 풍조에 따라 불경 연구에도 뛰어난 재능을 보였습니다.

물론 당시 명문 사학에서 공부하는 젊은이들의 꿈은 한결같이 과거에 합격하여 관직에 오르는 것이었습니다. 이규보도 그러한 출세욕에 불타는 젊은이였습니다. 하지만 너라면 문제없다는 부추김에 으쓱해진 그는 16세의 어린 나이로 응시하였으나 보기 좋게 떨어집니다. 18세 때도 시험에 실패하고, 20세 때도 떨어졌습니다.

형식주의에 사로잡혀 있던 시험관들이 자유분방한 그의 답안을 보고 화가 났을지도 모릅니다. 또 어떤 기록에 따르면, 그는 소년 시절부터 술을 마시며 문인들의 풍류 놀이에 푹 빠져서 과거 공부를 등한시하였다고도 합니다.

특히 이규보는 해좌칠현의 한 사람인 오세재의 호감을 사서 나이가 서른이나 차이가 나는데도 대등한 친구처럼 대접을 받으며 망년지우忘年之友를 맺기도 하였습니다. 그래서 어떤 사람이 오세재에게 "젊은 사람을 지나치게 격 없이 대하는 것이 아니냐"고 충고하자 오세재는 다음과 같이 말하였다고 합니다.

"그는 비범한 사람이므로 뒷날 반드시 대성할 것이오."

오세재는 뛰어난 학자로서 이름을 널리 떨친 사람이지만 끝까지 무신 정권에 아첨하지 않아 관직에 오르지 못하였습니다. 그리고 고향인 경주에서 고독한 생애를 마치게 되는데, 오세재가 죽자 칠현의 동료들은 그가 아끼던 이규보를 일행으로 받아들이려 하였습니다. 하지만 이규보는 이를 거절합니다.

"칠현이 조정의 벼슬이 아닌 바에야 결원을 보충할 필요는 없겠지요. 진나라 칠현에 후계자가 있었다는 이야기는 없지 않습니까?"

그는 웃으며 이렇게 말하였다고 합니다. 그의 오만한 성격이 엿보이는 말이며, 한편으로는 그가 계속 관직에 마음을 두고 있었음도 잘 표현되어 있다고 할 수 있습니다.

세 번의 낙제에 분발한 이규보는 21세가 되어 간신히 과거에 합격하고 23세에는 진사 시험에도 합격하였으나, 그럴듯한 벼슬에 오르지 못한 가운데 아버지가 세상을 떠나고 맙니다. 그러자 24세의 이규보는 천마산天磨山에 틀어박혀 스스로 '백운거사白雲居士'라 칭하고, 시와 술과 거문고로 날을 보내게 됩니다.

장편 서사시 「동명왕편」을 저술하다

이규보는 이곳에서 「삼백운시三百韻詩」 등 많은 시를 써서 남겼는데, 그가 스물여섯 살에 쓴 「동명왕편東明王篇」은 현존하는 우리의 고전 문학 중에서 가장 가치 있는 최대의 장편 서사시로 일컬어지고 있습니다. 이 시는 고구려의 시조 주몽朱蒙의 건국 신화를 읊은 것으로, 그는 이 작품을 쓰게 된 동기를 다음과 같이 말한 바 있습니다.

> 김부식이 쓴 역사를 보면 우리나라의 오래된 이야기를 많이 생략해 놓았다. 아마 후세 사람들에게 하찮은 것은 전하지 말자고 생각한 모양이지만, 동명왕(주몽)만은 고구려 건국의 대영웅으로서 그 신화는 아무리 작은 것일지라도 생략해서는 안 되는 것이다.
>
> 나는 유학의 영향을 받아 신화 같은 것에는 관심이 없었으나, 『구삼국사舊三國史』를 몇 번이고 읽어보니 동명왕의 건국 신화만은 우리 민족이 결코 소홀히 해서는 안 될 중요한 사실임을 통감했다. 이것만은 어떠한 일이 있어도 써서 전해야만 할 것이다.

이규보는 애국적인 열정에 따라 고구려의 건국 신화에 등장하는 인물들을 개성이 풍부하고 생생한 존재로 격조 높게 읊었고, 사대주의에 물든 일반 유학자와는 달리 우리 조국과 민족의 높은 긍지를 읊어서 이민족의 습격으로 고통 받고 있는 고려의 민중들에게 힘찬 자부심을 안겨 주었습니다. 그는 이처럼 긍지 높은 시인이었으나 바라던 관직에는 나아가지 않고 무인들의 권력 싸움에 휘말리는 것을 피하여 이곳저곳을 전전합니다.

이규보가 30세가 되었을 때 유력한 선배들이 그를 중앙의 관직에 추천한 적도 있었으나 방해하는 사람이 있어 벼슬길에 오르지 못합니다. 그래서 그는 고향으로 돌아가 농사지을 생각을 진지하게 고민하였던 것 같으며, 그무렵 다음과 같은 시를 짓기도 합니다.

> 친지들에게 문헌을 빌려다가

선조들의 경작법을 묻고

마을 어른들께 술을 권하면서

열심히 밭 가는 법을 배운다.

그는 권력에 학대받는 농민의 분노를 담은 시 「대농부음(代農夫吟 : 농부를 대신하여 읊음)」도 썼는데, 다음 시는 우리에게 깊은 감명을 줍니다.

장안의 호강스레 잘사는 집엔

보배가 산더미로 쌓여 있도다

구슬같이 흰 쌀밥을

말이나 개가 먹기도 하고

기름같이 맛있는 맑은 술을

심부름꾼 아이들도 마음대로 마시누나

이것은 모두 다 농사꾼이 이룩한 것

그들이야 본래 무엇이 있었으랴

농민들의 피땀을 빨아 모아선

제 팔자 좋아서 부자가 되었다네

한평생 일해서 벼슬아치 섬기는

이것이 바로 농사꾼이다

누더기로 겨우 살을 가리고

하루 종일 쉬지 않고 밭을 가노라

벼 모가 파릇파릇 자랄 때부터

몇 번을 매가꾸어 이삭이 맺었건만

아무리 많아야 헛배만 불렀지

가을이면 관청에서 앗아가는 것

남김없이 몽땅 빼앗기고 나니

내 것이라곤 한 알도 없어

풀뿌리를 캐어 목숨을 이어가다가

굶주려 마침내 쓰러지고 마누나!

長安豪俠家　珠具堆如阜　장안호협가　주구퇴여부

春粒瑩如珠　或飼馬與狗　용립형여주　혹사마여구

碧醪湛若油　霑洽童僕味　벽료담약유　점흡동복미

是皆山自農　非乃本所受　시개산자농　비내본소수

假他手上勞　妄謂能自富　가타수상노　망위능자부

力穡奉君子　是之謂田夫　역색봉군자　시지위전부

赤身掩短褐　一日耕幾畝　적신엄단갈　일일경기무

才及稻芽靑　辛苦鋤稂莠　재급도아청　신고서랑유

假饒得千種　徒爲官家守　가요득천종　도위관가수

無何遭奪歸　一介非所有　무하조탈귀　일개비소유

乃反掘鳧茈　飢僕不自救　내반굴부자　기부부자구

장절壯絶하다고 해도 좋을 만큼 그의 격렬한 사상이 스며 나오고 있습니다. 이 시는 당시의 무신 정권이 "농민들은 청주를 마시거나 쌀밥을 먹어서는 안 된다"는 금지령을 내린 것에 격분하여 쓴 것입니다.

세상은 최충헌이 호령하는 시대가 되었습니다. 최충헌은 정원에 온갖 꽃들이 만발하자 유명한 시인들을 불러들여 시를 짓게 합니다. 이규보도 이 자리에 불려온 까닭으로 간신히 전주 지방 관청의 서기 자리를 얻었는데, 그의 나이 서른세 살 때의 일입니다. 그러나 그는 취임한 지 반 년도 채 못 되어 윗사람과 충돌하고 그 직책에서 물러나 개경으로 돌아옵니다. 직업도 없이 떠돌아다니는 사이에 그의 어머니 역시 세상을 떠나게 됩니다. 이것이 그의 나이 서른넷 때의 일입니다.

이규보의 나이 서른여섯이 되었을 때에는 경주 지방에 반란이 일어납니다. 조정에서는 토벌군을 파견하는 한편, 홍보를 맡을 문관 수제(修製 : 선전 담당)를 모집하였으나 응모하는 사람이 아무도 없었습니다. 그는 "어려움을 피한다면 대장부가 아니다"라면서 용감하게 종군하였는데, 1년 3개월 동안 종군하는 중에도 많은 시를 썼다고 합니다. 그는 역시 어디를 가도 시인일 뿐이었습니다.

이규보는 반란을 평정하고 의기양양하게 개선하였으나 논공행상 때 그의 이름만은 빠져 있었습니다. 자존심이 강한 이 시인이 무장들에게 미움을 샀기 때문이 아닌가 생각됩니다. 이 일로 그는 큰 충격을 받고 3년간이나 세상을 등지고 은둔 생활을 합니다.

권력자 최충헌에게 접근하여 관직 생활을 시작하다

이규보가 마흔이 되었을 때, 권력자 최충헌은 새로 '모정(茅亭 : 짚이나 억새로 지붕을 이은 정자)'을 짓고 이름난 시인들을 모아 「모정기茅亭記」를 짓도록 경연을 벌였습니다. 마침 이규보의 작품이 1등으로 뽑혀 최충헌의 눈에 들게 되었고, 그 덕분에 그는 한림원翰林院의 권보權補라는 자리에 앉게 됩니다.

이규보는 오랜 방랑 생활에서 느낀 굴욕이 뼈에 사무쳤는지 오로지 직무에만 매달렸으나 크게 출세도 못하고 언제나 하급 지위에 머물러야만 하였습니다. 하지만 나이 마흔여섯이 되었을 때, 그는 생각지도 않은 행운을 만나게 됩니다.

어느 날 최충헌의 아들 최이(崔怡 : ?~1249년, 원래의 이름은 최우崔瑀)가 그의 재능을 전해 듣고 그를 불러들였습니다. 그 자리에는 당시 대표적인 문인인 이인로도 있었습니다.

"그대는 대단히 붓이 빠르다던데, 그 묘기를 보여주게."

이인로가 '촉燭'이라는 운을 띄우자 이규보는 잠깐 동안에 40여 수의 시를 지었습니다. 감탄한 최이는 곧바로 그를 아버지 최충헌에게 데리고 가서 술을 베풀고, 마침 정원에 노닐던 공작을 제목으로 다시 시를 짓게 합니다. 대신이요 학자인 금의(琴儀 : 1153~1230년)가 운을 내는 데 따라 이규보는 숨 돌릴 사이도 없이 40여 수를 지어 보였는데, 그의 시에 감동한 최충헌은 눈물을 줄줄 흘리며 이렇게 말하였다고 합니다.

"그대가 원하는 대로 관직을 줄 터이니 염려 말고 말해보게."

이에 이규보가 이렇게 대답하였다고 합니다.

"지금 8품 자리에 있으니 7품으로 올려주시면 고맙겠습니다."

"왜 그리 욕심이 없는가, 못해도 참판 정도는 되어야지."

이렇게 최이가 타이르고 대신인 금의도 아쉽게 생각하였으나, 그는 더 이상 높은 자리를 바라지 않았습니다.

"그쯤이 분수에 맞는다고 생각합니다."

권력자에 아첨하여 출세하는 데 모종의 저항감을 느꼈는지도 모르지만, 주위의 시새움도 고려하였던 것 같습니다.

어쨌든 이규보는 권력자가 원하는 대로 그들이 좋아하는 찬사를 장황히 써주고 착착 출세 가도를 밟기 시작합니다. 그는 쉰을 앞에 두고서야 이해타산을 생각하기 시작한 듯합니다. 그러다가 그는 쉰두 살이 되던 1219년 하찮은 일로 중앙 관청에서 면직되고 계양(桂陽 : 지금의 경기도 부평富平)이라는 곳의 지방관으로 좌천되는데, 그때 그는 다음과 같은 시를 씁니다. 「태수시부로(太守示父老 : 태수가 부로에게 보이다)」라는 시입니다.

나는 본래 서생으로

스스로 태수라고는 생각하지 않는다

이 말 고을 사람들에게 부치노니

나를 늙은 농부라 여기고

억울하면 언제든지 와서 호소하여

갓난아기가 어미젖을 찾듯 하라

我是本書生 아시본서생

不自稱太守 부자칭태수

寄語州中人 기어주중인

視我如野耉 시아여야구

有蘊卽來訴 유온즉래소

如兒索母乳 여아색모유

이 해에 독재자 최충헌이 사망하고 그의 아들 최이가 후계자의 자리에 앉습니다. 최이는 이규보를 다시 조정으로 불러올려 고위직을 내렸지만, 그가 예순여섯 살이 되었을 때는 사소한 중상모략으로 섬으로 유배됩니다. 하지만 다음해에 바로 용서를 받고 다시 수도 개경으로 돌아옵니다.

그런데 그해(1231년) 몽골군이 대거 고려를 습격해 왔습니다. 놀란 최이는 아직 죄에서 풀려나지 않은 그를 불러서 몽골군에게 철수를 요구하고 강화를 맺도록 간절히 요구하는 글을 쓰게 합니다. 그는 국난을 맞아 몽골군과 정부에 장문의 편지를 거듭 보냈고, 지극히 설득력이 있는 그의 문장에 몽골의 황제나 지휘관들도 마음이 움직여 침략을 중지하고 강화 사절을 보내옵니다. 이제 그는 없어서는 안 될 국가의 중신이 되어 1232년부터 잇달아 국가의 최고 자리에 오릅니다. 그러나 이미 늙은 그는 병마에 시달려 1236년 예순아홉에 퇴직을 요청하였으나 이루지 못하고, 다음해 일흔이 되어서야 간신히 관직에서 물러날 수 있었습니다.

몽골의 침략이 계속되는 국가 존망의 위기를 맞아 최이는 왕궁과 무신정권을 강화도로 옮기고, 변함없이 사치스러운 생활을 계속하면서 재앙에서 벗어날 생각을 하고 있었습니다. 최이는 관직에서 물러나 있는 이규보를 불러들여 몽골 정부의 비위를 맞추는 진정서를 써 보내는 한편, 대장경大藏經의 목판을 만들어 전국의 사원에 국난 극복을 위한 기도를 하게 하는 일 역시 그에게 맡깁니다. 그러나 1241년 9월, 그는 결국 병을 이기지 못하고 일흔넷의 나이로 세상을 떠나고 맙니다.

뛰어난 문학가로서의 삶

당시 문인들의 작품이 대부분 출판되지 않은 탓에 오늘날에는 극히 적은 수만 남아 있을 뿐입니다. 그러나 이규보의 주요 작품이 『동국이상국집東國李相國集』에 보존되어 있는 것은 가히 기적적인 일입니다.

이는 이규보가 당시의 권력자 최이에게 끝까지 존경을 받았던 덕분이라고 할 수 있습니다. 최이는 그가 병상에 드러눕자 그의 저작을 모아서 목판

『동국이상국집』

에 새기고, 간행본을 내어 그에게 보답하려 하였습니다. 이 작업을 위해 최이는 판각 기술자를 모집하여 일을 독려할 정도였다고 합니다. 판각은 이규보가 죽기 전에 완성을 보지는 못하였으나, 그의 사후 판목이 완성되어 몽골과 장기전을 벌이고 있었음에도 불구하고 출판되었습니다. 그 후 그의 아들 함涵이 속편을 출판하고, 나아가 그의 손자 익배益培가 간행본을 교정하여 완성본을 출판합니다.

이 책들은 뒤에 일본에도 전해져 우리나라에서 소멸되었던 것을 조선 후기에 일본에서 다시 가져와 새로 간행할 수 있었습니다. 그만큼 그의 저작집은 우리 문학사상 매우 중요한 문헌이 되었으며, 여기에는 「동명왕편」을 비롯하여 수많은 장편시가 들어 있습니다. 또 그 문집 가운데는 '가전체 소설(假傳體小說 : 사물이나 동물을 의인화하여 창작한 소설)' 두 편과 『백운소설白雲小說』 등도 있습니다.

그의 문집에 있는 「국선생전(麴先生傳 : 술의 전기)」과 「청강사자현부전(淸江使者玄夫傳 : 거북의 전기)」, 「백운거사전(白雲居士傳 : 작자 자신의 이야기)」, 「노극청전(盧克淸傳 : 집을 판 사람이 나머지 돈을 옛날 주인에게 돌려주려 했으나 받지 않자 그 돈을 절에 기증한 이야기)」 등은 한자로 2~3백자 정도의 짧은 이야기지만, 송나라의 고문체 소설古文體小說과 비교하여 우리나라 소설의 원형을 살펴볼 수 있습니다.

이규보는 어려서 지독한 피부병에 걸렸다고 하는데, 성인이 된 후에는 건강하고 키도 훤칠하여 대단한 미남이었다고 합니다. 또 그는 젊은 시절부터 술꾼으로 소문났지만 주색에 빠진 적은 없으며, 순수하고 밝은 성품이어서 사람들에게 호감을 사는 성격이었다고 합니다. 그가 젊은 시절에 쓴 시 가운데는 다음과 같은 것도 있습니다.

> 술은 시가 되어 하늘을 뛰어다니고
> 여기에는 미인의 영혼인 꽃이 있도다
> 오늘 밤 참으로 술과 꽃이 있으니
> 귀인과 더불어 하늘을 오르는 기분이네

이규보는 시 한 수에 술 한 잔이라는 말대로, 마치 거미가 실을 뽑아내 듯 마시고 취하는 만큼 끝없이 시를 쓰며 노래로 읊었습니다. 그는 말단 문 관의 아들로 태어나 관직에 올라 출세 가도를 달려 보고픈 꿈에 사로잡혔다 가 마침내 그 꿈을 이루어 문관 가운데 최고의 자리인 재상까지 올랐지만, 농촌에서 자란 만큼 죽을 때까지 농민을 생각하는 마음은 잃지 않았습니다.

밭을 가는 노인은 본받아도 좋지만
돈을 내서 관직을 사는 무리의 얼굴은 보지 않는다

이러한 청년 시절 그의 사상은 대관이 된 후에도 변하지 않아, 뇌물을 받았다가 파면된 관리의 소식을 듣고 다음과 같은 시를 쓰기도 하였습니다. 「문군수수인이장피죄(聞郡守數人以贓被罪 : 군수 몇 놈이 뇌물을 받아 벌을 받았다는 말을 듣고)」라는 시의 한 구절입니다.

도대체 네놈들(수탈하는 관리들을 뜻함)은 입이 몇 개나 되기에
가엾은 백성들의 살까지 먹으려 하느냐

問汝將幾口 문여장기구
食喫蒼生肉 식끽창생육

그의 마음에는 항상 민족을 사랑하는 피가 끓고 있었습니다. 나라를 위 기에서 구하기 위하여 고뇌 속에서도 몽골에 보내는 굴욕적인 외교 문서를 썼던 반면, 단호하게 몽골군을 쳐부수자고 부르짖는 시를 짓기도 하였습니 다. 그 가운데 「십월전(十月電 : 시월의 번개)」이라는 시가 있습니다.

하늘이 교만한 놈들을 풀어 독이 이미 퍼졌는데
이 겨울에 천둥 번개 치는 것은 또 무슨 일인가?
번뜩이는 빛으로 오랑캐 머리를 내리친다면

비록 때 아닌 때이지만 알맞은 때라 하겠네

天放驕兒毒已彌 천방교아독이미
當冬震電又奚爲 당동진전우해위
潼然若向胡頭擊 동연약향호두격
縱曰非時可曰時 종왈비시가왈시

　이규보에 대해 전해 내려오는 기록은 『고려사』 「열전」에 기록된 정도이지만, 그는 지금까지 남겨진 저작 덕분에 고려 최대의 문호로 추앙받고 있습니다. 뒷날 사람들은 그를 평하여 '대하처럼 흐르는 문장, 산악처럼 웅장한 시, 또한 독창적이고 강렬한 애국 정신이 넘쳐흐르는 시문'이라 하고 있습니다.

7. 몽골 침략과 애국의 두 갈래 길, 배중손과 김방경

1231년부터 시작된 몽골과의 대전쟁은 1273년 제주도에서 삼별초三別抄 몽골과의 42년간의 대전쟁
군의 최후의 저항이 끝나기까지 42년에 걸친 역사상 유례없는 처절한 싸움
이었습니다.

몽골의 7차에 걸친 침입과 휴전

중국 대륙이 남쪽의 송宋나라와 북쪽의 금金나라라는 양대국으로 나뉘
어 대립하고 있던 13세기 초 무렵 금나라의 변방에서 유목 생활을 하던 몽골
족에서 테무친(鐵木眞 : 1162~1227년)이 일어나 부족을 통일하고, 1206년 대칸
(大汗 : 국왕)이 되어 칭기즈칸成吉思汗이라 칭하였습니다.

몽골족은 우선 중앙아시아를 점령하고, 그 세력을 더욱 뻗쳐서 금나라
로 침입하기 시작합니다. 그 때문에 금나라의 지배를 받고 있던 여진족과 거
란족 등이 고려 북쪽에 동하국東夏國과 대요수국大遼收國이라는 나라를 세우
고 고려를 자주 침입합니다. 고려는 1216년부터 이들의 침입을 막기 위하여
여러 차례 토벌군을 파견하였는데, 1218년 거란족을 공격해 내려온 몽골군
과 처음 접촉하게 됩니다.

거란족을 멸망시킨 몽골은 때때로 고려에 사절을 보내 군량을 비롯하여 몽골 1차 침입
막대한 물자를 강요하기 시작합니다. 고려는 단호하게 거절하는 한편 평화
를 유지하기 위하여 여러 가지로 애를 쓰지만, 1225년 몽골의 사신이 압록강
부근에서 살해되는 사건이 발생하여 마침내 평화는 깨지고 맙니다. 그리하
여 살리타이(撒禮塔, 살례탑 : ?~1232년, 몽골의 장수)를 필두로 한 몽골의 대군이
1231년 8월에 직접 고려로 침입해 오게 됩니다.

당시 고려는 최씨 일족의 무신 정권이 지배하고 있었는데, 여진족과 거
란족과의 싸움에서 몇 차례 승리를 거두었던 만큼 몽골의 대군이 침략하자
격렬하게 맞서 싸우게 됩니다.

곳곳에서 공격만 하면 반드시 이기는 전쟁을 치러온 몽골군은 고려를

단숨에 멸망시킬 계획이었지만, 고려군의 완강한 저항에 부딪쳐 고전을 면치 못하고 마침내 다음해 1월에 일단 강화를 맺고 철군합니다. 한편 고려 정권은 장기전을 준비하며 같은 해 6월에 수도를 개경에서 강화도로 옮기고 각지의 산성을 고쳐 쌓고, 모든 백성에게 철저한 항전을 호소합니다.

12월 몽골의 살리타이는 재차 대군을 이끌고 침입해왔지만, 몽골 군대는 수군이 약한 탓에 강화도를 공격하지 못하고 도리어 처인성(處仁城 : 지금의 용인龍仁 부근)에서 승장僧將 김윤후(金允侯 : ?~?년)가 쏜 화살을 맞고 죽습니다. 지휘관을 잃고 곳곳에서 큰 타격을 받은 몽골군은 완전히 전의를 잃고 다시 철군하게 됩니다.

두 차례의 침략전에 실패한 몽골은 고려 침략을 일시 중지하고 중국 본토 공략에 힘을 쏟아 1234년에 금나라와 동하東夏를 멸망시킵니다. 이어서 1235년 중국 남쪽의 송나라에 대규모 원정군을 보내는 한편, 다시 대군을 이끌고 고려를 공격해 옵니다.

몽골의 3차 침입

몽골의 3차 침입은 4년간에 걸친 장기전이어서 고려의 전 국토는 몽골군의 약탈로 풍비박산이 나고, 우리 민족의 귀중한 문화재가 거의 불에 타버리거나 파괴되고 맙니다.

그러나 고려의 민중은 결코 꺾이지 않고 몽골군과 싸움을 계속하여 곳곳에서 적에게 큰 타격을 줍니다. 그 사이에도 무신 정권은 강화도에서 적의 침입을 받지 않은 채 호화로운 예식과 잔치를 열고 있었습니다. 어떤 예식에서는 예복을 차려입은 1천3백여 명의 악대가 대연주를 하였다고 하니, 얼마나 민중의 희생을 외면하고 안락만을 탐하였는지 알 수 있습니다.

몽골의 4차, 5차, 6차, 7차 침입

그러던 1239년에 고려 민중의 격렬한 항전에 지친 몽골군은 고려의 왕에게 입조(入朝 : 몽골 왕에게 인사가는 것)할 것을 요구하는 문서를 남기고 철수를 합니다. 고려 정권도 몽골 정부에 선물을 보내기도 하고 핑계를 대기도 하며 어떻게든 평화를 유지하려고 애썼기 때문에 그 후 10년 정도는 무사히 보낼 수 있었습니다. 그러나 그 이후에 몽골군은 1253년에 네 번째의 대침입을 비롯하여 1254년의 다섯 번째, 1255년의 여섯 번째, 1257년의 일곱 번째 침입 등 쉴 새 없이 맹공을 퍼붓습니다.

몽골군은 비록 한 번도 강화도에 들어가지 못하였지만, 고려왕의 입조를 계속 요구하였습니다. 고려의 무신 정권도 1258년 최씨 일족이 멸망하면서 혼란에 빠져, 기나긴 전쟁에 시달린 왕과 귀족들은 1259년에 왕자를 몽골에 사절로 보내며 가까스로 강화를 맺을 수 있게 됩니다.

고려의 성은 천하에 견줄 곳이 없다

아시아 대륙에서 유럽 일대에 걸쳐 그 당시 세계의 대부분을 석권한 몽골군의 침략 앞에 최후까지 견딘 나라는 하나도 없었습니다. 그러나 그들의 광포한 힘도 고려만은 무너뜨릴 수 없었습니다. 그래서 몽골의 장군들은 '고려의 성은 천하무비天下無比의 견고한 성'이며, "해가 뜨는 나라에서 해가 지는 나라까지 정복한 우리지만, 고려만큼은 우리의 명령을 거절하였다" 면서 고려군의 강인함을 칭찬해 마지않았다고 합니다.

이 전쟁에서 우리 민중들은 유례없는 강인함을 과시하였습니다. 적의 대군에 포위당한 가운데서도 반 년 이상이나 성을 지켜내고 적군을 격퇴한 귀주성(龜州城 : 지금의 평안북도 구성龜城에 위치한 산성)의 박서(朴犀 : ?~?년) 장군의 영웅적인 투쟁과 처인성에서 적의 총지휘관을 일격에 사살한 김윤후의 무훈, 몽골 침입 전 기간을 통하여 한 번도 적에게 짓밟힌 일 없이 수많은 적군을 물리친 충주성의 견고한 수비 등 우리 민족의 강한 애국심은 셀 수 없는 무용담을 낳았습니다.

물론 30년에 걸친 몽골군의 침략으로 우리 국토의 피해는 이루 말할 수 없었습니다. 전쟁 중 어떤 해에는 20만 명이나 되는 사람들이 몽골군에게 끌려간 적도 있었습니다. 전쟁에는 전염병이 따르게 마련입니다. 전화戰禍뿐만 아니라 이 전염병 때문에 얼마나 많은 민중들이 죽었는지 모릅니다. 그러나 고려의 민중들은 어떠한 난관도 이겨내고 투쟁을 계속하였습니다.

부당한 침략자는 절대로 용서할 수 없다는 우리 민족의 강인한 힘을 끝까지 보여준 것이 바로 삼별초(三別抄 : 좌별초左別抄, 우별초右別抄, 신의군神義軍을 말함)의 항전입니다.

배중손과 그의 동지들, 삼별초군을 이끌고 끝까지 항전하다

고려 민중의 불굴의 투쟁 때문에 몽골은 강화에 응할 수밖에 없었으나, 일단 평화가 오자 몽골은 전쟁으로 얻지 못한 것을 강화를 통해 얻어내려고 하였습니다.

강화의 조건은 고려왕의 입조入朝와 수도를 개경으로 되돌리는 것이었습니다. 그러나 고려의 무인들은 몽골의 요구에 굴복하는 것을 최대의 치욕으로 생각하고 있었습니다. 그래서 최씨 일족이 멸망한 후에도 실권을 쥔 무인들은 계속 항전하자는 민중들의 요구에 따라 수도를 옮기는 데에는 반대하였습니다.

몽골은 고려 정부의 개경 복귀를 계속 요구하면서 한편으로는 일본을 침략하려는 야심을 품고 있었습니다. 그리하여 고려 정부로 하여금 일본과 교섭을 하도록 하고, 일본 원정을 위한 군선을 만들라고 강요합니다.

무신들 가운데는 몽골의 요구를 물리치고 철저한 항전을 주장하는 사람이 많아 권좌에 있는 자들도 분쟁을 거듭하고 있었습니다. 몽골의 간섭으로 무마되긴 하였지만, 1269년에 권력을 쥐고 있던 무신 일파가 친親몽골적인 왕을 가두고 다른 왕을 내세우는 사건이 벌어지기도 합니다.

개경 천도

최후의 무신 정권을 쥐고 있던 임연(林衍 : ?~1270년)이 1270년 병사하고 아들까지 살해되어 무신 정권이 무너지자 왕은 재빨리 수도를 개경으로 옮겨 버립니다. 하지만 불에 타서 잿더미가 된 개경에는 아직 궁전도 복구되어 있지 않아 천막살이를 하였다고 합니다.

강화도에는 여전히 수도 이전에 반대하며 몽골과 항전할 것을 부르짖는 강력한 군대가 있었습니다. 개경으로 옮긴 조정은 이 군대를 해산시키려 하였으나, 군은 같은 해 6월에 강화도에서 몽골 격퇴의 봉화를 올립니다.

삼별초와 배중손

이 강화도의 군대는 처음에는 최씨 일족의 사병이나 마찬가지였지만 몽골과의 전쟁으로 국방의 주력 부대가 되었는데, 좌별초左別抄, 우별초右別抄, 신의군神義軍의 3개 부대로 이루어져 삼별초라 불렀습니다. 궐기한 삼별초군의 선두에 선 것이 바로 배중손(裴仲孫 : ?~1271년, 고려 원종 때의 장군이자 삼별초군의 지휘자) 장군이었습니다.

"몽골 대군이 또다시 우리 백성들을 죽이러 쳐들어오려 한다. 나라를 구하고자 하는 사람은 즉시 모여라!"

그의 외침에 호응하여 단번에 수만의 병사가 모여들었습니다. 삼별초군은 정부의 무기고를 열어 무장을 갖추는 한편, 섬 안의 질서를 단속하고 새로운 항몽 정권을 수립합니다. 그러나 개경으로 가기를 원하며 탈주하는 사람도 있어서 도망치려고 한꺼번에 선착장으로 몰려들었다가 많은 사람들이 바다에 떨어져 죽는 혼란이 일어나기도 하였습니다.

삼별초군은 이제 강화도는 근거지로 쓰기가 어렵다고 판단하고, 섬에 있는 모든 군비와 사람들을 천여 척의 배에 싣고 남쪽의 진도로 향합니다. 진도는 주요 뱃길이 자리 잡고 있고 넓은 논밭도 있어서 장기전의 근거지로서는 최적지였습니다.

삼별초군은 항전의 토대를 쌓으면서 전라도와 경상도 각지에 기지를 확보하고, 몽골을 물리치기 위하여 궐기할 것을 호소합니다. 이리하여 제주도를 비롯한 남해안 일대의 섬들과 연안의 내륙 각지는 삼별초군의 세력 아래 결집되고, 궐기한 민중들은 곳곳에서 정부군을 물리칠 수 있었습니다.

몽골군과 고려 정부의 연합군은 즉각 삼별초 토벌에 나섰으나 가는 곳마다 민중 봉기군의 저항에 부딪쳐 고전을 면치 못하였습니다. 그들이 간신히 진도 맞은편의 삼견원(三堅院 : 지금의 전남 해남에 위치)에 도착하여 전투 준비를 시작하고 있는 참에 배중손이 이끄는 수군 부대가 북소리도 우렁차게 큰 함성을 지르면서 돌격해 왔습니다.

토벌군의 주력 부대는 이 기습으로 큰 타격을 입게 되고, 몽골군의 사령관 아해阿海와 고려 정부군의 대장 김방경(金方慶 : 1212~1300년, 고려 후기의 무장) 사이에는 패전을 놓고 서로 책임을 전가하는 추악한 다툼이 거듭됩니다. 그로 인하여 김방경은 반란군과 내통하였다는 죄를 뒤집어쓰고 개경으로 끌려오게 되는데, 사실이 아니라는 것이 판명되어 재차 진도 공격에 파견됩니다. 하지만 12월에 고려와 몽골 연합군의 수군은 삼별초군의 맹공을 받아 대부분의 배가 격침당합니다.

이 패전에 겁을 집어먹은 몽골군 장군 아해는 전선에서 도망쳤다가 "겁을 내고 싸우지 않았다"는 죄로 몽골로 송환되고 그를 대신하여 흔도炘都라는 장군이 파견됩니다. 하지만 연전연승으로 배중손의 우수한 지도력과 삼별초군의 용맹함이 널리 알려져 토벌군은 아무런 조치도 취하지 못한 채 반년 남짓을 허송세월하게 됩니다.

삼별초 항쟁

방보, 계년, 숭겸, 공덕 등의 민중 봉기

배중손의 승리에 고무되어 1271년 1월에는 경상도 밀양에서 방보方甫, 계년桂年 등의 지휘로 민중 봉기가 일어났고, 악질적인 지방관을 처단하고 기세를 올립니다. 또한 개경에서도 숭겸崇謙, 공덕功德 등 노예들이 몽골군의 대장과 왕족을 죽이려는 계획을 세우는가 하면, 남쪽 각지에서 민중 봉기군이 토벌군을 공격하여 큰 전과를 올립니다.

삼별초군은 거듭되는 승리에 자신감을 갖게 되고, 부대를 분산하여 남해안 각지를 옮겨 다니며 싸웠습니다. 그렇지만 곧 토벌군의 총공격을 받아 허를 찔리고 곤경에 처하게 됩니다.

1271년 5월, 대군을 동원한 몽골군과 고려 정부군은 좌, 우, 중의 삼군을 편성하여 진도로 밀고 들어왔습니다. 배중손은 주력을 이끌고 적의 중군을 공격해서 내몰았으나, 적의 좌우 양군의 협공을 받아 격전을 벌인 보람도 없이 장렬하게 전사하고 맙니다. 지휘자가 죽자 마침내 삼별초군은 무너지고, 토벌군은 진도를 점령하여 수많은 민중과 식량 등을 약탈합니다.

삼별초의 김통정

이렇게 삼별초군의 주력 부대는 무너졌지만, 별동대의 김통정(金通精 : ?~1273년) 장군은 남은 병력을 이끌고 진도를 탈출하여 제주도로 들어가 그곳에 새로운 근거지를 만듭니다. 삼별초의 수군은 뛰어난 게릴라 전술로 몽골군과 정부군을 공격하였고, 특히 몽골이 일본 원정을 위해 증설한 각지의 조선소를 습격하여 막대한 타격을 입히게 됩니다.

원元나라로 국호를 바꾼 몽골은 전력을 기울여 제주도 공격에 나섭니다. 삼별초군에 의한 조선소의 파괴로 일본을 원정하려는 야망이 좌절되었을 뿐만 아니라, 고려 민중들의 반몽 의식이 높아져 자칫하면 고려에서 완전히 쫓겨나게 될 위기를 느꼈기 때문이었습니다.

1273년 고려 정부는 김방경을, 원나라는 흔도와 홍다구(洪茶丘 : 본명은 홍준기洪俊奇로 고려인으로 몽골에 귀화한 무장)를 각각 대장으로 삼아 병선 160척에 1만의 대군을 싣고 제주도 공격에 나섭니다. 삼별초군은 이 대군을 상대로 2개월에 걸쳐 장렬한 싸움을 벌입니다. 토벌군의 손해는 막대하였지만 삼별초의 용사들 역시 모두 부상을 입었고, 결국 김통정 장군은 최후까지 싸움을 계속한 70여 명의 동지들과 함께 한라산으로 깊숙이 들어가 모두 장렬하게 자결합니다.

고려 민중들의 자랑스러운 불굴의 애국정신을 찬란히 발휘한 삼별초군의 투쟁은 이렇게 막을 내리게 됩니다.

비극의 주인공 김방경

김방경金方慶은 1212년 신라 왕족의 피를 이어받은 명문 귀족의 집에 태어나 16세의 젊은 나이에 관직에 들어섰습니다.

그는 순조롭게 출세 가도를 걸었으나, 몽골이 침입하자 그도 국가 방위를 위하여 싸워야 하였습니다. 연대는 확실치 않으나 김방경이 서북면 병마판관西北面兵馬判官으로 있을 때 몽골군의 내습을 받았는데, 그가 평안도의 위도葦島라는 섬에 들어박혀 간척지를 개간하고 식량 증산에 힘썼다는 기록이 있습니다. 그는 키가 매우 크고 삐쩍 말라서 마치 학을 연상케 하는 체구였고, 말을 약간 더듬는 탓에 극단적으로 말수가 적은 사람이었다고 합니다. 우직하고 사교가 서툴러 많은 사람들로부터 자주 배척받았다는 기록도 있습니다.

김방경은 몽골과의 교섭에서 여러 역할을 맡았는데, 기록에 최초로 나오는 것은 1269년 정권을 잡은 임연이 국왕인 원종(元宗 : 1219~1274년, 고려 제 24대 왕)을 함부로 가두고 다른 왕을 세웠을 때입니다.

몽골의 왕은 친몽골적인 원종을 물러나게 한 데 화가 나서 그 진상을 보고하라고 엄명을 내립니다. 김방경은 임연이 한 짓에 결코 찬성하지는 않았지만, 임연이 "몽골왕 앞에 가서 잘 이야기할 수 있는 사람은 자네밖에 없네"라며 추켜세우자 몽골왕에게 보내는 국서를 가지고 사절로 가게 됩니다. 그리고 그는 임연에게 들은 대로 "왕이 병이 나서 임시로 새 왕을 세웠을 뿐이니 병이 낫는 대로 복위할 것입니다"라고 둘러대 무사히 제 역할을 수행합니다. 또한 이를 계기로 그는 복위한 원종의 신임을 얻어 원종이 몽골에 갈 때마다 수행을 하게 됩니다.

몽골왕은 고려의 반역자들을 교묘히 앞세워 고려의 서북방을 식민지처럼 만들고 서경에 동녕부(東寧府 : 서경에 설치된 원나라의 통치기관)를 설치합니다. 원종과 김방경은 어떻게 해서든 몽골군을 서경에서 철수시키려고 애썼으나 결국 실패하고 몽골의 꼭두각시 역할을 할 수밖에 없었습니다.

1270년 김방경은 삼별초를 토벌하기 위하여 몽골의 대장 아해와 함께 진도로 갑니다. 비록 그는 중상모략을 받고 한때 개경으로 송환되었지만, 다음해에는 진도를 함락시키고 개선장군이 되어 수도로 돌아옵니다. 물론 그가 진도에 갔을 때는 삼별초군을 토벌보다는 설득할 생각이었고, 그래서 거느리고 간 사병도 60명 정도였습니다. 그러나 그는 결국 동포들을 상대로 무자비한 살육을 자행하게 됩니다.

진도 토벌을 전후하여 몽골은 7천 명의 둔전병(屯田兵 : 직접 농사를 지어 군량을 조달하는 군대)을 황해도 지방으로 데려옵니다. 김방경은 이들을 되돌려 보내려고 교섭을 거듭하였지만 아무런 성과도 없이 끝나 버리고 맙니다. 다만 그가 몽골 정부에 보낸 요청서는 고려의 어려운 처지를 매우 구체적으로 서술한 박력 있는 명문으로 평가받았을 뿐입니다.

그와 행동을 함께 한 몽골의 장군 흔도는 무슨 일에서나 그의 교섭 상대였는데, 두 사람의 대화에 대하여 이런 기록이 남아 있습니다.

어느 날 흔도가 정원에서 참새를 잡아 잠시 가지고 놀다가 죽이고는 김방경에게 그 행동에 대한 소감을 물었다.

"이 참새들이 몰려와 곡식을 먹어치우니 농민들이 곤란을 겪고 있소. 장군이 이 참새를 죽인 것은 농민의 고생을 생각해서겠지요."

김방경이 대답하자 흔도는 무뚝뚝하게 말했다.

"내가 만난 고려인들은 모두 문자를 알고 부처를 믿으니 거의 한인(漢人 : 중국인)과 같소. 언제나 우리를 바보로 알고, 몽골인은 살인을 업으로 삼으니 필시 천벌을 받을 거라고들 말하고 있소. 그러나 살인은 하늘이 우리에게 내린 명이오. 우리는 다만 그 명을 지킬 따름이오. 천벌 따위는 있을 리 없소. 그러니 당신들은 몽골인의 노예가 되게끔 되어 있소."

선의善意 같은 것은 몽골인에게는 일체 통용되지 않았다는 냉혹한 현실을 기록한 문장이라고 생각됩니다.

김방경은 흔도, 홍다구와 함께 제주도를 토벌하고, 다음해인 1274년에 일본 원정 그들과 함께 일본 원정군의 대장이 되어 일본으로 떠납니다. 고려왕과 김방경은 몽골의 일본 원정에 찬성하지 않았지만, 결국은 앞잡이가 될 수밖에 없었습니다. 더욱이 일본의 쓰시마(對馬島 : 대마도)와 이끼(壹岐 : 쓰시마와 일본 땅 중간에 있는 섬), 마쓰우라(松浦 : 일본 나가사키현長崎縣에 위치) 등의 전투에서 일본 주민을 가장 많이 죽인 것은 그가 이끄는 고려군이었습니다. 규슈九州에 상륙한 그는 몽골 장군들에게 좀 더 용감히 진격하라고 독려하였지만, 몽골 장군들은 전의를 잃고 서둘러 철수해 버립니다. 그리고 귀로에 태풍을 만나 병선이 대부분 침몰함으로써 큰 실패를 겪고 맙니다.

일본 원정에 앞장섰던 김방경은 왕과 상의하여 원나라와의 관계를 유리하게 할 속셈으로 왕세자를 원나라 공주에게 장가들게 합니다. 하지만 이 역시 그의 계산 착오였습니다. 원나라 공주의 행실이 방자한 탓에 고려 정부는 곤경에 빠지고 도리어 원나라의 노여움을 사는 결과를 낳았습니다. 그리고 김방경을 신뢰하던 원종이 죽고 왕세자가 왕위에 오르게 됩니다. 그가 바로 충렬왕(忠烈王 : 1236~1308년, 고려 제25대 왕)입니다.

일본 원정에 실패한 이듬해, 김방경은 왕을 대신하여 원나라로 가서 고려의 어려운 국정을 설명하고, 두 번째 일본 원정에는 협력할 수 없다는 사정을 상세히 고합니다. 그러나 원나라 왕은 오히려 일본 원정을 위하여 즉각 조선造船 및 그 밖의 준비를 하라고 엄명을 내립니다. 그리고는 일본 원정에 사용할 말 사육장으로 쓰기 위하여 제주도를 강탈합니다.

고려의 재상으로서 김방경은 몽골인에게 멸시받지 않으려고 고려의 관리나 무장들에게 엄격한 규율을 지키도록 하였으며, 규율을 위반한 자는 가차 없이 처벌하였습니다.

그러나 벌을 받은 관리나 무장들은 1277년 도리어 원나라의 대장인 흔도를 찾아가 김방경이 원나라에서 온 공주와 관리와 장군들을 죽이고 강화도로 돌아가 원나라와 싸움을 벌이려 하고 있다고 고해바칩니다. 그 증거로는 일본 원정에서 가지고 돌아온 무기를 몰래 숨겨두고 있다는 것이었습니다.

흔도는 그를 잡아다가 심하게 고문하며 자백을 강요합니다. 그러자 옆에 있던 홍다구가 그렇게 미적지근하게 해서는 안 된다며 온몸에 성한 곳이 하나도 안 남을 만큼 잔혹하게 고문합니다. 김방경은 피범벅이 되어 몇 번이나 혼절을 하고 겨우 숨만 붙어 있었습니다. 그때 그의 나이 예순여섯의 노령이었습니다. 추운 겨울에 발가벗기고 매 맞는 그의 몸은 딱딱하게 얼어 있었습니다.

보다 못한 왕이 말했습니다.

"그대는 원나라 왕에게 특별한 사랑을 받고 있으니 어떤 자백을 하더라도 사형은 면할 터인데, 그렇게 비참한 꼴을 당하면서 견딜 필요는 없지 않은가?"

그러자 그는 반듯이 일어나 대답합니다.

"전하는 무슨 말씀을 하시는 겁니까? 신은 일개 졸병에서 재상의 자리까지 출세하여 막대한 국은을 입었습니다. 신명을 다 바쳐도 국은에 보답할 수 없는데, 있지도 않은 자백을 하여 국은을 배신할 수는 없습니다."

그리고는 다시 홍다구를 향해서 크게 호통을 칩니다.

"죽이려거든 어서 죽여라. 나는 부정에는 결코 굴복치 않는다!"

결국 무기를 즉시 반납하지 않았다는 죄만을 묻기로 하고 그는 대청도로 유배당하게 됩니다.

그러나 고려왕의 주선으로 그는 다시 풀려나 재상으로 복귀합니다. 1280년 홍다구가 일본 원정군의 원나라 대장에 임명된 것을 보고 김방경은 그와 행동을 같이 하면 다시 화를 입게 될 것을 우려하여 사임을 원하였지만, 왕은 그를 애써 눌러 앉혔습니다.

1281년 김방경은 또다시 흔도, 홍다구와 함께 제2차 일본 원정에 나서게 됩니다. 이번에는 일본의 군비도 강고하여 쓰시마와 이키는 쉽게 점령하였으나 하타 만博多灣 상륙 작전은 좀처럼 진척되지 않았습니다. 게다가 합류해야 할 강남군(江南軍 : 패망한 남송南宋의 군사)이 약속대로 나타나지 않아 애를 먹고 나서야 겨우 10만의 강남군이 도착합니다. 그러나 그마저도 일본군의 완강한 저항을 받아 상륙 작전이 여의치 않은 사이에 때마침 태풍이 닥쳐와 군선이 대부분 침몰해 버립니다.

제2차 일본 원정

일본의 역사서에는 10만 명 가운데 생존자가 겨우 세 사람뿐이었다고 기록되어 있는데, 그 원정에 참가한 고려군 2만7천 명 중에서 7천8백여 명이 수장을 치렀다고 합니다.

원나라는 두 번에 걸친 실패에도 포기하지 않고 또다시 일본 원정을 나서려 하였습니다. 하지만 패전한 원나라의 군대가 속속 본국으로 철수하고 고려를 괴롭히던 전쟁 기관도 차례로 철거하여 고려에 가까스로 평화가 찾아옵니다. 그러나 몽골의 풍습은 고려 수도의 모습을 바꿀 정도였습니다. 대신들까지도 몽골식 옷을 입고 머리도 몽골풍으로 하는 등 도처에 식민지 같은 풍경이 만연하였습니다. 김방경이 목숨을 걸고 지킨 고려의 평화라는 것이 이러한 식민지적 풍조였던 것입니다.

몽골식 옷을 입고 머리도 몽골풍으로 하는 등 고려의 평화라는 것이 이러한 식민지적 풍조였다.

세월은 흘러 그의 평생의 적이었던 홍다구가 1291년 48세의 나이로 죽고, 1294년에는 무서운 원나라 왕 쿠빌라이(Khubilai Khan, 忽必烈 : 1215~1294년)가 세상을 떠났으며, 3년 후에는 고려 왕비인 쿠빌라이의 딸도 죽습니다.

관직에서 물러난 김방경은 1295년 개국공開國公이라는 높은 작위를 받았고, 1300년에 89세의 고령으로 사망합니다. 그는 구국의 기둥으로 평가받았으나, 그의 논공행상이 공정하지 못하였다는 이유로 죽고 나서도 그를 미워하는 사람들이 많았습니다. 결국 서울인 개경에서는 장례도 성대히 치르지 못한 채 간신히 고향인 안동 땅에서 장사를 지냈다는 기록이 남아 있습니다.

반역자 홍복원과 그의 아들 홍다구의 만행

반역자 홍복원과 그의
아들 홍다구

40년에 걸쳐 몽골과 전쟁을 치르는 동안 많은 반역자가 나온 것은 비극적인 일입니다. 그 중에서도 두드러지게 조국을 괴롭힌 사람은 홍복원(洪福源 : 1206~1258년)의 아들이었습니다.

홍복원은 1231년 몽골의 살리타이가 침입하였을 때 싸움도 하지 않고 적에게 항복한 반역자인데, 몽골군이 철수한 후에도 서경에 눌러앉아 1233년에 같은 항복자들을 규합하여 반란을 일으킵니다. 정부는 토벌군을 보내어 이 반란군을 진압하였으나 그는 요동遼東의 몽골군 진지로 도망쳐 몽골 정부의 비호 아래 고려의 난민을 모아 반反고려 정부를 세우고, 몽골군이 고려에 침입할 때마다 길잡이 노릇을 하여 조국에 크나큰 피해를 끼쳤다고 합니다. 훗날 그는 몽골에 인질로 가 있던 고려 왕족의 한 사람과 대립하다가 몽골 왕에게 죽임을 당하고 그 자식들도 한때 옥에 갇히게 됩니다.

그의 아들 홍다구는 1244년 요동에서 태어나 성장하였는데, 유년 시절부터 비범한 소질을 보였으며 전장에 참가하여 많은 공적을 올렸습니다. 1254년 겨우 열한 살 때 몽골이 제5차 침입할 당시, 총대장인 자랄타이車羅大의 부대에 종군하여 영악하게 통역을 하면서 조국의 동포들에게 참기 어려운 고통을 주기도 하였습니다.

1258년 홍다구는 아버지인 홍복원이 죽자 한때 옥에 갇히기도 하였지만 그 재능 덕분에 풀려나, 1261년에는 아버지가 갖고 있던 고려 난민 정부의 책임자 자리를 물려받습니다. 그리고 1271년 몽골이 고려에 대량의 둔전병을 주둔시켰을 때 장관에 임명되는데, 그는 고려의 관민에게 방약무인하게 굽니다.

같은 해 삼별초군의 봉기가 일어나자 그는 몽골의 토벌대 대장의 한 사람으로 김방경과 함께 참전하는데, 진도에서나 제주에서 그의 잔학 행위가 가장 극심했다고 합니다. 일본 원정 때에도 그는 몽골의 대장으로 참가하였으며, 특히 병선 건조의 감독 책임자가 되어 동포들에게 가혹하기 이를 데 없는 노동을 강요하였습니다.

제1차 일본 원정 후에 홍다구가 김방경에게 혹독한 고문을 하였다는 것은 이미 말한 바와 같습니다. 1277년 그는 원나라 왕의 명을 받고 정동도원수征東都元帥에 임명되는데, 고려의 왕과 신하들을 턱짓으로 부리는 식의 행태를 보이기도 하였다고 합니다. 그는 1281년 제2차 일본 원정에 실패한 뒤 곧바로 원나라 송환됩니다.

고려의 자식으로서 고려 말을 하면서 침략자의 무장이 되어 모국에 군림하고, 그토록 냉혹하게 동포를 괴롭힌 인간은 역사상 유례를 찾아보기 힘들 것입니다.

진정한 애국자는 어떻게 살아야 하는가?

우리 민족에게 가장 고통스러웠던 몽골과의 대전쟁을 돌이켜보면서, 진정한 애국자는 어떻게 살아야 하는지를 깊이 생각하지 않을 수 없습니다.

배중손이 이끌던 삼별초군의 봉기는 침략자의 괴뢰로 전락한 고려의 지배층에게는 역적으로 보였을 것이고, 그 시대 사상을 물려받은 조선 시대의 유학자들은 『고려사』에서 그를 역적으로 취급하였습니다. 반대로 사대주의자들은 김방경을 최대의 애국자로 칭송하고 있습니다.

그러나 우리는 역사의 진실을 잘 헤아려, 과연 누가 참된 애국의 길을 걸었는지를 올바로 인식할 필요가 있습니다.

한 치의 땅도 침략자에게 내맡길 수 없다는 것, 그리고 적이 강하다고 해서 겁을 먹고 적과 타협하는 것은 조국을 노예로 전락시키고 민족에게 씻을 수 없는 치욕을 안겨주었다는 것을, 우리는 이 고통으로 가득 찬 역사 속에서 분명히 인식할 수 있습니다.

적이 강하다고 해서 겁을 먹고 적과 타협하는 것은 조국을 노예로 전락시키고 민족에게 씻을 수 없는 치욕을 안겨준다.

나라의 독립을 지키고 사랑하는 민족의 뛰어난 문화적 전통과 긍지 높은 정신을 올바로 이어받아 간직하기 위해서는 어떠한 고난의 길을 걷더라도 최후까지 철저하게 침략자와 싸워야 한다는 것을, 진정한 애국자들은 그 희생적인 삶의 모습을 통해서 우리에게 가르쳐주고 있습니다.

　　한편 확실히 김방경은 조국을 사랑한 사람임에는 틀림없습니다. 고뇌에 찬 그의 생애는 어떤 의미에서는 우리에게 감동을 주기도 하고, 어떤 작가는 그의 생애를 감동적으로 그려내기도 하였습니다. 그러나 타협으로 일관한 그의 삶에는 우리 민족의 전통인 자랑스러운 투쟁 정신이 마비되었던 것이 아닐까요?

　　민족의 독립을 지켜온 우리 조상들의 핏속에 흐르는 진정한 애국 정신은 자주 독립의 기풍으로 넘치고 있으며, 침략자들을 조국에서 완전히 쫓아낼 때까지 어떤 난관에도 흔들리지 않고 희생적으로 싸워온 그 투쟁 속에서 맥박치고 있는 것입니다.

　　오늘날 우리 민족의 앞길은 어떠해야 할까요? 그것을 알려면 먼저 우리나라 역사 속에서 애국자들의 빛나는 투쟁, 선의는 갖고 있다 해도 결국 국민을 굴욕 속으로 몰아넣은 사람들의 모습, 그리고 추악한 반역자들의 행위 등을 냉정하게 관찰해야 하지 않을까요? 그것은 비단 과거 역사만의 문제가 아니라 바로 지금 우리 민족에게 닥친 과제일 것입니다.

8. 한국 불교의 두 기둥, 의천과 일연

고려 시대에는 왕을 비롯한 지배층이 불교를 장려하였기 때문에 불교는 전성기를 구가하고 있었습니다. 전국 곳곳에 거대한 사원이 세워지고, 그 사원들은 광대한 토지를 소유하여 경제적, 정치적으로도 큰 세력을 갖게 됩니다.

따라서 승려 역시 특권 계급으로 대우받았기 때문에 승려를 희망하는 자가 많아져, 고려 정부는 1059년에 "아들이 세 명이 있는 자에 한하여 아들 하나를 중으로 만드는 것을 허락한다"는 법령을 내리기까지 하였습니다.

승려는 신분의 차별 없이 누구나 될 수 있었기 때문에 가난한 서민들이 신분 높은 승려가 되기를 동경하는 것은 당연하였습니다. 또한 승려가 되면 병역이 면제되었으므로 너나할 것 없이 승려가 되려고 하였습니다. 그러나 조정에서는 농민이 함부로 승려가 되면 농사지을 사람이 부족해질 것을 염려하게 되었고, 동시에 병역에 종사할 사람을 확보하기 위해서 이러한 법령을 내리게 된 것입니다.

그러나 사실 승려가 되는 것을 장려한 것은 왕과 귀족 계급이었습니다. 왕자나 귀족의 자식들이 어린 나이에 불문에 들어가는 것은 고려 초기부터 있어온 풍습이기도 하였습니다.

불가에 엄격한 계율이 있었다고는 하나, 이런 풍습으로 신앙심도 없이 승려가 된 사람들이 사원 세력을 배경으로 온갖 못된 짓을 하는 사람들이 나타나기도 하였습니다. 그것이 국력을 약화시키는 원인이 되기도 하였지만, 이때 역사적으로 명승이 많이 등장한 것도 사실입니다.

고려의 많은 명승 가운데 문화적으로 큰 공적을 세운 두 사람을 소개하려 합니다.

문종의 아들 의천, 아버지의 권유로 출가하다

의천(義天 : 1055~1101년)은 1055년 9월, 고려 11대 왕인 문종(文宗 : 재위

1046~1083년)의 넷째 아들로 태어났으며 본명은 왕후王煦였습니다. 다섯 살 때부터 학문을 배우기 시작한 그는 열 살 때 이미 내외의 명저를 섭렵하는 수재의 모습을 보였다고 합니다. 열한 살 때 아버지인 문종은 그를 불문에 출가시키고, 2년간 수행을 시킨 뒤에 승려로서는 최고 지위인 '우세승통祐世 僧統'을 내립니다.

그는 오로지 공부에 전념하여 불교 각 종파의 교리 연구는 물론, 유교와 도교의 학설까지 깊이 파고듭니다. 또한 중국의 송나라, 북방의 요나라 등의 명승들과 편지를 주고받으며 식견을 넓혀갑니다.

당시 고려는 거란의 침입을 물리친 뒤 정치 체제를 가다듬어 산업을 일으키고 국력을 강화하여 아시아 각국은 물론 멀리 페르시아 같은 서방 제국과도 교역하며 번영을 누리고 있었습니다. 각국에서 온 무역선이 개경과 가까운 항구로 몰려들었고, 특히 송나라에서는 갖가지 문화재가 들어오고 있었습니다.

의천은 송나라의 상인과도 친교를 쌓아 줄곧 많은 서적을 사들였습니다. 그러다가 그는 송나라로 유학을 떠날 꿈을 갖게 되어 국왕에게 누차 승낙해주기를 졸랐습니다. 그러나 문종은 뱃길이 불안하고, 또 왕자를 외국에 유학 보내는 것은 외교상으로도 여러 가지 문제가 있을 듯하여 끝내 허락하지 않았습니다.

그러다가 1083년 문종이 죽고, 그 뒤를 이은 태자 순종(順宗 : 1046~1083년, 재위 1083년)도 바로 사망하여 둘째 형인 선종(宣宗 : 1049~1094년. 고려 제13대 왕)이 왕위에 오르자, 의천은 이번에는 선종에게 유학을 보내줄 것을 요청합니다. 왕은 동생의 열의에 마지못하여 허락하려 하였으나 어머니의 강한 반대로 유학 허락은 다시 물거품이 되고 맙니다. 그 무렵 그가 형인 왕에게 보낸 절절한 요청문이 오늘까지 남아 있는데, 서른으로는 생각되지 않을 만큼 솔직하고 활기찬 심정이 잘 드러나 있습니다.

야밤에 몰래 빠져나와 송나라로 유학을 떠나다

송나라 유학을 포기할 수 없었던 의천은 마침내 비상한 수단을 강구합니다. 1085년(선종 2년) 4월, 그는 개경 전체가 초파일 행사로 떠들썩한 틈을 타 친구 한 명을 데리고 야밤에 몰래 개경을 빠져나와 항구에 정박해 있던 배를 타고 송나라로 출발한 것입니다. 의천은 이미 송나라 상인에게 밀항을 부탁해둔 터였습니다.

그가 남긴 편지를 보고 당황한 왕은 곧바로 관원과 승려들을 항구에 보내 그를 데려오려고 하였으나, 송나라의 무역선이 너무 빨라 따라잡지 못하였습니다.

중국 밀주(密州 : 지금의 산동성山東省) 항에 무사히 도착한 그는 곧바로 송나라 왕에게 편지를 보내 유학을 온 목적을 알립니다. 북쪽 요나라(遼, 契丹거란 : 916~1125년)의 공격을 받아 국토를 일부 빼앗겼을 뿐만 아니라 굴욕적인 강화로 간신히 명맥을 유지하고 있던 송나라는 고려에 대해 지극히 우호적이었기 때문에, 송나라 왕은 고려왕의 동생이 유학을 온 것을 크게 환영하며 영접 사신까지 보내 궁전으로 불러들여 성대한 환영연을 열고 국빈으로 대우하였습니다.

송나라 왕인 철종(哲宗 : 재위 1085~1100년, 제7대 황제)은 명승으로 알려진 유성법사有誠法師를 비롯하여 학식이 높은 승려들을 많이 소개해 주었고 유명한 사찰을 견학시켜 주었으며, 그의 공부에 최대한 편의를 제공해 주었습니다. 이리하여 중국 각지의 명사찰을 둘러본 의천은 오랫동안 송나라 상인을 통해 편지를 주고받아온 항주杭州의 명승 정원법사(淨源法師 : 1011~1088년)의 거처에도 방문하게 됩니다. 76세의 노승은 젊은 의천이 선물로 가져간 옛 불경을 받고는 대단히 기뻐하며 그에게 자신이 알고 있는 모든 것을 가르쳐 주었습니다.

의천은 어머니가 병으로 드러누웠다는 소식과 귀국을 독촉하는 형인 선종의 편지를 받고 유학 1년 만에 어쩔 수 없이 귀국하게 됩니다. 그동안 그는 50여 명의 고승들로부터 가르침을 받고 3천 권이나 되는 귀중한 고전 경서들을 사 모았는데, 그 책들을 10개의 커다란 나무 상자에 넣어 귀국선에 실

유성법사와 정원법사와 만남

의천의 귀국

고 돌아옵니다.

그는 1년 4개월 만에 귀국하였지만, 무단 출국한 일로 마음에 가책을 받았는지 바로 상륙하지 않고 배 안에서 선종에게 사죄문을 제출합니다. 그러나 선종은 처벌은커녕, 사신을 보내 그를 봉은사奉恩寺라는 개경 교외의 절로 안내하고 어머니를 모시고 친히 그 절로 찾아와 성대한 귀국 축하연을 베풀었다고 합니다.

『속대장경』을 비롯해 4천여 권의 서적을 간행하다

고려는 1021년부터 60년 동안 6천 권에 이르는 『대장경大藏經』의 판목을 만들고, 그 판목으로 서적을 인쇄하여 동양 각국으로 수출합니다. 송나라에서 귀국한 의천은 그동안 각지에서 모은 고전 경전과 외국에서 사온 서적, 그리고 송나라에서 가지고 귀국한 서적 등 방대한 서적을 정리하고, 그 중에서 문화적으로 가장 가치 있는 4천 수백 권을 골라 판목 제작을 시작합니다.

그는 이 사업을 직접 지휘하면서 학식이 높은 많은 승려와 기술자들을 동원합니다. 또한 이는 막대한 경비가 드는 작업이라 재원을 마련하느라 상당히 고심하였다고 합니다. 1086년에 시작된 이 방대한 출판 사업은 결실을 보아, 1090년에 4,769권을 완성할 수 있었습니다. 이 『속대장경續大藏經』은 고려 출판 사업의 높은 수준을 보여주는 것이었지만, 유감스럽게도 몽골 침입 때 판목들이 모두 소실되었습니다.

그의 문화적 공적은 이 출판 사업뿐만 아니라 23세 무렵부터 평생에 걸쳐 불교 경전을 이두를 사용하여 우리나라 말로 번역한 것도 포함됩니다. 그는 236권에 이르는 많은 책을 번역하여 우리 언어학의 발전에 매우 중요한 역할을 하였습니다.

의천, 셋째 형 숙종에게 화폐를 주조할 것을 건의하다

1094년 2월 의천은 계획하고 있던 출판 사업을 후진에게 맡기고 개경 홍원사洪圓寺의 주지가 되었는데, 5월에는 그 자리도 그만두고 속세로부터 벗어나 조용히 저작에만 전념하고자 해인사에서 칩거에 들어갑니다.

바로 그때 형인 선종이 죽고 조카가 왕위에 올라 헌종(獻宗 : 1084~1097년, 고려 제14대 왕)이 됩니다. 숙부를 존경하던 헌종은 전횡이 극에 달한 권신 이자의(李資義 : ?~1095년)*를 억누르기 위해서도 의천의 도움이 필요하다며 개경으로 돌아와 달라고 거듭 사신을 보냈으나 의천은 완강하게 거절합니다.

그러는 중에 이자의가 살해당하고, 헌종은 자신감을 잃었는지 왕위를 백부인 의천의 셋째 형인 숙종(肅宗 : 1054~1105년, 고려 제15대 왕)에게 양위해 버립니다. 숙종은 어지러워진 국정을 바로잡기 위하여 의천에게 꼭 개경으로 돌아와 도와달라고 간곡히 호소하였고, 의천도 이번에는 거절하지 못하고 개경으로 돌아와 후진 교육을 담당하면서 왕의 정치 고문 역할을 하게 됩니다.

의천의 정책 건의는 여러 면에서 효과를 거두었는데, 그 중에서도 유명한 것이 바로 화폐 주조 건의입니다. 그때까지 화폐 대신 쓰였던 것은 쌀과 면포였습니다. 하지만 송나라 유학 때 화폐를 실제로 사용해 본 그는 건의안에서 화폐의 유용성을 다음과 같이 설명합니다.

첫째로, 쌀이나 면포는 길이 멀 경우 운반에 한계가 있고 겨울이나 여름에는 무거운 것을 짊어지고 걷기가 힘듦으로 화폐를 사용하는 것이 편리합니다.

둘째로, 악질 상인들이 자나 저울을 속이고 쌀부대 안에 흙이나 모래를 섞는 짓을 하는데, 화폐를 쓰게 되면 이러한 나쁜 짓을 막을 수 있습니다.

셋째로, 문무 관리들의 봉급도 쌀이나 면포로 지급하고 있으나 흉작이나 물품이 부족할 때는 지급이 끊기게 됩니다. 화폐로 지급하면 그러한 불편이 없습니다.

넷째로, 쌀이나 면포는 시간이 지나면 부패합니다. 지난해에도 창고에 쌀

개경으로 돌아와 후진 교육을 담당하면서 왕의 정치 고문 역할을 하게 되다.

* 고려의 문신. 자신의 누이인 원신궁주元信宮主의 아들이자 헌종의 동생인 한산후漢山侯 왕윤王昀을 새로운 왕으로 추대하려다가 발각되어 피살당한다.

아둔 면포가 쓸 수 없게 되었습니다. 화폐는 그러한 걱정이 없습니다.

의천의 말대로 유통이나 경제적으로 민중의 생활을 편리하게 하기 위해서는 화폐 주조는 절대로 필요한 일이었습니다.

해동통보 왕은 즉각 이를 받아들였으나, 사욕에 눈이 먼 권력자들의 방해 때문에 1097년 12월 주전도감鑄錢都監이라는 관청을 만들어놓고도 화폐를 바로 주조하지 못하였습니다. 그러다가 1102년이 되어서야 간신히 1만 5천 관(貫 : 화폐의 단위)의 '해동통보(海東通寶 : 고려 숙종 시기에 만들어진 동전銅錢으로 우리 역사상 최초의 엽전)'가 만들어지게 됩니다. 이것은 우리나라 역사상 매우 중대한 개혁으로, 그의 위대한 공적을 말해 주고 있습니다.

그러나 의천은 뛰어난 재능을 충분히 발휘하지도 못하고 새로 만들어진 돈도 보지 못한 채, 1101년 8월에 병으로 자리에 드러누운 후 10월에 생애를 마칩니다. 그때 나이 아직 48세였습니다. 왕은 동생의 죽음을 슬퍼하며 '대각국사大覺國師'라는 호를 내립니다.

의천은 우리나라 불교사 연구에도 힘을 쏟아 삼국시대의 명승들의 업적을 전하고 평생 많은 저서를 남겼으나, 현존하는 것은 그의 조카가 편찬한 『대각국사문집大覺國師文集』이라는 시문집詩文集뿐입니다.

그는 왕자 신분이었고 승려가 되서도 젊은 나이에 최고의 지위에 올랐으나, 어떤 사람들과도 허물없이 만나고 언제나 너그럽고 소박하며 겸허하였다고 합니다.

그는 시인으로서도 뛰어났다고 하는데, 다음 두 편의 시에서 그의 풍모를 엿볼 수 있습니다.

험한 산길에 말 걸음 채찍질하여
겨우 선당(仙堂 : 참선방)에 이르니 더위는 홀연히 사라지고
낙락장송의 천만 가지는
바람에 나부껴 가을 소리를 알리네

영명사(永明寺 : 평양에 위치한 사찰) 경치가 뛰어나다고 하기에

몇 해를 그리다가 이제사 찾아왔지만

이 아침 산하의 모습은 슬픔으로 변해 있으니

비로소 경치란 내 마음 갖기 나름임을 알겠구나*

聞說永明多好景 문설영명다호경

幾年凝思此遊尋 기년응사차유심

今朝哀變江山色 금조애변강산색

始信風光自我心 시신풍광자아심

일연, 나이 일흔여덟에 국존이라는 칭호를 받다

『삼국유사三國遺事』의 저자로 우리나라 역사에 불멸의 공적을 남긴 일연
(一然 : 1206~1289년)은 이름 없는 집안의 아들로 태어났지만 승려로서는 최고
지위인 '국존國尊'의 자리에 오르는 축복받은 삶을 살았습니다.

1206년 6월, 그는 경주 장산군(章山郡 : 오늘의 경북 경산군慶山郡)에서 태어났
습니다. 그의 아버지 김언필金彦弼은 벼슬한 적이 없다는 기록으로 보아 가난
한 시골 사람이었을 것이라고 추측할 수 있습니다.

일연은 아홉 살 때부터 전남 해양(海陽 : 지금의 광주光州)의 무량사無量寺에
서 공부를 시작합니다. 어째서 고향에서 멀리 떨어진 곳으로 가게 되었는지
는 명확하지 않으나 대단한 천재였다고 합니다. 그는 밤새 공부하기도 하고
묵고(默考 : 말없이 마음속으로 생각함)하며 밤을 지새우기도 해서 사람들을 놀라
게 하였습니다. 또 일연은 열네 살 때 머리를 깎고 중이 되어 각지의 절을 돌
아다니며 수행하였는데, 뛰어난 설법으로 평판이 자자하였습니다.

1227년, 일연은 국가 시험의 승과에 응시하여 장원인 상상과上上科에 합
격합니다. 그로부터 4년 후 몽골군이 침입해 왔는데, 그는 이 국난의 시기에

---

* 이 두 번째 시는 어머니가 사망한 직후에 지은 것이다. 이 두번째 시는 원문을 함께 실었다.

도 승려 생활을 계속하고 있었습니다. 그러던 1236년에는 그가 있던 절이 몽골병에게 습격당하는 일을 겪기도 합니다.

그가 국방을 위하여 직접 종군하였는지는 기록이 없으나 승려로서는 평탄한 길을 걸어 마흔넷에 주지가 되고, 쉰다섯에는 대선사大禪師 자리에 오르게 됩니다. 그리고 다음해인 1262년에는 왕실의 부름을 받고 개경에 있는 절에 머물다가, 3년 후 그가 바라던 대로 경주 지방의 사찰로 옮겨 가 많은 후배들을 가르치는 일을 합니다.

그러나 왕실은 그를 정중히 대우하여 자주 개경로 불러들였습니다. 1281년에 두 번째 일본 원정군이 출발할 때는 국왕이 멀리 경주까지 행차하여 그에게 원정군의 승리를 기원토록 하기도 하였습니다. 다음해 그는 다시 왕실의 부름을 받고 개경에 올라갔고, 78세가 되던 해 마침내 가장 높은 법계法階인 '국존國尊'이라는 칭호를 받게 됩니다. 그래도 그는 화려한 개경 생활을 싫어하여 굳이 간청하여 지방의 절로 돌아와 1289년 7월 7일 84세의 고령으로 생애를 마칩니다. 일연이 영면한 모습은 마치 잠을 자는 듯하였다고 합니다.

불후의 명작 『삼국유사』를 저술하다

아명은 견명見明이었으며, 승명이 일연이었던 그는 불교에 관한 저작과 문집을 많이 남겼는데, 아쉽게도 지금까지 전해 내려오는 것은 거의 없습니다. 일본에 건너가 있던 그의 저서 세 권이 발견되기도 하였지만, 그가 일흔이 넘어 시골의 사찰에서 6~7년 동안 쓴 역사서 『삼국유사』가 보존된 것은 매우 다행스러운 일이 아닐 수 없습니다.

일연이 이 책을 집필하기 시작한 것은 원나라의 강요에 못 이겨 두 번째로 일본 원정군을 파견하였다가 비참한 실패로 끝나 모든 백성이 도탄에 빠져 있던 시기였습니다. 모든 백성이 몽골을 증오하고, 조국을 재건하기 위하여 열심히 노력하던 때였습니다. 그는 고령에도 불구하고 애국적 정열에 불타서, 국민 전체를 떨쳐 일어나게 하려면 올바른 역사를 써서 남겨야 한다는 생각으로 역사적 작업을 시작하였던 것입니다.

만일 그가 출세나 권력만을 탐하는 예사 승려였다면 결코 이와 같은 책을 쓸 수 없었을 것입니다. 또한 불경에만 매달리는 스님이었다고 해도 이런 책은 탄생할 수 없었을 것입니다. 그는 화려한 개경 생활을 피해 조용히 산에 머물길 원했던 사람이었지만, 그의 눈은 항상 백성의 생활로 향해 있었으며 민족의 운명을 깊이 생각해 왔습니다. 때문에 그런 일을 할 수 있었던 것입니다.

일연은 참으로 박학하고 조예가 깊은 사람이었습니다. 그는 불경에 정통하였을 뿐만 아니라 유학에 대해서도 일류 학자였다고 합니다. 또한 그는 우리나라의 역사책이라면 눈에 띄는 대로 정독을 하기도 하였는데, 그런 만큼 그는 1세기 전에 김부식이 편찬한 『삼국사기』(1145년)가 지나치게 사대주의에 기운 데 큰 불만을 가지고 있었을 것입니다. 그래서 봉건적인 유학자들의 판에 박힌 역사체를 버리고 자유롭게 표현할 수 있는 야사체를 선택하였으리라 추측합니다.

『삼국유사』는 총 다섯 권으로 되어 있습니다. 1~2권은 고조선부터 10세기 초까지의 역사를 대체로 나라별, 연대순으로 서술하고, 3~5권까지는 우리나라에 불교가 전래되고 보급된 상황, 승려, 사원 등 불교와 관련된 역사가 서술되어 있습니다. 또한 각 항목마다 독립된 이야기로 되어 있는데, 그 글에 관한 사료나 원전을 매우 정확하고 충실하게 밝혀 놓았습니다. 이 책이 학문적 가치가 높은 사료로 평가되는 것도 바로 이 점 때문이기도 합니다.

특히 『삼국유사』에서 뛰어난 점은 고조선 시대의 각 나라들을 사료에 비추어 정리하고 우리 민족사의 전통을 올바로 전하려고 노력한 것입니다. 단군신화를 비롯한 건국신화를 풍부하게 수록한 것도 고대 사회를 연구하는 데 귀중한 보탬이 되고 있습니다. 뿐만 아니라 『삼국유사』에는 많은 설화가 수록되어 있는데, 애국적인 이야기나 고대인들의 생생한 생활, 아름다운 사랑 이야기 등을 문학적으로 그려 놓았습니다.

한편 주목할 만한 점은 그 이야기들 가운데 불교의 부정적인 면을 폭로

그의 눈은 항상 백성의 생활로 향해 있었으며 민족의 운명을 깊이 생각하다.

한 것도 섞여 있다는 것입니다. 이는 일연이 승려의 처지를 뛰어넘어 냉정한 학자의 입장에서 진실을 전하려 노력하였기 때문이라고 볼 수 있습니다.

『삼국유사』는 우리나라 고대 설화의 보고로 평가되고 있으며, 이 책이 우리 문학사상 최대의 평가를 받는 것은 귀중한 '향가鄕歌'를 모아 기록하였기 때문입니다.

향가는 삼국 시대부터 이두를 이용하여 우리나라 말로 기록된 노래로, 사뇌가詞腦歌라고도 하였습니다. 888년에 『삼대목三代目』이라는 향가집이 편찬되었다는 기록이 있으나, 그 고전들이 전혀 남아 있지 않아 얼마나 많은 향가가 지어지고 어떻게 불러졌는지 그 전모를 알 수 없는 상태입니다. 다만 이 책에 실려 있는 14수의 향가와 고려의 승려 균여가 지은『균여전均如傳』의 「보현십원가普賢十願歌」 11수를 통하여 그 훌륭한 문학적 유산을 맛볼 수 있을 뿐입니다.

『삼국유사』는 일연이 승려였다는 점에서 일정한 한계는 있을 수 있으나, 그가 이 책을 후대에 전해 주었다는 점에서 우리 역사상 영원히 빛나는 위대한 존재가 되었습니다. 그의 드높은 애국심이 이 책을 쓰게 하였는데, 그의 이러한 정신은 이 책 속에 살아서 오늘날 우리에게 더할 나위 없이 높은 긍지와 기쁨을 주고 있습니다.

일연은 당당한 품격을 지닌 사람으로 포동포동한 볼에 꽉 다문 입을 가졌고, 걷는 모습은 소와 같이 유유하며 눈은 호랑이 눈처럼 빛을 발하고 힘도 장사였다고 전해지고 있습니다. 또한 그는 효자였다고 하는데, 아버지에 대한 기록은 없지만 그의 어머니는 96세까지 장수하였다고 전해집니다. 그가 시골에 사는 어머니에게 효도를 하고 싶어서 시골에서 승려 생활을 계속하였다는 말도 있습니다. 일연의 어머니의 나이 차가 19세였다는 것으로 보아 아마 그는 장남이었던 것 같습니다.

일연은 '국존'이라는 칭호를 받았고, 죽은 후에는 '보각대사普覺大師'로 받들어졌습니다. 그의 아버지는 이름 없는 평민이었지만 후에 '좌복야左僕射'라는 관직에 추증追贈되었고, 그의 어머니는 '낙랑군부인樂浪郡夫人'으로 불렸습니다. 그의 출생에 관하여 신비한 전설까지 생겨나기도 하였는데, 타계한 그가 과연 이 요란한 찬사를 기꺼워하였을지는 알 수 없습니다. 아마도 그는 후세 사람들로부터 『삼국유사』의 저자로서 크게 평가받는 데 더 큰 기쁨을 느끼지 않을까 생각됩니다.

9. 조국에 일생을 헌신한 위대한 문호 이제현

1281년 원나라는 제2차 일본 원정에 실패한 후 또다시 고려를 끌어들여 전쟁을 강행하지는 않았으나, 고려는 원나라의 압제 아래서 거의 백 년 동안 고통스러운 시련을 겪어야 하였습니다.

그 시기에 재능이 뛰어난 학자이자 정치가, 또한 위대한 문학자로 이름을 떨친 이제현(李齊賢 : 1287~1367년)이 살고 있었습니다.

유복한 환경에서 자라다

이제현은 1287년, 정승의 지위까지 오른 이진(李瑱 : 1244~1321년)의 아들로 태어났습니다. 명문가에서 태어난 그는 어려서부터 공부를 좋아하고 머리가 좋았으며, 행실이 언제나 침착하고 어른스러워 사람들을 놀라게 하였습니다.

그가 태어난 곳은 신라의 고도 경주였지만 어려서부터 개경에서 자라, 열다섯의 나이에 벌써 성균시(成均試 : 관리 등용 시험)의 병과丙科에 합격합니다. 당시 시험관 책임자는 권부(權溥 : 1262~1346년)라는 세력가였는데, 그는 이제현의 총명함에 반해서 자기 딸과 혼인을 시킵니다. 권세가의 문벌에 들어간 그는 서서히 출세 가도를 걷기 시작하였고, 스물둘에 예문춘추관(藝文春秋館 : 임금의 교명敎命과 국사國史에 대한 일을 맡아보던 관아)에 발탁되어 그의 문명文名이 장안에 자자하였다고 합니다.

충선왕과의 만남

그 후 이제현은 조정의 관직을 역임하고, 1312년 지방관이 되어 농민들의 생활을 소상하게 돌아볼 기회를 얻습니다. 짧은 기간이었지만 그에게는 귀중한 체험이었습니다. 그러던 중에 그는 운명적인 사건과 마주치게 됩니다. 즉 원나라에 살고 있던 고려 선왕先王의 초청으로 1314년에 원나라의 수도인 대도(大都 : 지금의 북경北京)로 가게 된 것입니다.

1259년에 원나라와 강화를 맺을 때 고려가 왕자를 북경으로 보내자, 원나라 세조世祖는 그의 딸을 고려의 왕자와 결혼시킵니다. 그가 바로 고려 제25대 충렬왕忠烈王입니다. 그 후 고려의 세자들은 반드시 북경으로 불려가 원나라 공주와 결혼하고, 왕위에 오를 때까지 북경에서 사는 관례가 생기기도 하였습니다. 즉 고려는 원나라와 혈연을 맺은 근친의 나라로 대우받게 된 것입니다.

충렬왕의 세자는 원나라 공주가 낳은 자식으로, 원나라에서 자라 성인이 되어 원나라의 왕족의 딸과 결혼한 뒤, 1298년 고려로 돌아와 충렬왕의 뒤를 이어 제26대 충선왕(忠宣王 : 1275~1325년)이 됩니다. 그런데 충선왕은 정치 개혁을 추진하다가 태상왕太上王 자리에 올라 있던 아버지 충렬왕과 대립하게 됩니다. 또한 보수파 귀족들이 정권 다툼을 벌이고, 원나라에서 온 왕비가 고려의 생활에 적응하지 못하는 등 몇 가지 문제가 겹쳐서 충선왕 부부는 일 년도 못 되어 북경으로 소환되고 충렬왕이 복위하는 사태가 일어납니다.

1308년 충렬왕이 죽자 충선왕이 귀국하여 다시 왕위에 올랐으나, 그는 고려 보수파들의 미움을 사 재위 5년 만에 세자에게 왕위를 물려주고 다시 북경으로 돌아가야 하였습니다.

그 후 학문과 문학을 좋아한 충선왕은 북경에 '만권당萬卷堂'이라는 도서관을 만들고 동서고금의 서적을 수집하여 원나라의 유명한 학자들을 모아 연구와 토론을 거듭합니다. 그때 이 만권당에 고려의 대표적인 학자를 초청하고자 생각한 충선왕은 자신이 재위할 때 문명이 높았던 이제현을 지명한 것입니다.

중국을 여행하며 명성을 떨치다

만권당에 도착한 이제현은 원나라의 대표적 문인 조맹부(趙孟頫 : 화가이자 서예가), 원명선元明善, 요수姚燧, 염복閻復, 장양호張養浩 등과 친교를 쌓으며 시작詩作을 계속하였는데, 그의 시는 즉시 원나라 문인들의 절찬을 받게 됩니다.

1316년, 이제현은 충선왕의 명을 받아 서촉(西蜀 : 지금의 쓰촨성四川省)의 명산 아미산峨眉山으로 여행을 떠납니다. 당시 왕족들 사이에 유행하던 산신 참배를 대행한 여행이었습니다.

중국의 깊숙한 오지에 펼쳐진 광대한 평원과 험준한 계곡, 큰 강을 건너야 하는 이 기나긴 여행에서 그는 이국의 갖가지 풍물과 인정을 경험하고 느낀 것을 시로 써 내려갔으며, 마침내 아미산 위에 다다른 감격을 「등아미산(登峨眉山 : 아미산에 올라)」이라는 시에서 다음과 같이 표현합니다.

푸른 구름은 땅 위에 떠오르고
해는 산허리를 감도네
모든 것은 무극으로 돌아가니
높은 하늘만이 홀로 고요하다

蒼雲浮地面 창운부지면
白日轉山腰 백일전산요
萬象歸無極 만상귀무극
長空自寂寥 장공자적요

대여행을 마치고 북경으로 돌아온 이제현은 일단 귀국하였다가, 1317년에 다시 상왕인 충선왕을 찾아갑니다. 그리고 1319년에는 상왕과 함께 중국 강남 지방으로 여행을 떠납니다. 이 여행은 유명한 사원을 돌아보는 것이 목적이었으며, 충선왕은 명승지에 도착하면 함께 간 권한공(權漢功 : ?~1349년, 고려의 문신으로 만권당에서 이제현과 함께 문명을 떨침) 등과 반드시 그 지방의 문인들을 모아 시회를 즐겼다고 합니다.

어느 지방에서나 이제현의 시는 뭇사람들을 감탄케 하였습니다. 충선왕은 그때마다 그의 공을 칭찬하였습니다.

"익재(益齋 : 이제현의 호)가 없었다면 여행이 이렇게 즐거울 수 없었을 것이다."

이처럼 유쾌한 여행에 감동한 충선왕은 이제현과 권한공에게 특별히 기행문을 쓰게 하고, 항주杭州에서는 원나라의 명화가를 불러 이제현의 초상화를 그리게 하였습니다.

충선왕과의 신의

이제현은 일단 귀국을 하였지만 다음해인 1320년 또다시 원나라로 가게 됩니다. 그를 몹시 총애하던 충선왕이 죄인이 되어 멀리 티베트로 유배되었기 때문입니다.

그 해에 충선왕은 원나라 궁궐 안에서 일어난 권력 다툼에 휘말린데다가, 고려에 있는 반대파들의 모략으로 궁지에 몰렸습니다. 이제현은 즉시 원나라 정부에 충선왕의 석방을 호소하는 장문의 진정서를 제출하였지만, 그 노력의 보람도 없이 충선왕은 3년여의 유배 생활을 떠나게 됩니다.

원나라로 가던 도중에 이 비보를 듣고 북경에 도착한 그는 온갖 굴욕을 겪으면서 그 깊은 슬픔을 다음과 같이 시로 표현하였습니다. 「황토점문상견참불능자명(黃土店聞上見譖不能自明 : 황토점에서 상왕이 참소를 당하여 해명을 하지 못했다는 소문을 듣고)」이라는 제목의 시입니다.

어지러운 세상사는 참고 듣기 어려워
낡은 다리에 말을 세우고 그만 말을 잊었네
언제나 돼야 내 마음속을 풀어보려나
저 멀리 청산을 바라보며 눈물만 머금을 뿐
길은 끊겼어도 신의는 더욱 무겁고
이역에 떠돌아도 은혜를 알고 있네
마음은 아파도 몸에는 날개가 없으니
날아가는 저 구름 보고 한 번 부르짖을 뿐

世事悠悠不忍聞　荒橋立馬忽忘言 세사유유불인문　황교립마홀망언
幾時白日明心曲　是處青山隔淚痕 기시백일명심곡　시처청산격루흔
燒棧子房寧負信　翳桑靈輒早知恩 소잔자방녕부신　예상령첩조지은
傷心無術身生翼　飛到雲宵一叫閽 상심무술신생익　비도운소일규혼

이제현은 원나라에서 아득히 멀리 떨어진 조국의 중신들에게 민족적 굴욕을 씻기 위하여 분기하라고 호소하였습니다. 그 뒤에도 그는 원나라에 충선왕의 석방을 계속 진정하였고, 먼 길을 마다않고 유배지로 충선왕을 찾아갑니다. 그 여행은 매우 고된 것이었지만, 그는 그러한 고난 속에서도 원나라의 압력 아래 있는 조국의 운명을 줄곧 생각하였습니다.

위로 여행을 떠났다가 북경으로 돌아온 이제현은 원나라 정부에 또다시 석방 요청서를 제출합니다. 그리고 결국 원나라의 대신들은 그의 문장에 감동하여 충선왕의 유배 생활을 풀어주게 됩니다.

충선왕에 대한 이제현의 신의는 군신 관계에서 비롯된 것이 아니라 두 사람 사이에 진실한 우정이 있었기 때문입니다. 이제현이 만권당에 있을 때 충선왕은 그에게 고려의 역사나 국정을 여러 가지로 물어보고 간절한 가르침을 받았다고 합니다. 어려서부터 원나라에서 살아온 충선왕은 그의 가르침을 받고서야 비로소 우리 민족의 뛰어난 전통을 알게 됩니다. 충선왕은 이제현을 통해 고려의 훌륭한 지성과 민족의 우수성을 자각하였고, 이제현은 충선왕을 통해 고려 왕족의 굴욕적인 모습과 조국의 운명을 깊이 생각할 수 있었습니다.

어쨌든 그는 충선왕 덕분에 몇 번에 걸쳐 중국의 광대한 지역을 두루 방문하였고, 중국 곳곳에서 많은 시를 남겨 그 문명을 온 중국에 떨칠 수 있었습니다.

이제현의 사상과 학문

이제현이 지방관 생활을 한 것은 그의 나이 스물여섯이던 청년 시절이었는데, 그는 임지에서 개경의 친구에게 보낸 편지에 다음과 같은 글을 썼습니다.

…지난 몇 년 사이에 가난에 시달린 농민들은 무자비한 세금 징수와 지배자들의 압정 때문에 심지어 아이들까지 팔고 있네.

그는 귀족 가문에서 성장하였으면서도 민중의 생활을 이렇게 속속들이 알고 있었고, 더욱이 고려 지배 체제의 잘못을 올바로 파악하고 있었습니다. 그런 만큼 그는 자기가 하는 일에도 모순을 느끼고, 호소할 데 없는 분노를 마음속에 감추고 있었습니다. 그는 불교의 무無 사상에서 마음의 안식처를 구하고 있었는지도 모릅니다.

충선왕은 왕위에 있을 때 이제현에게 이런 말을 하였습니다.

"우리나라의 문물은 옛날 중화와 대등하였다고 하는데, 요즘은 학자라는 사람들이 승려에게 가르침을 받고 문장을 배우고 있소. 때문에 문장의 자구를 다듬는 데 정신을 빼앗겨 경전의 진리를 탐구하는 일에 소홀하다오. 이는 대체 어떻게 된 일이오?"

이제현은 충선왕의 질문에 이렇게 대답하였습니다.

"물론 우리나라의 문물은 중국에 조금도 뒤지지 않는 뛰어난 것입니다. 그러나 무신들이 정권을 잡고 문인을 무자비하게 학살하니 많은 학자들이 난을 피해 산사로 들어가 승려가 되어 제자들을 기르게 되었습니다. 그래서 승려에게 학문을 배우는 풍습이 생긴 것입니다. 그러나 왕이 곳곳에 학교를 세우고 유학의 기초를 가르치기 시작하였으니, 이제 곧 실학을 중시하게 되고 승려에게 문장을 배우는 일도 없어지게 될 것입니다."

이 짧은 대답에서 그의 깊은 지식과 조국애, 그리고 교육에 대한 열의를 충분히 엿볼 수 있습니다.

이제현은 젊어서부터 선배를 통해 그 무렵 고려에 전해지기 시작한 주자학朱子學*을 배우고, 중국에 가서 주자학의 진수를 깨닫게 됩니다. 그러나 그는 유학자가 될 수 없는 사람이었습니다. 그가 문학적 재능이 너무 뛰어난 탓이기도 하였지만, 기본적으로 애국자이고 민족의 운명을 깊이 고민하는 사람이었습니다. 따라서 그가 역사에 심취한 것은 당연한 일이라 생각됩니다. 그는 요직에 있으면서도 역사 편찬에 힘을 쏟고, 과거의 우리 역사서에 빠진 내용을 보충하는 성실한 업적을 쌓기도 하였습니다.

---

* 남송의 학자 주희朱熹에 의해 성립된 학설로 성리학性理學이라고도 한다.

조국의 명예를 지키기 위해 일생을 헌신하다

이제현이 조국을 위하여 가장 커다란 공적을 올린 것은 뛰어난 외교 수완에 있었다고 할 수 있습니다. 고려 왕실이 원나라 왕실의 손아귀에 들어가 버리고, 고려의 왕이나 세자들이 무력하게 원나라로 불려갔다는 것은 앞서 말한 대로입니다. 이러한 사대주의 풍조 속에서 고려의 불평분자들이 원나라 정부에 아첨하여 민족 반역적인 짓을 저지르는 일도 거듭되었습니다.

1323년, 원나라는 고려의 반역자들과 짜고 고려의 국호를 없애고 고려를 원나라의 행정 구역의 일부로 삼으려는 방침을 내놓습니다. 충선왕의 아들로 왕위에 있던 충숙왕(忠肅王 : 1294~1339년, 고려 제27대 왕)이나 중신들이 당황하여 허둥거릴 뿐 아무런 구체적인 대책도 세우지 못하고 있을 때, 이제현은 솔선하여 원나라 정부에 통렬한 항의문을 써서 제출합니다.

문장으로 원나라의 침략
적인 계획을 막음

그는 이 글에서 고려와 원나라의 역사를 밝히고 원나라가 신의를 저버리고 고려에 무리한 요구를 강요하여 고려가 얼마나 난감해하고 있는지를 날카롭게 지적하였으며, 고려의 자주 독립을 지키는 것이 곧 기본적으로 원나라의 이익에 부합된다는 것을 명쾌한 문장으로 적었습니다. 이 박력 있고 정연한 논리 전개에 놀란 원나라 고관들은 마침내 이 침략적인 계획을 중지할 수밖에 없었습니다.

그 전문이 『고려사』 「열전」에 그대로 기록되어 있는데, 지금 읽어도 매우 감동적이고 그의 애국심과 침략자에 대한 격렬한 민족의 분노가 면면히 흐르고 있음을 느낄 수 있습니다. 훗날 역사가들은 만약 그때 이제현의 외교적 수완이 없었더라면 고려의 운명이 어떻게 전개되었을지 알 수 없다고 말하기도 합니다.

하지만 그 후에도 고려 왕실과 원나라 왕실 사이에 말썽이 끊이지 않아 충선왕은 1325년 고려에 돌아오지 못한 채 북경에서 세상을 떠나고, 충숙왕은 1330년 원나라의 압력으로 왕위를 세자인 충혜왕(忠惠王 : 1315~1344년, 고려 제28대 왕)에게 양위해야 하였습니다. 다음해에는 다시 원나라의 간섭으로 자식이 아버지에게 왕위를 돌려주는 해프닝까지 벌어집니다.

1339년에는 충숙왕이 죽고 충혜왕이 다시 보좌에 올랐습니다. 충혜왕은 취임 즉시 왕위를 뺏으려한 반대파들을 모조리 처형하였는데, 그들 중에 친원파가 많았기 때문에 원나라 왕실은 화가 나서 충혜왕을 북경으로 데려다가 감금해 버립니다. 그런 일이 있어도 고려의 중신들은 허둥대기만 할 뿐이었는데, 이제현은 결연하게 일어나 부르짖었습니다.

"우리 국가의 주권을 침범당하고서 가만히 있을 수는 없다."

단신으로 충혜왕의 뒤를 쫓아 북경으로 간 그는 또다시 뛰어난 문장으로 원나라의 그릇된 행위와 충혜왕의 무고함을 설명하고 당당하게 석방을 요구합니다. 그 문장을 읽은 원나라 왕은 크게 감동하여 충혜왕을 고려로 돌려보냈다고 합니다.

충혜왕을 위한 탄원

세상 사람들은 모두 그의 대담함과 뛰어난 외교 수완에 커다란 칭송을 보냈습니다.

"이제현은 제 몸보다도 큰 간덩이를 가지고 있나 보다."

그러나 그의 이러한 활동은 다만 조국의 긍지를 지키고자 하는 그의 애국적인 신념에서 비롯된 것이었습니다. 귀국하는 그의 가슴에 사무친 것은 목적을 달성한 기쁨보다 조국을 생각하는 애처로움뿐이었는지도 모릅니다. 그는 그때의 심경을 「제화문주루시(齊化門酒樓詩 : 제화문 주루에서 쓰다)」라는 시에 다음과 같이 토로하였습니다.

옛날에는 이별의 노래에 슬픈 줄 몰랐는데
이리도 늙은이 눈물 수건을 적실 줄이야
삼십 년 전 옛날에 노닐던 객
사천 리 머나먼 길 홀로 돌아가누나
강산은 고국과 서로 막혀 있으나
본래는 한 하늘 우러렀도다
또다시 오고픈 생각 어찌 없으랴만
검은 먼지 백발을 더럽힐까 하노라

離歌昔未解傷神 老淚今何易滿巾 이가석미해상신 노루금하역만건

三十年前倦遊客　四千里外獨歸身　삼십년전권유객　사천리외독귀신

山河雖隔扶桑域　星野元同析木津　산하수격부상역　성야원동석목진

他日重來豈無念　却愁華髮汚緇塵　타일중래기무념　각수화발오치진

개경으로 돌아가면 높은 지위가 기다리고 있었지만, 이제현은 이미 권력욕으로 날을 지새우고 있는 무리들과 어울려 일할 의욕을 잃은 지 오래였습니다. 그는 모든 관직을 떠나 자연 속에 칩거하며 저작에 전념하기 시작합니다. 이때 그의 나이 쉰네 살이었습니다.

『역옹패설』 　2년 후 그는 『역옹패설(櫟翁稗說 : 1342년에 저술한 시화집詩話集)』이라는 저작집을 완성하고 다음해에 발간하였습니다. 이 책에는 그가 연구한 역사 논문, 개인의 전기와 그에 관련된 시문, 구전 설화와 가요 등이 포함되어 있으며, 민족의 자랑스러운 역사와 문화적 전통을 올바로 전하고자 하는 애국적 신념이 결집된 것이었습니다.

같은 해인 1343년 원나라의 사신이 충혜왕을 원나라로 끌고 가 머나먼 광동 땅에 유배시키는 사건이 일어납니다. 이제현은 미련하고 제멋대로 행동하는 충혜왕에게 한없이 실망하고 있었지만, 이번에도 아무 대책도 없는 중신들을 대신하여 국가의 주권을 지키기 위하여 즉시 원나라에 충혜왕의 석방을 요구하는 항의서를 보냅니다. 그러나 그 보람도 없이 충혜왕은 단신으로 유배지로 가던 도중에 돌연 병사하고 맙니다.

그리하여 겨우 여덟 살의 세자가 왕위를 이어받게 되는데, 그가 바로 29대 충목왕(忠穆王 : 1337~1348년, 고려 제29대 왕)입니다. 이제현은 왕실의 주선으로 왕의 교육을 맡게 되었는데, 그는 진지하게 왕의 길을 가르쳤습니다.

왕은 반드시 뛰어난 장인에게 갈고 닦여야 보물이 되는 것입니다. 왕이라도 잘못을 범할 수 있으니, 반드시 현명한 신하의 충고를 받아들여야 성덕을 베풀 수 있습니다. 뛰어난 학자들을 뽑아 정책을 듣고 책임 있는 대신들의 의견을 들으며, 소인들을 가까이해서는 안 됩니다. 그리고 공과 죄를 항상 분명히 하고, 사치를 금하며 검소한 생활을 하여 백성들을 편안하게 해 주어야 합니다.

하지만 이제현의 제왕학帝王學이 채 결실을 보기도 전인 4년 만에 왕은 병사하고, 동생인 충정왕(忠定王 : 1337~1352년)이 다시 30대 왕에 오릅니다. 그는 그 승인을 받기 위하여 원나라에 다녀와야만 하였습니다.

이렇게 나이 어린 왕이 계속 뒤를 잇는다면 권력 다툼을 일삼고 있는 신하들을 억누를 수 없으므로 원나라 왕실은 고려의 왕위를 북경에 있던 충혜왕의 동생에게 주도록 합니다. 이 사람이 바로 제31대 공민왕(恭愍王 : 1330~1374년, 재위 1351~1374년)입니다.

공민왕은 귀국에 앞서 이제현을 우정승(右政丞 : 조선 시대 우의정에 해당하는 관직)에 임명합니다. 그런데 그때 고려 정부에는 조일신(趙日新 : ?~1352년)*이라는 자가 권력을 제멋대로 휘두르고 있었습니다. 그가 이제현이 자기의 상관으로 오는 것을 노골적으로 시샘하자 이제현은 우정승 직을 고사합니다.

y

"저는 늙고 병든 몸이어서 재상으로는 적당치 않습니다."

귀국한 공민왕은 이를 허락하지 않았지만, 이제현은 정쟁에 휘말릴 것을 우려하여 완강히 사퇴하고 끝내 시골로 내려가 버립니다. 그때가 1352년, 그가 66세 때의 일입니다.

결국 조일신은 정권을 독점하기 위해 변란을 일으키고, 자신에게 복종치 않는 중신들을 모두 죽이고 스스로 재상의 자리에 오릅니다. 이제현은 사직하고 산중에 묻혀 있었기 때문에 아슬아슬하게 난을 피할 수 있었습니다. 그러나 조일신은 겨우 한 달 만에 왕명에 의해 암살당하고, 이제현은 다시 우정승으로 등용됩니다. 그는 바로 사직을 청하였으나 왕은 필사적으로 그를 붙들어 앉혔습니다. 사직하고 다시 임명되기를 두세 번 되풀이한 끝에 이제현은 1357년이 되어서야 간신히 모든 관직에서 떠날 수 있게 됩니다.

이 과정을 보더라도 그의 관직 생활은 오직 국가의 주권을 지키고 민족의 긍지를 위하여 자기 능력을 바친다는 생각으로 일관하고 있었음을 알 수 있습니다. 그래서 그는 은거 후에도 찾아오는 제자들과 천하를 논하고 애국

공민왕의 관직 등용 권유

---

* 고려의 역신. 공민왕이 왕위에 오르기 전부터 보필하여 즉위 후 1등 공신에 책봉되지만, 얼마 되지 않아 변란을 일으켜 왕명에 의해 참살 당한다.

적인 저작 활동을 계속하였다고 합니다.

1361년, 홍건적紅巾賊* 10만여 명이 단숨에 개경을 휩쓰는 국난이 일어
납니다. 75세의 노령에도 불구하고 이제현은 왕의 피난처로 달려가 국가 방
위를 위한 군사 전략을 제의하고, 적을 격퇴한 후에는 수도 재건 공사를 서
두르도록 진언합니다. 이 전란 중에 그는 사실상 재상 역할을 떠맡고 있었던
셈입니다.

1365년, 공명을 떨친 이제현에게 그를 초대하는 사신이 머나먼 북경에
서 찾아왔습니다. 그러나 그는 노령을 이유로 거절합니다. 이미 자기 역할은
끝났다고 판단하였기 때문입니다. 그리고 1367년, 81세의 고령으로 생애를
마칩니다.

뛰어난 문학가로 이름을 날리다

이제현은 젊은 시절부터 수많은 역사서와 수필, 시 등을 발표하였는데,
대부분 전란 등으로 소실되어 지금까지 남아 있는 것은 고작 『익재난고益齋
亂藁』 10권, 『습유拾遺』 1권, 『역옹패설』 4권뿐입니다.

그러나 그 문집들만 보더라도 그의 애국적인 업적을 충분히 엿볼 수 있
습니다. 그는 당시의 부패한 지배층을 다음과 같이 말했습니다.

"귀족들은 금과 옥으로 도구를 만들고, 부잣집 여인네들은 고운 비단옷
을 땅에 쓸며 다닌다. 사치한 생활 때문에 십중팔구는 빚으로 망한다."

이제현은 이러한 사회의 모순을 바로잡기 위하여 토지 제도를 고칠 것
을 주장합니다.

"토지 제도를 개혁한다면 이를 반길 사람은 셀 수도 없을 것이요, 싫어
할 사람은 권세 있는 수십 명에 불과할 것입니다. 무엇이 두려워 실시하지
않겠는가?"

---

* 원나라 말 중국에서 일어나 반원 운동을 펼치던 한족漢族 반란군으로, 원나라 군대에 쫓겨 고려를 침입
하여 약탈해간다.

하지만 이와 같은 그의 개혁 사상이 끝내 정책으로 실현되지는 못하였습니다. 권세가들의 그릇된 착취를 격렬하게 미워하면서도, 그들을 타도할 힘은 갖지 못하였기 때문입니다.

이제현은 항상 정쟁에 말려드는 것을 피했습니다. 덕분에 별 상처 없이 평온하게 일생을 보낼 수 있었지만, 언제나 고독하였던 것도 사실입니다. 여기에 정치가로서의 그의 한계가 있었던 것도 사실입니다.

그의 저작물에 수록되어 있는 「소악부小樂府」는 당시 민중들 사이에서 노래되던 민요를 한시로 정리한 것입니다. 이것은 고려 시대의 문학을 연구하는 데 꼭 필요한 귀중한 자료이며, 그가 얼마나 훌륭한 애국적 문학자였는지를 보여주는 것이기도 합니다. 그 중 두 편을 소개하려 합니다.

「거사련居士戀」

울타리 꽃가지에 새벽 까치 깍 ― 깍
거미는 상머리에 가는 줄 늘이네
그리운 님 머지않아 오시려나 봐
어쩐지 내 마음에 미리 알리네

鵲兒籬際噪花枝 작아리제조화지
蟢子床頭引網線 희자상두인망선
余美歸來應未遠 여미귀래응미원
精神早己報人和 정신조기보인화

이것은 멀리 부역에 끌려가 언제 돌아올지 모르는 사랑하는 남편을 기다리는 아내의 심정을 노래한 것입니다.

「제위보濟危寶」

빨래하던 시냇가 수양버들 아래서
흰 말 탄 님과 손잡고 정을 속삭였네
처마 끝에 주룩주룩 비는 석 달 내려도
내 손끝의 님의 향기 씻지 못해요

浣紗溪上傍垂楊 완사계상방수양
執手論心白馬郞 집수론심백마랑
縱有連簷三月雨 종유연첨삼월우
指頭何忍洗余香 지두하인세여향

이는 마음 설레는 순진한 처녀의 마음을 노래한 것입니다.

그의 문장과 시는 지극히 사실적이고 간결하며 독창적이라고 평가되는데, 후세의 대문호들은 그를 다음과 같이 평가하였습니다.

고려 때 중국을 여행한 사람 가운데 이제현만큼 구석구석까지 걸어 다닌 사람은 없다. 그의 발이 미친 곳은 모두 위대하고 뛰어난 문장으로 단장되었다. 남들은 도저히 미치지 못하는 점이다. 그의 시는 우리나라 2천 년 이래의 명문이요, 화려하면서도 정조情操가 풍부하여 지극히 세련되었다.

우리나라의 시인들은 시를 지을 때 남의 것을 여기저기서 모방하려 하지만, 실제로 눈으로 보고 발로 밟아본 바를 정확하게 담아 노래한 시인은 오직 한 사람 이제현뿐이다.

이처럼 그는 진실을 그려낸 뛰어난 문학자로 우리 역사상 영원히 빛나는 존재가 되었습니다. 그 점에서 이제현은 지극히 운이 좋았던 사람이라 하겠습니다.

10. 외길을 걸은 두 사람, 최무선과 문익점

14세기 후반의 고려 말기는 우리 민족에게 다사다난한 시기였습니다. 안으로는 부패한 권세가들의 문란한 정치가 계속되고 밖으로는 중국에서 원나라가 쇠퇴하고 명나라가 발흥하는 대변동이 일어났으며, 북쪽에서는 이민족의 침략이 줄을 잇고 남쪽에서는 왜의 도적떼가 침입하여 민중은 이루 말로 다할 수 없는 고통을 겪고 있었습니다.

그러나 우리 민중은 아무리 절망적인 환경 속에서도 조국과 민족을 지키기 위하여 투쟁을 계속하였고, 한없는 용기와 지혜를 발휘하고 있었습니다. 여기서는 그 가운데 특이한 두 사람의 행적을 소개하려 합니다.

최무선, 왜구를 물리치기 위해 일어서다

최무선(崔武宣 : ?~1395년)은 경상도 영천永川 출신으로, 그의 아버지는 관리에게 지급할 쌀을 보관하는 광흥창廣興倉을 지키는 관원들의 우두머리였습니다. 그는 1326년에 태어났다는 설이 있지만 역사서에 기록된 바는 없고, 젊은 시절에 관한 기록도 없는 것으로 보아 관리 집안이라고는 해도 매우 낮은 신분이었을 것으로 짐작됩니다. 다만 장성한 최무선은 무관의 지위에 있었고, 작은 집에 몇 명의 종을 거느리고 살았다고 합니다.

그는 당시 우리나라를 휘젓고 다니던 왜구倭寇를 격멸하기 위하여 강력한 무기를 만들 필요를 느끼고 이를 위하여 오랫동안 심혈을 기울였습니다. 왜구란 일본의 해적을 말하는데, 이 해적들이 우리나라를 침입한 것은 멀리 1220년대로 거슬러 올라갑니다.

고려 초기부터 많은 일본 상인이 우리나라에서 무역을 하고 있었습니다. 우리나라의 공예품과 서적이 일본에서 비싸게 팔려 상인들은 커다란 이익을 얻었으나, 일본에서 가져오는 물건은 비싼 것이 드물었습니다. 그리하여 그들은 무리를 지어 약탈을 하기 시작하였습니다. 이는 곧 당시 우리나라

왜구란 일본의 해적을 말하는데, 이 해적들이 우리나라를 침입한 것은 멀리 1220년대로 거슬러 올라간다.

와 일본의 문화적 격차가 얼마나 컸는지를 말해 주는 것이기도 합니다.

왜구는 1223년부터 매년 우리 영토를 침입하였는데, 고려의 무신 정권은 그때마다 이들을 쫓아내고 일본의 가마쿠라 막부(鎌倉幕府 : 일본 최초의 무사 정권)에 해적을 단속하도록 강력히 항의하였습니다. 그리하여 1227년에는 일본 사신이 사죄서를 가지고 와서 무역을 신청합니다.

1230년대에는 몽골의 침략이 시작되어 고려가 거국적으로 몽골과의 전쟁에 매달리게 되자, 왜구들은 그 틈을 노리고 다시 약탈을 거듭합니다. 하지만 몽골과 강화를 수립한 후, 남해안의 방비를 강화하여 왜구의 침입은 없어지게 됩니다. 1274년과 1281년에는 원나라와 고려 연합군이 일본을 원정하여 왜구의 근거지에 결정적인 피해를 입혔기 때문에 14세기 전반까지 그들은 거의 침입하지 않았습니다.

1333년 일본에서는 가마쿠라 막부가 무너지고 겐무 중홍(建武中興 : 고다이고 천황後醍醐天皇이 수립한 친정親政 전제정치. 겐무 정권이라고도 함)이 이루어졌지만, 통치 능력이 부족하여 남북조南北朝가 대립하다가 1338년 아시카가 막부(足利幕府 : 교토京都를 중심으로 수립된 무사 정권)가 들어서게 됩니다. 그 과정에서 일본 전체가 혼란에 빠졌으며, 일본 서부의 영주들이 지원하는 해적들이 다시 고려의 남서 해안 각지를 습격하기 시작합니다.

1350년 왜구는 대선단을 조직하여 일시에 경상도와 전라도의 남해안 곳곳을 공격하고 약탈을 감행하였습니다. 이때 고려의 수비군은 합포(合浦 : 지금의 마산馬山)에서 왜구 3백여 명을 섬멸하는 전과를 올리기도 하였으나, 수비가 허술한 곳에서는 피해가 컸습니다.

1350년부터 시작된 왜구의 침입은 해가 갈수록 심해져서 1360년 강화도에 침입한 왜구의 대선단은 주민 3백여 명을 학살하고 4만 석의 쌀을 빼앗아 갔으며, 1363년에는 개경 가까이까지 쳐들어왔습니다.

왜구는 고려의 조운선(漕運船 : 조세로 납부한 물품을 조정으로 운반하는 배)을 습격하여 쌀이나 특산물을 빼앗고, 민가로 쳐들어와 집을 불태우고 사람들을 닥치는 대로 학살하여 왜구가 지나간 자리는 폐허로 변해 버렸습니다. 왜구의 침입은 고려 민중들에게 큰 불행을 안겨주었을 뿐만 아니라 조정은 세금 모을 길이 끊겨 곤경에 처하였습니다. 이에 정부군은 물론 민중이 모두 결속하여 왜구 격멸에 나섭니다.

이처럼 한창 어려울 때인 1361년부터 62년 사이에 북쪽에서 십만이 넘는 홍건적이 쳐들어와 한때 개경이 점령당하였으나, 고려는 20만 대군을 동원하여 홍건적을 쳐부수고 왜구의 침입에 대비한 방비를 강화합니다.

왜구는 고려군이 공격하면 즉시 배로 도망쳤다가 방비가 허술한 틈을 타 다시 습격하는 방식을 되풀이하였습니다. 이에 고려는 수군 상비 부대를 만들고, 그 전력을 강화하는 데 온 힘을 기울입니다. 이러한 상황에서 최무선은 그 선두에 서서 싸웠습니다.

화포를 발명하고 전함을 건조하다

최무선은 중국에서 10세기 무렵부터 사용하기 시작하였다는 화약제火 藥製 무기에 대한 연구를 시작하였습니다. 그러나 화약의 제조법은 송나라나 원나라의 비밀로 되어 있었기 때문에 당시 고려에서 화약 제조법을 아는 사람이 없었습니다.

그래서 그는 중국의 무역선이 출입하는 항구에 눌러앉아 원나라에서 오는 사람을 일일이 찾아다니며 화약 제조에 대한 지식을 알아내려 하였습니다. 그는 몇 년 동안 끈질기게 이 일에만 몰두하였습니다. 비가 오나 눈이 오나 하루도 쉬지 않고 항구에서 중국인을 찾아다녔던 것입니다. 하지만 화약 제조는 비법인지라 몇 년이 지나도록 도움이 될 만한 중국인을 만날 수 없었고, 세상 사람들은 그를 미친놈이라 손가락질하였습니다.

그러던 중, 1372년에 마침내 화약에 대한 지식을 어느 정도 갖춘 이원李 元이라는 중국인을 만날 수 있었습니다. 최무선은 미리 중국어를 열심히 공부해둔 덕분에 전문적인 이야기를 충분히 이해할 수 있었습니다.

최무선은 하인을 보내 이원을 집으로 초대하고는 정성껏 대접하면서 이원이 가지고 있는 지식을 모두 자기 것으로 만들었습니다. 이원은 화약 제조법에 통달해 있지는 않았지만 어느 정도 지식을 갖고 있었습니다. 그는 이원

대장군포(육군 박물관 소장)

1373년 10월에 화약을
제조하는 데 성공하다.

에게 배운 지식을 바탕으로 집안에 실험 설비를 갖춰 놓고 연구에 연구를 거듭하여, 마침내 1373년 10월에 우수한 화약을 제조하는 데 성공하게 됩니다.

그러나 화약을 무기로 사용하려면 발사 기구와 폭발 장치도 필요하였습니다. 최무선은 화약 발사에 필요한 무기를 만드는 데도 자신감이 있었지만, 그동안 모든 비용을 스스로 부담한 탓에 생활이 이만저만 어려운 것이 아니었습니다. 그는 연구 성과를 정부에 보고하고, 화약을 대대적으로 제조하여 왜구 토벌에 사용할 것을 건의하였습니다.

하지만 조정의 무능한 권력자들은 지위가 낮은 최무선의 건의를 비웃으며 받아들이지 않았습니다. 그는 이런 조롱에 아랑곳하지 않고 공개적으로 화약 폭발 시험을 보여 사람들을 깜짝 놀라게 합니다.

1377년, 정부는 그의 건의를 받아들여 '화통도감火㷁都監'이라는 화약과 무기 제조소를 설치하게 됩니다. 책임자 자리에 오른 최무선은 고심을 거듭하여 대량의 화약과 십여 종의 무기를 만들어 냅니다. 이 모든 것은 그의 독창적인 발명품이었습니다.

무기는 대장군포大將軍砲, 이장군포二將軍砲, 삼장군포三將軍砲, 육화석포六花石砲, 화포火砲, 신포信砲, 화통火㷁 등으로 이름을 붙인 8종의 대포와 화전花箭, 유화流花, 주화走火 등의 포탄 5종이 있었습니다.

최무선은 1378년 정부에 다시 건의하여 이 무기를 사용할 화통방사군

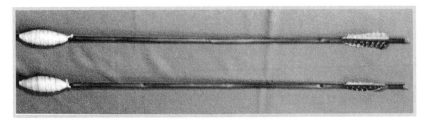

복원된 화전

火㷋放射軍이라는 포병 부대를 만듭니다. 하지만 이 부대는 왜구가 육지에 접
근하였을 때 일제히 공격을 퍼부어 적의 배를 불태울 수는 있었지만, 해상에
서 멀리 도망치는 적선은 잡을 수는 없었습니다. 왜구를 철저하게 처부수기
위해서는 해상에서 적선을 잡을 군함이 필요하였습니다.

목선木船밖에 없던 당시의 조선 기술로는 무거운 화포나 많은 포탄을 실
을 경우 배가 침몰할 우려가 있었고, 화포를 발사할 때 심한 진동과 소음으
로 배가 부서질 수도 있었습니다. 그래서 무거운 중량에도 잘 건디고 진동에
도 문제가 없는 우수한 전함을 만들기 위한 연구가 거듭됩니다.

최무선은 천재적인 능력을 발휘하여 온갖 장애를 극복하고 성능이 뛰어
난 군함을 만들었습니다. 더구나 이 군함에는 화약에 습기가 차는 것을 방지
하는 장치까지 갖추어져 있었습니다. 이리하여 1380년 초에는 화포로 무장
한 백 척의 고려 함선과 사격술에 정통한 3천 명의 수군 부대가 창설됩니다.

1380년 화포로 무장한
백 척의 고려 함선과 사
격술에 정통한 3천 명의
수군 부대가 창설되다.

진포 싸움에서 승리를 거두고 왜구를 격멸하다

그동안에도 왜구는 계속 침입해왔고, 고려 정부군은 분기한 민중들과
함께 피투성이가 되도록 왜구와 싸우는 한편 아시카가 막부에 왜구 단속을
요구하며 외교 교섭을 진행하였습니다.

1366년 사신이 일본에 건너갔으나 아무 성과도 얻지 못하였고, 다음해
건너간 사신도 빈손으로 돌아왔습니다. 1368년 쓰시마 섬에 갔던 사신이 공
물을 가지고 돌아오자 고려 정부는 왜구가 순종할 뜻을 표시하였다고 흡족

해 하였지만, 왜구의 침입은 그 후에도 끊이지 않았습니다. 왜구들 중에는 거짓 항복을 하고는 고려의 정세를 염탐하고 도망가는 자들도 있어, 고려 정부는 늘 왜구에게 당하는 입장이었습니다. 게다가 아시카가 막부는 고려 정부의 강력한 항의에 "도적떼들은 대부분 일본 서부 지역에 사는 자들로, 막부의 명령에 따르지 않는 무리라 어쩔 수 없다"는 변명만 늘어놓고 있었습니다.

고려군은 곳곳에서 왜구 토벌의 전과를 올렸지만, 포악한 왜구들은 1380년이 되자 5백 척의 대선단과 수만 명의 대부대를 이끌고 금강錦江 하구의 진포(鎭浦 : 지금의 군산群山 지역)로 침입하여 충청도 남부와 전라도 일대를 약탈하였습니다. 살해된 백성들의 시체가 산과 들을 덮었고, 왜구들이 약탈한 쌀을 배에 실으면서 길가에 흘린 것만도 두께가 한 자를 넘었다고 합니다.

해전에서의 왜구 격퇴

급보를 받은 고려 정부는 나세(羅世 : 1320~1397년, 원나라에서 고려에 귀화한 무신)를 원수로, 심덕부(沈德符 : 1328~1401년, 고려의 문신)와 최무선을 부원수로 임명하고 최무선이 건조한 80척의 화포 함대를 출전시킵니다. 최무선으로서는 자신이 발명한 무기의 성과를 시험하는 역사적인 첫 항해였습니다.

왜구는 고려의 선단이 수적으로 훨씬 열세인 것을 보고 코웃음을 치며 유유히 선단을 철수시키려다가, 일제히 불을 뿜는 고려 선단의 집중 포화를 맞고 한 척도 남김없이 모조리 불타버립니다. 천지를 뒤흔드는 포화 소리에 놀란 왜구는 육지로 도망친 자들도 있었으나 대부분 배와 함께 불타 죽거나 바닷속에 빠져 죽었습니다. 이것은 왜구의 침입이 시작된 이래 일찍이 없었던 결정적인 승리였습니다.

육지로 도망친 왜구들은 내륙 깊숙이 침입한 무리들과 연합하여 고려 영토를 짓밟고 다녔지만, 소백산맥의 황산荒山 땅에서 이성계李成桂 장군의 공격을 받아 전멸합니다. 해륙에 걸친 대승리로 고려군은 왜구 격퇴에 자신감을 갖게 되었고, 왜구는 큰 타격을 입게 됩니다.

왜구는 그 후에도 노략질을 계속 자행하였지만, 1383년 남해에 침입하였다가 최무선이 건조한 화포로 무장한 장수 정지(鄭地 : 1347~1391년)에 의하여 섬멸됩니다. 그 뒤로 왜구는 겁을 먹고 남해안이나 서해안에는 가까이하지 않았고, 이따금 방비가 허술한 동해안을 약탈하는 정도에 머물렀습니다.

고려 정부는 왜구의 뿌리를 뽑기 위하여 1389년 박위(朴葳 : ?~1398년)에 게 1백 척의 함선을 주고 왜구의 근거지인 쓰시마를 토벌하도록 합니다. 고려의 화포 함대는 쓰시마의 왜선 3백 척을 남김없이 격침시키고 왜구의 소굴을 완전히 소탕하게 됩니다. 이리하여 왜구는 섬멸되고, 고려 수군은 그 위력을 널리 떨치게 됩니다.

1389년에는 멀리 류큐 왕국(琉球王國 : 지금의 오키나와沖繩 지역에 있던 나라)의 왕이 신하의 예를 갖춰 고려로 사신을 보내왔고, 일본 서부의 각 영주들도 줄을 이어 고려에 예절을 갖춘 사신을 보내오기도 하였습니다.

왜구 섬멸에 가장 큰 공헌을 한 사람은 바로 최무선이라고 말할 수 있습니다. 공명을 떨친 그는 1395년 3월에 세상을 떠나게 되는데, 그때는 이미 고려가 망하고 이성계가 새로 조선 왕조를 세운 뒤였습니다.

최무선은 임종에 앞서 화약 제조법과 화포와 탄환의 제조법을 담은『화약수련지법火藥修練之法』한 권을 아들에게 남깁니다. 그의 아들 최해산(崔海山 : 1380~1443년)은 아버지의 유지를 이어받아 연구를 계속하여 조선 왕조에서도 중용되었는데, 평화로운 시대가 계속되면서 그 기술의 전승이 유야무야된 것은 안타깝기 그지없는 일입니다. 그러나 최무선의 애국적인 업적은 우리 역사상 영원히 빛나고 있습니다.

문익점, 원나라에서 유배 생활을 하다

우리나라에 면화 씨앗을 들여온 것으로 유명한 문익점(文益漸 : 1329~1398년)은 1329년 진주 강성현(江成縣 : 지금의 경남 산청군山靑郡)의 이름 없는 양반집에서 태어났습니다. 일설에 따르면 1331년에 태어났다고도 합니다.

그는 여덟 살 때부터 학문에 뜻을 두었고, 스무 살이 되었을 때 당시 유명한 학자 이곡(李穀 : 1298~1351년)의 가르침을 받아 수재로 이름을 떨칩니다. 그러나 신분이 낮은 집에서 태어난 탓에 젊은 시절은 매우 불우하였습니다.

1360년에 문익점은 문과 시험에 합격한 후 조정에 임용되어, 때마침 원나라의 수도인 북경에 사신으로 파견되는 이공수(李公遂 : 1308~1366년)의 서장관(書狀官 : 서기)이 됩니다.

당시 고려와 원나라는 매우 복잡한 관계에 있었습니다. 원나라가 쇠퇴하자 중국 남방과 북방에서 대규모 반란이 일어나, 앞서 말한 바와 같이 그 틈을 노려 중국 북방의 홍건적이 1361년 10만 대군을 이끌고 개경을 점령하는 사건이 벌어지게 됩니다.

고려군의 완강한 저항으로 홍건적이 토벌되기 무섭게 다시 원나라가 침입하였고, 이를 격퇴하고 나니 이번에는 고려 정부 내에 권력 다툼이 일어나 일부 사람들이 반란을 일으키게 됩니다. 또한 남방에서는 왜구의 침입이 그치지 않아 내우외환이 거듭되고 있었습니다. 이 시기에 고려 정부는 정상적인 국교를 꾀하기 위하여 원나라의 요구에 따라 사신을 보냈던 것입니다.

원나라에서의 유배 생활

문익점이 북경에 도착하였을 당시, 고려에서 반란을 일으키고 도망쳤던 최유(崔濡 : ?~1364년, 고려 후기의 역신)라는 자가 원나라 왕을 꼬드겨 당시 원나라에 와 있던 공민왕의 숙부 덕흥군(德興君 : ?~?년, 충선왕의 셋째 아들)을 고려의 왕으로 세우려는 음모를 획책하고 있었습니다. 원나라 정부는 문익점을 매수하여 이 음모에 가담시키려 하였으나 그가 복종하지 않자 멀리 운남雲南 땅으로 유배를 보냅니다.

열병이 유행하는 폭염의 고장에서 보내는 유배 생활이란 비참하기 짝이 없었습니다. 하지만 문익점은 오직 독서에 열중하며 그 지방의 학자들과 깊이 사귀었고, 유배지에서의 교류와 견문을 정리하여 『운남풍토집雲南風土集』이라는 기행문을 쓰기도 합니다. 그는 힘든 역경 속에서도 환경에 거스르지 않고 순응하며 스스로 후회 없는 생활을 계속하고 있었습니다.

그가 유배 생활을 보내고 있는 동안 고려와 원나라 사이에 큰 변화가 일어납니다. 원나라 정부의 지원을 받아 고려를 침공한 반역자들은 한때 고려 영토 안까지 공격해 들어갔지만, 최영(崔瑩 : 1316~1388년)과 이성계 등 고려의 용장들에게 패퇴하고 만 것입니다. 원나라는 두 번 다시 고려의 내정에 간섭할 수 없게 되었고, 덕분에 문익점도 풀려나 3년 만에 본국으로 돌아가게 됩니다.

운남 지역 사람들은 그의 귀환을 축하하면서도 이별을 슬퍼하여 멀리 국경까지 그를 전송하였다고 합니다.

목화 씨앗을 가지고 돌아오다

운남에는 목화밭이 널려 있었습니다. 문익점은 이 목화를 보고 크게 감격하였습니다. 당시 고려는 중국에서 면포를 많이 수입하고 있었지만, 값이 비싸 일반 서민들에게는 그림의 떡처럼 귀한 물건이었습니다. 그 때문에 가난한 서민들은 베옷으로 추운 겨울을 나야 했고, 따뜻한 면이 들어 있는 이불 같은 것은 꿈에서도 만져볼 수 없었습니다.

'이 목화를 조국에 가져가 심을 수만 있다면, 동포들이 겨울을 따뜻하게 날 수 있을 텐데……'

그는 이렇게 생각하고 어떻게 해서든 목화 씨앗을 고려로 가지고 돌아가야겠다고 결심합니다. 하지만 중국에서는 목화 종자를 국외로 가지고 나가는 것을 엄금하고 있었고, 만일 발각되면 즉각 사형에 처해졌습니다.

이러한 위험에도 불구하고 문익점은 목화밭을 산책하면서 사람들 눈에 띄지 않게 씨앗 열 알을 붓두껍 속에 숨기는 데 성공합니다. 그가 유배지에서 북경으로, 그리고 고려에 이르는 수만 리 여로를 얼마나 가슴 졸이며 보냈는지에 대해서는 기록에 남아 있지 않습니다. 하지만 그가 얼마나 가슴을 태웠을지는 상상하고도 남을 수 있을 것입니다.

1363년 고려로 귀국한 문익점은 아무에게도 알리지 않고 씨앗을 들고 고향에 가서 자신의 장인 정천익(鄭天翼 : ?~?년, 고려시대의 학자, 독농가)과 의논하여 각자 다섯 알씩을 집안 텃밭에 심었습니다. 재배법을 몰라 문익점의 밭에서는 다섯 알 모두 싹이 트지 않고 썩어버렸지만, 정천익이 심은 한 알이 싹을 틔우고 꽃을 피웠습니다.

그 후 3년간 온갖 정성을 쏟아 재배한 결과, 목화는 너른 밭 가득히 꽃을 피워 새하얀 면화를 거둘 수 있었다고 합니다. 그 소문을 듣고서 각지에서 구경꾼이 모여들었고 모두들 신기하게 여기면서 씨앗을 나누어 달라고 부탁하였습니다. 문익점은 그들에게 목화 재배의 유익함을 선전하며 기꺼이 씨앗을 나누어 주었습니다. 이리하여 목화는 주변 마을에서 군내 일대로 속속 퍼져 나갔습니다.

그러나 열매에서 솜을 빼내 가는 실로 뽑는 일은 대단히 어렵고 힘든 작업이었습니다. 그러던 어느 날 한 중국 승려가 여행하다가 때마침 그 마을에 들렀는데, 그는 목화밭을 보고는 마치 자기가 태어난 고향 같은 풍경을 만났다며 기뻐합니다.

정천익은 홍원弘願이라는 이 승려를 집으로 초대하여 종자를 빼내는 방법과 실을 뽑는 방법, 옷감을 짜는 방법 등을 배웠고, 홍원 역시 여러 가지 도구까지 만들어서 그 방법을 가르쳐 줍니다.

우리 민족의 의류사에 혁명적인 영향을 끼친 목화 재배의 신기원을 이룩하다.

문익점과 정천익 집안의 사람들은 홍원에게 배운 내용을 불철주야 연구하여 드디어 면포를 짜내는 데 성공합니다. 이리하여 문익점은 우리 민족의 의류사에 혁명적인 영향을 끼친 목화 재배의 신기원을 이룩할 수 있었습니다.

무능한 관리로 매도당하다

문익점은 귀국한 후 몇 년 동안 시골에 묻혀 살았으나, 1368년 학문과 관계된 관직을 맡아 성리학 연구에 전념하게 됩니다. 그는 이 방면의 대가로 존경받았으나 대토지를 소유한 보수적인 권력자들로부터 배척당하자, 관직을 던져버리고 고향에 내려가 '삼우당三憂堂'이라는 서재를 짓고 칩거하면서 스스로 삼우거사三憂居士라 일컬었다고 합니다.

'삼우'란 첫째로 국가 부강에 도움이 되지 못함을 걱정하고, 둘째로 학문 연구에 몰두하지 못함을 걱정하며, 셋째로 스스로 인격이 변변치 못함을 걱정하였다는 뜻입니다.

그는 고독한 생활 속에서도 줄곧 학문의 길만을 생각하고 있었으나, 어머니의 3년 상을 치르는 중에 왜구의 침입을 받게 됩니다. 사람들은 난을 피하여 숨었지만 그는 태연히 묘를 지키고 있었습니다. 포악무도한 왜구들도 그 당당한 인격에 겁을 집어먹고 그를 감히 해치지 못하였다고 합니다.

1388년 문익점이 조정의 고위 관직에 임명되었는데, 때마침 토지사유제 문제로 대논쟁이 벌어지고 있었습니다. 그가 반대파로부터 '무능하고 쓸모없는 인간'으로 매도당한 내력이 『고려사』에 다음과 같이 쓰여 있습니다.

사헌司憲 조준(趙浚 : 1346~1405년)은 글로 탄핵하여 이르기를, "익점은 원래 이름도 없는 사람으로 진주의 시골 백성이었습니다. 상감께서 현명한 학자라 여기서 간대부諫大夫라는 지위를 내려주셨으니, 정사에 관해 진실한 충언을 아뢰어 정도政道를 보좌해야 함에도 불구하고, 관청에서는 오로지 아첨만 일삼고 순종하는 척하며 영합할 뿐 소신대로 밀고 나가는 신념이 없어 허리를 굽히고 손을 모아 오직 '지당하십니다' 소리만 하고 있습니다. 오늘날 책임 있는 관리들은 정견을 말하고 세상일에 관해서 격론을 벌이고 있는데, 익점은 벼슬을 잃을까 두려워 한마디도 의견을 말하지 않고, 오직 권세에 아첨하고 병을 구실삼아 나오지도 않고, 논쟁에 참가하지 않으며 남들로부터 미움 받지 않는 것이 상책이라고 생각하고 있습니다. 이는 위로는 상감을 기만하는 것이요, 아래로는 사림士林의 기대에 어긋나는 것이므로 마땅히 직위를 박탈하고 시골로 쫓아버려 무릇 책임 있는 자가 비겁한 짓을 하지 못하도록 교훈으로 삼아야 할 것입니다"라 하여 면직되고 말았다.

이 글을 읽으면 문익점이 매우 비겁한 자로 생각되겠지만, 정치하는 사람이 나아가야 할 길을 철학적으로 깊이 고민하고 있던 그는 사리사욕을 위하여 요란하게 목청을 올리는 자들의 한심한 모습에 입을 열 기분조차 들지 않았던 것입니다. 또한 그 때문에 그는 추방을 당하고도 전혀 불평이 없었고, 묵묵히 고향으로 돌아가 다시 좋아하는 학문의 길에 몰두합니다.

역사의 흐름에 따라, 보수파들은 몇 년이 채 못 되어 개혁파 신흥 세력에 의해 몰락하고 마침내 고려 왕조도 1392년에 멸망하고 맙니다. 사상적으로 문익점과 가까웠던 새 왕조의 개혁파들은 예를 갖추어 그를 영입하려 하였으나 그는 끝내 응하지 않았다고 합니다. 그리고 1398년, 향리에서 조용히 생애를 마칩니다. 일설에는 그가 죽은 것이 1400년이라고도 합니다.

문익점의 공적, 해가 갈수록 빛나다

문익점은 조선 왕조에는 끝내 봉사하지 않았지만, 그가 죽은 후 조선 왕조는 그의 공적을 높이 평가하여 여러 가지 높은 지위를 추증하는 동시에 그의 아들과 손자들을 등용하여 목화 재배에 전력을 기울이게 합니다. 이는 곧 산업을 장려하는 정책으로서, 목화 재배가 우리나라 토양에 적합할 뿐만 아니라 경제 발전에 큰 보탬이 된다는 것을 인식하고 있었던 것입니다.

1409년 조선 제3대 왕 태종太宗은 목화밭에는 세금을 부과하지 않겠다고 포고하여 목화 재배를 적극 장려합니다. 4대조인 세종世宗 때는 『농사직설(農事直說 : 1429년, 정초鄭招, 변효문卞孝文 등이 왕명에 의하여 편찬한 농서)』이라는 농업책을 편찬하여 전국에 배포하고 경상·전라·충청의 삼남 일대에 목화를

문익점이 면화를 처음 재배했던 곳에 세운 비(경남 산청)

심도록 장려하였을 뿐만 아니라, 1435년에는 목화 씨앗을 북부의 각 도에도 보내 재배 지역을 넓혀갑니다. 조선 정부는 이 사업을 위해 재배 경험이 풍부한 남부의 농민들을 북쪽으로 이주시킬 만큼 열의도 갖고 있었습니다.

이러한 새 정부의 노력에 따라 불과 1백 년도 되지 않는 사이에 백성들은 빈부귀천의 구별 없이 누구나 면으로 만든 옷을 상용하게 되었고, 따뜻한 면이 들어 있는 이불을 사용할 수 있게 됩니다. 이것은 우리 민족 생활사의 발전에서 혁명적인 사건이었습니다. 또한 면포는 1400년대 초기부터 일본으로 수출되기 시작하여 그 수출량이 매년

급속히 증대되었는데, 1500년대 말까지 2백 년 동안 우리나라는 일본에 면포 공급자의 역할을 합니다.

훗날 문익점의 손자 문래文萊는 목화실을 뽑는 기계 연구를 거듭한 결과, 독특한 실차를 고안하여 전국에 보급합니다. 그가 발명한 실차는 그의 이름을 따서 '문래'라고 불렀는데, 후에 이것이 변하여 '물레'가 되었다는 설이 있습니다. 또한 문래의 동생 문영文英은 면포 짜는 방법을 연구하고 보급하였는데, 면포는 그의 이름을 따서 '문영'이라고 하고 훗날 이 말이 변하여 '무명'이 되었다는 설도 있습니다.

이처럼 문익점의 자손들은 대대로 정부에 중용되었습니다. 그리고 문익점의 공적을 기린 서원이 전국 각지에 세워졌는데, 대표적인 것이 목화의 주 생산지로 알려진 전라남도 장흥군長興郡의 강성서원江城書院입니다.

어쨌든 문익점의 애국적인 업적은 해가 갈수록 우리 민족 전체로부터 널리 존경받게 됩니다. 그 공적이 그가 평생을 바친 성리학 연구에 있는 것이 아니라 중국 운남 땅에서 목숨을 걸고 가져온 열 알의 목화 씨앗에 있다는 점은, 우리 민족의 문화 발전사와 관련하여 여러 가지를 생각하게 합니다. 즉 그의 업적은 민족 모두에게 이익이 되는 것이 얼마나 중요하고 큰일인지를 가르쳐주고 있는 것입니다.

11. 고려의 마지막을 장식한 사람들 : 최영, 이색, 정몽주

918년 왕건이 세운 고려 왕조는 1392년 이성계에 의하여 멸망하고 새로 조선 왕조가 성립됩니다. 이 정권 교체는 우리 역사상 대단히 파란만장한 사건이었습니다.

당시 쓰러져가는 봉건 귀족 사회를 최후까지 지키려는 사람들과 권력을 빼앗아 새로운 지배자가 되려는 사람들 사이에 피비린내 나는 싸움이 계속되고 있었습니다. 그 싸움 속에서 많은 인물들이 혹은 비극적인 최후를 맞고 혹은 승리의 개가를 불렀지만, 격동의 시대를 산 인물들인 만큼 각자 강한 개성을 보여주고 있습니다.

이 역사의 소용돌이 속에서 살아간 대표적인 인물들을 몇 사람 소개하려 합니다.

최영, 싸우면 이기는 명장이 되다

최영(崔瑩 : 1316~1388년)은 1316년 조정의 관리인 최원도崔元道의 아들로 태어났으며, 『고려사』「열전」을 보면 소년 시절부터 우람한 몸집으로 위풍당당하였다고 기록되어 있습니다. 그가 16세 때 그의 아버지는 "황금 보기를 돌같이 하라"는 유언을 남기고 죽습니다. 그는 평생 아버지의 가르침을 따라 청렴하게 살았다고 합니다.

무관이 된 그는 항상 국방의 최전선에 있었습니다. 왜구 토벌에 큰 공을 세워 왕궁 근위병의 대장이 되었고, 1352년에는 정권을 독점하려고 반란을 일으킨 조일신을 제거하여 크게 이름을 떨칩니다.

고려군의 원나라 파병

1354년, 원나라는 중국 각지에서 일어난 반란군을 토벌하기 위하여 원군을 보내달라는 요청을 합니다. 고려 정부는 2천 명의 정병을 보냈는데, 지휘관으로 40명의 장군이 동행한 것을 보면 원나라가 고려 무장들의 지휘 능력에 얼마나 의존하고 있었는가를 잘 알 수 있습니다. 이때 최영도 원나라에 거주하던 2만의 고려인 병사를 데리고 참전을 하게 됩니다.

고려의 원군은 가는 곳마다 무훈을 세웠고, 특히 최영은 부상을 당하면서도 눈부신 공을 세워 원나라 장군들의 존경을 한 몸에 받습니다. 이리하여 오랫동안 원나라의 무력에 압박을 받아오던 고려는 자기 실력으로 북쪽의 고구려 옛 땅을 되찾고 원나라와 대등한 관계를 맺게 됩니다.

1361년, 중국 동북방에서 세력을 떨치던 홍건적이 10만 대군을 이끌고 질풍처럼 고려에 침입한 사건이 일어나 수도 개경은 불에 타 폐허가 됩니다. 이 국난을 맞아 최영과 이성계를 비롯한 용장들이 힘을 모아 이듬해 적을 섬멸하였으나, 일부 권력자들이 이 틈을 노려 많은 충신들을 살해하고 권력을 찬탈하려는 일도 있었습니다. 1363년 최영은 이 반역자들을 토벌하고 국방의 중요한 책임을 맡는 자리에 오릅니다.

이때 고려는 엎친 데 덮친 격으로 왜구의 침입까지 받게 되어 안팎으로 매우 혼란하였습니다. 원나라는 고려의 태도가 불손하다며 반원적인 공민왕을 폐위시킬 것을 요구하고, 원나라 수도 연경(燕京 : 지금의 북경)에 있던 왕의 숙부 덕흥군을 제멋대로 고려왕에 임명하려 하였습니다.

하지만 고려 정부는 이를 단호하게 거부합니다. 그러자 원나라는 최유라는 고려의 반역자에게 군사 1만을 주어 1364년에 이 가짜 왕을 대동하고 개경으로 진격할 것을 명하였는데, 최영과 이성계는 국경 근처에서 침략군을 일거에 무찔러 원나라의 야망을 분쇄합니다.

권력투쟁의 파란을 극복하다

그러나 이렇게 공훈을 쌓아가던 최영의 운명에 뜻밖의 암초가 나타납니다. 1365년 그가 강화도 사령관이 되어 왜구의 침입에 대비하던 중, 사냥하러 나간 틈을 이용하여 왜구가 숨어들어와 왕의 묘를 훼손하는 사건이 벌어진 것입니다.

이때 고려 조정에는 신돈(辛旽 : ?~1371년)이라는 승려가 왕의 신임을 받아 재상으로 있었습니다. 멸시받는 가난한 계층 출신의 신돈은 재능이 비범

신돈의 개혁 운동

하여, 교묘한 언변으로 궁궐 안에 세력을 모아 왕의 신임을 두터이 받고 있었습니다. 그는 서민 출신의 재능 있는 자들을 속속 고관으로 등용하였으며, 대토지 소유자인 양반 귀족들을 억누르고 토지를 경작자인 농민에게 돌려주려는 대개혁 운동을 일으켰습니다.

짓눌리고 있던 농민들은 성인이 나타났다며 신돈을 숭상하였으나 귀족들은 사사건건 그를 비난하고 제거하려 하였습니다. 양반 귀족 출신인 최영도 신돈을 크게 비난하였기 때문에 신돈에게 큰 미움을 받고 있었습니다.

신돈은 적이 침입하는 줄도 모르고 사냥이나 즐기는 자는 엄벌에 처해 마땅하다며 최영을 지위가 낮은 지방관으로 좌천시키고, 차제에 그를 살해하려고 계획합니다. 그러나 최영이 부임한 지방의 무관이 목숨을 걸고 지켜준 덕분에 무사히 살아남을 수 있었습니다.

신돈은 개혁적인 정책을 추진하였고 특히 천민 지역과 천민 계급을 해방하려는 노력은 역사에 빛날 일이었으나 생활이 문란하였기 때문에, 결국 국적國賊이라는 오명을 쓰고 측근들과 함께 살해되고 맙니다.

1371년 최영은 신돈이 실각한 후 조정으로 복귀하여 곧 국방을 강화하는 요직에 앉지만, 군함을 건조하거나 군대를 정비하는 일에 열중한 나머지 백성을 혹사시킨다는 이유로 귀족들로부터 집중 공격을 받기도 하였습니다. 그리하여 최영이 눈물을 흘리며 왕에게 사직을 요청하였다는 기록이 남아 있습니다.

1368년 주원장이 중국 대륙에 명明나라를 세우다.

그러던 중 1374년 제주도에서 반란이 일어납니다. 제주도에는 원나라가 일본 원정을 준비하면서 만든 군마용 목장이 있었는데, 이 목장은 몽골에서 온 자들이 직접 관리하였고 그들은 정부로부터 극진한 보호를 받고 있었기 때문에, 섬 안에서 마음대로 권세를 휘두르고 있었습니다. 그런데 1368년 주원장(朱元璋 : 1328~1398년, 명나라의 태조太祖)이 원나라를 북쪽으로 쫓아낸 뒤, 중국 대륙에 명明나라를 세우고 나서 고려에 사신을 보내 친교를 맺으려 한 것입니다. 고려 정부에서는 원나라와 계속 친하게 지내자는 보수적인 권력자들과 원나라와 단교하고 명나라와 친하게 지내야 한다는 유학자들을 중심으로 한 세력이 대립하였으나, 결국 당분간은 두 나라 모두와 국교를 계속해야 한다는 결론이 납니다. 이때 제주도에서 명나라와 친교를 맺는 데 반대하는 반란이 일어났는데 큰 사건으로 확대되지 않고 곧 진압됩니다.

그러나 명나라는 해가 갈수록 세력을 키우고, 북쪽 원나라는 몰락의 길을 걷고 있었습니다. 처음에는 고려에 저자세였던 명나라가 점점 교만한 태도로 바뀌고 방대한 물자를 요구하기에 이르렀고, 특히 명나라는 군마용으로 매년 2천 필의 제주도 말을 요구해 왔습니다. 제주도 대목장의 친원파 관리들은 이 요구에 격분하여 도민과 결속하여 반란을 일으켰던 것입니다.

최영은 전함 340척에 25,600명의 대병력을 태우고 반란 진압에 나섭니다. 그는 반란군을 가차없이 살해하고, 토벌군 병사 중에 말이나 소를 잡아먹는 자는 즉시 사형에 처하거나 팔을 잘라버리는 엄벌을 내립니다. 그리고 전투에서 물러서는 자는 즉각 목을 베었습니다.

그런데 최영이 출정을 나간 사이에 궁전에서는 공민왕이 측근에게 암살되는 돌발 사건이 일어납니다. 평소 문란한 생활 때문에 벌어진 일이었습니다. 공민왕이 죽자 공민왕과 신돈의 첩 사이에서 태어났다는 우(禑 : 1365~1389년, 고려 제32대 우왕禑王)가 왕위에 오르게 됩니다.

최영은 새 왕을 도와 1376년 공주 부근의 산속에서 왜구의 대군을 무찌르는 공을 세웠는데, 이 싸움이 한창일 때 입술에 화살을 맞고서도 그 화살을 쏜 적을 사살하였다는 기록이 남아 있습니다. 그 후 그는 조정의 대신으로 임명되지만 항상 왜구 토벌의 최전선에 섰고, 1378년 수도 가까이까지 침입한 왜구를 이성계와 함께 전멸시킵니다.

그 당시 재상으로 있던 이인임(李仁任 : ?~1388년)은 보수파와 결탁하여 친원 정책을 취하였다가 친명親明 정책을 취하는 등 외교 정책에 일관성이 없었고, 또 매관매직을 일삼았습니다. 최영은 이러한 상황에서도 홀로 청렴한 정치를 지켜나가려 하였지만, 믿었던 우왕은 왕다운 품격이 없고 놀기 좋아하는 젊은이였으며, 재상 이인임의 꼭두각시로 움직일 뿐이었습니다.

이렇게 권력 투쟁으로 날을 지새던 이인임 일파는 수없이 내분을 일으켰고, 드디어 1388년 우왕이 최영의 힘을 빌려 그들 일파를 추방해 버리고 최영을 새로 재상에 임명합니다. 더욱이 우왕이 최영의 첩의 딸에게 반하여 왕비로 삼으니 최영은 고려 최대의 권력자로 부상할 수 있었습니다.

이성계의 반대로 요동 원정이 실패하다

최영이 권력의 최고 자리에 올라선 해에, 명나라가 옛날 원나라가 점령했던 철령(鐵嶺 : 함경도와 강원도의 경계) 이북의 땅을 내놓으라고 요구하였다는 보고가 국경 수비대로부터 들어옵니다. 이는 고려 정부가 절대로 받아들일 수 없는 당치 않은 침략적인 요구였습니다. 재상 최영은 즉시 중신 회의를 열어 이 문제를 논의합니다.

원래부터 최영은 고구려의 옛 땅인 요동 지방이 고려의 영토라고 주장해 왔습니다. 그 주장에 따라 이성계가 홍건적을 추격하여 압록강을 건너 요동 깊숙이 쳐들어간 일도 있었습니다. 그런 만큼 최영은 부당한 요구에 크게 격노하였습니다.

"명나라가 요구하는 대로 하자면 나라를 망치게 된다. 오히려 군사를 일으켜 요동을 쳐야 합니다!"

그러나 중신들은 한결같이 명나라에 사신을 보내 외교 교섭으로 명나라의 요구를 거절하고 문제를 평화적으로 해결하자고 주장하였습니다. 그래서 할 수 없이 명나라로 사신을 보내기로 하였으나, 명나라는 사신의 입국을 거절하였습니다.

최영은 다시 중신들을 모아 철령 이북 땅을 명나라에 넘겨주어도 좋으냐고 물었고, 당연히 중신들은 입을 모아 안 된다고 대답하였습니다. 요동을 공격하여 기선을 제압하면 반드시 명나라 군을 무찌를 수 있다고 확신하고 있던 최영은 여러 중신들에게 요동을 공격하자고 역설합니다.

그런데 이때 국경에서는 명나라의 선발 부대가 국경까지 쳐들어와 철령 이북을 점령하려 한다는 급보가 들어옵니다. 이 보고에 크게 놀란 우왕은 눈물을 흘리며 "서둘러 요동을 공격하였다면 사태가 이렇게 되지는 않았을 것을 중신들이 말을 듣지 않은 탓이오"라며 분개하였다고 합니다.

우왕과 함께 요동 원정을 결심한 최영은 전국 각지에 징병령을 내려 대

이성계가 출병 불가를
주장하다.

군을 소집하고, 이성계와 조민수(曺敏修 : ?~1390년, 고려의 무신)를 좌우군의 총
사령관으로 임명하여 출격 명령을 내립니다. 그리고 자신은 평양에 전선 사
령부를 두고 왕과 함께 전쟁을 지휘하기로 합니다. 그러나 우군도통사右軍都
統使 이성계는 출진하는 순간까지 출병 불가를 주장하였습니다.

"첫째로 소국이 대국을 거스르는 일은 불가하며, 둘째로 여름철의 출진
은 농사를 망칠 우려가 있고, 셋째로 원정군이 나간 틈에 왜구가 침입할 우
려가 있으며, 넷째로 장마철이 되니 화살의 아교가 풀려 쓸 수 없게 되고 또
한 전염병이 퍼질 우려도 있습니다."

둘째, 셋째, 넷째 이유는 역전의 용사인 이성계가 경험에 기대어 판단한
것으로 볼 수 있지만, 첫째 이유는 유학자들의 영향을 받은 그가 사대주의적
인 친명 사상에 빠져 있었기 때문입니다.

그러나 전쟁 경험으로 보자면 최영이 훨씬 대선배였습니다. 최영이 정
명征明을 주장한 것은, 이처럼 불리한 조건에서 도리어 속공전을 편다면 비슷
한 조건으로 고통 받고 있는 명나라 군사를 쉽게 이길 수 있다고 자신하였기
때문입니다.

첫째, 명나라의 병력이 몽골 방면으로 출동하여 요동 방면의 방어가 소
홀하다는 정보를 가지고 있었고, 둘째, 요동 지방의 주민은 대부분 고려 사
람이나 만주족滿洲族인 여진 사람이므로 여진 지방 출신인 이성계에 대한 존
경심이 절대적인 이상 그가 출전하면 필시 주민들로부터 절대적인 지지를
얻을 것이라는 계산도 있었습니다.

위화도 회군

왕과 최영의 엄명을 받은 이성계는 3만 8천의 대군을 이끌고 조민수와
함께 압록강에 도착합니다. 그런데 대군이 강 중간에 있는 위화도(威化島 : 평
안북도 의주군 압록강 하류에 위치, 중지도中之島라고도 부름)에 당도하였을 때 갑자기
큰비가 내려 강물이 불어나 강을 건너던 많은 군사들이 익사하였고, 섬에 머
물러 있다 보니 군량미가 바닥나 탈주자가 속출하였습니다.

사령관이 전의를 상실하자 장수들 가운데서도 군대를 철수하자는 의견
이 쏟아져 나왔고, 이성계는 조민수와 상의하여 평양의 사령관에게 회군하
고 싶다는 청원서를 제출합니다. 그러나 최영은 오히려 신속하게 진격하라

는 독촉 명령을 내립니다.

이미 전의를 상실한 이성계와 조민수는 다시 연락병을 보내 회군 허가를 얻으려 하였으나 최영은 연락병을 심하게 질책하여 쫓아 버립니다. 그러자 이성계는 단숨에 회군하여 최영 등을 처단하고 정권을 탈취하기로 작정하고, 전군에 포고를 내립니다.

"상국上國의 국경을 침범하여 조국에 화를 미치게 할 수는 없다고 거듭 청원하였으나 최영과 왕은 들어주지 않았다. 따라서 왕을 둘러싼 역신들을 제거하여 우리 백성을 구해야 한다."

이렇게 이성계는 조민수와 함께 대군을 돌려 수도로 진군합니다. 1388년 5월의 일이었습니다.

최영은 이성계가 반란을 일으켰다는 소식에 당황하여 평양에서 개경으로 급히 물러나 성문을 굳게 잠그고 방비를 강화하였지만, 항전한 보람도 없이 왕과 함께 붙잡히고 맙니다. 그리하여 왕은 강화도에 갇히고, 최영은 남해 끝의 합포(合浦 : 지금의 경남 마산)로 유배되었다가 이듬해인 1389년에 "국가에 대한 공훈은 크지만 대명에 반항하여 원정군을 일으켜 국가를 멸망의 위기에 처하게 하였으니, 명나라에 대한 반역죄는 용서할 수 없다"는 억지 이유로 압송되어 처형되고 맙니다.

이렇게 최영은 73세의 나이로 생애를 끝마치게 되지만, 죽음에 직면해서도 낯빛 하나 변하지 않는 태연자약한 모습이었다고 합니다. 하지만 그가 처형되던 날, 수도인 개경에서는 백성들이 일제히 문을 닫아걸었고 마을의 여자 아이들까지도 눈물을 흘리며 그의 죽음을 슬퍼하였다고 합니다.

평생 청빈을 지켜온 최영은 초라한 집에서 검소한 생활을 하였습니다. 그는 자신에게 엄격하였을 뿐만 아니라, 사치스러운 인간을 금수처럼 여기고 부정을 몹시 미워하였습니다. 또한 전쟁터에서는 두려움을 모르는 용감한 무신이고, 부하에게는 지극히 엄격하였으나 진중에서도 틈만 있으면 시를 지어 읊는 풍류도 겸비하고 있었습니다. 또한 정의감이 강한 그는 누구 앞에서든 자기가 생각한 바를 거리낌 없이 주장하였으며, 자신의 주장이 통하지 않으면 거침없이 울분을 토하는 열정에 불타는 사나이이기도 하였습니다.

후세의 역사가 중에는 이성계가 그를 배반하지 않고 명령대로 요동 원정을 결행하였다면 우리나라의 역사가 크게 바뀌었을 것이라고 주장하는 사람도 있습니다. 고구려의 옛 땅인 요동 지방과 동東만주 땅을 다시 찾는 것은 고려 초부터 우리 민족의 꿈이었습니다. 최영은 그 오랜 꿈을 실현할 절호의 기회를 맞이하였던 것입니다. 만약 그가 성공하였다면 고려는 강대한 신생 국가로 다시 태어났을지도 모릅니다.

그러나 그는 꿈을 펼쳐보지도 못한 채 비극적으로 죽음을 당하였으며, 그의 죽음은 고려의 멸망을 더욱 앞당기게 됩니다.

위화도 회군의 조민수, 기회주의자로서 허무한 말로를 보내다

이성계와 함께 위화도에서 회군하여 최영과 우왕을 추방한 조민수는 이성계와 더불어 요직에 올라, 조민수는 좌시중左侍中, 이성계는 우시중右侍中이 되었습니다.

회군을 결행하기 전, 조민수는 이성계와 동지적 결합을 맺고 어떠한 경우에도 행동을 함께 하기로 맹세하였습니다. 그런데 이성계가 우왕이 보수파 귀족들과 손잡고 있는 것을 비난하며 다음과 같이 주장하였습니다.

"우禑가 신돈의 첩에게서 태어난 선왕의 아들이라는 말은 꾸며낸 이야기이고, 실은 신돈의 자식이 틀림없다. 따라서 우는 왕씨의 혈통을 이은 왕족이 아니고 왕위를 뺏은 가짜 왕이다. 따라서 우를 쫓아내고 왕씨의 혈통을 이어받은 왕족 가운데 왕을 뽑아야 한다."

조민수도 처음에는 이 의견에 동조하였으나 개경에 돌아와 대신 자리에 앉게 되자 생각이 달라졌습니다. 왜냐하면 신정권의 재상이 된 이색(李穡 : 1328~1396년, 고려 말의 문신이며 학자)이 보수적인 유학자여서, 무슨 일에든 이성계와 대립되는 입장에 서 있다는 것을 간파하였기 때문입니다. 조민수는 이색 쪽에 붙는 것이 자기에게 유리하다고 판단하였습니다. 원래 그는 권력 있는 자들에게 아첨하여 출세한 경력을 가지고 있었고, 혁신적인 청년 학자들과 사이가 좋은 이성계와는 사고방식이 크게 달랐습니다.

조민수는 경상도 창녕昌寧 출신으로, 그의 가문이나 생년월일이 기록에 없는 것으로 보아 이름 없는 집안에서 태어난 것으로 보입니다. 그는 홍건적의 침입 때 전공을 세우고 왜구 토벌에서 몇 차례 승리하여 서북방 국경 경비대의 대장이 되었으며, 원나라 상인의 암거래를 금지한 일로 이름을 세상에 알렸습니다. 언젠가 그는 우왕에게 세제稅制를 개혁하여 국방비에 써야 한다고 건의하였다가 도리어 배척당한 일도 있었습니다. 대단한 경력도 갖지 못한 그가 숱한 공훈을 세운 이성계와 동렬인 요동 원정군 사령관에 임명된 것은 처세술에 뛰어났기 때문이며, 끊임없이 권력자의 비호를 받았기 때문입니다.

창왕의 등극

우왕이 추방되고 차기 왕의 선임 문제가 논의되자, 보수파 귀족들은 왕위의 순서로 볼 때 우왕의 아들인 창(昌 : 1380~1389년, 재위 1388~1389년, 고려 제33대 창왕昌王)을 세워야 한다고 주장하였습니다. 그러나 이성계는 이를 강력히 반대합니다.

"창은 신돈의 손자이므로 왕위를 이을 자격이 없다. 왕씨의 혈통에서 세워야 한다."

이성계의 세력을 겁내 아무도 이의를 제기하지 못할 때 조민수가 나서서 창을 세우는 것이 도리라고 역설하였고, 결국 대세는 창의 왕위 계승으로 기울었습니다. 조민수는 일찍이 권력을 쥐고 있던 이인임에게 발탁되었기 때문에, 그에 대한 보답으로 이인임의 친척의 딸이 낳은 우왕의 아들 창을 지지한 것입니다.

자기 계획이 틀어지자 화가 난 이성계는 약속을 어긴 조민수의 배반을 격렬하게 따졌지만, 조민수는 얼굴을 붉히면서 "재상인 이색이 이미 창을 밀기로 결정해서 어쩔 수 없었습니다"라고 변명합니다.

창을 왕으로 옹립한 일로 권력을 잡은 조민수는 왕의 이름을 빌려 추방당한 이인임 일파를 다시 복귀시키려 하였지만, 이인임은 이미 유배지에서 죽고 그 일파는 이성계의 압력으로 유배지에서 살해되고 말았습니다.

조민수는 이성계의 칼날이 자신에게도 미칠까 두려워 한때 몸을 숨겼지만, 곧 창왕으로부터 전국 지방관의 총책임자에 해당하는 자리에 임명됩니다. 그는 지위를 남용하여 지방 호족들의 논밭을 마음대로 빼앗아 막대한 부를 쌓았으며, 악명이 높았던 이인임 이상으로 매관매직을 일삼습니다. 그리고 이성계를 지지하는 개혁파 문관들이 주장하던 '사전 개혁私田改革'*을 강력히 반대합니다. 각지에 광대한 사전을 가지고 있던 보수파 귀족들은 한결같이 개혁에 반대하였고, 조민수가 그 반대파의 기수 역할을 맡고 있었기 때문입니다.

개혁파인 조준(趙浚 : 1346~1405년, 고려 말 조선 초의 문신)은 조민수의 부정을 폭로하여 탄핵하고 마침내 창녕으로 추방해 버립니다. 그러나 창왕은 조민수에게 권근(權近 : 1352~1409년, 고려 말 조선 초의 문신)이란 문신을 몰래 보내, "그대는 죄를 범하기는 하였으나 그대의 공적은 죄를 보충하고도 남음이 있소. 유배시킬 뜻은 없었으나 즉위한 지 얼마 되지 않아 탄핵을 무시할 수 없었소"라고 위로하며 술을 보내기도 합니다. 그리고 창왕은 자신의 생일에 조민수를 사면합니다.

그러나 창왕은 이듬해인 1389년에 이성계 일파의 공격 앞에 무력하게 무너져 왕위를 박탈당한 뒤 유배중인 아버지 우와 함께 살해당하고, 창왕을 지지하던 이색도 추방당합니다.

이어서 왕씨 혈통의 공양왕(恭讓王 : 1345~1394년, 재위 1389~1392년, 고려 제34대 마지막 왕)이 이성계의 후원으로 왕위에 오르자, 조민수는 다시 탄핵을 당해 쫓기는 몸이 됩니다. 이색의 이름을 빌려 신돈의 손자를 왕위에 오르게 한 죄는 용서받을 수 없으며, 더욱이 역적 이인임에게 아첨하여 그의 후견으로 출세를 거듭하고 매관매직을 일삼았다는 죄목이 추가된 것입니다.

조민수를 사형에 처하라는 목소리가 높았으나 왕은 조민수가 위화도 회군에 가담한 공을 참작하여 변방으로 유배를 보내고, 이성계에게 "조민수는 충분히 벌을 주었으니 더 이상 추궁하지 말라"고 타이릅니다. 이성계 일파가

---

* 사전이란 개인의 땅을 일컫는데, 당시 관리들은 임기 중에 국가에서 임시로 지급한 토지를 세습하여 개인의 땅으로 만들었다. 이에 이성계는 이러한 사전의 개혁을 주장하였다.

그래도 조민수를 계속 탄핵하였으나 왕이 받아들이지 않았기 때문에 고향인 창녕 땅에서 여생을 보낼 수 있었습니다. 그는 다음해인 1390년 그곳에서 죽습니다.

조민수는 죽은 후에도 계속 탄핵을 받아 마침내 집과 재산을 남김없이 몰수당하고 자식들마저 죽임을 당하고 맙니다. 출세와 일신의 안전, 재물을 모으는 데 몰두하였던 고려 말기의 전형적인 기회주의자 조민수는 이처럼 허무한 말로를 맞이한 것입니다. 그리고 그가 죽은 지 2년 후, 고려 왕조도 멸망하게 됩니다.

이성계가 무력으로 실권을 장악하고 고려 왕조를 멸망시키려 할 때 최후까지 저항한 것은 고려의 오랜 귀족들이었는데, 그 중에서도 귀족들의 신망을 받으며 이성계의 가장 무서운 정적으로 맞선 인물은 이색과 정몽주鄭夢周였습니다. 두 사람 모두 귀족 가문에서 태어난 대학자로 학식이 없는 이성계와는 모든 면에서 대조적인 존재였습니다.

이색, 학자의 가문에서 태어나 이름을 날리다

이색(李穡 : 1328~1396년, 고려 후기의 문신)은 1328년에 고려 말기의 대학자인 이곡(李穀 : 1298~1351년)의 아들로 태어납니다. 이곡은 학문이 뛰어났을 뿐만 아니라 외교관 신분으로 여러 번 북경을 왕래하며, 원나라가 고려의 처녀들을 제멋대로 끌고 가는 범죄적 행위를 금지하기 위하여 노력하는 등 커다란 공적을 남겼습니다. 그리고 원나라의 문인들과 교제를 넓혀 문명을 날리고, 귀국한 뒤에는 역사 편찬 사업에 힘을 기울였던 인물이었습니다.

이색의 어머니도 재원으로 칭송이 자자하였는데, 소년 이색은 아버지가 원나라에 머물러 있는 동안 어머니에게 학문의 기초를 배우기도 하였습니다. 그는 어떠한 문장이라도 한 번 들으면 그 자리에서 기억해 버리는 천재성을 발휘하였습니다. 그러나 그는 볼품없는 얼굴로, 눈이 작고 키도 작은데다가 몸도 건강한 편이 아니었습니다. 성격도 내성적이고 조심스러워 결코 남들과 다투는 일이 없었다고 합니다.

그는 소년 시절에 주로 경치 좋은 산속의 절에 틀어박혀 공부해 14세 때 일찌감치 성균관 시험에 합격하였고, 16세 때는 수도의 우수한 시인들이 모인 시작詩作 대회에서 일등을 하기도 하였습니다. 21세가 되었을 때 그는 아버지의 권유로 원나라의 수도에서 3년 동안 주로 유학을 공부하였습니다. 그러나 잠시 귀국하였던 아버지가 고향에서 사망하자 서둘러 귀국하여 유교의 관례에 따라 3년 상을 치릅니다. 이때가 바로 고려 왕조 제31대 공민왕이 왕위에 올랐던 해입니다.

그 후 그는 곧 시정 개혁에 대한 다음의 네 가지 의견을 왕에게 올립니다. 시정 개혁

첫째, 전정 개혁田政改革 : 토지 구획을 바로잡고 분배를 공평하게 하는 것이 정치의 급선무입니다. 현재 국가의 토지 제도가 문란해져 권력 있는 호족들이 약자들의 토지를 겸병하는 일이 많고, 조그마한 전답을 경작하는 농민들은 부모나 처자를 양육할 수 없는 형편인데도 세금 징수는 해마다 늘어나고, 지주라고 자처하는 자가 하나뿐이 아니라 서너 명, 심한 곳은 일고여덟 명씩 나타나는 상태에서는 도저히 살아갈 수 없습니다. 이를 속히 개혁하여 공적이 없는 사람에게는 토지를 주지 말고, 부호들이 뺏은 땅은 원래의 지주에게 돌려주며, 토지를 탈취하는 일을 금지하여 민심을 안정시키고 미개간지를 개척하여 국가의 수입을 늘려야 합니다.

둘째, 국방 계획 : 근래 왜구의 침입이 빈번하여 조야의 걱정이 이만저만이 아닙니다만, 대책은 육지에서 지키고 바다에서 싸우는 두 가지 방법뿐입니다. 육지에서는 농민을 징집하여 훈련시키고 무기를 정비하여 요새를 지키며 군율을 엄하게 해야 합니다. 바다에서는 연안의 어민이나 섬사람들의 장기長技를 활용하여 해전에 대비하고 영해를 지키는 데 힘쓰도록 지방관에게 시달해야 합니다. 국가에서는 문과 무를 병행시켜, 평시에도 무과의 선발 시험을 채택하여 무용을 갖춘 인재를 기르고 불시의 외환에 대비해야 합니다.

셋째, 교육의 진흥 : 국학은 교화의 근원이요, 인재는 정치의 근본입니다. 우리나라는 유학을 국학으로 삼고 있지만, 오늘날 학도들은 산산이 흩어지고 교사校숨는 황폐해졌으며 학문을 하는 자들은 벼슬을 위한 문필 공부에만 열

중하여 학문의 참뜻을 잃고 정신 수양 공부를 소홀히 하기 때문에 걸출한 유학자가 나타날 수 없고, 국가의 대들보가 될 인재도 나올 수 없습니다. 향교(鄕校 : 지방의 학교)에서 학당(學堂 : 중앙의 학교)에 이르기까지 인재를 선발해서 성균관에 보내고 훈련을 거듭하여 그 덕성과 학예를 심사한 후 예부禮部*에 보내 적격자를 채용토록 해야 합니다.

넷째, 불교의 억제 : 태조께서 불교를 국교로 정하신 이래 불교도가 한없이 번성하여 5교 양종(五敎兩宗 : 고려에서 조선 전기까지 불교 종파의 총칭)은 이권의 소굴이 되고 산하 각지에 사찰이 없는 곳이 없으며, 놀고먹는 중들은 타락이 극에 달했습니다. 반드시 금령을 내려 이미 승려가 된 자에게는 면장免狀을 주어 신분을 보장하고, 면장이 없는 자는 군에 편입시켜 국가에 복무토록 하며, 사찰 신축을 일체 금지하고 국비를 낭비하는 불사의 폐해를 없애야 합니다.

이상에서 보듯이 스물다섯의 청년 이색은 고려 말기의 병폐를 어느 정도 정확하게 파악하고는 있었지만, 한편 그 사상의 한계도 드러나고 있습니다.

과거시험 후 출세의 가도를 달리다

26세가 된 이색은 당시 대학자로 불리던 이제현이 시험관이었을 때 과거 시험을 치러 수석으로 합격하고, 원나라로 파견되는 사절단의 서장관(書狀官 : 사신을 수행하며 기록을 맡아 보던 기록관)에 뽑혀 북경에 가게 됩니다. 그런데 일행이 국경인 의주義州에 도착하였을 때 불이 나서 사절단이 갖고 갔던 책들이 모두 불타버리는 사건이 발생합니다. 하지만 그 와중에도 북경에 도착한 이색은 원나라의 시험에 합격하여 원나라의 대가들을 놀라게 합니다.

다음해에 귀국한 그는 조정의 요직에 앉아 출세 가도를 달리다가, 또다시 사절단의 서장관이 되어 원나라의 수도로 떠나게 됩니다. 그러나 당시 원나라는 각지에서 한족漢族의 반란이 일어나 소란스러운 상태였으므로 그도

---

* 고려 시대에 의례儀禮, 조회朝會, 제향祭享, 교빙交聘, 학교, 과거 등의 일을 맡아보던 관청이다.

임무 도중에 귀국하고 맙니다.

공민왕은 이색을 발탁하여 다시 조정의 요직에 앉혔고, 그 또한 '시정팔
사時政八事'의 개혁안을 제출하여 당시 고려의 권력자들이 국사를 제멋대로
주무르던 '정방政房 제도'*를 없애는 데 큰 공을 세웁니다. 왕은 항상 그를 중
용하고 사무적인 정무를 대부분 그에게 맡기는 한편, 역사 편찬과 교육 관계
의 책임 있는 자리를 내어줍니다. 정방 제도 폐지 주장

1361년 10월 홍건적이 내습하였을 때 이색은 왕을 호위하고 안동安東까
지 피난을 갔는데, 적이 격퇴되고 개경으로 돌아온 왕은 적을 물리쳐 공을
세운 무신보다 그를 일등 공신으로 대우합니다. 그만큼 왕은 그를 신임하였
으나 그는 때때로 왕의 무리한 행위에 저항하기도 합니다. 왕이 승려에게
함부로 사전(賜田 : 왕이 하사한 토지)을 주는 데 반대한다든지, 왕비를 잃은 왕
이 그녀의 혼을 달래기 위하여 국비를 써서 장대한 사원을 지으려고 할 때
이것을 간언하다가 사형에 처해진 정의로운 대신을 옹호하다가 투옥되기도
합니다.

공민왕은 사랑하던 왕비를 잃은 후 국사를 돌보지 않고 불교에만 열중
하여, 1365년에는 승려 신돈에게 국정을 모두 위임해 버립니다. 신돈은 한때
이색을 추방하려 하였지만 왕이 다시 이색을 교육 관계의 책임자로 임명하
여, 1367년부터 그는 역량 있는 학자들을 동원하여 유능한 인재를 길러내는
데 힘을 쏟습니다.

이색은 신돈과는 직접 대립하지 않으려고 노력하였습니다. 그리고 1371
년 신돈 일파가 몰락한 뒤 공민왕이 신돈의 첩에게서 낳았다는 아이(훗날의 우
왕)를 궁전에 맞아들였을 때, 왕이 시키는 대로 교육을 책임지기도 합니다.

그해 이색의 어머니가 세상을 떠납니다. 이색은 큰 충격을 받았는지 그
뒤로 병치레가 잦아지고, 1374년 그를 신임하던 공민왕이 측근에게 살해당
하자 모든 기력을 잃고 병상에 드러눕고 맙니다.

---

* 정방政房이란 고려 무신 시대의 집권자 최이崔怡가 자신의 집에 설치한 인사행정 기관으로, 이곳에서 인
  사행정이 이루어졌다. 훗날 무신 집권 시대가 끝난 후에도 국가기관으로 변해 존속되었다.

그로부터 8년 동안 그는 정치를 떠나 요양에 진력합니다. 그러나 당시 나라 밖에서는 명나라가 일어나 원나라를 북쪽으로 쫓아냈고, 국내에서는 이성계를 중심으로 한 개혁파와 보수적인 귀족들의 대립이 격화되고 있었습니다. 그 대립 속에서 항상 동요하던 제32대 우왕은 이색에게 다시 정무에 복귀할 것을 거듭 요청합니다. 또한 수많은 제자들도 자주 그의 집에 모여 시국을 논하면서 그의 정치 복귀를 졸라댑니다. 이로 인해 헛소문이 돌아 이색이 불교 옹호론자로 전락하였다는 소문이 일기까지 합니다.

결국 이색은 우왕의 명에 따르는 형식으로 정무에 참여하였고, 왕은 그를 스승이라 부르며 시중(侍中 : 고려 때의 종1품 수상직)으로 맞아들입니다.

보수적인 귀족들의 지위를 지키기 위해 주화론을 지지하다

이색의 사상은 민중의 이익을 위하여 봉사하는 편에 선 것이 아니라 국왕의 은혜에 보답하고, 보수적인 귀족들의 권익을 지키는 봉건적인 보수파에 기울어 있었습니다.

1388년 명나라의 횡포하고 침략적인 정책에 맞서 민족의 자주성을 지키기 위하여 명나라를 공격하고 고구려의 옛 땅을 회복하려는 군사 행동이 일어났을 때, 고려의 지배층 안에서는 주전론과 주화론이 격렬한 대립이 일어났습니다.

주전론主戰論을 주장한 사람은 재상 최영이고, 주화론主和論을 주장한 사람은 이색이었습니다. 주화론의 근거는 유학을 숭상한 나머지 명나라에 대한 사대사상에서 나온 것으로, 상국의 국경을 침범하는 일은 '소小로써 대大를 역행하려는 것'이니 명분상 불리하므로 우선 사신을 보내 평화적인 교섭으로 해결하자는 것이었습니다.

우왕이 최영의 주전론에 적극 찬성하여 마침내 이성계와 조민수가 전선 사령관으로 출병한 사정은 앞서 말한 바와 같습니다. 결국 이성계와 조민수는 이색의 주화론에 동조하는 형식으로 위화도에서 회군하여 최영과 우왕을 추방합니다. 그러나 이성계와 조민수가 회군한 것은 이색의 사상에 공감해서가 아니라 최영과 우왕을 추방하려는 수단으로 이용하였을 뿐입니다.

우왕을 쫓아낸 후 차기 왕의 선임 문제로 이성계와 조민수가 대립한 사정 역시 앞에서 말하였는데, 왕위 선임 문제에 결정적인 역할을 한 사람이 이색입니다. 그는 유학자를 대표하여 "선왕의 아들을 세워야 한다"고 주장하며 이성계 일파의 주장을 일축해 버립니다. 이색이 이성계 일파의 신흥 세력에 반대하고 보수적인 귀족들의 지위를 지키려고 하는 태도를 분명히 드러낸 것입니다.

조민수가 이성계 일파의 탄핵에 의해 추방된 뒤 창왕은 이색을 문하시중(門下侍中 : 수상직)에, 이성계를 수문하시중(守門下侍中 : 부수상직)에 임명합니다.

이색이 이성계 일파의 공격을 두려워하며 불안에 빠져 있을 때, 마침 명나라에서 창왕의 책봉(册封 : 명나라에게 왕위를 인정받는 것) 문제로 대신 자리에 있는 사람이 직접 명나라에 와서 설명하라는 요구를 해왔습니다. 모두들 명나라에 가기를 망설였으나 이색은 자진해서 병든 몸을 이끌고 명나라에 가서 두 가지를 요청합니다.

하나는 창왕의 입조(入朝 : 명나라에 와서 명나라 황제를 만나는 것)이고, 다른 하나는 명나라의 관리를 파견하여 고려의 내정을 감시하는 '감국(監國)'을 설치해 달라는 것이었습니다.

이는 완전히 자주성을 포기한 굴욕적인 행동으로, 이색이 가진 사대주의 사상이 잘 드러나 있습니다. 이렇게 이색은 창왕의 입조로 국왕의 지위를 강화하고, 명나라의 감시를 빌려 이성계 세력을 억제하려 하였습니다. 그러나 명나라는 고려의 정치 불안에 휘말리기를 저어하여 방관적인 태도를 보였기 때문에 이색이 모처럼 애쓴 외교 교섭은 실패로 끝이 나버립니다.

이성계 일파는 이색의 행동을 매국적이라며 격렬하게 공격하는 한편, 명나라로부터 새로운 지령이 왔다는 구실로 고려의 왕 우나 창은 왕씨의 자손이 아니라 신돈의 자손이므로 왕위는 당연히 왕씨의 직계 자손이 물려받아야 한다고 떠들어 댔습니다.

유배지에 있던 선왕 우는 이 소식에 격분하여 자객을 보내 이성계를 살해하려 하였으나 도리어 발각되어 죽임을 당하고 창왕도 평민이 되어 버립

이는 완전히 자주성을 포기한 굴욕적인 행동으로, 이색이 가진 사대주의 사상이 잘 드러나 있다.

니다. 그 후 이성계 일파는 왕씨 일족인 왕요王瑤를 왕위에 세웠는데, 이 사람이 바로 고려 최후의 왕인 공양왕입니다.

이성계 일파는 창왕을 추방하고 나서 이색을 쫓아내기 위하여 탄핵을 거듭합니다.

첫째, 우와 창을 세울 때 이색의 의견이 중요한 역할을 했다.

둘째, 명나라 수도에서 돌아와 창과 밀담을 한 것은 대체 무슨 저의였는가.

셋째, 반동적인 구신舊臣들과 공모하여 우왕을 복위시키려고 공작했다.

넷째, 우왕이 포악한 행동을 많이 저질렀음에도 불구하고, 우왕의 스승으로서 왜 그런 행위를 말리지 않았는가.

다섯째, 전제田制의 개혁을 완고히 반대했다.

여섯째, 유학자이면서 불교도에 아첨했다.

명나라에서 우와 창이 왕씨의 자손이 아니므로 퇴위시키라는 지령이 있었다는 구실로 창왕을 추방한 이상, 우와 창을 왕위에 앉게 한 이색은 범죄적 행위를 한 것이 되었으며, 둘째, 셋째, 넷째도 그에 관련된 사항이었습니다. 다섯째 사항은 그가 보수파 입장에 서서 이성계 일파의 전제 개혁에 반대해온 이상 피할 수 없는 일이었습니다.

앞서 말한 바와 같이 이색도 청년 시절에 전제 개혁을 주장하였으나, 그것은 미온적인 것으로 보수적인 귀족들의 생활 기반을 근본적으로 무너뜨리려는 것은 아니었습니다. 그러나 이성계 일파의 주장은 귀족들과 대사원 등이 차지하고 있는 모든 토지를 빼앗아 국유 재산으로 삼는다는 고려 초기의 전제로 되돌아가는 것이며, 신흥 세력이 이것을 관리하여 국가의 수입을 안정시킨다는 철저한 개혁안이었습니다.

창왕 취임 직후인 1388년 7월에 이성계 일파가 개혁안을 강력히 주장하자, 조민수 등은 보수파의 의견을 대표하여 완강하게 반대하였습니다. 이때는 반대파가 절대 다수를 차지하고 있었습니다. 그 뒤 조민수가 추방당하고, 다음해 8월 다시 이성계 일파는 전제 개혁안을 제출합니다. 하지만 이번에는 이색이 "국가에 공로가 많은 귀족들의 생활 기반이 단숨에 없어져버릴 텐데, 그렇게 간단하게 개혁해선 안 된다"며 격렬하게 반대하였습니다.

이로써 개혁안은 다시 무산되고 말았지만, 전제 개혁을 주장하는 이들의 강고한 요청으로 또다시 문무백관들의 회합이 열리게 됩니다. 이때 이색은 확고히 보수파 이익의 대변자가 되었고, 정몽주는 중간에 서서 기회주의적인 태도를 취하게 됩니다.

처음에는 반대파가 절대 다수를 차지하였지만, 거의 매일 대토론이 벌어져 드디어 53인 가운데 8할 이상이 개혁 찬성으로 돌아서게 됩니다. 그러나 이색은 끝까지 반대를 하였습니다.

결국 개혁파의 주장이 통과되어 전제 개혁을 위한 측량 사업이 1388년부터 1390년에 걸쳐 이루어지고, 1390년 9월 기존 공사전公私田의 전적田籍을 모두 불태우고 새로운 전제가 실시됩니다. 이 전제 개혁에 의하여 사실상 고려 왕조의 토대는 무너진 것이라고 할 수 있습니다.

이처럼 이색이 청년기의 사상과는 반대로 전제 개혁에 반대한 것은 고려 왕조나 고려 귀족들의 이권을 지켜내려는 그의 보수적인 사상을 반영한 것이기도 하였습니다. 그러나 불교도에 아첨하였다는 것은 정략적인 공격이었던 듯합니다.

어쨌든 "이색은 왕조에 불충불의不忠不義를 범한 자이므로 용서할 수 없다"는 이성계 일파의 탄핵이 계속되는 가운데, 아무리 이성계에 의해 왕위에 올랐다고는 해도 최후의 고려왕 역시 보수파 대표의 한 사람이어서 이색을 벌할 의지가 전혀 없었습니다. 왕은 도리어 이성계에게 "그대들이 뒤에서 선동하는 것은 아닌가? 이색을 공격하는 것은 그만두는 것이 좋겠네"라고 하면서 그를 꾸짖었다고 합니다.

그러나 이성계의 힘을 두려워한 왕은 할 수 없이 이색을 경기도 장단長湍으로 유배시킵니다. 1389년, 이색의 나이 예순둘 때의 일입니다. 이미 그를 보호해줄 사람도 없었고, 자식들과 함께 심문을 받고 투옥된 일도 여러 차례였습니다. 유배지도 청주淸州, 함창咸昌, 금주衿州, 장흥長興 등을 전전하였으며, 1392년 7월 이성계가 왕위에 오르고 나서 간신히 용서받아 고향인 한산

유배 생활

韓山으로 돌아갈 수 있었습니다. 그 사이에 맏아들 종덕種德은 유배지에서 병사하고, 차남 종학種學도 유배지에서 처형을 당합니다.

고독 속에서 노후의 삶을 보내다

이색이 65세가 되어 아내와 함께 고향으로 돌아가지만, 자식들의 죽음에 충격을 받은 아내는 1년 후 남편보다 먼저 세상을 떠나고 맙니다. 그는 재색을 겸비한 아내를 평생 깊이 사랑하였다고 하는데, 그런 탓에 마음을 달랠 길이 없어 죽는 날까지 방랑을 계속하며 그 고독한 슬픔 속에서 다음과 같은 시를 써서 남기기도 합니다.

> 소리 없이 울면 내 가슴이 메고
> 소리 내어 울면 사람들의 귀가 두렵네
> 어느 쪽이나 좋은 게 없으니
> 깊은 산속에 들어가느니만 못하네
>
> 無聲煩我心 무성번아심
> 有聲落人耳 유성낙인이
> 兩思無一可 양사무일가
> 不如走入深山裏 불여주입심산리

조선의 태조가 된 이성계는 이제 제왕의 관록을 보이며 이색에게 여러 차례 선물을 보내고, 1395년에는 그를 궁궐에 초대하기도 합니다. 원래 입장이 다른 정적이기는 하였지만 누구하고도 심하게 다투는 일이 없었던 이색의 온화한 인격에 이성계는 경의를 품고 있었던 듯합니다. 이성계는 멀리서 찾아와준 그를 오랜 친구로 정중하게 대접하고, 돌아가는 그를 중문中門까지 배웅하였다고 합니다.

후세의 역사가들은 이색의 삶에 대하여 여러 가지로 비판하기도 합니다. 왜 그가 정적인 이성계에게 편지를 보내고, 말년에 이성계의 도움을 받았느냐는 것입니다. 봉건적인 역사가들에게는 이색이 권력에 아첨하는 굴욕적인 인간으로 보였을 것입니다.

물론 그는 정치가로서는 너무 나약한 성격의 소유자인 것도 맞습니다. 하지만 학자로서, 시인으로서의 그에 대한 평가는 역사의 흐름과 함께 점점 높아져 왔습니다.

그가 쓴 「애처로운 이 몸이여」라는 시입니다.

가련하다 이 몸이여
키는 작고 보기 흉하고 풍채도 볼품없도다
내 보기에도 흉한데
어찌 사람들한테 손가락질 받지 않을 수 있겠는가
앉으나 서나 초라하고
말하는 것은 모두 실수투성이
그래도 안자(晏子 : 중국의 정치가이며 학자)는 작은 몸으로
천 년이 지난 오늘도 그 고매함을 추앙받지 않는가

가련하다 이 몸이여
항상 병고에 시달려
아픔은 칼로 저미는 듯하고
위장은 기름이 끓고 있는 듯하다
겨울 긴긴밤의 참기 힘든 고통이여
잠도 못 자고 눈을 뜬 채
다른 사람들이 깊이 잠에 빠져
코를 고는 소리만 듣고 있을 뿐

가련하다 이 몸이여
몸뚱이란 본래 도를 밝히기 위한 것인데

물욕 때문에 혹사당하고 있는 사이에

짐승만도 못하게 되어버렸네

마땅히 대지의 양심을 보고

정의와 사악함을 밝혀 가려야 할 것을

가리어 덮여져 햇빛을 볼 수 없고

한없이 어두운 밤을 헤매고 있을 뿐

이 시에 그의 인생관이 배어 있는 듯합니다.

「대국유감(對菊有感 : 국화를 보면서)」라는 짧은 시에는 그의 자기 혐오감이 잘 드러나 있습니다.

사람의 정이 어찌 물건과 같이 무정할까

마음에 부딪치는 것 점점 불평스럽기만 하네

우연히 동쪽 울타리를 바라보다 부끄러움이 얼굴에 가득하니

진짜 국화를 가짜 시인이 바라봄일세

人情那似物無情 인정나사물무정

觸境年來漸不平 촉경년래점불평

偶向東籬羞滿面 우향동리수만면

眞黃花對僞淵明 진황화대위연명

생사의 이치는 내가 잘 알고 있습니다.

그 뒤 이색은 방랑을 계속하다가 1396년 5월 나룻배 안에서 갑자기 병으로 숨을 거두고 맙니다. 임종을 할 때 함께 있던 승려가 때마침 그에게 말을 건네려하자 그는 손을 내저으며, "생사의 이치는 내가 잘 알고 있습니다"라고 말하며 눈을 감았다고 합니다. 그때 그의 나이 69세였습니다.

그는 평생 수많은 시를 남겼는데, 자신의 시에 대하여 다음과 같이 썼습니다.

병으로 요양하기가 지루해서, 또는 유배지에서 남아도는 시간을 주체하지 못해서 인생을 덧없이 여기며 시를 지어보았으며, 때로는 부탁하는 사람도 있어서 기꺼이 시를 써주었다. 그러자 친구들 중에서 내가 시를 좋아하는 사람이라고 웃는 이도 있었다. 하지만 나는 좋아서 시를 지은 것이 아니었다. 다만 시로써 나의 심중을 토로하고 싶었을 뿐이다.

그는 보수적인 귀족 가문에서 태어나 성장하였기 때문에 일하는 민중 속으로 깊이 들어가지 못하였고, 시대적인 제약과 환경 때문에 보수파의 대변인 같은 정치 생활을 보냈지만, 그의 천성은 어디까지나 시인이었으며 타인과 싸우지 않고 평화롭고 조용한 삶을 이상으로 삼았던 사람이었습니다.

말년에는 사랑하는 가족을 잃고 고독 속에서 살았으며, 여행을 즐기다가 배 안에서 숨을 거둔 것이 그에게 어울리는 최후였는지도 모릅니다. 어쨌든 이색이 고려 말기의 대표적인 문학자였음에는 틀림이 없습니다.

정몽주, 뛰어난 재능을 인정받으며 능력을 발휘하다

봉건 시대의 사가들은 무너져가는 고려 왕조를 끝까지 지탱하려다가 마침내 비극적인 최후를 맞이한 정몽주(鄭夢周 : 1337~1392년)를 유학의 가르침의 귀감인 듯이 칭송해 왔습니다. 그러나 사회를 개혁한다는 면에서 생각해 보면 그는 보수파를 지키기 위하여 노력한 것이지, 학대받고 있던 당시의 민중들을 위하여 애쓴 사람은 아니며 단지 거센 시대의 흐름에 떠밀려 다닌 인물이었을 뿐입니다. 그럼에도 불구하고 그가 장대한 고려 흥망극의 최후를 장식한 거대한 존재였음에는 틀림이 없습니다.

정몽주는 1337년 이름 없는 양반의 아들로 경상북도 영일현(迎日縣 : 지금의 영일군)에서 태어났습니다. 어머니 이씨는 현모양처로 칭찬이 자자한 인물이었다고 합니다. 그는 자라면서 몽란夢蘭, 몽룡夢龍, 몽주로 이름이 차례로 바뀌었습니다. 이는 아들의 출세를 바라는 부모들의 꿈 해몽에 따른 것이었다고 하니, 그의 부모가 자식의 뛰어난 재능에 얼마나 큰 기대를 걸고 있었는지 알 수 있습니다.

대단한 효자라고 평판이 난 정몽주는 1360년 문과 시험에 수석으로 합격하고 관직에 올라 조정에서 일하기 시작합니다. 그는 성품이 대단히 강직하였다고 합니다.

스승에 대한 신의

1362년, 정몽주가 존경하던 스승 김득배(金得培 : 1312~1362년)가 홍건적 토벌에 공훈을 세우고도 당시의 권신 김용金鏞의 미움을 받아 동료들과 함께 처형되어 머리와 시체가 거리에 널리는 사건이 발생합니다. 모두들 권신 김용이 무서워 돌보려하지 않았지만, 이제 겨우 임관한 젊은 정몽주는 죽을 각오를 하고 국왕에게 스승의 무죄를 호소하며 스승을 장사지낼 수 있도록 해달라고 호소합니다. 눈물을 흘리며 진심을 토로하는 그에게 끌린 왕이 그 요청을 받아들였고, 그는 스승의 고향에 정성껏 유해를 매장할 수 있었습니다. 훗날 김용의 죄상이 낱낱이 밝혀져 죽임을 당하자 젊은 정몽주의 용기는 널리 칭송받게 됩니다.

1363년에는 전선 사령부의 서기관으로 여진족 토벌에 참전한 정몽주의 용감한 행동이 주목을 끌었습니다. 그는 전선에서 돌아온 후, 조정의 관직에 복귀하여 재능을 인정받고 출세 가도를 달립니다.

1372년 명나라에 파견된 사절단의 서기관으로 수도인 남경南京에 가서 명나라 왕 주원장에게 강한 인상을 심어주다.

1368년 중국에서 명나라가 일어섬에 따라 고려 정부는 친원파親元派와 친명파親明派로 나뉘어 격렬하게 대립합니다. 그때 정몽주는 동료 유학자들과 함께 친명파에 서게 됩니다. 그는 1372년 명나라에 파견된 사절단의 서기관으로 수도인 남경南京에 가서 명나라 왕 주원장에게 강한 인상을 심어주는 활약을 하기도 하였습니다. 하지만 그가 귀국하던 중 태풍을 만나 배가 침몰하는 사고를 당해 같은 배에 타고 있던 11명이 전원 익사하는 일이 일어났습니다. 오직 정몽주 혼자 부서진 뱃조각에 매달려 무인도로 떠내려가 구조되는데, 그의 강인한 정신력을 말해 주는 유명한 이야기입니다.

그는 그러한 위기 속에서도 국교 문서만은 품에 꼭 간직하고 있었습니다. 이에 크게 감동받은 주원장은 그를 남경으로 다시 데려와 성대히 대접하고 몸이 완전히 회복된 후에 귀국시킵니다. 귀국 후 그는 그 공로의 대가로 뒷날 성균관의 학장과 같은 지위에 오릅니다.

그런데 1374년 공민왕이 암살되고, 같은 해에 명나라 사절이 국경에서 고려인에게 살해되는 사건이 일어나자 명나라와의 관계가 급속히 악화됩니다. 명나라는 고려 정부가 도저히 받아들일 수 없는 무리한 요구를 계속 내놓았고, 이에 고려 정부 내에서는 배명친원파排明親元派가 세력을 잡고 명나라와 일전을 벌이려는 움직임을 보이기 시작합니다. 그리하여 1375년에는 배명 정책에 가장 강력히 반대하던 정도전鄭道傳이 유배되고, 1376년에는 정몽주도 언양彦陽으로 유배됩니다.

당시는 왜구의 내습이 잇달았고, 남해나 서해 연안뿐 아니라 내륙 깊숙한 곳까지 막대한 피해를 입고 있었습니다. 고려 정부는 토벌대를 파견하는 한편 일본에 사신을 보내 해적을 단속하라고 요구하였으나 전혀 효과가 없었습니다. 애를 먹던 고려 정부는 1377년 유배지에서 정몽주를 불러올려 일본에 사신으로 파견하게 됩니다.

현해탄玄海灘을 건너간 정몽주는 규슈의 단다이(探題 : 규슈 지방을 통괄하는 아시카가 막부의 관직명)였던 이마카와 마사요今川貞世란 자를 만나 교섭을 벌였는데, 그는 명나라의 관리와는 달리 교양도 없고 지성도 없이 거칠기만 한 시골 사무라이였습니다. 정몽주는 인내심을 갖고 설득할 수밖에 없다는 생각으로 제자를 타이르듯이 평화적인 교역의 유리한 점을 잘 설명하고, 잔인 무도한 약탈 행위가 결국은 다수의 인명을 희생시킬 뿐만 아니라 일본에게도 더없이 불리한 결과만 가져올 뿐이라고 역설하였습니다.

이마카와를 비롯하여 교섭에 참가한 일본인들은 깊이 감동하여 해적 행위를 중단하고 평화적인 교역을 하겠다는 약정서에 조인합니다. 교섭 장소였던 사원의 승려들이 그의 높은 학식에 경의를 표하고 앞 다투어 그에게 시를 지어달라고 부탁하자 그는 몇 편의 즉흥시를 써주기도 하였습니다.

정몽주가 귀국할 때 왜구는 포로로 잡혀간 고려인 7백여 명을 풀어주고, 그 후에도 그의 요구서에 따라 납치해갔던 1백여 명의 양반 자식들을 돌려보냈습니다.

정몽주는 또 일본에 가기 직전, 지리산에 숨어 있던 왜구를 토벌하기 위하여 파견된 이성계의 군에 참여하여 뛰어난 문장으로 토벌군과 민중의 사기를 올리는 한편, 기발한 전략을 세워 왜구 격멸에 크게 공헌하기도 하였습니다. 이리하여 그는 평생의 적이 되는 이성계와 친교를 맺게 됩니다.

이성계와 우호적인 관계를 유지하다

이성계(李成桂 : 1335~1408년, 훗날 조선 제1대 왕 태조太祖)는 정몽주보다 2년 빠른 1335년에 지금의 함경도 영흥 지방에서 태어났습니다. 그의 선조는 전주 출신이라고 하는데, 1260년대에 고려를 떠나 여진족의 거주지인 두만강 북쪽 기슭에 살면서 원나라의 지방관을 역임하였고, 이성계의 아버지 이자춘(李子春 : 1315~1361년)도 원나라 총독부가 있던 쌍성(雙城 : 영흥)의 지방관으로 근무하였습니다.

1356년 고려의 장군 유인우(柳仁雨 : ?~1364년)가 쌍성을 공격할 때 이자춘은 원나라를 배신하고 내응하여 쌍성을 함락시켰고, 이로써 고려는 동북 지방 일대를 되찾게 됩니다. 그 공으로 이자춘은 1361년 함흥의 만호(萬戶 : 고려시대 외침 방어를 목적으로 하던 관직) 겸 병마사兵馬使로 전선 사령관을 맡게 되지만 곧 세상을 떠납니다.

이성계는 쌍성이 해방된 직후 고려군의 청년 장교가 되어 1361년 아버지의 뒤를 이었고, 원나라의 대군이 쌍성 탈환을 위하여 내습하였을 때에는 함흥 평야의 대전투에서 적을 격멸하여 일약 명성을 떨칩니다. 그리고 홍건적 격퇴를 비롯하여 1362년부터 3년에 걸쳐 북방 전투에서 승리를 거듭하고, 1370년에는 동북면(東北面 : 지금의 함경남북도 일대)의 원수가 되어 원나라의 동녕부(東寧府 : 서경에 설치된 원나라의 통치기관)를 공격하고 멀리 북방의 요양성(遼陽城 : 지금의 랴오닝성遼寧省 랴오양현遼陽縣)을 함락시킵니다.

1372년, 고려 정부는 이성계를 왜구 토벌의 원수로 임명하여 왜구 격퇴에 전념토록 합니다. 그는 각지의 전투에서 승리를 거듭하였으며, 특히 1377년 지리산에서는 왜구를 포위하여 전멸하는 큰 공로를 세웁니다. 그리고 이 토벌전에서 정몽주와 깊은 인연을 맺게 됩니다.

고려 정부 안에서 친원파와 친명파가 대립하였을 때, 이성계는 철저한 친명파였던 정도전의 영향을 크게 받습니다. 정몽주는 그러한 이성계에게 호감을 가졌지만, 정도전과 정몽주는 같은 유학자이자 친명파이면서도 사상적으로 커다란 차이가 있었습니다. 그 때문에 두 사람은 항상 반목하였을 뿐만 아니라 어떤 면에서는 이성계의 참모였던 정도전을 정몽주는 끝없이 의혹의 눈으로 바라보았습니다. 왜냐하면 무인으로서는 아무리 뛰어난 능력을 가지고 있다고 해도 학식이 없고 거친 이성계에게 오로지 충성을 바치는 듯 보이는 정도전을 정몽주는 내심 경멸하고 있었기 때문입니다.

그러나 정몽주는 무장으로서 뛰어난 실력을 갖춘 이성계를 되도록 적으로 생각하고 싶지는 않았던 것 같습니다. 그는 이성계와는 우호 관계를 맺으면서, 조심스럽게 이성계의 움직임을 살피고 있었습니다.

그런 가운데 1380년 이성계가 마침 왜구 토벌에서 결정적인 대승리를 거두게 됩니다. 그러나 명나라와의 관계는 악화될 대로 악화되어, 고려에서 보낸 사신이 모조리 국경에서 쫓겨나는 사건이 계속되었습니다.

1382년 고려 정부는 명나라 왕과 친교 관계가 있는 정몽주를 사신으로 보내려 하였으나 명나라는 쌀쌀맞게 국경에서 그를 쫓아버립니다. 게다가 명나라는 무리하게 공물을 요구하며 고려의 사신을 가두거나 유배시키기도 하였습니다. 1384년 고려 정부는 명나라와 교섭을 트기 위하여 전부터 명나라가 요구해왔던 말 3천 마리를 보내주는 동시에, 정몽주를 다시 사신으로 명나라에 보냅니다. 결국 그의 노력으로 명나라와의 교섭은 순조로이 진행되었고, 명나라에 갇혀 있던 고려의 사신들도 무사히 돌아오게 됩니다.

정몽주는 명나라와의 우호 관계를 더욱 강화하기 위하여 1386년 다시 명나라로 가서 교섭을 매듭짓고, 명나라의 요구를 줄이는 데 성공합니다. 하지만 그가 명나라의 압력에 눌려 사대주의적인 태도를 취하고, 명나라에 아첨하는 듯한 행동을 취한 것도 사실이었습니다. 그렇기 때문에 명나라는 점점 무리한 요구를 해왔고, 1388년에는 고려 북부의 철령 이북을 내놓으라는 요구를 합니다.

고려의 재상 최영이 왕과 함께 명나라의 요구를 단호하게 일축하고, 명나라를 공격하여 고구려의 옛 땅인 요동 지방을 되찾을 결심을 굳히고 이성계에게 북진 명령을 내렸다는 것은 앞서 설명한 그대로입니다.

사실 이성계도 일단은 명나라를 칠 생각으로 진격하였습니다. 그러나 그는 이 기회를 이용하여 정권을 독점하려는 야망에 군대를 되돌려 최영의 군대를 물리치고 궁궐을 점령한 것입니다.

정몽주는 처음부터 명나라와의 전쟁을 반대하였으나, 무장이 아니었던 그는 단지 사태의 진행을 지켜볼 뿐이었습니다. 그러나 이성계가 개경의 궁궐을 점령하자 그는 제일 먼저 이성계에게 달려와 수습책을 건의합니다. 그는 최영은 공신이므로 죽이지 말고 유배시킬 것, 왕의 정책이 잘못되었다고 해도 국왕인 이상 왕을 처벌하는 것은 피해야 한다는 것 등을 역설하였습니다.

이성계의 부하들은 일거에 왕과 최영을 죽이고 지배권을 차지해야 한다고 주장하였으나, 이성계는 보수 귀족 세력의 결속을 겁내 정몽주의 의견에 따르기로 합니다. 그러나 이성계 부하들의 강력한 주장으로 우왕은 결국 강화도로 추방되고 맙니다. 이때 정몽주는 이성계의 만류를 뿌리치고 쫓겨나는 우왕을 찾아가 통곡하였다고 합니다.

그러나 보수파의 힘은 아직도 건재하여, 재상 이색은 이성계와 함께 회군한 조민수와 힘을 합쳐 우왕의 아들 창왕을 왕위에 옹립하는 데 성공합니다. 정몽주도 요직인 대신 자리에 앉아 보수파의 권토중래捲土重來에 힘을 쏟습니다. 하지만 이성계 일파가 강력하게 추진하는 전제 개혁에 반대하였다는 이유로 조민수가 축출당하고, 1389년에는 폐왕 우가 이성계 살해 음모를 꾸몄다가 발각되고, 창왕도 쫓겨나고 맙니다.

그리고 이성계 일파의 주장대로 왕족인 공양왕이 왕위에 오르는데, 이때의 모의에는 정몽주도 적극적으로 협력합니다. 그는 이성계 일파에 반대하여 몰락당하기보다는 이성계에게 협력하는 척하며 보수파 세력을 온존시킬 계획이었습니다. 그의 정략은 성공하여 새로운 왕 밑에서도 여전히 이색이 재상을 맡아 보았고, 보수파의 여러 대신들과 함께 그도 요직을 맡게 됩니다.

그러나 전제 개혁을 서두르는 이성계 일파는 개혁에 반대하였다는 구실로 이색 부자를 추방하고, 1390년 일부 보수파가 명나라의 힘을 빌려 이성계 토벌을 모의하였다는 소문이 퍼지자 이를 계기로 전제 개혁을 반대하는 보수파를 대부분 투옥시킵니다.

이때에도 정몽주는 이성계와의 우호 관계를 유지하는 데 애써, 그가 존경해 마지않던 이색의 추방에 대해서도 입을 다뭅니다.

이해에 이성계 일파는 반대파를 추방하고 전제 개혁을 강행하여, 모든 공사전의 문서를 개경 거리 한복판에서 불태워 버립니다.

전제 개혁론이 나왔을 때 정몽주는 처음에는 중립적인 모호한 태도를 취하였다가, 나중에 급진적인 개혁이 진행되자 이에 적극 반대합니다. 그러나 전제 개혁이 막상 결행되자 그는 다시 침묵으로 일관합니다.

그동안 정몽주는 명나라의 법률 제도를 연구하여 새로운 법제를 만든다든지, 불의의 재해에 대비하여 각지에 의창(義倉 : 곡식을 저장해두고 흉년이 들었을 때 이 곡식으로 빈민을 구제하던 기관)을 짓기도 합니다. 또한 관청에 경력도사經歷都事라는 회계관을 두어 경리 사무를 정확히 기록케 하고, 지방 관청의 서기들을 엄하게 인선하도록 노력합니다. 그리고 수도에는 오부학당五部學堂이라는 유학 학교를 세우고 각 지방에 향교를 세워 교육 진흥을 위하여 힘을 쏟습니다.

이러한 그의 노력은 문관으로서 자신의 능력을 최대한 발휘하고, 문관들을 결집시켜 무력을 쥔 이성계 일파에 대항하려는 의지가 작용하였기 때문이라고 할 수 있습니다.

이색과 정도전의 관계

정몽주는 관직에 오른 뒤 이색의 수제자가 되어 가르침을 받았습니다. 그 무렵 그와 동년배인 정도전도 동문 가운데 한 사람이었습니다.

정도전(鄭道傳 : 1342~1398년)은 경상도 봉화奉化에서 태어났으며, 출생 연대나 신분은 확실하지 않습니다. 정도전은 소년 시절부터 공부에 힘써 1362년 진사 시험에 합격하여 관직에 오릅니다. 그 뒤 정몽주 등과 함께 이색의 문하에 들어갔으며, 정몽주의 박학다식함에 반하여 그를 둘도 없는 학우로 존경하였다고 합니다.

정도전은 관리 생활을 하면서부터 부패하고 타락한 권세가들을 매우 증오하였고, 억압받는 민중의 생활에 깊은 관심을 갖기 시작합니다. 그는 서민들에게 가장 중요한 것은 의식주 문제의 해결이고, 국가 정치에서 가장 중요한 문제는 먹는 것을 올바르게 해결하는 것이라고 생각하였습니다. 이 때문에 권세가들이 독점하고 있는 토지 제도를 개혁하여, 일하지 않고 놀고먹는 무리들을 없애 농민의 경작지를 늘려야 한다고 주장하였습니다. 특히 그는 권세가들의 식량 소비가 평민의 10배나 된다고 강하게 비난하며, '인류를 해치는 도적들'이라고 역설하기도 하였습니다.

이러한 정의감에 불타던 그는 사리사욕을 위하여 권세에 아첨하는 인간들을 매우 증오하였고, 급진적 사고방식 때문에 개혁파를 옹호하는 이성계와도 급속히 가까워질 수 있었습니다.

정도전은 1375년 보수적인 친원파의 매국적 행동을 격렬히 규탄하다가 7년 동안이나 유배 생활을 보내게 됩니다. 하지만 그는 유배 생활 동안 깊이 사색하며 신념을 더욱 굳혔고, 자신의 사상을 몇 권의 저서로 정리하기도 합니다.

1383년 수도로 돌아온 그는 개혁파의 핵심이 되어 열정적으로 활동하기 시작하였습니다. 그는 개혁에 반대하는 자는 설령 자기 은사나 옛 학우라 할지라도 용서 없이 공격의 화살을 당겼습니다. 그리하여 일찍이 은사로 받들었던 이색을 전제 개혁에 반대하는 보수 집단으로 규정하고, 1370년 이색을 추방할 때 그 선봉에 섰던 것입니다. 물론 정도전은 정몽주가 모호한 태도로 이색 등 보수파를 옹호하는 것 역시 격렬하게 비난합니다.

그러나 정몽주는 이러한 정도전과 정면으로 충돌하는 것을 극력 피하고 있었습니다. 1384년 정몽주가 명나라에 사신으로 갈 때 정도전이 서장관으로 동행하였는데, 정도전에게 성의를 다하며 친구로서 호감을 보여줍니다. 그러나 사실 정몽주는 내심 정도전을 의리도 인정도 없는 배은망덕한 자로 몹시 미워하고 있었습니다.

그들은 이렇게 서로 양립할 수 없는 적대적 존재로서 미워하는 관계가 됩니다.

이성계 일파를 타도할 마지막 기회를 놓치고 살해되다

정몽주와 이성계는 겉으로는 매우 온화한 친교를 맺으면서도 항상 상대방의 틈을 엿보는 긴장 상태를 유지하고 있었습니다. 이성계는 정몽주가 문관들의 신망을 얻어 지식층인 양반들에게 절대적인 지지를 받고 있다는 점에 신경 쓰지 않을 수 없었고, 정몽주는 이성계에게 공격의 빌미를 주지 않기 위하여 세심한 주의를 기울이고 있었습니다.

그런데 이성계 일파는 전제 개혁을 실시한 후에도 보수 세력이 일소되지 않은 데 조바심을 느껴 1391년 보수 세력 최후의 요람인 불교와 사원에 대한 배척 운동을 일으키고, 이를 감싸는 무리들을 격렬하게 규탄합니다.

이 규탄에 혐오감을 느낀 공양왕은 이성계를 불러 '국정과 민심을 혼란시키는 이러한 공격 행위를 그만두도록' 충고를 합니다. 분개한 이성계는 왕에게 화를 내며 관직을 내던지려고까지 하였으나, 왕은 정몽주의 의견을 받아들여 신하들과 상의한 끝에 이미 사망한 조민수의 재산을 몰수하고 일부 문관들에게 가벼운 처벌을 내립니다. 그리고 앞으로는 일체 공격을 금지하고, 그래도 여전히 규탄을 계속하는 자는 무고죄로 처벌하겠다고 발표합니다.

이는 정몽주의 정치적 승리를 의미하였으며, 이성계 일파는 공격 행위를 봉쇄당하게 됩니다. 하지만 이 때문에 이성계를 비롯한 그의 일파는 정몽주에게 분명하게 적의를 드러내기 시작합니다.

이성계 일파는 원래부터 꼭두각시에 지나지 않는 공양왕의 명령을 지킬 생각이 없었기 때문에, 그 후에도 그들의 공격은 계속됩니다. 그러자 정몽주는 지식인 문관들의 지원을 받아 이성계를 타도하기 위한 계획을 짜기 시작합니다.

이처럼 일촉즉발의 위기가 계속되는 가운데 1392년 3월 뜻밖의 사건이 일어납니다. 마침 명나라에서 귀국하는 왕세자를 황해도 황주黃州로 마중나갔던 이성계가 돌아오는 길에 해주海州에서 사냥을 하다가 말에서 떨어져 벽란도(碧瀾渡 : 황해도 예성강禮成江 하구에 위치하던 항구) 부근의 촌락에서 요양하게 되었던 것입니다.

이 소식을 들은 정몽주는 이성계 일파를 타도할 절호의 기회로 판단하고, 즉시 동료들과 연락하여 이성계 일파인 정도전, 남은南闓, 조준 등의 죄상을 탄핵하여 그들을 유배형에 처하려고 하였습니다. 하지만 이 움직임을 알아챈 이성계의 다섯째 아들 방원은 서둘러 아버지의 귀경을 재촉하여 정몽주의 계획을 무산시켜 버립니다.

이방원(李芳遠 : 1367~1422년, 훗날 조선의 제3대 왕 태종太宗)은 학식이 전무한 아버지와 달리 1382년에 문과에 합격하였습니다. 아버지 이성계는 이에 감격하여 성대한 잔치를 베풀었다고 합니다. 그 후 관직에 오른 방원은 아버지 밑에서 활약하며 신예 지식인들을 조직하여 개혁 운동에 크게 공헌하는 정치력을 발휘합니다.

그리고 1388년에 서장관이 되어 명나라 사절단에 참가하여 견문을 넓히고 돌아와, 이성계의 둘도 없는 비서 역할을 수행하게 됩니다. 따라서 방원은 정몽주의 힘을 정확히 평가하고 있었기 때문에, 섣불리 먼저 싸움을 걸지 않고 오로지 정몽주의 본심을 파악하는 일에만 노력을 기울였습니다.

기회를 잃은 정몽주는 이성계 일파의 동정을 파악하고 이성계의 상황을 엿보기 위하여 병문안을 핑계로 이성계의 집을 방문합니다. 그때 이방원은 술상을 차려 대접하면서 정몽주의 진의를 탐색하기 위하여 다음과 같은 시를 읊습니다.

이런들 어떠하리 저런들 어떠하리
만수산 드렁칡이 얽혀진들 어떠하리
우리도 이같이 얽혀 백 년까지 살고지고

此亦何如　彼亦何如　차역하여　피역하여
城隍堂後垣　頹落亦何如 성황당후원　퇴락역하여
我輩若此爲　不死亦何如 아배약차위　불사역하여

이에 정몽주는 즉시 답가를 읊습니다.

이 몸이 죽고 죽어 일백 번 고쳐 죽어

백골이 진토되어 넋이라도 있고 없고

님 향한 일편단심이야 가실 줄이 있으랴

此身死了死了　一百番更死了차신사료사료　일백번갱사료

白骨爲塵土　魂魄有也無　백골위진토　혼백유야무

向主一片丹心　寧有改理也歟 향주일편단심　영유개리야여

　　후세 사람들은 이 시를 「단심가丹心歌」라 일컬었는데(이방원의 시는 「하여가
何如歌」라 함), 고려 왕실을 지키려는 보수파로서의 심정이 잘 담겨 있습니다.

　　이성계 일파는 정몽주를 기회주의적인 인간으로 생각하였던 만큼, 그가
절대로 타협하지 않겠다는 의지를 표명한 이상 위험하기 짝이 없는 이 정적
을 없애버릴 수밖에 없다고 결론을 내립니다. 이방원은 심복 부하에게 무기
고에서 쇠망치를 꺼내 선지교選地橋 밑에 숨어 있다가 정몽주가 지나가면 살
해하라고 명합니다.

　　정몽주는 집을 나올 때부터 자신의 죽음을 예견한 듯, 식구들에게 유언
을 남겼다고 합니다. 다리를 건너는 순간 그와 수행원들은 네 다섯 명의 사
내들에게 습격을 받아 쇠망치로 얻어맞고 절명합니다. 그의 나이 56세 때의
일입니다. 그 후 선혈로 얼룩진 이 다리 위에 대나무가 피었다는 전설이 생
겨나, 이 다리의 이름은 선죽교善竹橋로 바뀌게 됩니다.

　　봄이 한창인 4월에 이성계 일파는 "정몽주는 도당을 만들어 나라를 어
지럽혔다"는 죄를 뒤집어씌워 정몽주를 다시 효수하기까지 합니다. 그리하
여 정몽주와 뜻을 같이 하던 문관들은 남김없이 유배되었고, 정권은 완전히
이성계 일파의 손에 넘어갑니다.

　　정몽주가 죽은 지 3개월이 지난 7월에 이방원을 비롯한 이성계 일파는
"왕은 아둔하고 도리에 어긋난 일을 거듭하여 이미 백성을 다스릴 덕도 사직
을 지킬 힘도 잃어버렸다"고 왕대비 안씨(공민왕의 왕비인 정비 안씨定妃安氏)에게
고하고는 공양왕의 폐위를 선언케 하고, 이성계를 추대하여 왕위에 오르게

고려 왕조는 34대, 474년
만에 멸망하다.

합니다. 이리하여 고려 왕조는 34대, 474년 만에 멸망하고 이성계가 세운 조선 왕조의 시대가 열리게 됩니다.

물론 정몽주는 당시로서는 교양이 넘치는 세련된 인격자였을 것입니다. 반면 이성계는 시골에서 올라와 교양 없고 용모도 촌스러운, 전쟁만 잘하는 촌사람일 뿐이었습니다. 그런 만큼 고려 사람들은 정몽주의 비극적인 죽음을 슬퍼하고, 명나라에 대하여 비굴한 태도를 보이면서 온갖 비열한 수단과 음험한 모략으로 정권을 탈취한 이성계에게 줄곧 증오의 눈길을 보내고 있었습니다.

그렇다고 해서 고려 사람들이 봉건적인 충군애국忠君愛國의 마음으로 고려 왕조를 그리워한 탓에 이성계를 미워한 것은 아니었습니다. 고려 민중이 이성계를 미워한 것은 이성계가 개인의 정권욕을 채우기 위하여 국가와 민족의 이익을 배반하고, 다시금 민중을 억압하여 권세를 휘둘렀기 때문입니다.

그런 면에서 볼 때 정몽주 역시 민중의 편에 서서 민중의 이익을 위하여 애쓴 사람은 아니며, 망해가는 고려 귀족들의 이익을 지키기 위하여 평생을 바친 사람이었습니다. 따라서 그는 역사를 창조하는 미래적인 인간상으로서의 역할을 한 것이 아니라 시대와 더불어 몰락할 운명을 짊어진 한 인간이었을 뿐입니다.

그에 비하면 정몽주가 경멸해 마지않던 정도전은 설사 정몽주에게 배반자로 불렸다 하더라도, 비록 한계가 있기는 하지만 새로운 역사 창조에 크게 공헌한 사람이었습니다. 그는 이성계의 신왕조 초기에 그의 모든 역량을 발휘하여 더욱 민중에게 봉사하는 질서를 만들어내려고 노력한 것입니다.

결과적으로 이성계의 권력욕에 도구로 이용되었고 끝내 이성계의 아들 이방원의 손에 살해되는 가련한 종말을 맞이하지만, 정도전은 자신의 정의감을 실현시키려고 심혈을 기울인 사람이며, 그의 노력은 나름대로 우리 민족 문화 창조에 위대한 역할을 하였다고 할 수 있습니다.

12. 세종 대왕과 여러 분야의 공로자들

　조선의 제4대 왕인 세종(世宗 : 1397~1450년, 조선 제4대 왕)의 본명은 이도 李祹입니다. 그는 봉건 군주 중에서는 드물게 많은 업적을 남긴 명군으로 추앙받고 있습니다. 왕 자신은 유복한 일생을 보냈다고 볼 수 있지만, 격변하는 시대 속에서 그 역시 복잡한 운명의 소용돌이에 희롱당하지 않을 수 없었습니다.

　그는 태조 이성계의 손자입니다. 이성계에게는 8명의 아들이 있었는데, '장자 상속'이라는 봉건 사회의 원칙으로 보자면 세종의 아버지인 태종 이방원은 다섯째 아들이었으므로 왕위에 오를 수 없었고, 세종 자신도 셋째 아들이므로 왕위를 상속받을 수 없었습니다.

이방원, 왕권을 탈취하기 위해 골육상쟁을 벌이다

　고려 왕조를 쓰러뜨리기 위하여 온갖 술책을 다해 성공한 이성계는 왕위에 오른 후에도 참혹한 방법으로 왕씨 일족의 뿌리를 뽑아버리고 반대 세력을 철저히 눌러서 지배 체제를 확고히 합니다.

　신왕조는 국호를 '조선朝鮮'으로 바꾸고 수도를 개경에서 '한양(漢陽 : 지금의 서울)'으로 옮겨 새로운 정책을 밀고 나갔는데, 이 정책들은 모두 정도전을 비롯한 개혁파의 주장을 받아들인 것입니다. 이성계 자신은 미래를 꿰뚫어볼 능력이 없었고, 정확한 판단력도 없는 인물이었다는 것을 그의 상속자 선택이 잘 보여주고 있습니다.

　이성계에게는 왕위에 즉위하기 전에 죽은 전처의 자식이 여섯 명 있었고, 왕위에 오른 뒤 왕후가 된 후처의 자식이 두 명 있었습니다. 세자 책봉 문제가 논의될 때 대신들은 거의 모두 "적자를 세워야 될 것이나 건국의 대사업을 수행해야 하는 비상 시기이므로 정권 수립에 공로가 있는 다섯째 방원을 내세우는 것이 옳다"는 의견을 내놓습니다.

세자 책봉

그러나 이성계는 왕후가 자신이 낳은 자식을 세자로 책봉해달라고 요청하자 왕후의 말에 따릅니다. 그의 처들에 관한 이야기는 기록되어 전해지지 않지만, 필시 이성계는 어려운 시절에 함께 고생한 시골 태생의 전처보다는 귀족 가문에서 자라 세련된 후처를 더욱 사랑하였고, 그녀가 요구하는 것은 무엇이든 들어주려 하였을 것으로 짐작됩니다.

이성계는 후처의 장자 방번芳蕃을 세자로 책봉할 것을 주장합니다. 그러자 대신들은 "전하께서 정히 왕후가 생산하신 분을 세우시겠다면 도리가 없으나, 방번은 왕자가 될 인격이 아닙니다. 그 밑의 방석芳碩이 아직 나이 어리나 세자로 책봉하는 것이 좋을 듯하옵니다"라는 의견을 내어 결국 방번의 동생인 방석이 세자로 결정됩니다.

대신들이 세자 책봉 문제를 이성계와 타협하고, 특히 무슨 일에서나 강력하게 의견을 주장하던 정도전 역시 무조건 그 결과에 찬성한 것은 성격이 격한 방원이 왕위에 오르면 필시 왕권이 강화되어 대신들의 의견이 무시되는 독재가 행해질 것을 두려워하였기 때문입니다. 어쨌든 후처의 아들이 세자로 책봉되었으니 전처의 아들들은 크게 불만을 갖게 되었고, 특히 당연히 자기가 세자가 될 것이라고 믿었던 방원은 울분을 참지 못하고 호시탐탐 기회를 노리고 있었습니다.

그러던 1396년(태조 5년), 왕후가 죽자 세자의 지위가 위태해지기 시작합니다. 국가의 정치는 왕 중심이 아니라 대신들의 협의에 따라 행해져야 한다고 주장하던 정도전은 힘없는 세자 방석을 극력 옹호하면서 세자의 교육에 힘쓰고 있었습니다. 정도전의 이러한 태도를 이방원은 정도전이 제 마음대로 조종할 수 있는 세자를 내세워 권력을 독점하려 한다고 해석하였습니다.

사실 정도전을 누구보다 신뢰하던 이성계는 모든 정무를 그에게 일임한 상태였습니다. 그러나 왕위를 탈취하려는 집념에 불타고 있던 방원은 뛰어난 정치가인 정도전의 논설을 겸허하게 생각할 여유가 전혀 없었습니다. 이러한 긴장 상태 속에서 1398년(태조 7년) 8월 태조 이성계가 중병에 걸리게 됩니다.

마침 그때 묘한 소문이 퍼집니다. 한 점술가가 왕의 전처 자식들 중에서 왕이 될 천명을 타고난 사람이 있다고 예언한 것입니다. 예언을 전해들은 정도전은 그러한 사람은 배제할 터이니 걱정할 필요가 없다고 합니다.

이 모든 소문을 들은 이방원은 화가 치밀어 정도전을 죽일 결심을 하고 부하들에게 암살 지시를 내립니다. 그런데 이성계의 병이 악화된 8월 26일, 정도전이 친구인 남은(南誾 : 1354~1398년, 고려 말과 조선 초의 무신), 심효생(沈孝生 : 1349~1398년, 고려 말, 조선 초의 문신) 등과 짜고 전처의 왕자들에게 병문안을 오도록 해서 일거에 몰살할 계획을 세우고 있다는 밀고가 방원의 귀에 들어갑니다(이 소문을 방원 자신이 흘렸다는 기록도 있음).

선수를 치기로 결심한 방원은 그날 밤 십여 명의 부하를 동원하여 정도전 일파가 모여 있는 왕궁 근처의 집에 불을 지르고, 이에 놀라 뛰어나오는 정도전 일파를 죽여 버립니다. 그리고 방원은 즉시 대신들을 만나 정도전 일파를 처형한 이유를 설명하고 방석을 세자에서 폐하도록 협박합니다.

다음날 거의 말도 못하고 누워 있는 태조 앞에 대신들이 모여 방석을 세자 자리에서 끌어내리자는 건의가 정식으로 올라옵니다. 그리고 궁전에서 퇴청하던 방석과 그의 형인 방번은 노상에서 방원의 부하들에게 살해됩니다. 제1차 왕자의 난

대신들은 방원을 세자로 세우려 하였으나 방원은 강력히 사양하였고, 태조의 차남인 방과芳果가 세자로 책봉됩니다. 9월이 되어 태조가 자리에서 일어났지만, 사랑하던 두 아들이 다른 아들에게 죽임을 당하고 신뢰하던 정도전까지 잃은 데 절망합니다. 그리고 왕위에 머무르는 것조차 역겨워 세자에게 왕위를 내주고 은거해 버립니다.

조선의 제2대 왕 정종(定宗 : 1357~1419년)은 젊었을 때에는 아버지를 따라 전투에 참가하여 커다란 공훈을 세우기도 하였으나, 정권 탈취 때 별로 한 일이 없고 동생의 그늘에 가려 있는 존재였다가 우연히 왕위에 추대된 인물입니다. 왕이 된 그는 만사를 조심스럽게 처리하였고, 한때는 민심을 가라앉히기 위하여 수도를 다시 개경으로 옮기기도 합니다.

그러던 1400년(정종 2년) 1월, 정종과는 관계없이 궁전에서 또다시 왕의 형제들 사이에 왕위 쟁탈전이 일어납니다.

이성계의 넷째 아들 방간芳幹은 지략과 야망이 있는 자였으나 언제나 동

생 방원의 세력에 눌려 번민하고 있었습니다. 그런데 마침 방원의 부하 중 박포(朴苞 : ?~1400년)라는 자가 세자 교체 싸움에서 크게 공헌하였는데도 불구하고, 자신의 공로가 인정받지 못한 것에 불만을 품고 있었습니다. 그는 방간이 동생을 질투하고 있음을 알고는 "방원이 당신을 죽이려 한다"고 일러바칩니다.

제2차 왕자의 난

이에 흥분한 방간은 즉시 방원을 제거할 계획을 세우고 박포를 비롯하여 사병 수백 명을 데리고 나섭니다. 그러나 벌써 정보가 새어나가 방원도 부대를 이끌고 나와 치열한 싸움이 벌어지게 됩니다. 하지만 전투는 허무하게 끝나, 방간과 박포는 사로잡혀 유배되고 맙니다. 방간은 곧 병사하였고, 박포는 처형됩니다.

이 싸움이 끝난 후 정종은 대신들에게 건의를 올리게 하고, 은거중인 상왕 태조를 설득하여 방원을 세자로 책봉합니다.

정종에게도 아들이 15명이나 있었습니다. 그에게 권력욕이 있었다면 당연히 그의 자식을 세자로 세웠겠지만, 동생인 방원을 두려워하였기 때문에 겨우 2년 만에 왕위를 방원에게 양위하고 맙니다. 이 두 차례의 골육상쟁을 1, 2차 '왕자의 난'이라 부릅니다. 그리고 결국 방원은 1400년 11월에 세 번째 왕인 태종太宗에 오르게 됩니다.

만약 이성계가 왕재王才에 걸맞는 판단력을 갖고 있었다면 처음부터 대신들의 의견을 받아들여 방원을 세자로 하고, 정치력이 뛰어난 정도전과 방원이 협력하여 국정을 운영하도록 하였을 것입니다.

정도전은 민족의식이 강한 사람으로, 명나라의 오만한 대국주의 작태에 분개하여 국방을 단단히 하고 병사들을 맹렬히 훈련시켰습니다. 정도전이 제 역량을 충분히 발휘할 수 있었다면 설사 명나라와 전쟁을 벌이지는 않았다 해도 명나라에게 사대주의적인 굴욕 외교를 계속하지는 않았을 것입니다.

어쨌든 왕위 탈취를 위한 추악한 싸움 때문에 정도전과 같은 뛰어난 정치가가 희생된 것은 우리 민족에게 커다란 손실이 아닐 수 없습니다.

태종 이방원, 세자를 이도로 교체하다

이방원은 1382년 겨우 16세에 문과 시험에 합격하여 관직에 올랐고 서장관으로 명나라에도 파견되어 일찌감치 유능한 소질을 보였으나, 이성계가 정권을 탈취할 때는 25세의 젊은 혈기에 비열한 살인 행위를 거듭하여 뭇사람들을 떨게 한 인물이었습니다.

그런 만큼 대신들은 그가 비도非道한 독재자가 되는 것을 겁냈습니다. 우려대로 그는 형제 셋을 죽이고 아버지를 거의 추방하다시피 하였으며, 형인 정종을 위협하여 왕위를 탈취하였습니다. 어떤 의미에서는 정말로 왕이 되고 싶어 했던 사람은 이성계가 아니라 이방원이었다고 말할 수도 있을 것입니다.

우선 그는 사병 제도를 완전히 없애버리고 왕권을 절대적인 것으로 격상시켰으며, 관제를 마음대로 개혁하여 강력한 봉건 군주 제도를 확립합니다. 또한 한양 신도시 건설 대공사를 완성하고 전부터 추진해온 사원의 토지를 회수하였으며, 많은 사찰의 노예를 해방하는 한편 전국적인 토지 조사나 인구 조사를 추진하여 세금 제도를 일신하는 등 국가 건설의 기초를 굳건히 해나갑니다.

그리고 각지에 학교를 세워 교육 사업을 추진하고, 구리 활자를 대량으로 만들어 인쇄 기술을 발전시켰으며, 사서 편찬에 힘을 기울이는 등 문화 향상에도 힘을 씁니다. 또 저화楮貨라는 지폐를 발행하여 경제 유통을 진흥시키고 산업 발전에 공헌하는 등 많은 점에서 예전에 없었던 업적을 남깁니다.

그러나 부녀자의 재혼을 금지하고 첩의 자식이 관직에 오르지 못하게 하는 법을 만든 것을 보면, 그가 얼마나 완고한 인물이었는지 잘 알 수 있습니다. 이는 더없는 악법으로 이 법 때문에 우리 민족은 조선 왕조 오백년 동안 수많은 고통을 겪어야 하였습니다.

이방원은 왕위에 오른 후 장남 이제(李禔 : 1394~1462년, 양녕대군讓寧大君)를 세자로 삼고, 자기 주관에 따라 철저하게 교육시킵니다. 그러나 세자는 해를 거듭할수록 아버지에게 반발하여 학문을 멀리하였고, 사냥을 즐기거나 주색으로 날을 지새우는 등 방탕한 생활을 합니다. 아마 자식 된 처지에서 보자면 아버지의 엄격함이 견디기 힘들었을 것이고, 또한 아버지의 위선적인 모습이 저주스럽게 느꼈을지도 모릅니다. 왕과 세자의 대립이 점점 격화되자 마침내 왕은 공공연하게 세자를 바꾸고 싶다는 의견을 피력합니다.

세자의 이러한 작태와는 달리, 셋째 아들 도는 어려서부터 하루 종일 책만 읽는 소년이었습니다. 총명한 이 아이는 스승들의 가르침을 즉시 받아들였으며, 추울 때나 더울 때나 방에 틀어박혀 책을 읽었습니다. 세자 앞에서는 언제나 얼굴을 찌푸리고 호통만 치던 태종 이방원도 셋째 아들은 지극히 사랑하여 누구에게나 "저 아이는 학문을 하기 위하여 태어난 자식이다"라며 칭찬해 마지않았다고 합니다. 그래서 세자 제도 "도를 세자로 삼으면 좋지 않겠습니까"라며 짐짓 시치미를 떼기도 하였습니다.

마침내 대신들 중에서도 세자를 바꿔야 한다는 의견이 나오게 됩니다. 1416년(태종 16년)의 일입니다.

이런 경우 무사안일에 빠져 있는 자들은 모두 왕의 의견대로 따르게 마련입니다. 대부분의 대신들이 세자 교체에 찬성할 때, 강력하게 정론을 주장하는 대신이 있었습니다. 그가 바로 이조판서 황희(黃喜 : 1363~1452년)였습니다.

그는 일찍이 고려 말기에 고려 왕조를 지켜야 한다는 정론을 펴다가 오랫동안 유배 생활을 하였는데, 그 후 이성계가 태조가 되어서야 용서를 받고 유배에서 풀려난 기골이 있는 인물이었습니다.

황희는 세자의 뛰어난 소질을 역설하고, 아직 나이가 어려 한때 도락道樂을 즐기는 세자를 인간적으로 교화하는 것이 대신들의 역할이거늘 경솔하게 세자를 교체하자는 것은 인륜에 어긋나는 행위라고 주장하였습니다. 그의 정론에는 이직(李稷 : 1362~1431년)이라는 또 한 사람의 대신이 적극적으로 찬동합니다. 그 때문에 세자 교체론은 수그러들었으나 황희는 대신들의 인격을 모독하는 폭언을 하였다하여 공조판서로 강등됩니다.

그러나 그로부터 2년이 지나도 세자의 도락이 그치지 않자 다시 대신들의 비난이 빗발쳤고, 결국 태종은 더 참지 못하고 세자를 교체하기로 결정합니다. 이때도 황희는 반대의 주장을 절대 굽히지 않다가 집중 공격을 받고, 양반의 지위를 박탈당한 채 멀리 한성(漢城 : 한양) 밖으로 추방당하게 됩니다.

1418년의 일입니다.

비록 형제들을 죽이고 왕위를 탈취한 태종이었지만, 자식의 일로 소란이 생기고 세자를 교체하는 불미스러운 사태가 벌어진 데 대하여 자기 혐오를 느꼈는지 두 달 후 22세의 도에게 왕좌를 양도하고 상왕 자리에 앉습니다. 도는 자기는 결코 왕위에 오를 인물이 못 된다며 아버지에게 재고를 요청하였으나 태종은 완강하게 거절합니다. 이리하여 조선의 4대조인 세종이 왕위에 오릅니다.

세종 이도의 사람됨과 그의 수많은 업적

세종은 1397년 4월(태조 6년)에 태어났습니다. 아버지가 피비린내 나는 왕위 쟁탈전을 벌이던 때에 유년 시절을 보냈고, 다섯 살부터는 세 번째 왕자로 안정된 생활을 보냈습니다.

두뇌가 명석하고 공부하기를 좋아하는 소년이었다는 것은 앞서 말한 바 있지만, 그는 언제나 얌전하고 효심이 지극한 소년이었습니다. 점차 성장하면서 맏형인 세자의 비행이 문제가 되어 아버지로부터 배척당하고 있을 때, 그는 언제나 형을 감싸고 오로지 형을 위하여 힘을 다하였습니다.

형이 세자 지위에서 물러나고 아우인 그가 왕위에 오른 후에도 형의 비행이 끊이지 않자, 대신들이 형의 죄상을 들어 적절한 조치를 취해야 한다는 의견을 내놓았습니다. 하지만 형에 대한 그의 헌신은 조금도 변하지 않아 대신들도 입을 다물 수밖에 없었습니다.

태종은 셋째 아들에게 왕위를 내주고 상왕 자리에 앉은 후에도 야심 찬 통치욕을 좀처럼 거둘 줄 몰랐습니다. 특히 군정 관계는 자기가 직접 챙길 정도였습니다. 그러자 무관들 사이에서는 "어찌 호령이 두 군데서 나온단 말인가. 한 군데서 나와야 하지 않은가"라며 불평이 일기 시작합니다.

이 소문을 들은 상왕은 노발대발하여 세 명의 장군과 한 명의 정부 고관을 죽여 버렸고, 죽은 장군의 형이자 세종의 왕비 소헌왕후昭憲王后의 아버지이기도 한 영의정 심온(沈溫 : 1375?~1418년)이 그 주모자로 몰리며 자살하는 사건이 일어납니다.

상왕이 된 지 겨우 4개월 만에 이러한 일을 저지른 방원은 그 후에도 여러 경로를 통하여 정치에 간섭하다가, 1422년 5월 56세로 사망합니다. 그러나 그는 죽기 전 아들인 왕에게 둘도 없는 선물을 남깁니다. 그것은 세자 교체 때 최후까지 반대하다가 추방당한 황희를 불러들여 대신으로 복귀시킨 것입니다.

함부로 살상 행위를 거듭한 방원이었으나 목숨을 걸고 정론을 말한 황희의 인간성을 높이 평가하고 있었습니다. 그래서 그는 황희가 추방된 곳으로 사람을 보내 때를 기다리라고 전하며 위로하였다고 합니다.

1422년 2월, 4년 만에 한성으로 돌아온 황희의 나이는 이미 예순이었습니다. 세종은 아버지의 뜻을 기꺼이 받아들여 황희를 요직에 앉혔고, 황희는 그 후 20년간이나 대신의 지위에 머물며 세종을 돕게 됩니다.

황희는 청렴결백하다는 평판을 받는 사람으로 정의감도 강하고 도량이 넓으며 이해가 빠른 사람이었습니다. 그에게 다음과 같은 일화가 있습니다.

어느 날 그의 하인들이 심하게 다툰 일이 있었다. 그 가운데 한 명이 그에게 와서 상대방의 나쁜 점을 고하며 자기가 올바르다고 주장하였다. 황희는 "그렇겠지, 네 말이 옳다"라고 말하였다.

그러자 이번에는 상대편 하인이 와서 잘못한 것은 저쪽이고 자기가 옳다고 주장하였다. 그러자 황희는 또 "네 말이 옳구나" 하고 말하였다.

이 소리를 옆에서 듣던 조카가 그에게 물었다.

"사물에는 옳고 그름의 구별이 있을진대, 아저씨는 잘못된 것을 바로 지적하지 않고 두 사람의 말이 모두 옳다고 하시니 일이 모호할 뿐만 아니라 옳고 그름의 구별이 없어지지 않습니까?"

그러자 그는 다시 이렇게 말하였다고 한다.

"네 말도 옳구나."

황희는 이처럼 누구의 말이라도 상대방의 입장에서 차분히 들어주고 작은 일이라도 모가 나지 않도록 부드럽게 감싸주는 풍모를 가지고 있었습니다. 이렇게 포용력이 컸던 노재상은 젊은 세종의 좋은 상담역이 되어 대신들의 화합을 유지하였습니다.

세종이 제일 먼저 한 일은 왜구의 근거지였던 쓰시마를 토벌한 것입니다. 그리고 『고려사』를 새롭게 편찬한 것입니다.

왕위에 오른 지 2년째에는 궁 안에 집현전集賢殿을 설치하였는데, 집현전은 고려 시대에 설치되었으나 이어져 내려오지 못했던 것을 학문을 좋아하는 세종이 새로이 설치한 것입니다. 그는 여기에 우수한 젊은 학자를 모아 여러 가지 연구 사업이나 서적의 편찬과 출판을 전개합니다. 이 사업은 그의 가장 훌륭한 업적 가운데 하나이기도 합니다.

5년째에는 '조선통보朝鮮通寶'라는 화폐를 발행하여 백성의 경제 생활을 향상시키려고 노력하였습니다. 또한 구리 활자를 대량으로 만들어 출판 사업을 촉진하였고, 음악 연구가를 동원하여 우리나라 음악 발전의 토대를 마련하였습니다.

그리고 많은 천문학자들을 모아 각종 천문 기구를 만들어 천문학을 크게 발전시키고, 농업에 관한 서적을 많이 발행하여 생산 증대에도 노력합니다. 또한 세제를 고치고 악법을 금지하는 등 고생하는 백성들에게 환영받는 치적을 쌓습니다.

한편 유학에 편중되기는 하였지만 학문을 장려하였고, 나아가 국방을 튼튼히 하고 새로운 무기를 많이 만들었으며, 북방을 개척하여 두만강, 압록강 이남을 완전히 우리 영토로 만들었습니다.

이러한 업적 중에서 가장 눈부신 것은 우리 문자인 '훈민정음訓民正音'을 창제한 일입니다. 이는 우리 민족 문화의 정수라고 자랑해도 좋을 훌륭한 업적입니다.

이러한 업적 중에서 가장 눈부신 것은 우리 문자인 '훈민정음訓民正音'을 창제한 일이다.

이종무, 쓰시마를 원정하다

1392년 개국 이후 조선은 해안 지대의 방비를 튼튼히 하고 침입해오는 왜구를 철저히 섬멸하는 한편 무역 상인들을 최대한 우대해 왔습니다. 이로써 왜구의 침입은 고려 말기에 비해 크게 줄기는 하였지만, 그래도 1393년부터 1407년에 걸쳐 61차례의 침입이 있었습니다.

그동안 일본에서는 아시카가 막부를 비롯하여 서부의 호족들이 빈번히 무역선을 보내고 있었는데, 특히 우리나라와 밀접한 관계에 있던 것은 쓰시마의 소오씨宗氏였습니다. 그들은 우리나라에서 쌀을 얻어가는 등 무역 관계를 맺고 있었고, 우리나라에 귀화하여 농사를 짓는 자도 있었습니다. 1410년 무렵 경상도 내에 그러한 왜인이 2천 명이나 살았을 정도였다고 합니다.

1419년 쓰시마의 도주島主 소오 사다시게宗貞茂가 죽고, 그의 아들 사다모리宗貞盛가 즉위한 후 쓰시마에 흉작이 들었습니다. 그러자 쓰시마의 해적들이 대거 발호하여 명나라 연안을 휩쓸었고, 약 50척의 해적이 우리나라의 황해도 남쪽 해안을 혹심하게 약탈합니다.

태종이 왜구의 근거지인 쓰시마 원정을 계획하고 이종무를 삼군도체찰사로 임명하다.

그 무렵은 태종이 군사를 통솔할 때인데, 그는 왜구의 근거지인 쓰시마 원정을 계획하고 이종무(李從茂 : 1360~1425년)를 삼군도체찰사(三軍都體察使 : 총사령관)로 임명하여 군선 220척, 병사 1만 7천여 명을 거느리고 6월에 마산을 출발하여 쓰시마 섬으로 진격하게 합니다.

이종무는 1360년에 태어났으며, 1381년에 아버지와 함께 강원도에 침입한 왜구를 무찌른 용맹한 무인이었습니다. 그는 1397년에도 황해도에 침입한 왜구를 토벌하는 데 커다란 공을 세운 사람이었고, 1400년에는 방원의 부하로 방간의 병사들을 물리쳐 출세를 거듭하여 무인으로서는 최고의 지위에 오르게 됩니다.

이 원정에 앞서 조선은 규슈 단다이의 사절단에게 "이번 원정은 왜구의 근거지를 토벌하는 것이 목적이며, 규슈에 진격할 의사는 없다"고 전합니다.

원정군은 풍랑 때문에 일단 되돌아왔다가 6월 19일에 다시 쓰시마로 진격하여 20일 쓰지요리土寄ツチヨリ에 도착합니다. 적은 불의의 공격을 받자 모두 도망쳐 버립니다. 토벌군은 귀화한 일본인을 쓰시마 도주에게 보내 항복을 권유하였으나 아무 반응도 없었습니다. 그러자 토벌군은 부근의 마을을 뒤져서 적선 129척을 찾아내고 그 가운데 109척과 적이 숨어 있던 1,939채의

집을 불태웠으며, 적병 110명을 처형하고 20여 명을 생포합니다.

적이 도망한 것은 식량이 없어서라는 사실을 알게 된 토벌군은 여러 곳으로 병력을 보내 적의 배와 적군이 숨어 있는 건물들을 불태운 후, 26일에는 쓰시마 북도의 남부에 있는 니소이군=ッイグン으로 진격합니다.

이즈음 일본은 몽골이 침입하였던 때처럼 긴장하며 규슈의 기쿠치, 시부가와, 쇼이찌, 다이유 등 여러 제후의 병사를 총동원하여 방어 진지를 만듭니다. 이 때문에 처음에 상륙한 토벌군의 일부는 적의 복병을 만나 위험한 상황에 빠졌지만, 토벌군의 주력 부대가 상륙하여 적에게 큰 타격을 입힐 수 있었습니다.

완전히 전의를 상실한 쓰시마 도주는 우리 진지에 사자를 보내 "금후 조선국에 절대 복종한다"는 서약서를 제출합니다. 서약서는 믿을 수 없는 것이었지만 7월이 되면 쓰시마에 태풍이 불어올 것을 우려하여 애초에 섬을 포위하여 적을 섬멸시키기로 하였던 계획을 바꾸어 7월 3일에 거제도로 귀환합니다.

비록 원정군이 결정적인 승리를 얻지는 못하였지만, 쓰시마의 도주는 다시 순종의 뜻을 전하며 우리나라에 억류되어 있는 포로의 반환과 기술자의 파견을 요청하게 됩니다.

사실 쓰시마는 군사적으로 큰 타격을 받았을 뿐만 아니라, 무역이 두절되어 경제적으로 궁핍하게 되자 더 이상 우리나라에 해적선을 보낼 여력이 없었습니다. 이리하여 수백 년에 걸쳐 우리나라를 침입하였던 왜구는 다시 나타나지 않게 됩니다.

조선은 1320년 1월에 쓰시마를 경상도 관내에 편입할 것을 도주에 통고하고, 쓰시마 도주의 요구를 수용하여 무역을 재개합니다. 쓰시마뿐만 아니라 그 서쪽의 각 영주들도 앞 다투어 조선에 무역선을 보냅니다.

조선은 일본 상인이 묵을 장소로 1423년 10월에 부산포, 내이포(乃而浦 : 현재의 경상남도 창원군)를 지정해 주고, 1426년에는 울산의 염포鹽浦를 추가합니다(이것을 삼포 개항三浦開港이라고 함). 이리하여 일본의 무역선이 빈번하게 왕래하게 되고 평화적 교류가 계속됩니다.

조선은 1320년 1월에 쓰시마를 경상도 관내에 편입하고, 쓰시마 도주의 요구를 수용하여 무역을 재개하다.

쓰시마 원정은 커다란 승리라고 말할 수는 없으나, 이 원정으로 왜구를 근절시키고 조선에 평화를 가져올 수 있었습니다. 이는 외교적, 정치적으로 큰 성공을 거둔 사례로 볼 수 있습니다. 또한 쓰시마의 도주가 그 후 오랫동안 우리나라에 순종의 자세를 표시하고 이것이 일본의 각 영주들에게 큰 영향을 주었으며, 결국 조선의 위신을 높인 원정이었습니다.

15세기는 우리의 민족 문화가 빛을 발한 시대입니다. 특히 세종이 왕위에 있을 때 수없이 많은 학자, 기술자, 무장들이 자기 재능을 발휘합니다. 그 가운데서도 특이한 업적을 남긴 인물이 이천(李蕆 : 1375~1451년, 조선의 과학자이며 무신)입니다.

이천, 무관 출신으로 활자를 만들다

이천은 1376년(고려 말기 우왕 2년) 경상북도 예안(禮安 : 지금의 안동)에서 태어났고, 그의 아버지는 군부판서(軍簿判書 : 군의 서무 담당과 같은 자리)에 있던 군인이었습니다. 그는 아버지의 뒤를 이어 군인이 되려고 공부를 하였는데, 그가 소년이었던 1392년에 이성계에 의하여 고려 왕조가 멸망하고 새로 조선 왕조가 시작됩니다.

조선은 무인 출신이 세운 신왕조였지만 제도는 철저히 문관 중심이었습니다. 같은 양반兩班이라도 문관인 동반東班이 조정의 고관을 비롯하여 중요한 관직을 독차지하였고, 지방 관리도 거의 그들이 차지하고 있었습니다. 따라서 무관인 서반西班은 차별을 받았고, 무관 출신의 자제들은 문과에 응시할 수 없게 되어 있었습니다. 즉 문과는 반드시 동반 출신만 응시할 수 있었으나, 무과는 경우에 따라서는 양반이 아닌 평민 출신도 응시할 수 있었습니다. 무과는 그만큼 무시되고 있던 셈입니다.

1402년(태종 2년), 이천은 스물일곱의 나이로 무과 시험에 합격합니다. 그는 무관에 올랐으나, 전장에 나가 화려한 무훈을 세우지 못하는 한 문관에게 업신여김을 당하는 하급 무관에 머무를 수밖에 없었습니다. 그래서 고급 무관 후보자를 뽑는 무과 중시 시험에 응시하여 합격합니다. 그의 나이 서른다섯 때의 일입니다.

　그런데 그는 무관으로 출세하는 길을 걷지 않고 기술 관계 관청인 공조에 들어갑니다. 스스로 지원한 것인지 아니면 재능을 인정받아 그 방면에 발탁된 것인지는 기록이 없어 알 수 없지만, 어쨌든 그는 1420년(세종 2년)에 공조참판이라는 책임 있는 지위에 앉게 됩니다. 그리고 그는 여기서 이상에 불타는 젊은 왕 세종의 명을 받들어 새로운 활자를 만들게 됩니다.

갑인자 등 세계 최초의 금속 활자를 주조하다

　우리나라에서는 1234년(고려 고종 21년) 무렵부터 활자를 사용하여 인쇄를 하였다고 전해지고 있습니다.

　고려 시대의 활자 인쇄 기술의 전통을 이어받아 조선에서는 초기부터 활자 인쇄가 활발하였습니다. 조선 왕조가 시작되면서 학문 연구가 빠르게 진행되었고 경제와 문화의 발전과 함께 많은 서적이 출판되었으며, 이에 따라 활자의 주조나 인쇄 기술이 크게 발전하였습니다.

　활자 주조와 인쇄 기술은 수학이나 과학, 특히 야금治金 기술과 조각 예술이 발전하지 않고서는 불가능한 일이었습니다. 또한 제지 공업이 발달해 있었기 때문에 서적을 대량으로 인쇄할 수 있었고, 그 서적이 널리 읽혀지고 외국에 대량으로 수출되었습니다. 이는 결국 당시 조선이 동아시아에서 위대한 문화 선진국이었음을 보여주고 있습니다.

　1403년 즉 태종 3년 계미년癸未年 2월, 조선은 조정에 '주자소鑄字所'라는 관청을 만들어 수십만 개의 활자를 만들었는데, 이것을 '계미자癸未字'라고 합니다. 이는 대단히 예쁜 활자였지만 여기에는 구리가 많이 필요하였습니다. 이에 궁궐을 비롯하여 중앙 관청의 관리들은 자기 집에 있는 구리 따위를 자진하여 공출하는 형편이었습니다. 계미자

　그러나 이때는 주조나 인쇄 기술에 여전히 불충분한 점이 많아서 대량 인쇄는 이만저만 힘든 것이 아니었습니다. 1420년 경자년庚子年 10월, 세종은 이 기술을 능률적으로 개선하여 대량 인쇄를 할 수 있게 하라는 지시를

내립니다. 당시 활자를 주조하는 방법은 먼저 나무에 활자를 파고 여기에 점토를 눌러 주형을 만든 다음, 금속을 녹여 만든 액체를 이 주형에 부어 활자를 만드는 것이었습니다. 이를 위해 목활자 조각 방법, 점토 주형을 만드는 방법을 연구하고, 고열의 용액에 주형이 부서지지 않도록 많은 노력을 거듭하였습니다.

경자자   이천은 조수로 임명된 남급(南汲 : ?~?년, 조선 초기의 과학자·음악가)과 함께 기존의 활자 주조법을 깊이 연구하고 온갖 노력을 거듭한 끝에 완전한 주형을 만드는 데 성공합니다. 이에 따라 기존의 활자보다 훨씬 정교하고 크기도 작은 두 종류의 활자를 만들 수 있었습니다. 그를 도운 남급도 무관 출신의 기술자로서 후에 악기 제작에서도 재능을 보였다고 하나, 하층 계급 출신이어서인지 출생과 사망 연대는 기록되어 있지 않습니다. 어쨌든 그들은 세종의 기대에 부응하여 7개월 만에 '경자자庚子字'의 대량 주조를 완료합니다.

기존의 활자는 모양이 일정치 않아, 제판할 때 자판 위에 촛물을 부어 굳기 전에 활자를 꽂고 그 초가 굳은 후에야 인쇄할 수 있었습니다. 그런데 초는 원래 무르고 약하기 때문에 인쇄할 때 활자가 움직이기 일쑤였고, 그때마다 조판을 새로 해야만 하였습니다.

그러나 그들이 만든 새로운 '경자자'는 모양이 일정한 사각형 입방체로 제판할 때 초를 쓰지 않고 활자와 활자 사이에 얇게 자른 대나무를 끼워 움직이지 않게 고정해 놓고 인쇄를 하는 방식이었습니다. 이러한 제판 방법의 원리는 오늘날에도 그대로 이용되고 있습니다.

갑인자와 병진자   이천은 십년 이상 연구 끝에 새로운 자판을 만드는 데 성공하여 능률적이고 아름답게 인쇄하는 기술을 완성하였으며, 또한 1434년에는 '갑인자甲寅字'라는 자체字體가 예쁜 새로운 구리 활자를 주조하고 같은 자형의 납 활자를 만들어 내기도 하였습니다. 세종도 활자 제작에 비상한 관심을 기울이고 있었기 때문에, 1436년에는 납 활자 '병진자丙辰字'가 새로 제작되었습니다.

세종의 특별한 배려로 궁전 안에 세워진 주조소에서 왕을 비롯한 이천과 남급은 주조술과 활판법 개량에 더욱 노력하였고, 명나라로 파견되는 사신들에게 명나라의 인쇄술을 연구하게 하는 등 모든 연구 결과를 종합하여 더욱 발전된 주조법과 인쇄술을 완성해 나갑니다.

특히 납 활자는 그때까지 세계의 어느 누구도 생각하지 못한 것이었습니다. 납은 주조하기 쉽고 인쇄할 때 먹이 잘 배어 인쇄에 가장 적합한 활자입니다. 훗날 세계의 거의 모든 선진국들이 납 활자를 사용한 것을 보면, 우리나라는 '인쇄의 조국'이라 부르기에 조금도 부족함이 없는 나라임에 틀림없습니다. 물론 그 뒤에는 세종과 이천 그리고 남급의 훌륭한 업적이 숨어 있었습니다.

1434년의 '갑인자'는 4월부터 9월까지 불과 두 달 만에 20여 만 개가 주조되어 훗날 『동국통감東國通鑑』외 여러 종의 학술서를 대량으로 인쇄하는 데 기여하게 됩니다.

그 후에도 활자 주조는 개량이 거듭되어 인쇄 기술이 더욱 발전하게 됩니다. 1500년 말까지 여덟 번에 걸쳐 새로운 활자가 주조된 것을 보면 인쇄 기술의 발전을 엿볼 수 있습니다. 하지만 유감스럽게도 1592년 일본군이 침입하였을 때 경복궁이 소실되면서 조선 초기부터 있었던 주조소나 역대의 뛰어난 활자가 모두 불타버립니다.

기록에 따르면 1420년대의 인쇄소 규모가 매우 컸으며, 한 인쇄소에 거의 150명의 일꾼들이 일하고 있었다고 합니다. 인쇄 공정도 전문화되어 목판을 글자에 새기는 각자장刻字匠, 활자를 주조하는 주장鑄匠, 인쇄를 하는 인출장印出匠, 글자의 배열을 맡는 균자장均字匠 등의 전문 기술자가 있었습니다.

유럽에는 18세기 중엽에도 종업원이 40명을 넘는 인쇄소가 없었는데, 15세기 초에 조선에 이렇게 큰 인쇄소가 있었다는 것은 실로 놀라운 사실입니다.

유럽에는 18세기 중엽에도 종업원이 40명을 넘는 인쇄소가 없었다.

혼천의 등 천문 관측 기기를 제작하다

이천의 위대함은 주자鑄字나 인쇄 기술의 개량뿐만 아니라, 당시 발달한 천문학 연구의 요구에 따라 관측 기기 제작에서 뛰어난 성과를 올린 사실에서도 확인할 수 있습니다.

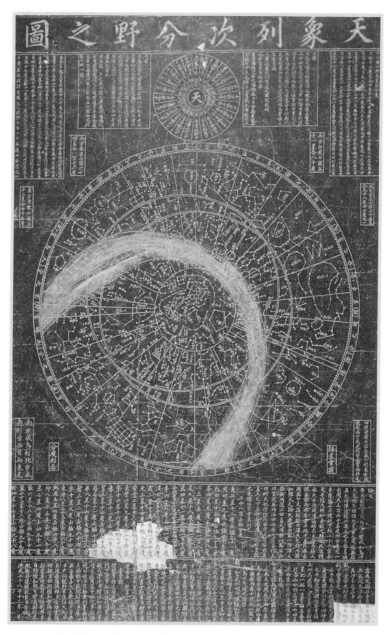

천상열차분야지도(88×141cm, 중심원의 지름 76cm, 1770년, 성신여대 박물관 소장)

원래 우리나라는 옛날부터 천문학 연구와 관측 기술에서 빛나는 전통을 갖고 있었습니다. 7세기에 신라가 '첨성대瞻星臺'라는 천문대를 세운 것을 비롯하여, 고려 시대에도 918년부터 1392년까지 474년 동안 체계적인 천문 관측을 계속하여 정확히 기록한 일은 세계 어디에도 유례가 없습니다. 특히 태양의 흑점을 정확히 관측한 1127년의 기록은 세계에 자랑할 만한 업적입니다.

1127년 태양의 흑점을 정확히 관측하다.

우리나라에서 천문학을 연구하기 시작한 것은 농업 생산을 높이기 위해서였습니다. 더욱 정확한 천문 기상 관측과 그 결과를 체계적으로 기록하는 것이 절실하게 요구되었던 만큼, 조선조 초기의 위정자들은 천문학 연구에 매우 커다란 관심을 기울이고 있었습니다.

이미 1395년(태조 4년) 12월에는 고구려 시대의 천문도를 당시의 실정에 맞도록 개작하여 「천상열차분야지도天象列次分野地圖」라는 각석刻石 천문도를 만들기도 하였습니다.

「천상열차분야지도天象列次分野地圖」

폭 122.8cm, 길이 200.9cm인 이 천문도는 이성계가 새 왕조 수립을 과시하기 위하여 제작한 것이라고 하며, 제작에 참가한 전문가들은 고구려 이후 우리나라의 천문 관측의 성과를 잘 보여주고 있습니다. 그들은 고구려 시대에 비하여 태양의 위치가 1년마다 50.2초씩 서쪽으로 옮겨진다는 것을 분명히 밝혔고, 고구려 천문도의 제작 연도까지 정확히 계산하는 놀라운 정교함을 보여주었습니다. 이는 우리나라 천문학 연구의 높은 수준을 입증한 것으로 평가됩니다.

그 후에도 천문 관측 사업은 계속되어, 1432년(세종 14년)부터 대대적으로 천문 관측 기기의 제작에 들어갑니다. 우선 정인지(鄭麟趾 : 1396~1478년), 정초(鄭招 : ?~1434년), 정흠지(鄭欽之 : 1378~1439년) 등의 학자는 한성을 기준으로 한 자주적인 역서曆書 편찬에 나서, 여러 외국의 역서를 참고하고 우리나라의 연구 결과를 기초로 하여 1443년 『칠정산 내편七政算內篇』이라는 역서를 완성합니다. 이어서 이순지(李純之 : 1406~1465년), 김담(金淡 : 1416~1464년) 등의 학자들이 다른 자료에 기초하여 『칠정산 외편外篇』을 완성합니다. 이 내·외편은 우리나라 역학(曆學 : 천체의 운동을 관측하는 학문)의 기본이 되었을

『칠정산 내편七政算內篇』과 『칠정산 외편外篇』

뿐만 아니라 우리나라의 자주적인 역서로서도 뛰어난 것이었습니다.

혼천의

관측 기기의 제작을 책임진 사람은 이천이었습니다. 이 제작에는 당시 모든 면에서 뛰어난 재능을 발휘하던 장영실(蔣英實 : ?~?년)*과 정초 등도 참여하였는데, 그들이 고심에 고심을 거듭하여 만들어낸 것이 바로 '혼천의渾天儀'입니다. 혼천의는 천체의 성좌를 측정하는 기구로 그 구조가 매우 복잡하고 정교합니다. 이것은 '육합의六合儀', '삼진의三辰儀', '사유의四遊儀'라는 각자 독자적으로 움직이는 기구들을 하나로 결합한 원형 기기인데, 각 기구를 대상 물체에 조준하고 그것을 종합하면 매우 정확한 관측 결과를 얻을 수 있습니다.

이 기기를 만들기 위하여 가장 먼저 필요한 것은 한성의 천문대의 위도를 정확하게 정하는 일이었습니다. 이천은 많은 학자들의 연구 성과를 참고로 하여 마침내 기점基點 측정에 성공하고, 처음에는 목형과 대나무 바퀴로 기기를 시험 삼아 만든 뒤에 수없는 관측을 거쳐 시제품이 천체의 운행과 완전히 일치하는 점까지 도달합니다.

그들은 목제 혼천의를 완벽하게 마무리 짓고 몇 번에 걸쳐 정확하게 측정한 후, 마지막으로 구리로 주조한 '혼천의'를 드디어 완성하게 됩니다. 1433년 완성된 '혼천의'를 본 세종은 국가의 경사라고 기뻐하며 관측 현장에 매일 나와서 토론을 벌였다고 합니다.

대간의大簡儀와 소간의 小簡儀

이와 동시에 해시계도 겸하는 천체 관측기 '대간의大簡儀'와 휴대에 편리한 '소간의小簡儀'도 다수 제작되었습니다. 대간의는 궁전 안에 높이 31척 (9.4m), 길이 47척(14.24m), 너비 32척(9.7m)의 간의대簡儀臺를 만들어 놓고 그 위에 설치하였습니다. 많은 학자들은 이러한 관측 기기를 이용하여 백두산 정상부터 제주도 한라산 정상까지 전국의 모든 주요 산에 올라가 북극고도 北極高度, 즉 북위北緯를 측정하였다는 기록도 있습니다.

---

* 노비출신의 과학자로 최초의 자동 물시계인 자격루自擊漏, 측우기 등을 발명한 인물이다. 이천이 그의 스승으로 알려져 있다.

보루각의 자격루(대파수호 지름 93.5cm, 높이 70cm, 소파수호 지름 46cm, 높이 40.5cm, 수수통 바깥지름 37cm, 높이 199cm, 1536년, 덕수궁 소재)

　　그들은 또한 여러 가지 해시계나 물시계도 제작하기도 합니다. 해시계의 명칭은 '현주일구懸珠日晷', '천평일구天平日晷', '정남일구定南日晷', '앙부일구仰釜日晷' 등이었습니다. 또 주야 겸용으로 천체를 관측할 수 있는 '일성정시의日星定時儀'와 '자격루自擊漏'라는 정교한 물시계도 만들었습니다. 이 물시계는 1434년 6월에 완성되었으며, 물시계가 장치된 '보루각(報漏閣 : 경복

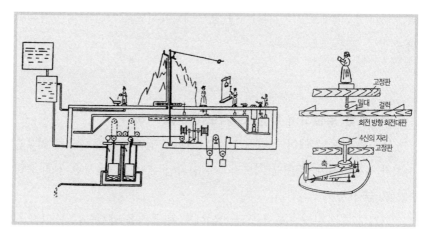

장영실의 옥루(흠경각 옥루의 기계장치를 북한 학자들이 복원해서 그린 그림, 『조선기술발전사』에서)

궁에 있는 전각殿閣'에서는 물시계의 자동 기능에 의해 두 시간마다 인형이 종을 쳤습니다.

또한 1438년 1월에 완성된 경복궁의 '흠경각欽敬閣'에는 더욱 정교한 물시계인 '옥루玉漏'가 설치되었습니다. 여기에는 12개의 인형이 시간에 따라 자동적으로 문을 열고 나왔다가 모습을 감추는 장치가 되어 있었고, 매일 바뀌는 태양의 운행 속도를 정확하게 표시하게끔 되어 있었습니다. 또한 움직임에 따라서 수많은 톱니바퀴가 돌아 매 시간마다 인형이 큰북을 치거나 징을 울리거나 종을 쳤습니다. 이 장치의 거대함과 기계 동작의 정확성은 당시 기계 설계 기술자들의 역량이 매우 뛰어났음을 말해 주고 있습니다.

측우기

그 중에서도 특히 우리나라가 세계에 자랑하는 것은 1441년(세종 23년)에 제작된 금속제 측우기測雨器입니다. 이것은 높이 40cm, 직경 16cm의 원통형으로, 이를 개선하여 다음해에는 높이 30cm, 직경 17cm의 동제銅製 원통형을 대량 제작하여 전국 각지에 배포하고 정확한 강우량을 측정하였습니다. 지방에서는 같은 형태의 도자기 측우기를 만들어 부족한 구리를 보충하였습니다.

측우기를 사용하여 강우량을 측정한 것은 우리나라가 세계 최초이다.

측우기를 사용하여 강우량을 측정한 것은 우리나라가 세계 최초이며, 이는 곧 당시의 높은 과학 기술 수준을 보여주는 것입니다. 이천의 최대의 공적은 무엇보다도 뛰어난 천문학 연구와 천문 관측 기기의 제작에 있었지만, 이천은 그 밖에도 악기 제작이나 병기 제작에서도 뛰어난 능력을 발휘합니다.

여진족을 토벌하여 무장으로서도 본분을 다하다

무관의 아들로 태어난 이천은 무과 시험에 합격하여 무관으로 인생을 시작한 사람이지만, 뛰어난 기술자고 실천적인 과학자로 훌륭한 업적을 많이 남겼습니다.

그러나 그는 무장으로서 조국 방위에도 큰 공적을 남겼습니다. 그가 평안도 총사령관인 도절제사都節制使로 있을 때인 1437년(세종 19년), 7천 명의 병사를 거느리고 여진족 토벌에 나서게 됩니다.

여진족은 본래 고구려의 통치 아래 있던 민족이었으나 고려 시대에는 우리나라를 몇 번 침입한 적이 있고, 후에 금나라를 일으켜 중국 북방을 점령하고 거대한 왕국을 건설합니다. 그 후 여진족은 원나라에 망한 후 뿔뿔이 흩어졌으나 고려 말기 무렵부터 우리나라 북방 국경선에서 끊임없이 말썽을 일으켰습니다. 이성계가 왕조를 세울 때 두만강 이남에 여진족이 많이 살고 있었습니다.

여진족은 여러 세력으로 분할되어 싸움을 거듭하고 있었는데, 그중 '오도리(斡朶里, 알타리)', '오랑캐(兀良哈, 올량합)', '우디거(兀狄哈, 올적합)' 등이 강대한 부족에 속하였습니다. 일부 여진족은 조선 왕조에 순종하였으나 일부 부족은 항상 반항하였고, 일부 부족은 반항과 순종 사이에서 동요하고 있었습니다. 따라서 조선 정부는 반항하는 여진족은 철저하게 토벌하고, 동요하는 부족들은 가능한 한 달래며, 순종하는 부족에게는 여러 가지 이권을 주어 안주할 수 있도록 하였습니다.

그런데 1400년부터 1410년에 걸쳐 중국 동북방 지역의 여진족이 두만강을 건너와 여러 차례 조선을 침입하였습니다. 이에 1410년(태종 4년), 함경도 길주吉州의 도찰리사(都察理使 : 전선사령관) 조건趙狷이 1,150명의 병사를 이끌고 두만강을 건너 여진족의 근거지를 습격하여 족장을 죽이는 큰 전과를 올립니다.

하지만 그 후에도 여진족과의 다툼은 끊이지 않습니다. 특히 명나라가 동북 지방을 완전히 지배하기 위하여 건주위建州衛*를 설치하고 여진족을 회유하자, 여진족 사이에 동요가 일어나 조선에 침입하여 많은 식량을 요구한 적도 있습니다. 1433년(세종 15년)에는 여진족의 습격을 받고 조선으로 도망쳐온 명나라 군사 560여 명을 명나라로 돌려보낸 일로 여진족의 원한을 사게 됩니다. 그리하여 여진족의 족장 리만주李滿住가 그 일을 빌미로 조선의 국경 지대에 침입합니다.

조선 정부는 여진족을 철저히 토벌하기로 하고, 평안도 도절제사였던 최윤덕(崔潤德 : 1376~1445년)을 총사령관으로 삼아 15,500여 명의 대군을 이끌고 압록강을 건너 여진의 근거지를 소탕하여 큰 승리를 거두게 됩니다. 큰 타격을 받은 여진족은 겉으로는 복종을 맹세하며 포로를 돌려달라고 애원하면서도, 조선이 온정을 보이면 다시 태도를 바꾸어 침입을 계속하였습니다.

이천이 자신이 발명한 화포를 사용하여 여진을 토벌하다.

1435년부터 36년까지 여진족이 다시 압록강과 두만강의 국경 지대를 계속 침범해왔습니다. 이에 조선 정부는 다시 여진을 토벌하기로 결의하고, 최윤덕의 후임인 이천을 총사령관으로 임명하여 7,700여 명의 군대를 파견합니다. 1437년 9월 본거지인 강계를 출발한 이천의 원정군은 세 길로 나누어 압록강을 건너 적의 본거지인 오라산성(兀剌山城 : 현재의 오녀산五女山으로 중국의 동북東北 지방에 위치)과 오미부(吾彌府 : 오라산의 북쪽) 등을 포위하여 소탕하고, 불과 열흘 만에 전군이 무사히 개선하는 승리를 거둡니다. 이 전투에서 이천은 자신이 발명한 화포를 사용해 큰 위력을 발휘하였습니다.

이 토벌로 여진의 세력이 결정적으로 약화되자, 조선은 압록강 남안 유역에 4군을 설치하고 두만강 남안에는 6진을 두어 압록강과 두만강 이남의 땅을 완전히 우리 영토로 만들었습니다. 이와 같이 이천은 무장으로서도 빛나는 승리를 거두었으나 그의 전쟁 경력은 이것이 유일합니다.

후세의 역사가들은 이천의 전공戰功을 칭찬하면서, 그가 만약 무장의 길

---

* 건주는 지금의 중국 지린성吉林省 남쪽에 위치하며, 위衛는 명나라 군대의 연대 단위 혹은 그 주둔지를 뜻한다.

을 걸었다면 건주建州에 근거지를 둔 여진족을 모두 토벌하여 우리 민족의 오랜 숙원인 중국 동북 지방의 광대한 영토를 회복하는 기초를 다질 수 있었을 것이라고 말하기도 하였습니다. 그러나 한편으로는 그는 지나치게 조심스러운 무장이어서 도망가 숨어 있는 적들을 추격하지 않고 그냥 귀국해 버린 것에 대해 불만을 말하는 사람도 있었습니다.

그러나 단 한 번이었을지라도 그가 싸움에서 승리한 장군이라는 사실에는 변함이 없습니다. 게다가 그는 무관 출신이었지만 그의 진가는 과학에 있었다는 사실에 있고, 그의 최대의 업적은 뛰어난 발명과 우수한 기술에 있었습니다.

세종에게 후한 대우를 받고 존경을 받던 그는 세종이 죽은 다음해인 1451년에 76세를 일기로 찬란한 생애를 마감합니다. 무인의 길이 아닌 과학자의 길을 묵묵히 걸으며 그가 쌓아올린 업적은 우리 문화사에서 영원히 빛나고 있습니다.

우리의 빛나는 의학적 전통

조선 초기에는 다른 방면 못지않게 의학도 눈부시게 발전하였는데, 대표적인 의학자로 노중례(盧重禮 : ?~?년, 조선 초기의 의학자)를 손꼽습니다. 그의 출생 연도가 분명하지 않은 이유는 문관 중심의 봉건 제도에서 의원은 양반의 지위가 아니었기 때문에, 대대로 의원을 배출한 가문에서 태어난 그는 역사에 자세히 기록되지 못하였기 때문입니다. 다만 그의 선조 중에 고려 시대에 이름을 날린 노환盧桓이라는 사람이 있었다는 것 정도가 기록되어 있을 뿐입니다.

우리나라 의학은 기원전 고대 국가 시대부터 발전되어 왔으며, 고구려에도 명의가 많았고 약물 연구도 활발히 이루어졌습니다. 특히 침술이 유명하여 고구려의 저명한 침술가는 중국이나 일본의 고전에도 신비한 인물로 기록되어 있습니다.

세계적으로 유명한 우리나라의 '고려 인삼'도 고구려 때부터 널리 보급되었고, 각종 약초의 연구가 활발히 진행되어 광물을 약용으로 사용하는 방법도 실험되었으며, 각종 의학 서적이 저술되기도 하였습니다. 또한 많은 약제와 의학서가 중국이나 일본에 수출되었습니다.

의술은 백제나 신라에도 그대로 전해져 통일신라 시대인 692년에는 의원을 양성하는 '의학醫學'이라는 학교가 세워졌고, 의학의 기본 이론이나 내과·외과에 관한 전문 교재가 편찬되기도 하였습니다. 7세기경에 체계적인 의학교가 세워진 것은 세계에서 그 유례를 찾아볼 수 없습니다. 또한 이 시대에는 각종 약초를 재배하는 방법도 널리 보급되었습니다.

7세기경에 체계적인 의학교가 세워진 것은 세계에서 그 유례를 찾아볼 수 없다.

고려 시대에는 전통적인 의학 제도를 이어받아 수도 개경을 비롯한 전국의 12개 주요 도시에 의학교를 세워 의원을 양성하고, 958년에는 과거 시험에 의원을 등용하는 부문을 설치하였습니다. 이는 양반 자제들을 의학교에 입학시키려고 만든 제도로 과거에 응시하는 의원은 이론적인 공부에만 치우쳐 실제 치료는 소홀히 하였기 때문에 예전부터 내려온 침술의는 대부분 일반 백성이었다고 합니다.

고려 정부는 왕실과 귀족들을 위하여 의료 시설을 만들었고, 일반 민중을 위해서는 '혜민국惠民局'이라는 의료 기관을 설치하였으며 대사원들은 각자 의료 시설을 만들기도 하였습니다. 그리고 12세기에는 기존의 의학 연구의 성과를 정리한 서적들도 출판됩니다.

고려의 의학 발달에 크게 공헌을 한 것은 13세기 몽골과 30여 년에 걸친 전쟁 속에서 활약한 헌신적인 의원들의 노력이었습니다. 고려 초기는 봉건적인 양반 출신이 의료 기관을 지배하고 있었는데, 그들은 사대주의적인 사상을 갖고 있었기 때문에 중국 의학자를 존중하고 중국에서 수입한 값비싼 약재에 의존하는 경향이 강했습니다. 그러나 몽골과 격렬한 전쟁을 치르면서 부상병의 치료는 물론이고 돌림병이나 여러 가지 질병으로 고통 받는 민중을 돕는 것은 헌신적인 의원들에게 주어진 사명이었습니다. 전쟁 중에는 외국에서 약재를 수입할 수 없었기 때문에 모든 치료는 우리나라에서 나는 약재를 쓰고, 또 약용이 되는 것은 어떻게든 찾아내야만 하였습니다.

이러한 귀중한 경험 덕분에 우리나라에서 나는 약재에 관한 연구가 급속히 진행되어 같은 약초라도 출산지의 지질에 따라 효용이 다르다는 것을 알게 됩니다. 그리고 약재의 복잡한 배합과 처방전에 대한 연구도 활발히 진행됩니다.

특히 고려 초기에는 불교가 장려되면서 승려의 기도로 병을 고칠 수 있다는 미신 사상이 널리 퍼져 있었으나 전쟁의 쓰라린 경험을 통해 그것이 속임수에 불과하다는 사실도 알게 됩니다. 그리고 몽골과 전쟁을 치른 후 고려의 의학자들은 외국산 약재와 우리나라의 약재를 비교 연구하여, 우리나라 약재의 우수성과 우리나라의 전통적인 치료법이 훌륭하다는 점을 확인하고 『향약혜민경험방鄕藥惠民經驗方』을 비롯하여 뛰어난 의학서 역시 많이 출판되었습니다.

조선 초기 우리의 의학

1393년 이성계는 신왕조를 세운 직후 고려 시대의 의료 제도를 본받아 궁전에 관리나 귀족들을 위한 의료 시설인 '전의감典醫監'을 설치하고, 민간인들을 위해서 '혜민국'을 설치하였습니다. 다음해에는 각 도에 의학교를 설치하고, 의술을 전업으로 하는 중인 계급의 자제뿐만 아니라 양반 자제들에게도 『향약혜민경험방』을 교과서로 삼아 의학 인재를 육성하기도 하였습니다.

1397년에는 '제생원濟生院'이라는 기관을 설치하여 전국 각지의 약재를 조사, 연구하고 아울러 약초 재배 지역을 넓힙니다. 또한 1399년(정종 원년)에는 고려 시대부터 내려온 의학 서적을 개편하여 『향약제생집성방鄕藥濟生集成方』이라는 새로운 의학서를 편찬하기에 이릅니다.

조선 왕조는 건국 초기부터 태조·정종·태종 등 3대에 걸쳐 의학 발전에 힘을 기울였습니다. 이는 고려 말기의 문란한 정치나 왜구 침입에 의해 생산이 감퇴하고 인구가 감소하였기 때문에, 국민 전체의 건강을 증진하고 생산 의욕을 높이며 인구를 급속도로 늘려서 국방력을 강화하고자 하는 목표가 있었기 때문입니다.

그런 만큼 자주적인 의식이 매우 강하였는데, 앞에서 말한 의학서의 서문에 그러한 정신이 잘 나타나 있습니다.

> 지방에 따라 사람의 생활도 다르고 음식 습관도 다르듯이, 질병에 대한 처방이 달라지는 것은 당연하다. 무엇이든 중국과 같을 필요는 없다. 하물며 먼 외국에서 약재를 구하는 것은 매우 힘든 일이고 약을 기다리다가 병은 더욱 심해질 뿐이며, 설령 그 약이 손에 들어왔다 하더라도 약이 너무 오래되어 효력이 떨어질 수가 있다. 그것보다는 순수한 우리나라의 약재가 훨씬 훌륭하며 탁월한 효력을 보이고 있다.

조선의 신정권은 고려 시대에는 없었던 여자 의원 양성에도 착수하다.

조선의 신정권은 이처럼 강한 민족적인 자부심에서 의료 제도를 강화하는 한편, 고려 시대에는 없었던 여자 의원 양성에도 착수합니다. 이는 남녀 차별이 엄격한 유교 사회였기 때문에, 특히 양반 귀족의 부녀자들을 남자 의원이 치료한다는 것은 있을 수 없다는 생각에서 비롯된 것이었습니다. 이에 따라 전국 각지의 지방 관청에서 일하는 하녀들 중에 적임자를 지명하여 의학교에 보냈습니다.

처음 얼마 동안은 별다른 성과가 없었지만, 신분 차별이 강화된 태종 6년(1406년)에 여의원 양성에 더욱 힘을 쏟아 많은 여의원이 배출될 수 있었습니다. 이 또한 당시 세계적으로 그 유례를 찾아볼 수 없는 일입니다.

노중례, 의학계의 중심 인물로 활약하다

조선 초기의 문화가 세종의 치세를 맞이하여 활짝 꽃피운 것처럼, 우리나라의 의학 연구도 세종의 치적 아래서 점점 번창해 나갑니다.

당시 조선 의학계의 대표적인 위치를 차지하고 있던 노중례는 앞서 말한 대로 양반 출신이 아니라 의술을 전업으로 하는 중인 계급 출신이기 때문에 그가 어떻게 조정의 의료 기관에 종사하게 되었고, 어떠한 경로로 세종과 연결되었는지는 기록에 남아 있지 않습니다.

1423년(세종 5년) 조정에서 우리나라의 약재 62종을 원형대로 보전하여 중국의 약재와 일일이 비교 검토한 결과, 같은 이름의 약재라도 중국과 조선에서 서로 다른 품종을 뜻한다는 사실을 발견합니다. 이때 노중례가 검토 사업에 참가하였는지는 확실치 않으나, 그는 1427년(세종 9년) 조선 각지의 온갖 약재를 모아 상세하게 감정하여 수백 종으로 분류하는 대사업을 벌일 때 동료 의원인 박윤덕(朴允德 : ?~?년, 조선 초기의 의관)과 함께 이 사업을 책임지게 됩니다.

이 사업은 같은 약재라도 지방에 따라 명칭이 다른 것을 정정하고, 약재의 효력을 정확하게 조사하여 조선 약재의 뛰어난 성분을 널리 알리고 활용하기 위한 것이었습니다. 당시 그는 이미 우리나라 제일의 의학 지식을 가진 권위자였기 때문에 이러한 중책을 맡을 수 있었습니다.

조선 약재에 대하여 확고한 신념을 가졌던 노중례는 조사의 성과를 가지고서 1428년 중국에 건너가 조선 약재와 중국 약재의 효능을 비교 연구하고, 중국의 대표적인 의학자들과도 의견을 교환합니다. 그렇게 조선 약재의 우수성에 더욱 자신감을 얻은 그는 귀국과 동시에 동료인 박윤덕, 황자후(黃子厚 : 1363~1440년, 조선 초기의 문신) 등과 함께 『향약채취월령鄕藥採取月令』이라는 약재에 관한 책을 편찬하여 약재의 명칭, 채취법, 보관법 등을 누구나 쉽게 알 수 있도록 상세하게 기록해서 국민 전체가 활용할 수 있도록 하였습니다.

『향약채취월령』

또한 그는 1431년(세종 13년) 세종의 후원과 국립 문화 연구원 성격의 집현전 학자인 권채(權採 : 1399~1438년), 유효통兪孝通 등의 협력을 얻어 박윤덕과 함께 우리나라의 전통 의학서를 집대성한 『향약집성방鄕藥集成方』 편찬에 착수하게 됩니다. 이는 3년이나 걸린 대사업으로 1433년에 완성되었으며, 총 25권이나 되는 이 저서에는 질병의 증후군이 559종류로 분류되어 있고, 거기에 맞추어 10,906종의 처방과 1,176종의 침구법鍼灸法이 기술되어 있습니다. 또한 조선의 약초 702종을 상세히 설명하고 그 처방과 조합법, 복약법 등을 차근차근하게 기록하고 있습니다.

『향약집성방』

이 책은 누가 읽어도 금방 알 수 있도록 쉽게 씌어졌으며, 온갖 질병을 조선에서 나는 풍부한 약재로 고칠 수 있는 방법이 자세히 기술되어 있습니다. 또한 이 책은 좋은 약은 중국산이어야 한다는 선입관에 빠져 있던 사대주의적인 사고방식을 철저히 뿌리 뽑으려는 애국적인 기백이 가득한 저서입니다. 이는 곧 이 책을 편찬한 노중례 및 여러 학자와 의원들의 애국적인 기개가 얼마나 강하였는지를 잘 말해 주고 있습니다.

이 책은 우리나라의 옛 의학서인『향약제생집성방』,『제중입효방濟衆立效方』,『어의촬요방御醫撮要方』,『삼화자방三和子方』 등은 물론이고, 중국의 고전 의학서까지 포함하여 270종의 의서를 상세히 분석하고 참고하여 편찬한 것입니다.

이 책의 서문에는 이 대사업에 심혈을 기울인 사람들의 생각이 잘 나타나 있습니다.

우리나라의 산하나 해변에는 수없이 많은 보물과 풍부한 약재가 있어 만백성의 생활에 도움이 되지 않는 것이 없고, 시급을 요하는 질병 치료에 쓰이지 않는 것이 없다. 예로부터 우리 백성들은 곧잘 한 가지 약초로 한 가지 질병을 치료했으니 어떤 약초도 효험이 없는 것이 없다. 이렇게 축적된 백성들의 경험과 옛 의서에 기록되어 있는 가장 정확한 내용을 남김없이 써서 백성들의 건강 증진에 이바지하고자 한다.

특히 노중례는 그의 저서에서 의원으로서의 마음가짐을 다음과 같이 기술하고 있습니다.

병자를 고치기 위해서는 처방을 내리기 전에 먼저 병의 원인을 잘 헤아려야 한다. 그러기 위해서는 환자의 생활 환경을 상세히 알아야 하며, 또한 환자의 영양 상태나 신체 상황, 정신 상태, 나아가 어떻게 병에 걸리게 되었는지를 알아내야 한다. 또한 남녀의 생리적 차이나 노약(老若 : 늙은이와 젊은이)의 신체적 조건 따위도 고려하고, 환자가 쾌활한 자인지 음울한 자인지 하는 성격적인 면에도 두루 신경을 써야 한다. 만일 의원이 제 마음대로 억측하여 주관적인 치료를 하면 병이 낫지 않을 뿐만 아니라, 환자에 폐를 끼치게 된다는 점을 잊어서는 안 된다. 그러므로 의원은 반드시 겸허한 마음으로 정성을 다하며 모호한 점이 있으면 항상 깊이 파고들고, 병의 진행 상태를 정확히 확인하고 약의 작용에 맞는지의 여부를 잘 조사한 연후에 처방해야 하며, 그 처방이 병에 적합하도록 신경을 써야 한다.

이처럼 그는 의원은 의학적 지식이 풍부하고 인간적으로도 훌륭한 윤리관을 가져야 하며, 인명에 대해 강한 책임감을 가져야 한다고 말하고 있습니다.

의원은 의학적 지식이 풍부하고 인간적으로도 훌륭한 윤리관을 가져야 한다.

『태산요록胎産要錄』

노중례는 의원으로서 자기 신념을 관철한 사람이었습니다. 그는 당시 높은 영아 사망률과 난산으로 죽어가는 부인들을 보며 항상 마음 아파하고 있었습니다. 그리하여 연구하고 또 연구를 거듭한 끝에 1434년(세종 16년) 『태산요록胎産要錄』이라는 저서를 출판하게 됩니다. 이 책은 상하 두 권으로 되어 있는데, 상권에는 산부인과에 대하여 하권에는 소아과에 대하여 기술하고 있습니다.

이 책을 쓴 것이 『향약집성방』을 완성한 다음해였다는 사실을 생각하면, 그가 얼마나 역량이 뛰어난 명의였는지를 알 수 있습니다. 물론 이 책은 여의원을 양성하는 학교에서 더없이 좋은 교과서로 활용되었습니다.

노중례는 항상 환자를 상대하는 의원이었지만 학식이 높을 뿐만 아니라 연구에도 열심히 전념한 사람이었습니다. 그는 전국의 약초를 연구하기 위하여 전국 방방곡곡을 돌아다니는 과정에서 우리나라의 온천을 빠짐없이 찾아다닐 수 있었습니다.

우리나라 각지에는 예로부터 많은 온천과 약수터가 있었습니다. 그는 여러 가지 질병 치료에 효능이 있다고 전해져오는 온천과 약수터를 상세하게 기록하였으며, 여러 온천과 약수터에 머물면서 효능을 조사하여 질병 치료에 이로운 곳, 해로운 곳을 확인하였습니다. 그리하여 그는 전국의 온천과 약수를 자세하게 소개한 기록을 발표합니다. 그 점에서 우리나라 광천학鑛泉學의 발전에도 크게 공헌한 셈입니다.

최대의 명저 『의방유취』를 편찬하다

『의방유취醫方類聚』

의원으로서 노중례의 명성은 해를 거듭할수록 높아갔지만, 그의 생애를 통해 가장 위대한 공적은 우리나라 최대의 의학 명저로 평가되는 『의방유취醫方類聚』를 편찬한 일입니다.

세기적인 이 대사업은 1442년(세종 24년) 세종이 직접 지휘하는 가운데 집현전 학자 십여 명이 동원되었고, 세종의 셋째 아들과 대신들 그리고 많은 의원 역시 이 사업에 참여하였습니다. 노중례는 실제의 과학적인 지도 방면에서 모든 책임을 맡고 있었습니다. 이 사업은 장장 3년이 걸려 1445년에 완성되었으며, 265권이나 되는 방대한 내용을 수록하고 있습니다.

이 책은 당시 동양 각국에 전해지던 동양 의학의 고전 의학서 153종을 망라하여 그 전문을 수록하고, 이를 95개 부분으로 나누어 질병의 증상과 치료법을 상세하게 기술하였습니다. 그리고 모든 질병의 원인, 병리와 생리 및 증후군 등 총론적인 기초 이론은 물론, 치료법에 있어서도 약물 요법·침구법·식사 요법·양생법 등을 제시하였으며, 치료 기간에 피해야 할 일이나 투병중의 식사법 등을 명확히 밝혀놓았습니다. 또 질병의 예방법과 민간인들이 손쉽게 치료할 수 있는 법을 비롯하여 간단한 약의 처방까지 상세히 소개하고 있습니다.

특히 오늘날의 의학적 시각에서 보더라도 병의 증상이 놀라우리만치 완벽하게 설명되어 있습니다. 예를 들어 단백성 망막염과 당뇨성 망막염을 발생 병리학의 시각에서 정확하게 분류하고 있습니다. 당뇨병의 중증에 관해서, "언제나 쉬지 않고 물을 마시며, 요실금이 나타나며, 오줌은 꿀과 같이 달고 기름과 같이 끈끈하다"고 쓰여 있습니다. 이는 현대 의학에서 지적하고 있는 당뇨병의 세 가지 주요 증상과 일치하는 내용입니다.

또한 이 저서에는 그때까지 동양 여러 나라에서 이루어지고 있던 치료 방법이 집대성되어 있으며, '부인편婦人篇'만 보더라도 5천여 종의 처방이 제시되어 있습니다.

병을 일률적으로 취급하지 않고 같은 병이라 해도 환자의 개체적 특성에 맞도록 약을 가려 쓰며 그 분량도 적당히 맞추어 치료한다는 개별화 원칙은 노중례 등이 주장한 우리나라 의학의 전통적인 특성 가운데 하나입니다. 이 원칙은 이 저서에도 훌륭하게 관철되고 있습니다.

이 대저는 가히 동양 의학의 백과전서라고 할 수 있을 것입니다. 심지어 중국에서도 오래 전에 소멸되었다고 알려진 고전 의학까지도 이 안에 수록되어 있습니다. 그런 만큼 세종 초기의 정부 책임자들은 한 자 한 구절이라도 잘못이 있어서는 안 된다는 일념으로 이 저서가 완성된 후에도 몇 년에 걸쳐 교정을 거듭하였습니다. 저서가 너무나 방대하여 즉시 대량으로 출판할 수 없어 1477년이 되어서야 가까스로 활자로 인쇄하여 발간되었습니다.

이 책은 당시 세계에서 그 유례를 찾아볼 수 없는 의학 백과사전이며, 우리나라 최대의 저서임과 동시에 어떤 책도 견줄 수 없는 동양 의학의 집대성이기도 합니다. 유럽에서는 4백 년 가까이 지난 1807년에야 처음으로 7권의 의학 사전이 간행되었으나, 그 양과 내용이 우리 것과는 비교가 되지 않습니다. 이 의학서의 발간이 얼마나 위대한 업적인지를 잘 증명해 주고 있는 셈입니다.

유럽에서는 4백 년 가까이 지난 1807년에야 처음으로 7권의 의학 사전이 간행되었으나, 그 양과 내용이 우리 것과는 비교가 되지 않는다.

의원으로 영예와 고독 속에서 살다 가다

노중례는 명의로 칭송받은 사람이었습니다. 그가 어떤 명의였는지를 잘 전해 주는 다음과 같은 일화가 있습니다.

어느 날 이씨 성을 가진 문관이 병에 걸려 고열이 나고 두통이 심하다며 하소연을 했다. 이 환자를 진단한 많은 의원들은 한결같이 열병이라고 하였다. 그러나 아무리 약을 먹어도 효력이 없었다. 그러자 환자의 집안 사람들이 노중례에게 왕진을 청하였다. 그는 환자의 맥을 짚어 보고, "이 병은 높은 곳에서 떨어져 받은 상처 때문이오"하고는 '상원활혈飮傷元活血飮'이라는 약을 처방해 주었다.

처음에 환자는 높은 곳에서 떨어진 기억이 없다고 하였으나, 노중례의 이야기를 듣고는 예전에 한 번 벼랑에서 떨어진 적이 있다며 기억을 더듬어냈다. 환자조차 그 일을 까맣게 잊고 있었던 것이다. 이 환자는 노중례가 처방해 준 약을 두 첩 마시고 눈에 띄게 회복되었다.

명의로 평판이 높아짐에 따라 전국에서 많은 환자들이 노중례에게 몰려들었습니다. 특히 왕을 비롯한 귀족들은 환자만 생기면 수시로 그를 불렀습니다. 그는 정신없이 바빴지만 항상 환자들에게 친절하게 대하여 환자가 노여워하는 일이 전혀 없었다고 합니다. 설령 돈이 없거나 차림이 누추해도 병을 봐달라고 온 사람을 결코 거절하지 않았습니다. 그는 언제나 밝고 정력적으로 일하며 지칠 줄을 몰랐습니다.

때마침 노중례는 천연두에 걸려 죽을 뻔한 세종의 비와 왕자를 살려냈습니다. 이에 세종은 크게 감동하며 다음과 같이 말했습니다.

"의술은 인명을 구하는 데서 가장 중요한 것이다. 하지만 의술의 참뜻을 아는 이가 적다. 노중례에게 후계자가 없으니 총명한 소년을 뽑아 그에게 배우게 하여 뒤를 잇게 할 일이다."

이어서 1445년(세종 27년)에는 그에게 '첨화중추원사僉和中樞院使'라는 높은 지위를 내립니다. 중인 계급 출신의 의원에게 이렇게 높은 지위가 주어진 것은 당시로서는 거의 전례가 없는 일이었습니다.

그가 일찍이 세종의 신임을 받고 국가적으로 중요한 편찬 사업을 책임진 것은 앞서 말한 바와 같으나, 국왕에게 특별한 대우를 받고 명의라는 평판이 널리 퍼짐에 따라 그를 질투하는 사람도 많이 나타납니다. 그리하여 노중례는 비방하는 자들 때문에 항상 고통을 겪었습니다.

특히 그를 미워한 사람은 양반 출신의 문관들이었습니다. 신분 차별이 철저하던 당시의 봉건 제도 안에서 양반들은 중인 계급의 의원을 천시하였으며, 그것이 상식처럼 되어 있었습니다. 그런데 중인 출신의 의원인 노중례가 국왕에게 중용되고 특별한 공로가 있는 양반 문관에게만 하사되는 높은 관직까지 받자, 문관들은 대부분 그를 미워하였습니다.

그러던 중에 마침 그를 축출하려는 무리들에게 절호의 기회가 찾아옵니다. 1446년 왕비가 52세로 병사하자, 노중례를 미워하던 무리들은 왕비의 죽음이 어의御醫인 노중례의 책임이라고 주장합니다. 권력을 쥐고 있던 양반들도 그를 비난하며, 그에게 내려진 관직을 박탈할 것을 주장합니다.

그러자 노중례를 절대적으로 신임하던 세종도 더 이상 그를 옹호할 수 없었던 것 같습니다. 그리하여 노중례는 영예로운 지위를 박탈당하고 중인의 평범한 의원으로 강등됩니다.

앞서 세종이 말한 것처럼 그는 후계자가 없는 고독한 처지였으며, 더욱이 그는 모함을 받고 쫓겨나 죄수 취급을 당하였습니다. 그러나 그는 그렇게 박해를 받으면서도 인간적으로는 결코 상처를 입지 않았습니다. 찾아오는 사람에게 언제나 자상하였고, 국가 사업에 헌신적으로 몰두하는 모습에도 변함이 없었습니다.

그 후 세종은 다시 그를 높은 지위에 복귀시킵니다. 그러나 세종도 1450년 재위 32년 만에 세상을 떠나고 맙니다. 아직 창창한 54세의 나이였던 만큼 일부 무리들은 왕의 죽음까지도 노중례의 책임으로 돌립니다. 그리하여 노중례는 세종의 죽음과 함께 다시 관직을 박탈당할 수밖에 없었습니다.

세종의 장남인 제5대 왕 문종(文宗 : 1414~1452년)은 아버지의 뜻을 받들어 노중례를 깊이 신임하고 있었습니다. 문종은 불과 재위 2년 만에 세상을 떠나는데, 노중례는 문종이 죽기 두 달 전에 명예로운 인생을 끝마칩니다.

후세의 역사가들은 그의 불굴의 업적을 칭송하였고, 문종 때의 문헌을 보면 그에 관한 여러 기록과 일화가 남아 있습니다. 이 또한 중인으로는 예를 찾아볼 수 없는 일입니다. 그는 죽고 나서야 비로소 인간다운 대우를 받았다고 말할 수 있습니다.

그러나 그는 자신의 영달을 생각한 사람도 아니고 신분 차별 속에서 출세하려고 애쓴 사람도 아니었습니다. 그는 언제나 의원으로서 사명에 충실하였던 사람이고, 후세 사람들을 위하여 여러 가지 위대한 기록을 남긴 위인이었습니다.

박연, 피리의 천재로 이름을 날리다

우리나라에서는 기원전인 고조선 시대부터 음악이 발달하였습니다. 특히 삼국 시대에는 고구려의 왕산악, 신라의 우륵이 악성樂聖으로 칭송받았습니다. 이 전통은 통일신라 시대, 고려 시대로 이어져, 불교 행사가 성행하던 고려 중기에는 3천 명의 대악대가 연주하였다는 기록도 있습니다.

그러나 13세기에 몽골과 대전쟁을 치르면서 국토가 황폐해지고, 나아가 고려 말기의 정치 혼란과 왜구의 약탈 때문에 많은 문화유산이 흔적도 없이 파괴되어, 귀중한 악기류나 음악에 관한 문헌들도 파괴되거나 불타버리거나 약탈당하였습니다. 또한 뛰어난 연주가들도 뿔뿔이 흩어져, 14세기 말 신정권이 성립할 무렵에는 국가적인 의식이 있을 때 연주 전문가를 모으기조차 어려웠습니다.

이처럼 쇠퇴한 우리 음악을 다시 전성기로 끌어올려 황금의 예술로 꽃피우는 데 결정적 공헌을 한 사람은 15세기 초에 활약한 박연(朴堧 : 1378~1458년)입니다.

박연은 고려 말 우왕 4년, 충청북도 영동에서 경리 담당 관리였던 박천석朴天錫의 아들로 태어났습니다. 그러나 고려가 쇠퇴해가던 때여서 그의 가족은 수도를 떠나 고향에서 관직 없이 살아가고 있었습니다. 아마도 가난하였을 것으로 짐작됩니다.

그래도 양반 가문에서 태어났으므로 어려서부터 향교(지방 관청에 딸린 학교)에서 공부를 할 수 있었습니다. 몇 살 때부터 피리를 불기 시작하였는지는 모르지만, 그는 잠시도 손에서 피리를 놓지 않았다고 합니다.

그의 어머니는 문관 출신의 딸이었는데, 그가 열한 살 때 세상을 떠났습니다. 어려서 어머니를 잃은 고독을 달래기 위하여 피리에 집착하였는지도 모릅니다. 그는 향교에서 한문 공부를 하는 한편 동네에서 제일가는 피리의 고수인 이웃집 아저씨에게 피리를 배우게 됩니다. 채 몇 년도 되지 않아 소년 박연은 선생보다 피리를 더 잘 불어 근처 일대에 피리의 고수로 이름이 났다고 합니다.

시골 향교에서는 제대로 학문을 닦을 수 없어서였는지 아니면 피리에 너무 열중한 나머지 공부를 소홀히 한 탓인지 몰라도, 그는 1405년이 되어서야 간신히 과거 초급 시험에 합격합니다. 그때 그의 나이 스물여덟이었습니다.

그는 과거 시험에 응시하려고 한성에 올라간 김에 장악원掌樂院이라는 음악 담당 관청을 찾아가 그곳에 있는 대표적인 연주가에게 자기의 피리 연주를 듣고 결점을 고쳐달라고 청하였습니다. 그의 연주를 다 듣고 난 악공은 신통하지 않다는 표정으로 평합니다.

"당신의 피리는 자신의 흥에 겨워 악곡의 규칙에는 맞지 않소. 게다가 연주가 몸에 굳어서 고칠 수가 없겠소."

하지만 박연은 끈덕지게 간청하여 악공에게 특별 교습을 받게 됩니다. 악공은 박연이 무엇이든 금방 배우는 데 놀라며 자기가 알고 있는 여러 가지 연주법을 모두 가르쳐 주었습니다. 그리고 악공은 어느새 그의 재능에 감탄하여 고개를 숙입니다.

"당신의 연주는 참으로 신기에 가깝소. 이제 나도 당신한테 미치지 못하겠소."

1411년(태종 11년), 그는 바라던 문관 시험에 합격합니다. 그때는 벌써 중앙 관청의 장악원에 있는 우리나라와 중국의 음악에 관한 거의 모든 문헌을 읽고 난 후였습니다.

그러나 명문가의 자손이 아닌 그에게 관직을 주선해줄 사람이 없었는지, 그는 마흔 살이 되도록 고향인 영동에 살면서 민간에 널리 퍼져 있는 악곡들을 샅샅이 조사하고 수집하는 한편 여러 가지 악기의 연주법을 깊이 연구하였습니다. 그러던 중 음악에 대한 그의 박학한 지식이 조정에서 인정받아 마침내 집현전에 들어가게 되었고, 나아가 '세자시강원(世子侍講院 : 세자를 교육하는 관청)'의 강사의 한 사람으로 뽑혔습니다. 그리하여 형을 대신하여 세자가 된 이도(뒷날의 세종)와 만나게 됩니다.

이 만남은 박연에게는 참으로 운명적인 사건이었습니다. 젊은 세자는 박연의 명연주에 크게 감동하여 음악에 대한 문제라면 모두 그의 의견을 존중하였기 때문입니다.

관습도감에서 음악 부흥의 기초를 닦다

1418년 8월 왕위에 오른 세종은 상왕인 아버지 태종의 눈치를 본 탓인지 바로 음악 부흥에 착수하지는 않습니다. 하지만 1422년 태종이 죽자 곧 박연을 관습도감(慣習都鑑 : 음악원)의 사실상의 책임자로 임명하여 소신껏 음악 부흥 사업에 매진하도록 해주었습니다.

박연은 우선 음악에 관한 문헌이나 뿔뿔이 흩어진 악기를 모으는 일부터 시작합니다. 이 대사업을 시작한 그는 국내에서 얻을 수 없는 문헌과 오래된 악기를 찾기 위하여, 1423년(세종 5년) 중국으로 여행을 떠납니다. 국가적인 외교 사절이 아니면 쉽게 외국을 여행할 수 없었던 당시에, 관직에 앉은 지 얼마 되지도 않은 그가 특별한 조처로 중국을 방문할 수 있었던 것은 그의 장대한 기상과 세종이 그를 얼마나 깊이 신임하고 있었는지를 말해 주고 있는 것입니다.

그러나 그의 부푼 기대와 달리 중국의 대표적인 음악가들을 만나고 또 이리저리 돌아다녔지만 얻은 것이 별로 없었습니다. 결국 우리가 고유의 것을 우리 힘으로 만들어내야 한다는 점만 통감하였을 뿐이었습니다. 그 여행은 어떤 의미로는 그에게 민족적인 자긍심을 높여주고 우리나라의 독자적인 음악을 발전시키는 데 커다란 계기가 되었으니, 그 의의는 매우 중대하다고 말할 수 있습니다.

다음해에 박연의 건의로 '악기도감樂器都監'이라는 국립 악기 제작소가 설립되어, 각지에서 모인 공인들이 우리나라 전래의 악기를 만들기 시작합니다. 박연은 우리나라의 전통 음악인 향악鄕樂, 중국풍의 음악인 당악唐樂, 관청 음악의 전통을 가진 아악雅樂의 음률에 대한 조사 결과와 악기의 분석도 및 그 악보들을 정리하여 종합적인 음악책을 편찬하기로 계획합니다.

그는 당시의 음악이 모두 마음에 들지 않았습니다. 우리나라 전래의 훌륭한 악기가 사라지는 것에 아무도 관심을 두지 않았고, 무슨 의식 때면 그저 당장 구할 수 있는 악기만 모아 적당히 연구하는 모습에도 화가 났습니다. 또 악사들이 각기 손에 익은 악기를 그저 소리 나는 대로 연주하며 만족하는 것도 참을 수가 없었습니다.

박연은 무엇보다도 악기 연주에 음의 조화가 없고 음정을 재는 기준도 없으며, 악보에 따라 바르게 연주하려는 자세가 되어 있지 않은 것에 큰 노여움을 느꼈습니다. 그는 그러한 불만과 분노를 누구 앞에서나 거리낌 없이 터뜨렸습니다.

뛰어난 전통을 가진 우리나라의 음악을 부흥하는 일에 다소나마 열의를 갖고 있는 사람은 그의 의견에 적극적으로 찬동하였지만, 다른 사람들은 대개 그에게 적의를 품었습니다. 아무튼 음악을 진지하게 생각하는 악사나 공인들은 박연의 말은 이해하였지만, 어떻게 해야 좋을지 몰라서 그저 당황할 뿐이었습니다. 또 모처럼 고심 끝에 만들어낸 새로운 악기도 음정이 전혀 고르지 않은 것뿐이었습니다.

이 모순은 박연이 제일 먼저 느끼고 있었습니다. 1425년 무렵에는 조정에서마저도 아악 연주에 필요한 석경(石磬 : 돌로 만든 악기)은 중국에서 사온 것 하나뿐이고, 나머지는 모두 불에 구운 기와로 만든 대용품들이었습니다. 더구나 그 음정도 제각각이었습니다. 아무래도 대용품으로는 음악이 되질 않아 음정이 정확한 석경을 만들 필요가 있었습니다. 또한 우리나라에 전래되어온 편종(編鐘 : 음이 다른 16개의 종을 매달아 만든 타악기)의 조율도 빨리 해결해야 할 문제였습니다.

이 악기들을 조율하기 위해서는 12가지 기준음을 내는 12종의 관이 필요하였습니다. 하지만 율관(律管 : 음악에서 기본음을 불어서 낼 수 있는 대나무 관)이라는 기초적인 악기가 우리 문헌에 기록되어 있는데도 불구하고 그 당시에는 하나도 찾아볼 수 없는 형편이었습니다. 그래서 박연은 우선 율관부터 제작하기로 마음먹습니다.

12종류의 높고 낮은 기준음을 내는 대나무관은 각각 길이와 두께에 차이가 나야 합니다. 이 율관이 완성되어야 기준음에 맞도록 악기를 조율할 수 있고, 모든 악기가 기준음에 맞추어 조율되어야 음정이 통일되고 조화가 이루어지는 연주가 가능합니다. 그래서 율관 중에서도 기본음(그 당시는 황종黃鐘)이 되는 관을 만드는 것이 가장 중요한 일이었습니다.

문헌에 따르면 검은 수수알 열 개를 늘어놓고 그것을 한 치로 삼았는데,

황종 율관은 길이가 아홉 치였습니다. 그는 이 특별한 수수를 전국에 수소문하였고, 마침내 해주 지방에 있다는 것을 알아내고는 바로 가져오게 하여 그 길이에 맞춰 관을 만듭니다. 그러나 그것은 예상한 음과 달라서, 시제품을 만드는 일에 여러 번 실패를 겪습니다.

그는 실패할 때마다 새로운 문헌을 찾아서 정리하고 연구를 거듭한 끝에 수수알이라 해도 생산지나 작황에 따라 대소의 차이가 있고, 또한 옛날의 황종 율관도 그 제작 연대나 제작지에 따라 음이 다르다는 사실을 알아냅니다.

그는 고심을 거듭하여 밀랍으로 해주의 수수보다 더 큰 알을 만들고, 그 밀랍 알을 척도로 삼아 황종 율관을 제작하여 기대에 부응하는 기본음 율관을 만드는 데 성공합니다. 그리하여 이 기본음에 맞춰 나머지 11종의 음을 내는 율관을 만들어 냅니다.

이에 자신감을 얻은 그는 중국에서만 만들 수 있는 것으로 여겨지던 석경을 우리나라의 돌로 12종의 기본음을 내는 편경을 제작하는 데 성공합니다. 이 석제 편경은 죽제 편경보다 만들기가 쉽고 오차도 적어서 당시의 악기로서는 매우 혁신적인 것이었습니다.

1427년 율관과 편경, 그리고 율관에 따라 조율된 많은 신제품 악기로 세종 앞에서 연주를 하다.

1427년(세종 9년), 마침내 박연은 눈부신 제작품인 율관과 편경, 그리고 율관에 따라 조율된 많은 신제품 악기로 세종 앞에서 연주를 해보입니다. 세종은 조화로운 멋진 연주를 듣고 크게 기뻐하며 악기를 일일이 만져보고는 박연과 협력자들의 노고를 치하합니다. 그리하여 박연은 모든 악기를 조율하여 그 악기들이 한 가지 악보에 따라 모두 같은 음정을 내게 하고 싶다는 다년간의 꿈을 이룰 수 있었습니다.

세종을 비롯한 많은 사람들이 박연의 성과를 칭송하였으나, 그를 질투하는 일부에서는 그가 중국 전래의 음률을 무시하고 중국의 음률과는 판이한 황종관을 만들어 스스로 정한 음률을 기초로 악기를 제작하는 불손한 행위를 저질렀다며 그를 공격합니다. 그러나 박연은 이러한 비난을 자주성이 결여되고 참된 음악을 모르는 형식주의자들의 잡음에 불과한 것이라며 무시해 버립니다.

그는 또 더 좋은 율관을 만들기 위하여 해주의 수수보다 알이 큰 남부

지역의 수수를 모아 대·중·소로 분류하여 각 크기를 기준으로 율관을 만들고, 그것을 종합하여 음률이 더욱 좋은 신제품 편종과 편경을 제작합니다.

그러나 그의 이러한 노력을 비방하는 권력자들과 그의 일을 노골적으로 방해하는 자들도 많았습니다. 박연은 더 견디지 못하고, 1430년(세종 12년) 2월에 왕 앞으로 자기가 연구를 계속해도 좋은지를 묻는 글을 제출합니다. 그의 제안은 조정의 예조에 회부되어 정식으로 허가를 받았고, 그는 같은 해 8월에 새로운 편종과 편경 등 많은 악기를 조정에 제출할 수 있게 됩니다.

음악계를 크게 개혁하다

이러한 반복된 노력으로 새로운 악기 제작은 순조롭게 진행되고, 62종의 악기가 개조되어 고려 말기에 사라진 민족 악기가 대부분 부활됩니다. 박연에 의하여 새롭게 창안되고 제작된 9종의 악기도 포함되어 있었습니다. 우선 악기 제작을 성공적으로 마친 그는 연주자들의 질을 높이기 위하여 과감하게 개혁을 단행합니다. 악사인 악공을 등용할 때 경력을 기준으로 삼던 옛 방법을 무시하고 연주 능력을 중심으로 뽑도록 개정한 것입니다.

그렇게 하여 새로 편성된 악대는 각 악공들이 자신의 연주 결과에 대하여 책임을 지도록 하고 음률의 조화가 지켜지도록 강력히 요구하였고, 음률의 조화를 유지하는 것이 연주의 질을 높이는 데 가장 중요한 열쇠라는 것을 그는 특히 강조합니다. 그리하여 박연은 전처럼 악공들이 그저 경험에만 의존하여 서로 음률이 맞지 않는 연주를 반복하는 방식을 뜯어고칩니다.

박연이 이렇게 소신대로 밀고 나갈 수 있었던 것은 세종이 그를 음악원의 책임자로 임명하고 절대적인 신뢰를 보내주었기 때문입니다. 또한 당시의 봉건 사회에서 신분이 낮은 악공들은 문관 출신이며 음악계의 최대 권력자인 박연에게 대항하는 것은 곧 국립 악단에서 추방당하는 것을 뜻하였기 때문이기도 하였습니다.

그는 전문 악공들의 기술 개선을 위하여 힘을 쏟았을 뿐만 아니라 재능 있는 신진 악공들을 육성하기 위해서도 각별한 노력을 기울였습니다. 그리하여 궁전에서 연주하는 악단은 350명의 악공이 동원되는 대규모 악단이 되었고, 연주는 악보에 따라 질서정연하게 이루어지게 됩니다.

박연이 연구해서 고안한 악보는 악기의 종류나 성질에 따라 선율이 섬세한 것, 음률이 단순한 것, 또는 움직임이 민감하게 전달되는 것과 천천히 전달되는 것 등의 차이점을 자세히 기록하고 현악기나 타악기, 그리고 취주악이나 가창의 차이 등을 명확히 밝힌 것으로, 음악의 복잡한 요소를 악보로 훌륭하게 표현하여 우리나라의 음악을 당시 세계에서 가장 높은 수준으로 끌어올린 것입니다.

그는 항상 서민들의 생활 속에 스며든 농악이나 민요, 군무 등을 깊이 연구하고, 이러한 민중들의 귀중한 문화유산을 높이 평가하는 동시에 이것들을 악기 제작이나 연주, 그리고 악보 창작에 적용합니다. 또한 그는 음악과 무용의 밀접한 관계를 살려 무용이 주가 되고 음악이 반주 역할을 하는 것과, 노래가 주가 되고 가벼운 무용 동작을 덧붙인 가무조의 무대 연기용 작품도 많이 창작합니다. 그리고 무용수가 화려한 의상을 입고 소도구를 들고 춤추는 작품이나, 춤추는 동작이 음악 악장의 변화에 따라 다양하게 변화하도록 한 다채로운 작품도 창작합니다.

또한 궁중 의식에서 연출된 무용은 기녀들만 추던 것을 동무(童舞 : 소년들의 춤)로 바꾸는 방식도 덧붙여서, 단지 의식을 위해 지루한 음악을 연주하고 동작이 둔한 춤만 추는 재래의 '제례악祭禮樂'을 화려한 무대 효과에 활기 넘치는 종합 예술의 경지로 끌어올립니다.

이와 같이 과거의 음악에서는 상상도 할 수 없었던 대혁신을 이룩한 박연은 왕이 참석하는 국가적인 의식에서 고려 말기부터 내려온 향악을 폐지하고 새로 제작한 아악기로 새로 작곡한 아악곡을 연주하자고 제안합니다. 세종도 이에 찬성하여 연주가 이루어지는 듯하였으나 권신들이 이를 반대하고 나서자 세종도 동요하여 반대론자들의 의견을 대변하기 시작합니다.

"아악은 원래 우리 음악이 아니고 중국 것인데, 지금 조선에서 새롭게 만든 아악이 중국 아악의 전통에 맞는 것인지 알 수 없소. 만일 전혀 다르다고 하면 다음에 문제가 되지 않겠소?"

그러나 박연은 주장을 굽히지 않았습니다.

"뛰어나고 음악적인 가치가 있는 것은 국가의 제일 중요한 의식에서 연주함이 옳은 줄 아뢰옵니다."

그래도 세종이 걱정을 떨쳐버리지 못하자 그는 재래의 의식에서 사용한 악보 12편을 더욱 예술적으로 수정한 것을 비롯하여 새로운 창작 「아악보雅樂譜」를 제출하여 창작 음악이 과거의 것보다 얼마나 더 뛰어난 것인가를 실증해 보입니다.

드디어 박연의 주장대로 1431년(세종 13년) 정월 초하루, 근정전에서 열린 신년 하례에서는 찬란한 새 아악이 연주됩니다. 이 연주는 일찍이 들을 수 없었던 장엄하고도 웅대한 것이어서 모든 참석자를 감동의 도가니로 몰아넣습니다. 130여 명의 장인들이 144개의 아악기를 제작하였으며, 연주에는 119명의 악공이 참가하였습니다. 조정은 박연을 비롯하여 새로운 음악에 공헌한 음악원의 관리들과 악기 제작자, 그리고 연주자들을 표창합니다. 이 성공을 계기로 조정의 모든 의식에 아악이 연주되었고, 박연이 창작한 새로운 무용곡과 가무곡도 연주되었습니다.

정월 초하루, 근정전에서 열린 신년 하례에서 새 아악이 연주되다.

「여민락與民樂」 등 수많은 우리 음악을 창작하다

박연의 창작품은 모두 『세종실록世宗實錄』 「악지樂志」에 수록되어 있습니다. 그 가운데 가장 대표적인 작품은 「정대업定大業」, 「보태평保太平」, 「발상發祥」, 「취풍정醉豊亭」, 「치화평致和平」, 「봉래의鳳來儀」, 「여민락與民樂」 등이 있습니다.

이 작품들은 일관된 줄거리를 갖고 있는 서사적인 내용으로, 가무를 중심으로 한 종합적인 무대 예술 양식의 악곡입니다. 이 악곡들은 예부터 전해져온 전통적인 민간 음악의 선율에 기초하며, 그것을 편곡한 것과 새로 창작한 곡으로 분류됩니다.

전자의 대표적인 것이 「취풍정」, 「정대업」 등입니다. 오래된 것에 새로운 가사나 음률을 더하였기 때문에 다소 어색한 데가 있으나 아름답고 약동적인 선율이 흐르고 서민적인 숨결이 가득한 정겨움을 느끼게 합니다.

후자의 전형적인 것은 「여민락」으로, 우리 음악의 발전사를 논리적으로 보여주는 듯 참으로 정연한 가락 속에 생생하고 재기가 번뜩여 우리나라 중세기의 전문 음악가가 수준이 매우 높았다는 것을 잘 보여주고 있습니다.

어쨌든 박연이 창작한 작품의 음악적 주제는 거의 예외 없이 전통적인 민간 음악에 기초하고 있습니다. 이는 40여 년에 걸친 생활 환경에서 배어나온 것이며, 그가 우리나라의 유산을 높게 평가하고 있었다는 것을 보여줍니다. 또한 그의 음악적 견해의 표현이기도 합니다.

박연은 서민들이 갖고 있는 무진장한 음악적 재보나 전통적인 음악 유산을 지극히 값진 것으로 인정하고 있었던 만큼, 스스로도 수집하는 데 노력을 기울였을 뿐만 아니라 국가적인 사업으로의 필요성을 거듭 제기하였습니다. 그의 이러한 노력의 성과나 15세기의 우리 음악가들의 활약상은 『세종실록』에 자세히 수록되어 있습니다. 그 후 박연을 비롯한 많은 음악가들의 업적이 더욱 폭넓게 연구되었고, 성현(成俔 : 1439~1504년) 등은 이를 집대성한 『악학궤범樂學軌範』을 편저하여 우리나라 음악사의 자랑으로 찬란히 빛나고 있습니다.

박연을 도와준 사람들 : 맹사성, 남급, 장영실, 유사눌

박연이 우리나라의 악성으로 존경받게 된 데에는 물론 그의 천재적인 음악적 재능과 한결같은 노력이 결정적인 이유였으나, 그를 존경하고 중용한 세종의 역할도 간과할 수 없습니다. 그 밖에도 당시 우리나라의 음악 발전을 위하여 노력한 수많은 사람들이 있었습니다. 그 중에서도 특히 중요한 역할을 한 사람은 맹사성(孟思誠 : 1360~1438년)입니다.

맹사성은 고려 말기인 1360년 문관 가문에서 태어나 1368년(우왕 12년) 문관 시험에 합격하여, 기울어가는 고려 조정에서 관리로 일하고 있었습니다. 그러다가 이성계가 신정부를 세울 때 자진하여 그 휘하에 들어가 빠르게 출세 가도를 달립니다. 1408년(태종 8년) 맹사성이 대사헌(大司憲 : 검찰청 장관)으로 있을 때, 왕의 사위인 조대임(趙大臨 : 1387~1430년)이 부정을 저지른 것을 알았으나 이를 왕에게 보고하지 않고 심하게 취조하였다가 왕의 노여움을 사 유배된 일이 있었습니다. 하지만 당시 재상의 배려로 곧 용서를 받습니다.

그 후 그는 승진을 계속하여 1416년에 예조판서에 올라 세종이 왕위에 앉은 후에도 판서 자리를 지켰고, 특히 국방의 총책임을 맡기도 하였습니다. 그리고 1432년에는 영의정에 올라, 1435년에 하직할 때까지 일생을 요직에 앉아 있었습니다.

맹사성은 황희와 함께 세종 시대의 명재상으로 일컬어지며, 청렴결백의 상징으로 통하였습니다. 그의 집은 비가 샐 정도로 초라하였고, 고향인 온양으로 돌아갈 때도 누추한 옷차림에 소를 타고 가다가 그 지방의 지방관으로부터 농사꾼으로 오해받아 심한 모욕을 당한 적도 있었습니다. 그 지방관은 그 노인이 정승이라는 것을 알고는 처벌이 두려워 도망쳐 버렸다고 합니다.

유명한 학자이기도 한 그는 역사서나 지리서 편찬에도 참여하였고, 세종의 문화 사업 추진에 가장 힘을 쏟은 사람 가운데 하나였습니다. 또한 시문에 능하여 문학자로서도 이름을 떨쳤고, 음악에 대해서도 조예가 깊어 우리나라의 음악을 정비하는 데 노력하였으며 몸소 악기를 제작하기도 하였습니다.

따라서 맹사성이 나이 어린 후배요 고향도 같은, 음악의 천재로 알려진 박연을 등용하는 데 관심을 가진 것은 당연한 일이었습니다. 박연을 음악원의 사실상의 책임자로 임명하는 것, 중국에 파견하는 것, 악기도감 설치 따위에 관하여 대신인 맹사성이 세종의 상담자가 되고 오히려 적극적으로 찬성하였으리라는 것은 충분히 상상할 수 있습니다.

앞서 말한 것처럼 1430년 박연이 국가적인 의식에서 향악 대신 아악을 연주하자는 주장에 세종은 반대론자의 강력한 의견에 동요됩니다. 그때 맹사성이 국가의 대신으로 왕을 설득하여 박연의 주장을 통과시켰다는 것은 기록에도 분명히 남아 있습니다.

1431년 1월 아악 연주가 크게 성공하여 조정의 모든 의식에 아악을 연주한다는 결정을 내릴 때, 그리고 박연이 기녀의 무용 대신에 소년 무용수를 쓴다는 혁신적인 주장을 펼 때에도 세종은 대신인 맹사성을 불러 노골적으로 화를 내며 박연의 방식이 지나치다고 비난하였습니다.

"기생이 춤을 추어서는 안 된다고 하지만, 만일 기생 대신 아이들을 썼다가 춤이 음악에 맞지 않기라도 하면 어떻게 하겠는가? 게다가 무용수에게 입히는 것이 중국 옷이 아닌데 중국식 아악을 연주하는 것은 무슨 이유인가? 향악을 그만둔다는 것은 결코 옳지 않다고 생각하오."

마치 박연의 방식이 맹사성의 책임이라고 말하는 것 같습니다. 세종은 맹사성과 박연이 일심동체라고 생각하였을지도 모릅니다. 하지만 이때도 맹사성은 끈기 있게 세종을 설득하여 박연의 주장을 통과시킵니다. 맹사성이 없었다면 박연의 음악 개혁은 아마 불가능하였을지도 모릅니다.

이처럼 맹사성은 박연의 절대적인 옹호자였습니다. 맹사성은 박연의 음악 개혁 사업이 크게 성공한 후 재상 직에서 물러나, 1438년 일흔아홉의 나이로 영예로운 생애를 마칩니다. 박연의 말년이 고독하고 불행하였던 것은 이 거대한 후원자가 사라진 탓일지도 모릅니다.

박연을 강력하게 도와준 또 한 사람은, 이천을 도와 활자 제조에 공을 세운 남급이다.

박연을 강력하게 도와준 또 한 사람은, 이천을 도와 활자 제조에 공을 세운 남급(南汲)입니다. 군인 출신인 그는 1430년에 박연의 후임으로 악기 제작을 책임지는 악학별좌樂學別坐라는 자리에 올라 악기 제작에 심혈을 기울였습니다. 그래서 그는 1431년 1월 역사적인 아악 연주의 공로자의 한 사람으로 표창을 받기도 합니다. 그는 양반 출신이 아니었기 때문에 기록도 확실치 않고, 출생이나 사망 연도도 명확하지 않습니다.

그 밖에도 장영실과 유사눌의 도움을 받다.

그 밖에도 악기 제작의 공로자요 천문 관측 기기 제작자로 유명한 장영실이나 유사눌(柳思訥 : 1375~1440년, 조선의 문신, 박연을 도와 「아악보」를 완성함) 등의 이름도 들 수 있습니다. 박연의 위업은 헌신적인 악기 제작자들의 힘을 빌려 완성된 것이라고도 할 수 있습니다.

또 그에게 피리를 가르친 고향의 이웃집 아저씨나 그에게 음악의 기초를 가르친 한성의 악공들도 그에게는 소중한 사람들이지만, 지금으로서는 그들의 이름이나 경력을 전혀 알 수 없습니다.

세종 사후 불우한 말년을 보내다

1433년(세종 15년) 박연은 어느 날 승문원(承文院 : 외교 관계 부서)에 갔다가 그 건물이 자리 잡은 지형을 둘러보고 아무 생각 없이 그저 "호걸이 나올 만한 땅이로군"이라고 중얼거렸습니다. 이 말은 당시 사회에서는 정권 타도를 노리고 반역자의 출현을 기대하는 말로 해석될 소지가 있었습니다.

옆에서 이 말을 들은 박모라는 자가 밀고하여 박연은 유언비어를 유포한 죄로 체포되는 신세가 됩니다. 하지만 세종은 "나이 든 노인이 경솔하게 입을 놀린 것은 고약하다만, 음악에 큰 공을 세웠으니 관직만 박탈하고 앞으로 아악 연구만을 계속하도록 하는 것이 좋겠다"는 처분을 내립니다. 그 후 그는 용서를 받고 음악과 관계없는 명목뿐인 높은 지위에 앉게 됩니다.

1445년(세종 27년), 67세의 노령이었던 그는 명나라 황제의 생일 축하 사절로 중국에 파견됩니다. 그가 다년간 원하던 중국 아악을 연구하고 돌아오는 것이 좋겠다는 세종의 배려였습니다.

중국에서 귀국한 지 3년 후 그는 여동생의 장례식 때문에 고향에 내려갔는데, 관청의 악공을 사사로운 일에 데려가 부렸다는 것과 장례식 방식이 규정과 다르다는 이유로 아악에 관계된 일을 금지당합니다.

하지만 그해 세종이 유학자들의 반대를 물리치고 궁전 내에서 망모(亡母 : 돌아가신 어머니)를 위해 불당을 개축하고 성대한 낙성식을 거행할 때, 박연은 이를 축하하는 신곡을 만들어 악공 50명에게 연주를 명하고 무동 10명에게 춤을 추도록 합니다. 낙성식에 참석한 수많은 권신들 중에는 박연을 가리켜 "유생의 몸으로 불상 앞에서 중들과 어울려 밤낮으로 연주 연습을 하다니, 늙은이 주제에 땀에 푹 절어서도 피곤할 줄 모르는 모양이군"하며 큰소리로 비웃었다고 합니다.

1450년(세종 32년) 왕이 병상에 드러눕자 박연은 왕을 위하여 의원들과 7일 동안이나 약을 처방하며 간호하였으나, 그 보람도 없이 왕은 54세로 타계합니다.

박연의 정치적 생명은 세종의 사망과 함께 끝난 것인지도 모릅니다. 그러나 그는 관직을 떠나지 않고 음악과 거리가 먼 자리에서 일하였습니다. 그러다가 1456년(세조 2년), 폐왕廢王이 된 단종端宗 복위 운동 모의에 그의 막내 아들 계우(季愚 : 1414~1454년)가 가담하여 처형되는 사건이 일어납니다. 그는 3명의 왕(태종, 세종, 문종)을 모셨다는 이유로 사형은 모면하였으나 모든 직책을 박탈당하고 충청도 영동으로 돌아가야만 하였습니다.

남루한 모습으로 한성을 떠나는 그에게는 야윈 말 한 마리와 하인 한 명뿐이었으며, 나룻배에서 옛 친구들과 이별주를 나눈 그는 자루 속에서 피리를 꺼내 구슬픈 가락을 연주하였다고 합니다.

박연은 고향에 돌아온 지 2년 후에 81세를 일기로 고독한 말년을 마감합니다.

박연은 아악을 국악으로 제정하는 대사업을 이룩한 후 주위의 무수한 적들로부터 비방을 받았습니다. 그는 원래 예술적 소질을 타고났던 만큼 정열적이고 개방적인 성격이었다고 짐작되는데, 자신에 찬 언동과 풍모는 타인에게 필요 이상으로 상처를 주었고 그래서 그를 시기하는 적이 많았습니다. 이는 문관이기는 하지만 노련한 정치가는 될 수 없었던 그의 예술가다운 기질 때문이라고 말할 수 있습니다. 이는 많은 사람들에게 기쁨을 주는 천재적이고 개성이 강한 예술가들이 인간의 자유를 억압하고 신분 차별이 심한 봉건 사회 속에서 겪어야 하는 숙명적인 길이었는지도 모릅니다.

그가 죽은 지 309년이나 지난 1767년, 조정에서는 박연이 우리나라 음악계에 남긴 불멸의 공로를 새로 인정하여 문헌文獻이라는 시호를 부여합니다.

13. 훈민정음을 만든 사람들, 그 운명의 두 갈래 길

훈민정음訓民正音은 우리나라의 문자를 말합니다. 현재 세계에는 수많은 문자가 사용되고 있지만 훈민정음은 어느 문자보다도 발음을 정확하게 표현할 수 있는 표음문자表音文字이며, 세계의 어느 언어라도 과학적인 조립에 의해 정확히 표현할 수 있는 문자로 높이 평가받고 있습니다. 또한 세계의 거의 모든 문자가 만들어진 연대나 만든 이가 잘 알려지지 않고 있으나, 우리 문자만은 만들어진 연대와 만든 사람들의 이름이 역사책에 분명히 기록되어 있습니다.

훈민정음 창제의 역사적 의의

중국에서 만들어진 한자는 기원전 고대 사회로부터 고조선, 부여, 진국 등으로 전달되어 널리 쓰여지고 있었습니다. 그러다가 기원 전후의 삼국 시대부터는 우리 언어를 그대로 표기하기 위하여 한자의 음을 딴 이두 문자가 고안되었고, 7세기 초에는 여러 가지 이두 문자 사용법을 정리하여 일정한 법칙을 만들게 됩니다.

하지만 이두 문자 역시 한자이기 때문에 한자에 정통한 사람이 아니면 사용할 수 없는 불편함이 있었고, 한자를 딴 이두로 섬세한 우리나라 언어를 정확하게 표현하기란 애당초 무리한 일이었습니다. 그래서 한문 공부에 열중하던 신라 시대 이후의 양반 계급은 한문을 읽기 쉽게 하려고 구절마다 조사를 붙입니다. 이 조사를 표시하는 기호를 '구결口訣'이라 하는데, 이는 이두 문자를 생략하여 만든 것입니다.

그런데 이두나 구결은 한문을 공부하는 양반 계급에게는 도움이 되었지만 일반 서민과는 인연이 없었습니다. 이리하여 고려 시대부터 우리나라의 언어를 간단하게 써서 나타낼 수 있는 쉬운 문자를 요구하는 목소리가 민중 속에서 높아가고 있었습니다.

이두와 구결

그런 목소리는 고려 시대 피차별 계급의 격렬한 투쟁과 따로 떼어 말할 수 없으며, 민중 의식이 높아짐에 따라 문자를 요구하는 움직임도 나타났던 것입니다. 이에 고려 시대 지배 계급의 하나인 승려들도 불교 경전을 민중에게 쉽게 보급할 수 있도록 쉬운 문자를 만들기 위하여 여러 가지로 고심하였다고 합니다.

고려의 귀족 지배를 무너뜨린 신정부는 일반 민중의 중심인 농민의 지지를 얻기 위하여 정부의 새로운 정책을 농민에게 널리 전달하려고 노력합니다. 이를 위해서라도 민중에게 가르치기 쉬운 문자를 만드는 일이 절대적으로 필요하였습니다.

왕위에 오른 세종은 지배 체제를 강화하기 위해서, 또 민중의 요청에 답하기 위해서라도 이 문제를 시급히 해결해야 하였습니다. 그래서 집현전(일종의 국립 문화 연구소) 안에 새로운 기관을 설치합니다.

세종은 여기에 문관 시험에 합격한 우수한 청년들을 모아서 새로운 문자 창제에 온 힘을 기울입니다. 연구하고 또 연구를 거듭한 결과 세종 25년 12월(양력 1444년 1월)에 자음 17글자, 모음 11글자, 도합 28자의 발음 기호로 이루어진 문자가 드디어 만들어집니다. 이 문자들은 매우 간단하였고, 입과 입술 그리고 혀와 목청이 움직이는 방법을 표시한 기호였습니다(현재는 자음 3글자, 모음 1글자가 쓰이지 않게 되어 24글자로 줄어들었음).

세종은 이 문자를 '훈민정음'이라고 이름 짓습니다. 이는 '백성을 가르치기 위한 올바른 소리'라는 뜻입니다. 그리고 세종은 곧 궁전 안에 '정음청正音廳'이라는 관청을 만들어 문자 제작에 핵심 역할을 한 학자들을 모아 훈민정음의 해설서를 출판합니다. 또한 많은 청년들에게 이 문자를 가르치는 한편, 이 문자로 각종 중요 문헌을 번역하는 사업을 진행합니다. 그 중에 왕세자나 몇몇 왕자들도 참여한 것을 보면 세종이 이 사업에 얼마나 심혈을 기울였는지를 알 수 있습니다.

이 문자는 그때까지 세상에 존재하던 어느 문자와도 닮지 않은 독창적인 것으로 누구든 쉽게 기억할 수 있으며, 더구나 알기 쉬운 과학적 조립으로 아무리 복잡한 발음이라도 정확하게 표현할 수 있었습니다. 이 문자의 발

세종 25년 12월(양력 1444년 1월)에 자음 17글자, 모음 11글자, 도합 28자의 발음 기호로 이루어진 문자를 만들다.

훈민정음은 '백성을 가르치기 위한 올바른 소리'라는 뜻이다.

명으로 우리는 우리나라 말을 자유자재로 표기할 수 있게 되었을 뿐만 아니라, 우리 민족 문화의 발전에도 결정적인 역할을 하게 됩니다.

이리하여 3년간의 준비 과정을 거친 후, 1446년(세종 28년) 9월에 세종은 정식으로 전 국민에게 이 문자를 배우도록 호소하며 해설서를 대량으로 인쇄하여 전국에 배포합니다. 세종의 이름으로 발표된 서문에는 다음과 같은 내용이 씌어 있습니다.

우리나라 말이 중국과 달라 말과 글이 서로 통하지 않으니, 이런 까닭으로 어리석은 백성들이 제 생각을 전하고자 하는 바가 있어도 마침내 자기 생각을 올바로 표현하지 못하는 자가 많다. 내 이를 위하여 가엾이 여겨 새로 스물여덟 자를 만드노니, 사람들이 쉽게 익혀 날로 사용하여 편하게 하고자 함이니라.

백성의 요망에 답하여 문자를 만들었다는 세종의 말 속에는 정치가로서 세종의 훌륭한 점이 엿보일 뿐만 아니라, 우리나라의 독자적인 문자를 만들었다는 민족적인 자부심이 깃들여 있습니다. 하지만 이 사업은 출발할 때부터 여러 가지 장애에 부딪혔습니다. 보수적인 유학자들의 맹렬한 반대 때문이었습니다.

고려 시대는 물론이고 신정부가 들어선 후에도 권력은 여전히 유학자들이 쥐고 있었습니다. 유학에 몰두해 있던 그들은 중국을 숭배하는 사대사상에서 헤어 나오지 못하고 민족의 독자적인 문자를 만드는 것을 중국에 대한 반역으로 생각하였습니다. 이러한 사대주의자는 집현전 안에도 있었는데, 그 대표적인 사람이 최만리(崔萬理 : 1388?~1445년)입니다.

최만리는 문과 고급 시험에 합격한 후 집현전의 요직에 앉았는데, 1444년 훈민정음이 창제된 지 두 달 후 다음과 같은 항의문을 세종에게 올립니다.

여러 사람의 의견을 묻지도 않고 옛 학자들이 만든 운서(韻書 : 한자 발음서)

독자적인 문자를 만드는 것을 중국에 대한 반역으로 생각하였다.

를 경솔하고 하찮은 언문(諺文 : 훈민정음을 자국의 촌사람들이 만든 것이라 하여 얕잡아 이르는 말) 따위에 끼워 맞추려하고, 수십 명의 공인들을 동원하여 인쇄를 하고 이것을 널리 전국에 퍼뜨리려 하니, 이러한 일로 막대한 국비를 낭비한다면 반드시 후세의 사람들로부터 규탄 받을 것입니다.

그는 청렴한 관리로 평판이 나 있었기에, 요직에 있는 많은 유학자들이 이에 찬동하여 세종에게 사업 중단을 강력하게 요구합니다. 이에 격노한 세종이 이 완고한 보수파들을 하루 동안 감옥에 가두는 사태까지 일어났으나, 세종은 곧 그들을 타일러 간신히 사태를 수습합니다.

하지만 세종과 우수한 청년 학자들의 헌신적인 노력에도 불구하고 중앙 관청을 비롯한 지방 관청의 관리들은 권력을 쥐고 있는 보수파 유학자의 의견에 동조하여 민중에게 훈민정음을 보급하는 일에 일체 손을 대지 않았고, 관청에서도 훈민정음의 사용을 허락하지 않았습니다.

양반 계급의 이와 같은 반민중적인 방해 때문에, 훈민정음이 실제로 민중에게 보급된 것은 두 세기가 지나서였습니다.

훈민정음을 만든 사람들에게 기구한 운명이 드리우다

여러 곡절을 겪기는 하였지만 훈민정음의 창제는 우리 역사상 가장 빛나는 업적 가운데 하나입니다. 이 일을 성공시킨 세종과 최항(崔恒 : 1409~1474년), 박팽년(朴彭年 : 1417~1456년), 신숙주(申叔舟 : 1417~1475년), 성삼문(成三問 : 1418~1456년), 이현로(李賢老 : ?~1453년), 이개(李塏 : 1417~1456년), 강희안(姜希顔 : 1419~1464년), 정인지(鄭麟趾 : 1396~1478년) 등의 헌신적인 업적은 크게 칭송받아 마땅합니다.

그들은 한결같이 두뇌가 명석한 인물들로 모두 공로를 세워 우리 역사에 이름을 떨친 사람들입니다. 그러나 조선 초기에 가장 잘못된 전통이라고 할 수 있는 왕위 쟁탈이라는 보기 흉한 권력 투쟁의 소용돌이에 휘말려 이들 대부분이 적과 아군으로 갈려 비참한 참극을 벌이게 됩니다. 그 비극적인 운명의 조짐은 이 사업이 완료된 후 세종의 생활에서 드러나고 있었습니다.

소년 시절부터 유학으로 철저하게 교육받은 세종은 태조 이래의 배불 정책을 계속 추진하여, 왕위에 오른 직후 불교의 각종 종파를 두 개의 종파로 통합하여 많은 사찰을 폐하고 그 건물과 절 소유의 전지田地를 학교나 관청으로 돌리는 등 일관되게 불교를 억압하는 정책을 취합니다.

그러나 그는 완고한 유학파는 아니어서 민간 신앙의 참배까지 부정하지는 않았습니다. 이렇게 음성적으로 사찰을 보호하자 불교 탄압 정책을 강화하라는 유학자들의 요청이 빗발칩니다. 특히 1441년에는 한 달 동안 항의문이 잇따르는 소란도 있었습니다.

이러한 경험을 하였던 세종은 훈민정음을 널리 보급하는 것을 방해하는 중신들의 행동에 염증이 나서 공공연하게 부처에게 절을 하거나 불경을 외우곤 하였다고 합니다. 그리고 1448년(세종 30년)에는 궁전 안에 무너진 불당을 신축합니다. 이에 대해 모든 유학자들이 반대하였을 뿐만 아니라 당시의 국립대학이라고 할 수 있는 사부학당四部學堂과 성균관 유생들조차 이에 항의하여 동맹 휴학을 합니다. 그러나 세종은 이러한 격렬한 반대 운동을 무시하고 성대한 낙성식을 올립니다.

그 무렵 세종은 건강이 나빠져 정무도 거의 왕세자에게 맡겨 놓은 상태였습니다. 유학자들의 항의에 세종은 "승려라고 해도 우리 백성이 아닌가"라고 입버릇처럼 말하곤 하였습니다. 그러나 세종의 이러한 허무주의적인 태도는 보수적인 유학자들을 결속시켰고, 권력을 쥔 양반들이 왕실 세력을 억제하려는 움직임에 나서도록 간접적으로 조장하는 결과를 낳았습니다.

바로 이 점이 세종이 그의 아버지인 태종과 달리 철저한 권력형 정치가가 될 수 없었던 까닭입니다. 그는 오직 인간의 선의를 믿는 사람이었습니다.

세종은 1450년에 54세의 나이로 병사하고, 세자 향珦이 왕위에 오르게 됩니다. 그가 바로 조선 제5대 임금 문종(文宗 : 1414~1452년)입니다. 세종의 장남으로 태어난 향은 8세 때 세자가 되어 30년 가까이 세종을 도왔으며, 아버지를 닮아서 학문을 지극히 사랑하는 인물이었습니다. 그는 집현전의 젊은 학자들과 어울리며 학문의 길로 매진합니다.

세종은 오직 인간의 선의를 믿다.

문종이 왕위에 오른 지 겨우 2년 3개월 만에 39세의 젊은 나이로 병사하다.

문종은 세자 시절부터 각 방면에 걸쳐 세종의 일을 도우며 많은 공을 세웠습니다. 그는 우선 국방력을 강화하기 위하여 '오위五衛'를 두고, 스스로 쓴 『진법陣法』 9편에 따라 무기 제작과 진지 강화에 힘을 기울입니다. 또 각종 역사적인 도서 출판을 진행하고 국정의 기초를 다지기 위하여 노력합니다. 하지만 그는 왕위에 오른 지 겨우 2년 3개월 만에 39세의 젊은 나이로 병사하는 불운을 맞게 됩니다.

이리하여 1452년 5월, 세자였던 홍弘이 12세의 어린 나이로 제6대 단종(端宗 : 1441~1457년)에 즉위합니다. 문종의 유언에 따라 정무는 영의정 황보인(皇甫仁 : ?~1453년), 좌우정 남지(南智 : 1392~1454년, 그는 곧 사임하고 정분鄭笨으로 바뀜), 우의정 김종서(金宗瑞 : 1383~1453년)의 세 대신이 보좌하고, 주요 정책은 세종 때부터 신임이 두터웠던 집현전의 젊은 학자들이 협의하여 실행하게 됩니다.

집현전의 학자 중에서도 훈민정음을 만든 사람들은 당시 빼어난 수재들로, 그들이 국가의 중책을 걸머지게 된 것입니다. 그러나 이런 특권 지위에 오른 것이 어떤 의미에서는 그들의 운명에 대파란을 예고하는 계기가 됩니다.

수양대군, 골육상쟁을 통해 왕위를 찬탈하다

세종에게는 18명의 아들과 4명의 딸이 있었습니다. 특히 세종의 왕비가 낳은 8명의 아들은 장남이자 세자였던 문종을 비롯하여 8남에 이르기까지 한결같이 수재였으며, 모두 위풍당당한 왕자의 위세를 떨치고 있었습니다.

단종이 즉위한 후 보좌역 대신들은 왕의 숙부들이 정책에 간섭하는 것을 두려워하여, 관리가 함부로 왕자의 집에 출입하는 것을 금하고 왕자들이 벼슬아치들을 후원하는 것을 금지합니다. 물론 왕자들은 대신들의 이러한 조치에 반감을 품게 되었고, 세력 있는 왕자들과 권력을 쥔 대신들의 골은 날이 갈수록 깊어갑니다.

세종의 차남인 유(瑈 : 진평대군晉平大君이라고 부르다가 후에 수양대군首陽大君으로 바뀜)를 비롯하여 3남인 안평대군安平大君 용瑢, 4남인 임영대군臨瀛大君

구璆, 5남인 광평대군廣平大君 여璵, 6남인 금성대군錦城大君 유瑜, 7남인 평원대군平原大君 림琳, 8남인 영응대군永膺大君 염琰 중에서 가장 세력이 막강한 사람은 수양대군과 안평대군이었습니다.

수양과 안평은 대신들이 문관의 출입을 금지하자 화를 내며 항의를 합니다.

"이것은 우리 왕족의 활동을 제한하는 짓이며 우리를 의심하는 짓이다. 국가가 위기를 맞이하여 우리 왕족이 마음을 합하여 대신들과 협력해서 왕을 도와야 하는데, 도리어 우리를 배척하는 것은 어찌 된 일인가? 돌아가신 세종 대왕과 선대왕 때도 이러한 경우는 없었다."

이에 놀란 대신들이 문관들의 출입을 다시 허락하였으니, 이는 대군들의 세력이 그만큼 강하였다는 것을 말해 주고 있습니다.

대신들은 아직 어린 왕을 형식상의 왕으로 섬기면서 자기 세력 밑에 있는 자들로 요직을 채웠습니다. 생각이 곧은 관리들은 이러한 대신들의 행태를 비판하다가 도리어 지방으로 좌천되었고, 권력을 쥔 대신들에게 거스르는 사람이 점차 사라지게 됩니다. 이러한 상황에서 수양대군과 안평대군은 각자 왕위를 탈취하려는 계획을 세우고 은밀히 세력을 쌓아 나갑니다.

안평대군은 마포의 강기슭에 '담담정淡淡亭'이라는 정자를 세우고 주로 문관들을 불러 시국을 논하였습니다. 그들 중에는 훈민정음 창제에 공을 세운 이현로도 끼여 있었습니다. 때마침 수양대군이 명나라에 사절로 가게 되자, 그가 없는 사이에 안평의 밑에 있던 자들은 연일 한강에서 뱃놀이를 즐기며 세력 확대를 꾀하고 있었습니다.

왕의 대리인 자격으로 명나라로 출발한 수양대군은 훈민정음 창제에 참여하였던 신숙주를 서기관으로 데려갔습니다. 그리하여 수양과 신숙주는 굳게 결속하게 됩니다. 대신인 황보인과 김종서는 수양이 중국에 가서 제멋대로 교섭을 할까 두려워 각자 자기 아들을 동행시켜 수양의 행동을 감시하게 합니다. 그러나 수양은 신숙주를 데리고 유유히 명승지를 돌아다니며 구경만 할 뿐이었습니다.

수양대군은 귀국하는 길에 개경을 들렀다가 이성계를 기리는 경덕궁(敬

德宮 : 이성계가 왕위에 오르기 전 살던 사저)을 관리하던 한명회(韓明澮 : 1415~1487년, 훗날 계유정난癸酉靖難을 주도함)를 만나게 됩니다. 당대의 책사로 알려진 한명회와 수양은 함께 한성으로 올라와 사람을 끌어 모으는 데 전념하였고, 그렇게 모인 30여 명의 무관을 중심으로 수양대군의 넓은 저택 안에서 무술 훈련에 힘쓰며 결전에 대비합니다.

수양은 한명회 외에도 권모술수에 능하다고 알려진 권람(權擥 : 1416~1465년)을 끌어들여 권력을 쥔 대신들을 일망타진할 계획을 세우고, 먼저 대신들 가운데 가장 세력이 강하고 '대호大虎'라는 별명이 있을 만큼 두려움의 대상이었던 김종서를 죽이기로 모의합니다.

김종서는 1390년생으로, 1405년에 문관 시험에 합격합니다. 1435년 함길도(지금의 함경도) 도감찰사로 임명되어 여진족의 침략을 격퇴하고, 국경 지대에 6진을 설치하여 북방의 수비를 튼튼히 하는 데 큰 공을 세운 용맹한 사람이었습니다. 그 후 요직을 역임하고 1452년 문종의 유언에 따라 우의정이 되어 단종을 보좌하였으며, 세 명의 대신 가운데서도 유달리 뛰어난 사람이었습니다.

1453년 11월 9일 밤, 수양이 김종서를 살해하다.

1453년 11월 9일 밤, 수양은 수십 명의 무인을 거느리고 김종서의 저택을 포위합니다. 습격대는 3개 조로 나뉘었는데, 변장한 한 조가 김종서의 집 주위 동정을 살피고 한 조는 김종서의 집 근처에 숨어서 기다렸다고 합니다. 그리고 수양은 부하 한 명을 데리고 김종서의 정문으로 향합니다. 김종서의 집에서도 불의의 재난에 대비하여 그의 아들과 몇 명의 부하가 집을 지키고 있었지만, 수양대군이 급한 용무로 방문한 것으로 믿고 집안으로 안내합니다.

안에서 나온 김종서는 웃는 얼굴로 환대하면서 안으로 오르라고 권하였으나 수양은 그저 비밀문서만 전하면 된다고 하면서 다른 사람들은 물러나게 해달라고 부탁합니다. 그리고 옷소매 안에서 서류를 꺼내 건네줍니다. 김종서는 주위가 어두워 대문 앞의 불빛 아래로 가서 서류를 펼치려고 하는 순간 수양의 눈짓에 따라 그의 부하가 숨겨두었던 쇠망치를 휘둘러 김종서의 후두부에 일격을 가하자, 용맹하기로 소문난 김종서도 불의의 습격에 비명을 지르며 그 자리에 쓰러지고 맙니다.

김종서의 곁을 잠시 떠나 있던 그의 아들과 부하들이 칼을 빼들고 뛰어 왔지만, 이미 대기하고 있던 수양의 부하들이 밀고 들어와 집안에 있던 김종서의 일족을 남김없이 살해해 버립니다.

최고 실력자인 김종서를 암살한 수양은 다음날 아침 일찍이 궁전으로 가서 어린 단종에게 다음과 같이 보고합니다.

"김종서가 주모하여 반역을 꾀하고 있어 먼저 보고도 못 드리고 목을 베어 죽였으니, 남아 있는 역신들도 즉각 체포하도록 명을 내려주십시오."

그러자 나이 어린 왕은 겁을 먹고 애원합니다.

"수양 숙부, 어쩌면 좋을까요? 제발 나를 살려주세요."

왕의 긴급 소집령을 받고 궁전으로 달려온 대신들이 문 안으로 들어서는 순간, 대기하고 있던 수양의 부하는 그들을 잇달아 살해합니다.

이리하여 영의정 황보인을 비롯하여 여러 요인이 잇달아 암살되고, 좌의정 정분(鄭笨 : ?~1454년) 이하 여러 명이 유배를 당합니다. 그리고 수양의 가장 막강한 경쟁자였던 안평대군은 대신들과 자주 밀담을 나누었다는 이유로 그의 아들 우직友直과 함께 갇혀 있다가 나중에 사형에 처해집니다.

이렇게 정적을 일소한 수양대군은 즉시 왕위를 탈취할 수도 있었으나, 아무래도 마음이 개운치 않았는지 일단은 한 발 물러섭니다. 그러나 영의정, 이조판서, 병조판서, 내외병마도통사(內外兵馬都統使 : 군사 총사령관) 자리를 한 손에 움켜쥐고 말 그대로 최고 권력자가 됩니다.

권력을 독점한 수양은 그의 암살 계획에 참가한 부하들에게 내란을 진압한 공로로 포상하였는데, 그 중에는 훈민정음 창제에 참여하였던 정인지와 최항도 끼여 있었습니다. 그는 믿음직한 부하들을 요직에 앉히는 한편, 자신의 강도 살인 행위를 합리화하기 위하여 집현전의 학자들로부터 지지 성명을 받아냅니다.

그러나 그의 이러한 학살 행위는 전국의 백성들에게 충격을 주었고, 특히 김종서의 부하이자 6진을 설치할 때 공을 세운 함길도 도절제사 이징옥 (李澄玉 : 1399~1453년)은 수양대군이 김종서를 살해하였다는 소식을 접하고 격분합니다. 이때 수양대군의 명을 받은 박호문(朴好問 : ?~1453년)이 후임자로 파견되어 이징옥에게 면직을 고합니다.

이징옥이 대금大金 황제라 칭하다.

이에 이징옥은 박호문을 죽이고 반란을 일으킵니다. 국경 밖의 여진족을 끌어들인 이징옥은 대금大金 황제라 자칭하고, 수도를 여진족의 거주지인 오국성五國城에 두어 군사 훈련을 강화하고 병력 증가에 힘을 씁니다.

이징옥은 원래 용맹스럽기로 소문이 났으며, 호랑이를 여러 마리 잡았다고 하여 여진족의 존경을 한 몸에 받고 있었습니다. 그러나 이징옥은 현상금에 눈이 먼 부하들에게 암살되니, 그의 의도는 허무하게 무너지고 반란은 어이없이 진압되고 맙니다.

이징옥의 난이 진압되자 이제 수양에게 저항할 만한 세력은 없어졌음에도 불구하고, 그는 책사策士들의 간책을 받아들여 친동생인 금성대군과 이복동생인 화의군(和義君 : 세종의 아홉 번째 아들) 역시 추방해 버립니다.

1449년 6월 수양대군이 왕위를 찬탈하다.

수양의 눈 밖에 난 사람은 육친이건 권력 있는 대신이건 모두 죽거나 추방되어, 국가의 권력은 모두 수양대군 일파가 장악합니다. 오래 전부터 명목상의 왕이었던 단종은 숙부인 수양 일파의 횡포에 견디지 못하고 그들의 음모대로 순순히 왕위를 숙부인 수양에게 넘겨줍니다. 이것이 1449년 6월의 일입니다. 이리하여 수양대군이 제7대 왕위에 오르니, 그가 곧 세조(世祖 : 1417~1468년)입니다.

단종은 세조에게 양위한 후 상왕이 되었으나, 세조는 자기에게 저항하는 문관들이 상왕과 접촉할 것이 두려워 단종을 연금해두다시피 하였습니다.

왕위를 탈취하기 위하여 골육상쟁을 거듭하고 친형제끼리 서로 죽이는 일은 봉건 사회에서 흔히 볼 수 있는 일이지만, 세조의 왕위 찬탈은 우리 역사 속에서도 거의 볼 수 없는 잔학 행위를 통해 이루어졌습니다. 그런 만큼 세조는 우리 역사에서 극악무도한 행위를 서슴지 않은 전형적인 악한으로 기록되어 있습니다.

단종 복위 운동, 김질의 밀고로 실패하다

세조가 상왕을 학대하고 반대파를 가혹하게 탄압하자 백성들의 원성은 날이 갈수록 높아만 갑니다. 그중 집현전 학자들 가운데에는 세조에게 반감을 품은 사람들이 비밀리에 모여 세조 일파를 몰아내고 단종을 복위시키려는 계획을 세우고 있었습니다.

때마침 1456년(세조 2년) 6월에 명나라의 사신이 와서 궁전에서 성대한 환영 연회가 벌어집니다. 이 연회에는 세조를 비롯하여 왕세자와 문무백관이 참석키로 되어 있었습니다. 그리고 이 연회를 호위하기 위하여 무장한 장수들도 참가하게 되었는데, 그중 한 명이 세조 타도를 계획하던 세력에 속해 있었습니다. 그리하여 이들은 연회가 한창일 때 궐기하기로 밀약합니다.

그런데 연회 당일에 갑자기 예정이 바뀌어 무장한 장수는 참가하지 않기로 결정됩니다. 더욱이 왕세자도 참가하지 않기로 되자, 결국 궐기는 무산되고 다음 기회로 넘어가게 됩니다. 그러자 이 거사에 참가하였던 김질(金礩 : 1422~1478)이라는 자가 돌연 마음이 변하여 이 음모를 밀고해 버립니다. 이로 인해 반란 세력은 전원 체포되어 심한 고문을 당하고 참살되었는데, 그중에는 훈민정음 창제에 공이 컸던 성삼문, 박팽년, 이개 등도 포함되어 있었습니다.

후세 사람들은 뛰어난 재능을 갖고도 허무하게 죽은 사람들을 충신의 모범처럼 전하고 있지만, 이렇게 살해된 사람들이나 목숨을 걸고 세조에게 충성을 다한 사람들이나 각자 생각은 달랐다 해도 훈민정음을 만든 공적만은 공정하게 평가되어야 합니다.

그 점을 생각하면서, 여기에 훈민정음을 창제한 공로자들을 연령순으로 소개하고자 합니다.

정인지, 출세의 길만을 쫓다

정인지는 1396년(태조 5년) 지방관이었던 문관의 집안에서 태어났습니다. 그는 어려서부터 영특하여 1411년 어린 나이에 일찌감치 문과 초급 시험에 수석으로 합격하는 영예를 안고 조정의 관직에 오릅니다.

『칠정산 내편七政算內篇』을 저술하다.

출세 가도를 달리던 그는 천재적인 재능을 인정받아 세종의 각별한 신임을 받습니다. 그래서 집현전의 학사로 등용되고 1425년(세종 7년)에는 집현전의 직제학(直提學 : 책임자의 한 사람)에 올랐으며, 1427년에는 문과 고급 시험에 수석으로 합격합니다. 그는 집현전 업무는 물론 세자의 교육도 담당하고 있었습니다. 1431년에는 문신 정초(鄭招 : ?~1434년)와 함께 대통력大統曆을 계정하고 『칠정산 내편七政算內篇』을 저술하여 역법曆法을 정비하는 등 우리나라의 천문학 발전에 공헌을 하기도 합니다.

그후 그는 지방관이 되어 충청도 관찰사도 역임하였으나 1436년에 부친상을 당하여 한때 직책에서 물러나기도 합니다. 3년 부친상이 끝나자 1439년에는 형조참판(법무차관)에 등용되고, 다음해에는 판서(대신)로 승진하여 국사國使로 명나라에 파견됩니다.

1441년 명나라에서 귀국한 그는 사실상 학문 관련 총책임자 지위에 올라 각종 법률서 편찬에도 관계하였으며, 세종의 지휘에 따라 훈민정음을 창제하는 일에 지도적인 역할을 맡습니다.

그는 천문학과 관련된 저서뿐만 아니라 아악에 관한 저서도 많이 남겼으며, 우리나라의 대표적인 역사서의 하나인 『고려사』의 편찬에도 관여합니다. 그런 만큼 세종에게 중용되어 형조 외에 이조, 예조, 공조 등의 대신을 역임하며 가장 실력 있는 정치가로 이름을 날립니다.

세종이 승하한 후 문종 때는 병조판서로서 국방을 책임지기도 하였지만, 문종 사후에는 당시 권력을 쥔 김종서와 잘 맞지 않았는지 그다지 두각을 나타내지는 못하였습니다. 둘은 『고려사』 편찬 때 함께 일하던 사이였으나 무사 기질에 야성적인 김종서와 전형적인 수재형인 그는 모든 면에서 융합할 수 없다는 것을 느꼈는지도 모릅니다.

이 때문에 정인지가 세조와 가깝게 지낸 것으로 보입니다. 그는 김종서 암살 계획에 적극적으로 가담한 공로로 공신이라는 칭호를 받습니다. 그리고 그 공적으로 우의정에 오르게 됩니다.

1455년 세조가 왕위에 오르자, 그는 당연스럽게 영의정(재상)에 임명됩니다. 왕위에 오른 세조는 인심을 무마하기 위하여 궁전의 경비 절약, 산업 장려, 학문 장려 등에 힘을 쏟으며, 이런 행정 분야에서 정인지의 힘이 크게 작용합니다. 세조의 불교 경전 출판에 반대하였다가 한때 재상 자리를 박탈 당하기도 하지만, 곧 용서를 받고 다시 재상으로 발탁됩니다.

아버지인 세종 밑에서 불교 경전의 국문 번역 출판을 담당하였던 세조는 왕위에 오른 후 불교를 장려하였습니다. 세인들은 그가 너무도 큰 죄악을 저질러 구원을 받기 위하여 그랬다고 합니다. 어쨌든 세조는 유능한 정인지를 놓치고 싶지 않아했는데, 그 증거로 1465년 그가 70세의 고령이 되어 사직을 청하였을 때도 세조는 완고하게 거절하며 그를 놓아주지 않습니다.

정인지는 세조가 죽은 후에도 두 명의 왕을 더 보필하며 국가 최고의 공신으로 칭송받다가 1478년(성종 9년) 82세를 일기로 삶을 끝마칩니다.

아마도 정인지만큼 순탄하게 출세 가도를 달린 사람도 많지 않을 것입니다. 하지만 그에 대한 비난이 적은 것은 그가 자기 처지를 잘 헤아리고, 항상 자기 재능을 잘 살려 일에 충실하려고 노력한 때문인지도 모릅니다. 그는 조선 초기의 대표적인 학자 가운데 한 사람이며, 학문에서도 위대한 공적을 남긴 인물임에 틀림없습니다.

최항, 안정된 지위만을 지키다

정인지 등과 함께 훈민정음 창제에 참가하였던 두 번째 연배자는 최항입니다. 그는 1409년(태종 9년)에 문관의 집안에서 태어났습니다. 1434년(세종 16년)에 문관 시험에 합격하자마자 집현전의 부수찬副修撰이라는 요직에 임명되었으니, 학문 실력을 일찌감치 인정받았다고 할 수 있습니다.

훈민정음 창제에 처음부터 관여한 최항은 1444년 훈민정음이 만들어진 직후 훈민정음 해설서의 편찬을 맡아, 정인지 등과 함께 처음으로 훈민정음을 이용한 『용비어천가龍飛御天歌』의 주해를 씁니다. 그 무렵 그는 훈민정음에 관한 업무에서 주임 격으로 활약하고 있었습니다.

최항은 세종이 살아 있는 동안 줄곧 집현전 일을 계속하여 1448년에는 직제학이라는 책임자 지위까지 오릅니다. 그 시기에 많은 서적이 훈민정음으로 번역되었고 불교 경전도 번역되었는데, 최항은 그 무렵 왕자였던 수양이 이 일에 참가한 관계로 그와 친교를 쌓은 것으로 보입니다.

1445년 세종이 죽자 최항은 잠시 명나라 사신을 접대하는 직책을 맡게 됩니다. 그리고 곧 학문을 인정받아 『세종실록』의 편찬을 맡게 되고, 나아가 정인지와 함께 『고려사』의 개찬도 담당합니다.

1452년 문종이 죽은 후 『문종실록文宗實錄』의 편찬을 책임졌으며, 1453년 수양이 김종서 등을 학살하고 정권을 잡았을 때 정인지와 함께 적극적으로 수양을 도운 공로로 후한 상을 받기도 합니다.

그 무렵 그는 동부승지(同副承旨 : 승정원에 속한 정 3품 관직)라는 궁내관 지위에 있었습니다. 김종서를 죽인 수양이 조카인 어린 왕에게 이 일을 고하고 중신들을 암살하기 위하여 궁전에 들어오라고 명을 내릴 때, 수양이 시키는 대로 명령서를 전달하는 역할을 맡았습니다. 이처럼 그는 수양대군에게 충성을 다합니다. 그것은 최항이 그와 친하게 지낸 탓도 있었겠지만, 무엇보다도 수양의 신뢰를 받고 있던 선배 정인지를 추종하고 있었기 때문입니다.

『경국대전經國大典』의 편찬

마침내 최항은 벼슬이 이조참판까지 올랐고, 1455년 수양대군이 왕위를 찬탈하여 세조가 된 후부터는 고관을 역임하여 1458년에는 형조와 공조판서직에 오르게 됩니다. 1460년에는 이조판서가 되었지만, 그는 학문의 길을 선택하여 다음해에 각종 서적을 훈민정음으로 번역하는 일과 국가적 사업인 『경국대전經國大典』의 편찬을 맡습니다. 그 후 학문 분야에서 계속 활약하다가 1466년부터는 관계로 돌아와 다음해 우의정이 되었고, 계속해서 좌의정을 거쳐 최고 지위인 영의정에 오릅니다.

그러나 최항은 대신으로서의 업적보다는 세조 사후인 1469년에 『경국대전』과 『세조실록世祖實錄』의 편찬 사업으로 큰 공적을 쌓았습니다.

최항은 1474년 65세로 삶을 마감합니다. 그는 관리로서 평생 안정된 지위에 있으면서 오직 학문 탐구의 길을 계속 걸어 역사학자, 언어학자로 명성을 떨쳤습니다. 또한 그는 명문장가로 알려져 명나라로 보내는 국서는 거의 모두 그가 쓴 것이었습니다.

그러나 최항은 수양에 협력한 비겁한 인간으로 집현전에서 훈민정음 창제를 위하여 함께 애쓴 젊은 학자들로부터 경멸에 찬 시선을 받았습니다. 최항이 이로 인해 가책을 받았는지는 알 수 없습니다. 그러나 그가 말년을 맞이하여 재상 지위를 마다하고 스스로 학문의 길로 돌아간 것은 자신에게 어울리는 삶을 살겠다고 결심한 때문이 아닐까 생각됩니다.

이현로, 비극적으로 세상을 떠나다

훈민정음 창제를 담당한 주요 인물로는 정인지와 최항 외에도 박팽년, 박팽년, 성삼문, 이현로, 이개 등이 세조의 칼날에 비참한 최후를 맞다. 신숙주, 성삼문, 이현로, 이개, 강희안 등이 있습니다. 하지만 신숙주와 강희안을 제외한 나머지는 모두 세조의 칼날에 비참한 최후를 맞이합니다.

이 여섯 명 가운데 이현로는 태어난 해가 확실치 않으며, 성삼문만 1418년생이고 나머지 네 명은 모두 1417년생입니다. 그 중에서도 제일 먼저 죽은 이현로부터 이야기해 보겠습니다.

이현로는 문관 집안에서 태어나 1438년(세종 20년) 문과 시험에 합격하고 이현로 바로 집현전 교리校理에 임명됩니다. 이현로가 집현전에 등용된 것은 두뇌가 명석한 학자로 인정받았기 때문입니다. 그는 일찍부터 훈민정음 창제에 참여하여 '정음청'의 주요 인물 가운데 한 사람이 되었습니다.

그런데 이현로는 문관으로 제대로 출세하지 못하는 데 불만을 품어서인지 아니면 물욕에 빠져서인지, 1447년 병조정랑兵曹正郎의 지위에 올랐다가 뇌물을 받은 혐의가 드러나 유배를 가게 됩니다.

1451년 사면을 받은 그는 승문원 교리로 등용됩니다. 원래 머리가 좋았던 탓에 문종의 신임을 받았으며 문종 사후에 문종의 유언을 받든 사람 중 하나로, 수양대군을 비롯한 어린 왕의 숙부들을 견제하는 데 일익을 담당하였습니다.

특히 이현로는 어린 단종이 왕위에 오른 후 재상인 황보인과 친해져 "어린 왕의 숙부들이 고관들과 손을 잡고 정부 관리의 임명 문제에 간섭해서는 국정이 문란해진다"는 의견서를 조정에 제출하여, 왕에게 대군들이 조정에 마음대로 출입해서는 안 된다는 명을 내리게 합니다.

이 명을 받은 대군들은 크게 노하여 왕명은 유야무야되고 맙니다. 그러자 이현로는 곧바로 당시 가장 위세를 떨치고 있던 수양대군을 찾아가 변명을 늘어놓으며 그의 부하가 된 것처럼 처신합니다.

앞서 말한 것처럼 중신들이 수양을 명나라에 사절로 파견하였을 때, 안평대군은 세력을 확장하려고 한강변에 정자를 짓고 많은 문관들을 불러 모아 뱃놀이를 즐기면서 정치 토론을 벌였는데, 이때 이현로는 수양을 버리고 완전히 안평대군의 편으로 돌아서서 그 모임의 중심 인물 가운데 한 사람이 됩니다.

이로 인하여 이현로는 수양 일파의 노여움을 삽니다. 수양이 귀국하자 이현로는 출세를 위하여 간에 붙었다 쓸개에 붙었다 하는 기회주의자로 몰려 직위를 박탈당합니다. 그리고 수양이 김종서를 살해할 때 이현로 역시 반역자로 유형을 당하고, 유형지로 가다가 살해되고 맙니다.

이현로의 원래 이름은 선로善老였다고 하며, 역적으로 평가된 탓에 그에 관한 기록은 거의 남아 있지 않습니다. 죽은 사람은 말이 없는 법이니, 과연 그가 뇌물을 밝히는 부패한 관리였고 권력에 아첨만 하는 자였는지 그 진실은 알 길이 없습니다.

사육신으로 불리는 사람들

박팽년, 이개, 성삼문은 1456년(세조 2년)에 동료인 하위지(河緯地 : 1412~1456년), 유성원(柳誠源 : ?~1456년), 유응부(兪應孚 : ?~1456년) 등과 쿠데타를 일으켜 세조 일파를 암살하고 단종을 복위시키려고 하였으나 실패하여 처형당하고 맙니다. 후세 사람들은 선왕에 대한 그들의 충절을 기려 '사육신死六臣'이라 부르고 있습니다. 여기에서는 훈민정음 창제에 공로가 컸던 박팽년, 이개, 성삼문의 생애에 대해 살펴보기로 하겠습니다.

박팽년 박팽년은 1417년(태종 17년) 문관의 집에서 태어났습니다. 1434년(세종 16년) 문과 시험에 합격하여 집현전 학사로 임명되고, 성삼문과 함께 세종에게 재능을 인정받아 훈민정음 창제에 참가하게 됩니다. 그 후 1447년에는 문과 고급 시험에 합격하여 이름을 떨칩니다.

세조가 조카 단종을 몰아내고 왕위를 찬탈한 1459년, 충청도의 지방관으로 있던 박팽년은 세조의 폭거에 분개하여 조정에 보내는 보고문에는 반드시 '신臣'이라고 써야 하는 관례를 깨고 신이라는 글자를 일절 쓰지 않았습니다.

다음해에 박팽년은 조정의 형조참판에 임명되어 한성으로 돌아옵니다. 그리고 절친했던 성삼문과 함께 세조 암살 계획을 세우지만 계획은 실패로 돌아갔고, 박팽년은 체포됩니다. 하지만 세조는 그가 지방관에서 막 돌아온 만큼 꾐에 빠져 가담하였다고 생각하고, 자신에게 충성을 맹세하면 죄를 용서하고 신분을 보장하겠다는 약속을 합니다. 세조는 재능이 있는 박팽년을 죽이는 것보다 좀더 활용하는 쪽이 좋다고 판단하였기 때문입니다.

그러나 그는 세조의 회유를 단호하게 뿌리칩니다. 결국 그는 바로 처형되었고, 이어서 그의 아버지와 동생, 그리고 어린 아들까지도 죽임을 당하고 맙니다.

이개도 박팽년과 마찬가지로 1417년생입니다. 이개는 고려 말기의 유명한 재상인 이색의 증손입니다. 그는 1436년 문과 시험에 합격하여 집현전에서 역사 편찬 일을 맡고 있다가 훈민정음 창제에 참가하게 됩니다. 이개

1447년 이개도 문과 고급 시험에 합격합니다. 이개와 수양대군은 원래 친한 사이로, 수양은 왕위에 오르자 그를 집현전의 사실상의 책임자로 임명합니다. 세조는 그를 신뢰하는 부하로 생각하고 있었던 만큼 그가 자기를 암살하려는 모의에 가담하였다는 사실을 알고는 경악합니다.

불같이 화가 난 세조는 가혹하게 고문하면서 이개에게 음모의 전말을 고백하라고 재촉하였으나 이개는 한마디도 하지 않은 채 죽어갑니다. 그는 명문장가로, 시인으로 이름을 날리고 있었기 때문에 후세 사람들은 그를 추모하며 전국 각지에 서원을 세워 그를 기렸습니다.

성삼문은 세조 암살 계획의 주모자로 알려져 있으며, 1418년생으로 나이가 가장 어립니다. 성삼문

그는 무관이던 성승(成勝 : ?~1456년)의 장남으로 태어났으나, 가정 형편이 그리 유복하지 못하여 소년 시절부터 외갓집 신세를 져야 하였습니다. 재능이 풍부하고 공부에 열심이었던 그는 1435년 겨우 18세의 나이로 과거 하급 시험에 합격하고, 1438년에는 21세로 문과 시험에 합격하여 재능을 인정받아 집현전 학사로 임명됩니다.

처음에는 주로 서적 편찬 일을 맡았으나 1442년 세종에게 발탁되어 박팽년, 신숙주, 이개 등과 함께 한성 교외의 절에서 학문 연구에 전념하는 영예를 누리게 됩니다.

그래서 그들은 모두 훈민정음 창제에 종사하게 되었으며, 어학에 재능이 뛰어난 성삼문과 신숙주는 당시 요동 지방에 유배되어 있던 명나라의 유명한 언어학자 황찬黃瓚에게 음운학에 관한 도움을 받으려고 몇 차례나 그를 찾아갑니다. 그와 신숙주가 황찬이 있는 곳에 13번이나 찾아갔었다고 하니, 학문에 대한 그들의 열정이 얼마나 강하였는지 미루어 알 수 있습니다. 그런 만큼 훈민정음 창제에서 성삼문과 신숙주의 공적은 매우 컸다고 말할 수 있습니다.

1447년(세종 29년), 그는 앞서 말한 박팽년, 이개, 신숙주 등과 함께 문과 고급 시험에 합격합니다. 이때 합격한 8명은 모두 수재들이어서 우열을 가리기 힘들 정도였습니다. 이 소식을 들은 세종은 매우 기뻐하며 이들을 모두 궁전으로 불러 직접 시험을 보고 성삼문을 수석 합격자로 정합니다.

이 무렵 세자인 향(후에 문종)도 집현전에 자주 출입하며 이 수재들과 학문에 관하여 토론하기를 즐겼습니다. 특히 성삼문과 친하여 그가 숙직을 하는 날이면 날마다 방문하여 밤을 새우며 이야기를 나누곤 하였습니다. 세자는 그를 신하로서가 아니라 네 살 연하의 친구로서 대하였다고 하니, 그가 세자에게 얼마나 깊은 애정과 존경심을 가지고 있었는지 짐작할 수 있습니다.

세종 말년에 명나라에서 예겸(倪謙 : 1415~1479년)이라는 사신이 왔는데, 시작詩作에 능한 그를 대접할 인물이 없어 곤란해 하고 있을 때에는 성삼문과 신숙주가 접대 역으로 선발되었습니다. 중국어에 정통한 신숙주가 말상대를 하고 시는 모두 성삼문이 지었다고 합니다. 예겸은 깊이 감동하여 두 사람과 의형제를 맺었고, 우리나라 문인들의 시를 모아 『요해편遼海篇』이라는 시집을 냈는데 성삼문이 이 책의 후기를 씁니다. 이 시집은 중국에 널리 전해져 중국의 많은 문인들은 우리 문인들의 우수성에 크게 감탄하게 됩니다.

세종은 말년에 병치레가 잦아 자주 온양 온천으로 요양을 떠났습니다. 그때마다 최항, 박팽년, 이개, 신숙주, 성삼문을 데리고 가서 국정이나 학문에 관하여 의견을 듣고 그들의 진지한 토론에 귀를 기울였습니다.

세종이 죽고 향이 문종에 즉위한 후, 그는 성삼문, 박팽년, 신숙주를 불러 모든 일을 상담합니다. 어느 날 문종은 이 세 사람에게 술을 대접하면서 무릎 위에 앉아 있는 어린 세자의 등을 쓰다듬으며 이렇게 말합니다.

"이 아이를 경들에게 부탁하오."

하지만 이 말이 곧 유언이 되어버렸고 성삼문은 이 유언대로 어린 단종을 지키기 위하여 온힘을 다합니다.

단종이 왕위에 오른 지 1년 5개월 만에 수양대군이 충신들을 학살하고 권력을 잡습니다. 성삼문은 불안에 떨고 있는 어린 왕을 안심시키기 위하여 수양이 권력을 잡은 한 달 후인 1453년 11월에 좌사간대부(左司諫大夫 : 조선 시대 간쟁과 논박을 담당하던 사간원司諫院에 속한 벼슬)라는 자신의 직위를 이용하여 왕에게 상소문을 올립니다.

"전하께서 궁중 깊숙이 칩거하시며 신하들을 한 번도 접견하시지 못하니 백성들이 모두 불안해하고 있습니다. 매월 초하루와 16일에 신하들의 조례를 받고 신하들에게 용안을 보이시면 민심을 안정시킬 수 있으리라 생각됩니다."

그러나 수양은 이 상소문을 찢어버리고, 부하들을 시켜 어린 왕에게 하루빨리 왕위를 숙부에게 양위하라고 윽박지릅니다.

1449년 6월 단종은 결국 더 이상 견디지 못하고 왕위를 수양에게 넘겨줍니다. 그때 동부승지직에 있던 성삼문은 왕위의 표지인 국새國璽를 왕명에 따라 장롱에서 꺼내 왕에게 가져가야 하였습니다. 성삼문은 그 인판印判을 품에 안고서 통곡하였다고 합니다.

한편 왕위 찬탈에 격분을 참지 못한 박팽년은 경회루 연못에 몸을 던지려 하였습니다. 그때 울고 있던 성삼문은 친구가 자살하려는 모습을 보고는 급히 만류합니다.

"국새가 유(수양대군)에게 건네졌다 해도 상(上 : 단종을 말함)께서 상왕으로 계시니 기회를 보아 복위 운동을 일으켜야 하지 않겠는가? 그것이 성공하지 못할 때 죽어도 늦지 않을 것이네."

그리하여 두 사람은 복위 운동을 전개하기로 맹세합니다.

사육신의 세조 암살 계획, 실패로 끝나다

사육신과 성삼문의 아버지 성승成勝, 박팽년의 아버지 박중림이 가담하다.

단종 복위 운동을 제일 먼저 발기한 사람은 성삼문입니다. 그는 박팽년, 이개, 그리고 집현전 출신인 하위지, 유성원, 유응부가 중심이 되어 많은 동지를 모아 비밀리에 계획을 세웁니다. 그들 중에는 성삼문의 아버지 성승成勝, 박팽년의 아버지 박중림(朴仲林 : ?~1456년)도 가담합니다.

기회를 엿보던 그들에게 복위 운동을 단행할 절호의 기회가 찾아옵니다. 1456년 때마침 명나라의 사신이 찾아온 것입니다. 세조는 무력으로 왕위를 찬탈한 것을 숨기고 조선의 정세가 안정되어 있음을 과시하기 위하여 정월 초하루(음력)에 사신을 궁전으로 초대하여, 왕을 비롯하여 왕세자, 중신들이 참석하는 성대한 환영연을 열기로 합니다.

이 자리에 무관인 성승이 유응부 등과 함께 왕의 좌우를 호위하는 임무를 맡게 됩니다. 그들은 이 연회가 한창 무르익을 때 궐기하여 세조를 비롯한 왕세자, 세조의 중신들을 일거에 죽이고 단종 복위를 선언하겠다는 계획을 세웁니다.

그런데 세조가 권력을 찬탈하는 데 결정적 역할을 한 참모인 한명회는 불길한 예감이 들어 이렇게 건의합니다.

"잔치를 열 광연전廣延殿은 좁고 날씨는 춥습니다. 세자 마마와 볼썽사납게 무장한 무관은 참가시키지 않는 게 좋을 듯합니다."

세조는 한명회의 의견에 찬성하고 세자와 무관의 참가를 취소시켜 버립니다. 이 사실을 모른 채 성승은 무장을 갖추고 연회에 참석하려 하자 한명회가 왕명이라며 이를 가로막습니다. 분개한 성승은 그 자리에서 한명회를 베어 죽이려하였으나, 성삼문이 아버지의 옷소매를 잡고 만류합니다.

"세자도 나오지 않았는데 한명회를 죽인들 무의미한 일입니다. 오히려 계획이 탄로 날 수 있으니 다음 기회를 기다려야 합니다."

격노한 유응부도 울분을 참지 못하고 단신으로 광연전으로 돌진하려 하였습니다. 이때 성삼문과 박팽년이 그를 말리며 위로합니다.

"세자도 출석치 않고 무관도 들어갈 수 없게 되었으니, 여기서 일을 벌인다 해도 세자가 병력을 동원하여 공격해오면 우리 계획은 실패할 것이오. 설사 좀 늦더라도 수양과 세자가 함께 있을 때를 노려 궐기하면 틀림없이 성공할 것입니다."

그래도 유응부는 목청을 돋우어 주장하였습니다.

"이런 일은 신속하게 행동하는 것이 최선이오. 만일 훗날로 미뤘다가 비밀이 새어나가기라도 하면 만사 끝장이오. 비록 세자가 없다 해도 수양대군 일파가 한자리에 모여 있으니, 이들을 먼저 죽이고 상왕(단종)의 명으로 병사를 모아 바로 세자가 있는 경복궁을 포위하면 세자는 갈 곳이 없을 것이외다. 이 천재일우의 기회를 절대 놓쳐서는 안 되오."

하지만 성삼문과 박팽년을 비롯한 대부분의 동료들이 입을 모아 만류하자 유응부도 부득불 고집을 꺾을 수밖에 없었습니다. 이렇게 해서 궐기는 훗날을 기약하게 되었고, 결국 유응부가 걱정한 대로 내부에 배신자가 출현합니다.

모의에 참가한 사람들 가운데 김질이라는 자는 거사가 성공하면 장인인 정창손(鄭昌孫 : 1402~1487년)을 재상으로 추천할 계획이었습니다. 그러나 거사가 다음으로 미뤄지자, 김질은 발각되면 자기에게 화가 미칠까 두려워 차라리 세조에게 밀고하는 게 낫겠다고 생각합니다. 그는 정창손과 상의한 후 다음날 함께 세조를 찾아가 반란 계획의 전모를 밀고합니다.

이에 놀란 세조는 즉시 군대를 소집하고 승지들을 불러 모읍니다. 승지의 한 사람인 성삼문은 궁으로 들어가다가 근위병에게 체포되어 세조 앞으

김질이 세조를 찾아가 반란 계획의 전모를 밀고하다.

로 끌려가게 됩니다.

세조는 성삼문에게 추궁하듯 캐물었습니다.

"김질과 어떤 일을 꾸몄는지 말해보라."

성삼문은 미처 생각지 못한 세조의 질문에 잠시 침묵을 지키다가 김질과 대질을 요구하였습니다.

김질은 세조에게 밀고한 내용을 그대로 이야기하였습니다. 그제야 김질의 배신을 안 성삼문은 "김질, 이제 되었다, 아무 말도 마라. 나머지는 내가 말하겠다"며 김질을 물리치고 세조를 향하여 당당하게 말했습니다.

"김질이 말한 대로요. 상왕께서 아직 젊은데 왕위를 빼앗겼으니, 상왕을 다시 복위시키는 것은 신하로서 당연한 도리가 아니겠소?"

얼마 후 계획에 가담한 동지들이 줄줄이 체포되었습니다.

"너희들은 어찌하여 반역을 모의하였는가?"

세조는 그들을 쏘아보며 소리쳤습니다. 성삼문은 동지들을 대표하여 태연한 얼굴로 소리 높여 대답했습니다.

"진짜 왕을 왕위에 복위시키는 것이 어찌 반역이란 말이오? 나으리야말로 나라를 훔친 것이 아니요? 나는 왕이 추방된 것을 보고 신하로서 가만히 있을 수 없었소. 나으리는 무슨 일이 있을 때마다 주공周公*을 논하지만, 주공이 그런 짓을 한 적이 있었소? 하늘에 두 개의 태양이 있을 수 없듯이, 우리에게도 두 왕이 있어서는 아니 되겠기에 일을 도모한 것이오."

세조는 격노하여 발을 동동 구르면서 소리를 질렀습니다.

"어찌하여 양위할 때 말리지 않고 이제 와서 반항하는가?"

"정황이 여의치 않았기 때문이오. 죽을 수밖에 없다고 생각하였으나, 그냥 죽는 것은 헛된 일이므로 꾹 참으면서 큰일을 도모할 때를 기다리고 있었소."

성삼문의 대답에 세조는 점점 더 화를 내며 꾸짖었습니다.

---

* 주周나라의 정치가로 문왕文王의 아들이자 무왕武王의 동생이다. 무왕이 죽자 자신의 어린 조카 성왕成王을 보좌하며 나라의 기초를 다졌다.

"너는 나를 왕이라 부르지 않고 나으리라 부르고 있으니, 너는 나의 녹을 먹지 않았더란 말이냐? 녹을 먹고 있으면서 배반하는 것은 반역이 아니고 무엇이냐?"

"나의 왕은 상왕뿐이오. 나는 나으리의 녹을 전혀 먹고 있지 않았소. 미덥지 않다면 나의 집을 뒤져보시오. 나으리의 말씀은 모두 사리에 맞지 않소."

성삼문은 태연하게 대답했습니다.

성삼문을 사형에 처한 후 관리들이 그의 집을 조사해보니, 과연 그가 말한 대로 세조에게 받은 녹에는 손도 대지 않고 별실에 그대로 쌓아놓고서 날짜까지 일일이 적어놓았습니다. 때문에 집안 살림은 매우 가난하였으며, 남아 있는 재산은 겨우 이불 몇 채뿐이었다고 합니다.

사육신, 한을 품고 죽임을 당하다

격분한 세조는 무사에게 명령하여 불에 시뻘겋게 달군 철봉으로 성삼문의 팔과 다리에 가혹한 고문을 계속하였습니다. 그러나 성삼문은 조금도 기가 죽지 않고, 마침 세조 옆에 있던 신숙주를 쏘아보면서 호통을 쳤습니다.

"너와 함께 집현전에 있을 때 세종께서 손자(단종)를 안으시고 정원을 거니시면서 '내가 죽은 후 그대들이 이 아이의 뒷바라지를 해 주오'라고 하신 말씀이 지금도 귓전에 생생한데 너는 정녕 벌써 잊었단 말이냐? 네가 이렇게 의리를 저버리는 비열한 인간이 되리라고는 상상도 못했다!"

신숙주는 곤혹스러움에 그저 고개를 숙이고 있다가 세조가 물러가 있으라고 하자 도망치듯 그 자리를 피하였습니다.

그때 강희안도 성삼문과 친했다는 이유로 체포되었으나, 아무리 심문해도 자기는 관계하지 않았다고 주장하였습니다. 그래서 세조는 성삼문에게 강희안과의 관계를 물었습니다.

"그는 관련되지 않았소. 선대왕께 종사한 명사들은 거의 다 나으리에게 살해되었으니, 남아 있는 강희안은 귀중한 인재요. 국사를 위해서 일하도록 해야 할 것이오."

성삼문의 이 말로 강희안은 살아남게 됩니다.

그 자리에는 유응부도 끌려왔습니다. 그는 세조의 심문에 대뜸 쏘아붙였습니다.

"연회 날에 내가 창을 휘둘러 나으리를 죽이고 상왕을 복위시키려 하다가 뜻을 이루지 못하였더니, 그새 비열한 자의 밀고로 일이 이렇게 되었으니 아무 할 말이 없소이다. 한시라도 빨리 죽여주오."

그리고는 살이 찢어지는 고문을 당하는 중에도 성삼문 등을 돌아보며 면박하였습니다.

"연약한 서생들과 일을 도모하지 말라 하였거늘 과연 그 말이 옳구나. 그때 연회에서 칼을 뽑았어야 했는데, 너희들이 만전을 기한다며 다음 기회를 노리자고 하였지만 결국 이 모양이 되지 않았는가. 너희들은 머리만 크고 꾀가 없으니 꼭 짐승을 닮지 않았느냐."

그는 이어 세조를 향해서 다시 말했습니다.

"듣고 싶은 것이 있으면 저 똑똑한 학자들에게 물어보시오."

그리고는 다시는 묻는 말에 대답하지 않았습니다.

세조는 다시 성삼문에게 관련자의 이름을 대라고 다그쳤습니다.

"나는 내 아버지까지 자백하였소. 그런 내가 이제 누굴 더 옹호하려 하겠소? 할 말은 다 하였으니 더 이상 묻지 마시오."

말을 마치고는 성삼문도 입을 다물었습니다.

달구지에 실려 형장으로 끌려가던 성삼문은 궁전의 문가에 서 있는 옛 동료들을 바라보며 비아냥을 담아 이별을 고하였습니다.

"그대들은 인정 많은 왕을 모시고 태평성대를 누리시오. 나는 저승에 가서 선왕을 모실 터이니."

형장으로 향하는 달구지 뒤에는 아직 어린 딸이 아버지를 부르며 울며 불며 쫓아갔습니다. 성삼문은 "아들들이야 모두 죽겠지만 너만은 살아남을 수 있을 것이다"라고 말하고는 목이 메고 말았습니다.

이리하여 그는 동지인 이개, 하위지, 유응부와 함께 극형에 처해졌고,

박팽년은 옥중에서 죽었으며, 유성원은 자택에서 자살하였습니다. 이렇게 단종 복위 운동에 가담한 사람들은 3족이 몰살을 당하였습니다. 성삼문의 아버지 성승도 주모자의 한 사람으로 처형되었고, 세 동생들과 갓난아이가 포함된 네 아들도 모두 처형되었습니다.

성삼문은 다음과 같은 노래를 남기고 떠납니다.

> 북소리는 내 명을 재촉하는데
> 고개 돌아보니 해는 서산에 비꼈도다
> 저승길엔 주막도 없다는데
> 오늘 밤은 뉘 집에서 묵을 것인가

> 擊鼓催人命 격고최인명
> 回頭日欲斜 회두일욕사
> 黃泉無酒店 황천무주점
> 今夜宿誰家 금야숙수가

이렇게 많은 우수한 인재들이 처형되었지만 이는 봉건 사회의 권력 쟁탈이 만들어낸 것으로, 그들의 삶과 죽음은 사실 고통 받고 있는 민중들의 생활과는 아무런 관계가 없었습니다. 사육신이 절세의 충군 애국자로 칭송 받고 있지만, 어쨌든 그들은 누가 더 백성들을 위한 정치를 잘할 수 있겠는가를 우선적으로 생각한 것은 아닙니다. 이는 또한 15세기 봉건 사회의 질서를 지키려는 우리나라 역사의 시대적인 한계였다고도 할 수 있습니다.

시·서·화에 뛰어났던 강희안

강희안은 1417년에 태어나 1441년 문과 시험에 합격하고 이어 훈민정음 창제의 중요한 역할을 담당하였으며, 훈민정음 해설서를 만들고 용비어천가의 주석을 다는 일에도 참가하여 큰 공을 세운 인물입니다.

1454년 그가 집현전의 요직에 올랐을 때는, 어린 단종이 왕위에 있었지만 수양대군이 정적을 쓰러뜨리고 절대 권력을 갖고 있었습니다. 수양은 당시 강희안을 믿고 있었던 것 같습니다. 그래서 수양은 왕위에 오른 직후 명나라에 보내는 중요한 사절단의 부사로 강희안을 임명합니다.

하지만 그가 명나라에서 돌아온 지 얼마 지나지 않아 세조의 암살 모의가 실패하는 사건이 일어납니다. 세조는 강희안이 필시 음모에 가담하였을 것이라 여기고 심하게 고문하였습니다. 이는 명나라에서 돌아온 그가 성삼문 등과 친밀하였기 때문으로 보입니다.

강희안은 죽음에 직면한 성삼문의 도움으로 목숨을 부지할 수 있었습니다. 그는 2년 뒤 호조참의라는 요직에 앉게 되나, 그 후 두드러진 활약도 없이 1464년(세조 10년) 48세의 나이로 일생을 마칩니다. 아마도 그는 비참하게 처형된 동료들을 생각하며, 세조 밑에서 일하면서도 괴로운 나날을 보냈을 것이 틀림없습니다.

그는 훌륭한 시를 쓰고 당대를 대표하는 명필가로 불렸으며, 또한 그림을 잘 그려 세종 시절부터 삼절(三絶 : 시·글씨·그림의 세 가지에 뛰어나다는 뜻)로 불렸습니다. 그러나 그 뛰어난 예술적 재능 때문에 도리어 번민 많은 생애를 보낸 것으로 보입니다.

강희안과 달리 일곱 살 연하의 동생인 강희맹(姜希孟 : 1424~1483년)은 재기가 넘치는 인물로, 세조의 각별한 신임을 받아 대신을 역임하는 등 출세를 하고 역사 편찬에도 업적을 남겼습니다.

기회주의자로 불린 신숙주, 성삼문에게 경쟁심과 질투심을 품다

훈민정음 창제로 성삼문과 함께 가장 뛰어난 업적을 남기고 세종의 절대적인 신임을 받았던 신숙주는 세조의 심복이 되었다는 이유로 성삼문 등으로부터 배신자로 낙인찍혀, 세조 암살 계획 때 제일 먼저 죽여야 할 인간으로 지목되었습니다. 그러나 그는 열정적인 사람이었는지, 정인지와 함께 출세 가도를 달리며 많은 일을 하였습니다.

신숙주 역시 1417년생으로 그의 아버지가 조정의 고관을 역임한, 말하자면 명문가의 자손이었습니다. 어린 시절부터 책을 좋아하였던 그는 1439년 문과 시험에 합격하고 집현전에 발탁되어 장서각(藏書閣 : 왕실 도서관) 일을 맡게 됩니다. 거기서 전에는 보지 못한 귀중한 책들이 가득 차 있는 것을 보고 미칠 듯이 기뻐합니다. 그는 촌음을 아끼며 책에 묻혀 지냅니다. 가능한 한 많은 책을 읽고 싶어 했던 그는 다른 사람의 숙직까지 대신하여 밤을 새다시피 하며 책을 읽었다고 합니다. 곧 이 일이 세종의 귀에 들어갔고, 세종은 그에게 특별히 포상을 주었다는 기록도 있습니다.

　　그 무렵 김종서가 북방의 국경 지대를 개척하여 6진을 설치하고 저항하는 여진족과 싸움을 계속하고 있었습니다. 김종서는 국경 지대의 험악한 정세를 시시각각 조정에 보고하기 위하여 글재주가 뛰어난 서기를 파견해달라고 요청하였습니다. 이에 신숙주가 뽑혀 현지에 갑니다. 그는 김종서가 구술하는 것을 그 자리에서 한문으로 받아 적었는데, 한 글자도 고칠 필요가 없는 훌륭한 문장이었습니다.

　　신숙주는 곧 훌륭한 재능을 인정받아 1443년 일본에 가는 통신사의 서장관으로 임명됩니다. 가족들은 그가 오랜 병을 앓은 후인지라 만류하였지만 그는 끝내 일본으로 떠납니다.

　　일본 교토에서 아시카가 막부와 교섭하는 동안 그의 굉장한 문재文才에 감탄한 일본인들은 앞을 다퉈 그에게 시작詩作을 요청하였다고 합니다. 그는 부탁받는 대로 족족 즉흥시를 써주고 큰 칭송을 받습니다. 그는 덴류지天龍寺나 고케테라苔寺로 유명한 사이호우지西芳寺와 같은 사찰에서도 많은 시를 지었습니다.

　　통신사 일행은 돌아오는 길에 쓰시마의 도주와 '계해약조癸亥約條'를 맺습니다. 이는 그때까지 무제한으로 출입하던 일본 배를 연간 50척으로 제한하고 쓰시마 도주에게 주는 쌀과 콩을 연간 2백 석으로 제한하겠다는 내용이었습니다. 이 조약은 일본 배의 출입을 무제한으로 허가해 주면 대응하기도 번거롭고, 개중에는 해적질을 하는 자까지 있어서 이를 엄하게 제한한 것이었습니다. 그때 그는 일본의 국정을 소상하게 관찰하여 일본에 관한 많은 자료를 가지고 돌아옵니다.

그는 후에 이 자료와 자신의 견문을 정리하여 『해동제국기海東諸國記』라는 저서를 내놓습니다. 여기에는 혼슈本州를 비롯하여 규슈 등의 현황이나 풍속 등이 기록되어 있고, 60여 주 동안의 호족豪族들의 동향, 쓰시마나 이끼, 류큐 왕국에 대해서도 자세하게 쓰여 있어 그 후 오랫동안 일본에 관한 귀중한 문헌이 됩니다.

일본에서 돌아온 뒤, 그는 훈민정음을 창제하는 대사업에 참여하여 성삼문과 함께 가장 중심적인 역할을 맡습니다. 성삼문과 함께 요동의 중국인 학자 황찬을 13번이나 찾아갔다는 것은 앞서 말하였지만, 그는 중국말에도 정통하여 황찬이 그의 능력에 감탄하였다고 하였습니다.

훈민정음을 반포할 때 그는 이에 관한 모든 서적의 편찬과 해설에도 관여하였고, 그런 만큼 성삼문과 함께 세종으로부터 각별한 신뢰를 받고 있었습니다.

그리고 그들은 1447년에 나란히 문과 고급 시험에 합격합니다. 이때 합격한 8명의 성적이 서로 우열을 가릴 수 없을 정도였다는 것도 앞서 말하였는데, 세종 앞에서 치른 시험에서 성삼문이 수석으로 뽑힌 것에 대해 그가 과연 흔쾌히 생각하였는지는 모를 일입니다. 그는 내심 수석은 자기 차지라고 자부하고 있었을지도 모릅니다. 따라서 그가 한 살 연하인 성삼문에게 큰 경쟁심과 질투심을 품었다 해도 인간으로서는 당연한 일이었을 것입니다.

그러나 세종은 항상 두 사람을 동등하게 대우하였고, 어디를 가더라도 항상 두 사람을 데리고 다녔습니다. 세종 말년에 중국의 대표적인 문인文人 사절이 왔을 때에도 두 사람은 사이좋게 접대하며 뛰어난 시로 그들을 감동시켰습니다. 또한 사절들이 우리 문인들의 시집을 모아 책으로 정리할 때 신숙주가 서문을 쓰고 성삼문이 후기를 썼습니다. 세종이 살아 있는 동안 두 사람은 더없이 좋은 친구였고, 세종 또한 두 사람에게 자식인 문종과 손자인 단종의 모든 운명을 맡기다시피 하였습니다.

신숙주, 명나라 사신 시절 수양대군과 인연을 맺다

세종이 죽고 장남 향이 문종으로 왕위에 올랐으나 겨우 2년 3개월 만에 병사하여 12세인 그의 아들이 왕위를 이었습니다. 이 어린 왕을 둘러싸고 왕위를 노리는 숙부들이 격렬하게 세력 다툼을 벌인 것은 이미 말한 대로입니다. 수양대군 유는 우선 명나라의 지지를 얻을 목적으로 명나라에 사신으로 다녀왔습니다. 그것은 당시의 사대주의적인 봉건 지배 계급이 줄곧 명나라에 신경을 쓰고 있었기 때문입니다. 그때 수양은 서장관으로 신숙주를 데리고 가기로 합니다.

원래 이 사절단 파견은 문종이 살아 있을 때 계획된 것으로 문종이 다른 사신을 정해놓았으나, 수양은 국가의 중대사인 만큼 자신이 가야 한다고 극력 주장하였습니다. 이런 이유로 당시 정권을 쥐고 있던 황보인과 김종서는 수양이 제멋대로 처신하는지를 감시하기 위하여 각자 아들을 사절단 일행에 참가시킵니다.

사절단은 중국어에 능통한 신숙주가 표면에 나서서 어디를 가도 명나라 사람들로부터 대환영을 받았습니다. 수양은 신숙주의 이러한 재능을 눈여겨보고 그를 끌어들이기 위하여 갖은 수를 다 씁니다. 감시자의 역할로 따라온 황보인과 김종서의 아들들은 별 도움이 되지 못한 것으로 보입니다. 수양의 끈기가 이겼는지 아니면 신숙주가 수양의 인간적인 매력에 호의를 느꼈는지는 몰라도, 그들은 날이 갈수록 긴밀해져 갑니다.

사절단 임무를 마친 뒤 그들은 중국의 명소를 두루 돌아다녔고, 귀국한 뒤에도 무슨 일이든 항상 의논하는 사이가 되었습니다. 드디어 그는 수양의 둘도 없는 참모가 된 것입니다.

1452년 수양이 김종서와 황보인의 권력을 무너뜨리고 정권을 잡을 때도, 그리고 1455년에 단종을 다그쳐서 왕위를 양위 받을 때도 신숙주는 중요한 역할을 담당하였습니다. 그래서 세조가 된 수양은 신숙주를 더욱 신뢰하였고, 그를 최고 공신으로 대우하였습니다.

수양을 사람 아닌 사람으로 저주하던 성삼문 등이 이러한 신숙주의 모습을 미워하지 않을 수 없었습니다. 때문에 세조 암살 계획을 세운 사람들은 누구보다 먼저 신숙주를 죽여야 한다고 주장하였던 것입니다.

정적을 뿌리째 뽑아버리다

신숙주는 암살 계획의 실패로 죽음에 직면한 성삼문 등에게 짐승으로까지 매도되었지만, 그는 그 나름대로 인간으로서 견디기 힘든 굴욕을 느꼈습니다. 이러한 굴욕감이 그를 몰아세웠는지는 몰라도, 그는 이 음모에 가담한 정적을 뿌리 뽑는 데 무시무시한 집념을 보입니다. 그는 암살 음모자들의 형제, 아들, 그리고 손자들까지 모두 처형하였을 뿐만 아니라 상왕인 단종까지도 암살 음모에 가담하였다고 몰아세워 강원도 영월로 쫓아버리고, 단종의 뒷바라지를 하였다는 이유로 세조의 동생인 금성대군도 유배시켜 버립니다.

그러고도 성에 차지 않았는지 금성대군에게 다시 단종의 복위 계획을 세워 반역을 선동하였다는 죄를 뒤집어씌워 단종에게 동정적이었던 많은 사람들을 죽입니다. 그리고 마침내는 단종과 금성대군을 처형하도록 강력하게 진언하여 두 사람을 죽이고 맙니다.

이 잔혹한 처사에 흥분한 많은 선비들은 세조를 도와 일하기를 거부하고 평생 초야에 묻혀 살게 됩니다. 신숙주의 동생인 신말주(申末舟 : 1439~?)도 그런 생활을 하였는데, 아마도 동생은 형 숙주를 악마로 여겼던 것이 틀림없습니다.

하지만 세조는 신숙주를 최고 공신으로 대우하여, 단종을 죽인 다음해인 1458년에 그를 우의정으로 임명하였고, 다음해에는 한 단계 위인 좌의정에 임명합니다.

여진족 정벌의 전선에 서다

이 무렵 북방 국경 부근에서는 여진족과의 전쟁이 끊이지 않았습니다. 조정에서는 귀순한 여진족들은 최대한 보호하는 정책을 취하였으나, 현지에 나가 있는 관리들은 그들을 야만인이라며 깔보고 심한 경우에는 짐승처럼 대하였습니다. 이 때문에 여진족들은 반감을 품고 툭하면 반란을 일으켰습니다. 1459년, 조정은 반항하는 여진족을 제압하고 본때를 보여주기 위하여 여진족 두목 부자를 처형합니다. 그러자 여진족은 복수를 한다는 명목으로 1460년 대거 국경을 침범해 넘어옵니다.

좌의정이었던 신숙주는 함길도 도절제사가 되어 여진족 토벌에 나서, 5천 명의 병력을 이끌고 여진족이 떼 지어 살던 무산을 공격합니다. 이를 겁낸 여진족들은 잇따라 항복해 왔습니다. 4월 중순이라고 해도 북쪽 국경의 고원 지대는 매우 추워서 신숙주는 여진족들로부터 반항하지 않겠다는 약속을 받고 일단 병력을 철수하여 한성으로 돌아옵니다. 그러나 여진족의 근거지를 철저하게 파괴하기 위하여 7월에 다시 토벌군을 이끌고 북상합니다. 조정 일각에서는 여진족이 귀순하였으므로 애써 토벌할 필요가 없다는 반대론도 있었으나, 신숙주는 정벌의 필요성을 역설하고 마침내 세조를 설득하여 원정군을 이끌고 나서게 됩니다.

여진족의 저항도 끈질겨서 한때 고전하기도 하였으나, 신숙주는 한 달 남짓한 토벌전에서 여진족의 근거지를 무너뜨리는 데 성공합니다. 그의 원정이 결정적이라고는 할 수 없지만, 이로 인해 국경 일대의 방비가 강화되고 그의 적극적인 정책에 힘입어 조선인이 별로 없던 국경 지대에 우리 주민들이 속속 이주하여 국토 개척에 큰 힘이 됩니다.

무인도 아닌 일개 문관인 그가 반대론을 물리치고 여진족을 토벌하는 전선에 선 것은 그의 격렬한 성격의 단면을 보여주는 것이지만, 기본적으로는 국토를 개척하고 이민족의 침입으로부터 조국을 지키려는 애국적인 정열이 불타고 있었기 때문입니다. 또 자기에게 향하는 온갖 비난들을 물리치기 위하여 과감하게 위험한 전쟁터에 몸을 던진 것인지도 모를 일입니다.

어쨌든 그에 대한 세조의 신임은 해가 갈수록 두터워져 마침내 그는 1462년(세조 8년)에 영의정에 오르게 됩니다. 세조는 재상이 된 그를 불러 종일토록 술잔을 나눈 적도 있으며, 모든 정치는 그의 건의에 따라 진행되다시피 합니다.

세조 시대의 산업 발전을 위한 여러 정책이나 물가 억제책, 그리고 인재 등용을 위한 방책, 그리고 학문의 장려 등은 후세 사람들로부터 높은 평가를 받고 있는데, 이런 면에서 신숙주의 정치가로서의 역량이 큰 힘이 된 것은 분명합니다.

이시애, 함경도에서 민중 봉기를 일으키다

그러나 세조와 신숙주는 머지않아 큰 시련을 맞게 됩니다. 1467년(세조 13년) 함경도의 백성들이 조정을 타도하자고 부르짖으며 일제히 봉기를 일으킨 것입니다.

이시애의 민중 봉기

이 민중 봉기는 함경도 북쪽 끝에 위치한 회령 부사로 있던 이시애(李施愛 : ?~1467년)가 주도한 것이었습니다. 원래부터 함경도 사람들은 지역적 차별을 받았을 뿐만 아니라, 조정이 지방 실정을 무시하고 세금을 무겁게 부과하였기 때문에 이중 삼중으로 고통 받고 있었습니다. 그래서 함경도 백성들 사이에서는 "함경도는 함경도 출신이 다스리게 하자"는 요구가 점점 높아져 갔습니다. 그것은 자치를 요구하는 민중의 목소리였고, 봉건 제도에 반대하는 부르짖음이기도 하였습니다.

모친상을 당하여 부사직을 그만두고 고향에 돌아가 있던 이시애는 민중 부대를 조직하여 1467년 5월 일제히 궐기합니다. 그리고 조정에서 파견되어 있던 군사령관과 길주의 장관을 죽이고 함경도 일대의 민중들에게 궐기를 호소합니다. 이에 함흥 이북의 민중들은 일제히 들고일어나 각지의 관청을 습격하여 관리들을 죽이고 무기를 탈취하여 무장을 갖추게 됩니다. 함경도의 거의 모든 지역이 이 반란에 참가한 것입니다.

이 사태를 보고받고 당황한 조정에서는 3만 군대를 동원하여 반란군 토벌에 나섰으나 민중 봉기군이 흘린 "조정에서 파견된 관리가 지방 수비대의 군관들과 짜고 반란을 일으키고 있다", "한명회와 신숙주 등 중앙의 대신들이 반란을 일으킨 자들과 내통하여 나라를 어지럽히고 있다"는 흑색 선전에 겁을 집어먹어 쉽게 진격하지 못하고 우물거리고 있었습니다. 또한 "타지방 사람들이 함경도 사람들을 죽이고 있다"는 소문도 잠시 떠돌았습니다.

토벌군 내에서는 이 흑색 선전을 믿고 반란군에 대한 공격보다 조정 안의 반란을 막기 위하여 한성으로 돌아가는 것이 옳다고 말하는 자도 나타났습니다. 이처럼 토벌군의 사기는 떨어진 반면, 민중 봉기군은 가는 곳마다 적을 쳐부수며 정부군을 크게 괴롭혔습니다. 그러나 전쟁이 장기화됨에 따라 토벌군은 조정에서 보급하는 병사와 무기를 지원받아 전력이 강화된 반면, 민중 봉기군은 지도부 내에 혼란이 일어나 병력의 열세와 빈약한 무기로 차차 그 힘이 약화되고 있었습니다.

세 달에 걸친 격전 끝에 큰 타격을 받은 민중 봉기군은 후방으로 물러났고, 이시애 등 지도부는 국경을 넘어 여진 땅으로 가서 재기할 계획을 세웠으나 일부 배신자 때문에 체포되어 그의 아우인 이시합李施合과 함께 처형됨으로써 민중 봉기는 실패로 끝이 납니다.

이렇게 민중 봉기군은 토벌되었지만, 중앙 봉건 정부가 받은 타격은 매우 컸습니다. 조정은 백성을 달래기 위하여 세금을 면제하는 등 가혹한 수탈 정책을 개선하는 태도를 보이지 않을 수 없었습니다.

또한 이 대대적인 반란은 세조 자신에게도 큰 충격을 주었습니다. 세조는 무기력한 토벌군의 모습에 분개하여 토벌군 지휘관들을 격렬하게 꾸짖었습니다. 몇 달이나 계속된 싸움으로 왕의 신경이 매우 예민해져 있었던 게 확실합니다.

세조가 품고 있던 이 불안과 초조가 그대로 신숙주에게 영향을 미쳤습니다. 반란군이 흘린 흑색 선전이라고는 하지만 "신숙주 등이 반란군과 내통하고 있다"는 소문이 세조를 얼마나 고통스럽게 하였을지는 능히 상상할 수 있습니다.

이들은 반란을 토벌하는 데 그치지 않고, 토벌군에게 여진족을 정벌하도록 명령을 내렸습니다. 그리하여 토벌군 일부는 압록강을 건너 깊숙한 곳까지 공격하여 여진족의 두목 리만주李滿住 부자를 죽입니다. 마침 그때 명나라도 리만주를 토벌할 생각으로 조선에 협력을 요구해왔으므로 이 전과에 만족한 세조는 즉시 명나라에 승전보를 알리게 됩니다.

그러나 세조는 이 전쟁 기간 동안 건강을 크게 해쳐, 끝내 회복하지 못하고 다음해인 1468년에 52세의 나이로 생애를 마칩니다.

신숙주, 질기게 정적을 뿌리 뽑다

세조가 죽자 세자였던 차남 광(晄, 장남은 세조 2년에 사망)이 예종(睿宗 : 1450
~1469년, 조선 제8대 왕)으로 왕위에 오릅니다. 하지만 그는 아직 19세로 나이가
어려 어머니인 세조비 정희왕후貞熹王后가 전권을 쥐었고, 신숙주 등 중신이
'원상(院相 : 나이 어린 왕을 보좌하던 임시 관직)'의 자격으로 정치 의결권을 갖게
됩니다.

신숙주가 정적 남이와
강순을 죽이다.

새 임금이 취임한 직후, 신숙주는 다시 위험한 정적을 쓰러뜨립니다. 그
정적이란 이시애의 반란을 토벌하는 데 큰 공을 세운 남이(南怡 : 1441~1468년)
와 강순(康純 : 1390~1468년)이었습니다.

남이는 태종 4녀의 아들로, 세조의 눈에 들어 28세에 이시애 토벌과 여
진 정벌로 이름을 날렸으며 잘생기고 늠름한 용모로 인기가 높았습니다. 이
전쟁에 함께 참가한 문신 유자광(柳子光 : 1439~1512년)은 힘센 장사로 세조의
사랑을 흠뻑 받았으나, 남이의 인기를 시기하여 "남이가 반란을 꾀하고 있
다"고 밀고합니다. 그리하여 남이는 즉각 체포되어 고문을 당하였고, 역시
같은 전쟁에 참가하여 큰 공을 세워 영의정이 된 강순도 여기에 연루되어 두
사람 모두 처형되고 맙니다. 일설에는 자신의 무죄를 잘 아는 강순이 입을
다물고 있는 데 앙심을 품고 남이가 일부러 강순도 공모하였다는 허위 자백
을 하였다고도 합니다.

이 사건은 위험한 정적은 가차 없이 없애버리는 잔인한 음모에 의하여
조작된 것으로 보이며, 신숙주는 정적을 없앤 공로로 또 한 번 일등 공신이
되어 그의 정치적 위상은 점점 강화됩니다.

예종은 재위한 지 겨우 1년 2개월 만에 병사하고, 세조의 죽은 장남의
아들이 겨우 13세의 나이로 왕위에 올랐습니다. 이 임금이 바로 성종(成宗 :
1457~1494년, 조선 제9대 왕)입니다. 역시 세조비가 전권을 잡고 신숙주는 다시
최고 보좌역이 됩니다.

성종이 취임한 직후 다시 정쟁이 일어났는데, "구성군龜城君 준浚의 비도
한 행실을 처벌하라"는 말이 곳곳에서 터져 나왔습니다. 구성군(龜城君 : 1441
~1479년, 본명은 이준으로 조선 초기의 왕족)은 죄상이 낱낱이 밝혀지기도 전에 바
로 유배되었다가 유배지에서 곧 죽고 맙니다.

구성군은 세종의 손자이며 세조의 조카입니다. 그리고 이시애의 난을
토벌할 때 총대장으로 그 공로를 인정받아 영의정에 오르기도 한 유능한 사
람이었습니다. 따라서 세조가 단종의 왕위를 빼앗은 것과 유사한 일이 벌어
질 수도 있는 만큼, 이를 미연에 방지하기 위하여 그를 서둘러 없애버렸던
것입니다. 이때도 신숙주는 일등 공신이 되었고, 그 공으로 1471년에 다시
영의정이 됩니다.

이렇게 조작된 두 가지 사건 모두 신숙주의 책략에 의한 것이 아닌가 하
는 의혹이 들며, 그 냉혹하고 타산적인 모습에 두려운 느낌마저 듭니다. 대
부분의 사람들은 그의 소행으로 짐작하고 있었지만, 그는 자기 손을 더럽히
지 않는 교묘한 방법을 썼기 때문에 유유히 권력의 자리에 계속 앉을 수 있
었습니다. 그 불가사의한 생명력에 그저 감탄할 따름입니다. 어떤 의미에서
는 바로 그가 누구보다도 무서운 정치가였다고 말할 수 있습니다.

이렇게 영화를 누린 그는 1475년(성종 6년)에 59세의 나이로 일생을 마감
합니다. 학자로나 문인으로나 당대 일류였던 그는 저서도 많고, 역사 편찬
외에도 많은 업적을 남겼습니다.

그 중에서도 그가 훈민정음 창제에 힘쓴 공적은 우리 민족의 역사가 계
속되는 한 영원불멸의 공적으로 일컬어질 것입니다. 성삼문이 매도한 것처
럼 그의 삶이 의리를 저버리는 비인간적인 삶이었지만, 일부 사람들이 말하
는 것처럼 현실적이고 합리적인 길이었는지, 그것은 보는 사람의 입장과 생
각에 따라 다르게 판단하여야 할 것으로 생각됩니다.

그러나 복잡한 봉건 사회의 권력 투쟁 속에서 신숙주처럼 강인한 삶을
산 사람도 그리 많지는 않을 것입니다. 어쨌든 그는 매우 특이한 존재였습
니다.

14. 선승처럼 살다 간 반골의 학자 김시습

생육신의 한 사람

조선 왕조 7대왕인 세조의 왕위 찬탈은 역사에 여러 가지 파문을 일으켰습니다. 그의 잔혹한 행동에 분노한 많은 유생들 중에는 그와 함께 일하는 것을 치욕으로 여겨 죽을 때까지 관직에 나가지 않은 이도 있었습니다. 후세의 사가들은 이들을 '생육신生六臣'이라 일컬으며, 이들의 결백한 행동을 칭찬하였습니다. 그 가운데 한 사람인 김시습(金時習 : 1435~1493년)은 철학자이자 문학가로 우리 역사에 큰 발자취를 남깁니다.

그는 1435년(세종 17년) 한성 교외에서 충순위忠順衛라는 벼슬을 하는 가난한 무인의 아들로 태어났습니다. 타고난 천재였던 그에게는 여러 가지 전설 같은 이야기가 전해지고 있습니다.

그의 외조부가 장난삼아 갓난아기에게 글자를 가르쳤더니, 아직 말도 제대로 못하는 아이가 제법 문자의 뜻을 기억하고 말하는 대로 문자를 가리켰다고 합니다. 또 이웃에 살고 있던 최치운(崔致雲 : 1390~1440년)이라는 학자가 아직 돌도 지나지 않은 김시습에게 문장을 가르쳤더니 바로 외워버려, "배우기만 하면 모두 외워버린다"하여 '시時'와 배울 '습習'을 따서 이름을 지었다고도 합니다.*

세 살 무렵에는 어려운 한문책을 줄줄 읽고 일찌감치 한시를 지었으며, 다섯 살 때 이계전(李季甸 : 1404~1459년)이라는 학자의 문하생이 되어 본격적인 한문 공부를 시작하면서 그의 천재성은 장안에 널리 알려집니다.

이 소문을 들은 당시의 재상 허조(許稠 : 1369~1439년)는 직접 이 아이의 집을 방문하여 시험해보았습니다.

"네가 제법 시를 잘 짓는다고 하던데, 이 늙은이를 위하여 늙을 '노老'자

---

* 일설에 따르면 『논어論語』의 첫머리에 나오는 '배우고 때로 익히면 또한 기쁘지 아니한가學而時習之 不亦 說乎'라는 문장에서 따왔다고도 한다.

를 넣어 시 한 수를 지어주겠느냐?"

시습은 그 자리에서 '노목개화심불노(老木開花心不老 : 늙은 나무에 꽃이 피었
으니 마음은 늙지 않았네)'라는 글을 짓습니다. 재상은 크게 감탄하여 "네가 진짜
신동이로다" 하며 칭찬하였다고 합니다.

이 이야기는 궁중에까지 알려졌으며, 학문을 좋아하는 세종은 곧바로
시습을 궁전으로 불러 그 재능을 확인해 봅니다. 시험관의 무릎 위에 앉은
시습은 운을 띄우는 대로 시를 지었습니다. 이 보고를 들은 세종은 크게 기
뻐하며 비단 50필을 상으로 내립니다.

다섯 살밖에 안 된 신동이 궁중을 방문한 사건은 널리 소문이 퍼져 많은
사람들이 여러 가지 형태로 그때의 일을 써서 남겼습니다. 어떤 이는 왕이
아이를 직접 만난 것이 경솔한 일로 비난받을까 저어하여 왕이 '전지傳旨'를
내려 상을 내렸다고 썼고, 어떤 이는 세종이 이 아이에게 장차 국가의 중신
이 되라고 말하며 많은 상을 주었다고 썼으며, 또 어떤 이는 왕이 아이에게
"50필의 비단을 줄 터이니 네 힘으로 단번에 운반한다면 그것을 상으로 주
겠다"고 하였더니 이 아이가 비단의 끝과 끝을 이은 후 맨 끝을 자기 허리에
매고 끌고 가는 것을 보고 그 자리에 있던 모든 사람이 경탄하였다고 쓰고
있습니다.

이렇게 그는 '오세문장五歲文章'이라는 칭호를 받아 영광된 미래를 약속
받은 상태에서 공부에 열중합니다.

오세신동이 궁중을 방문
한 소문이 널리 퍼지다.

오세문장五歲文章

세조의 왕위 찬탈 소식에 붓을 꺾다

김시습이 15세 때 병약하였던 어머니가 죽자 한때 외가의 도움을 받았
으나, 외할머니도 곧 세상을 떠나 다시 집으로 돌아오게 됩니다. 그러나 그
의 아버지가 중병으로 누워 있어서 그는 집안 생계는 물론 아버지의 간병까
지 도맡아야 하였습니다. 그래서 아버지의 간병을 위해 이웃 사람들의 주선
으로 계모를 맞아들입니다.

김시습은 계모가 들어온 후 스무 살 나이에 결혼을 하였습니다. 집안일

을 하려면 젊은 여자가 있어야 한다는 주위의 권유 때문이었습니다. 그래서 인지 그는 가정의 따뜻함이나 부부애의 기쁨 같은 것은 느끼지 못한 것 같습니다. 오히려 그는 아버지를 간병하느라 늦어진 공부가 마음에 걸려 말할 수 없는 초조함을 느끼고 있었습니다.

주변에서 배려해 주었는지 아니면 스스로 집으로부터 탈출하고 싶었는지는 확실치 않으나, 그는 한성에서 좀 떨어진 삼각산三角山에 자리 잡은 중흥사重興寺라는 절에 들어가 오로지 공부에만 열중합니다.

그가 절에 틀어박혀 공부에 몰두하고 있던 21세 시절의 어느 날, 볼일이 있어 산을 내려갔다가 한성에 다녀온 사람을 통해 세조가 조카인 단종을 추방하고 왕위를 찬탈하였다는 놀라운 소식을 듣게 됩니다. 세종과의 약속을 삶의 지주로 믿고 언젠가는 세종이 사랑하던 손자인 단종 밑에서 일하는 데 인생의 꿈을 걸고 있던 그에게 이 소식은 절망적인 충격이 아닐 수 없었습니다.

김시습은 사흘 밤낮을 방에 틀어박혀 고민한 끝에 갑자기 실성한 것처럼 통곡을 하고는, 공부하기 위해 갖고 온 책과 지필묵을 모조리 뜰로 들고 나가 깨끗이 태워버립니다. 그리고 가위를 들고 제 손으로 머리털을 썩둑썩둑 자르더니, 절 사람들에게 행선지도 알리지 않고 홀연히 모습을 감춰 버립니다.

이는 세상에 배신감을 느낀 충동에서 나온 행동이라고도 말할 수 있으나, 나이 어린 몸으로 어머니와 사별하고 병든 아버지를 수발하느라 고생하였으며, 또 가난한 집안 사정 때문에 고독감에 깊이 빠져 염세적인 기분에 사로잡혀 있었기 때문인지도 모릅니다. 세속에 등을 돌리고 깊은 산속에 들어가 절에 틀어박힌 것도 그러한 염세적인 인생관의 표현으로 볼 수도 있습니다.

그는 절에 묻혀 있는 동안 불교 경전에도 깊은 관심을 보였던 것 같습니다. 이리하여 그는 승려가 되어 방랑길에 오르는데, 그는 그때의 심경을 다음과 같이 짧은 시로 표현합니다.

머리를 깎은 것은 세상을 피하기 위해서요

수염을 남긴 것은 장부의 기상을 나타낸 것이다.

削髮避當世 삭발피당세

留鬚表丈夫 유수표장부

저항으로 일관한 삶을 살다

김시습은 평범한 승려가 되어 절을 찾아 돌아다녔으나, 그는 어려서부터 천하에 이름을 떨친 명사였습니다. 그래서 어느 절에 가더라도 그를 정중히 대접하였고, 가까운 절에 그가 머물고 있다는 말이 들리면 지방의 관리들이 앞 다투어 달려와 환대하고 시 한 수를 청하였습니다.

그러나 김시습에게는 그러한 환대가 다 귀찮기만 하였습니다. 그는 권력에 아첨하는 관리들의 얄팍한 모습을 보면 바로 자리를 털고 일어나 새로운 곳을 찾아 여행을 떠났습니다. 그것은 또한 냉혹한 권력에 대한 그의 저항 정신의 발로이기도 하였습니다.

1456년 6월, 세조 암살 모의가 새어나가 성삼문 등이 극형에 처해진 사건이 일어났습니다. 사형수들의 머리가 길가에 걸려 있는데도 불구하고 사람들은 권력이 두려워 보고도 못 본 체하였습니다. 그런데 어느 날 이들의 시체가 깨끗이 수습되어 묘에 안장됩니다. 사람들은 이름 없는 승려가 시신을 수습하더라고 수군거렸지만, 어느새 그것이 김시습이 한 일이라는 말로 바뀌어 떠돌게 되었습니다. 사실 여부는 차치하고, 당시 한성 사람들이 그를 저항의 대표자처럼 여기고 있었음을 잘 말해 주는 일화입니다.

김시습은 1456년부터 1457년에 걸쳐 고려의 수도였던 송도(松都 : 개경의 별칭)를 비롯한 평양 일대의 관서 지방으로 여행하며, 『탕유관서록宕遊關西錄』이라는 저서를 냅니다. 이 책은 향토 풍물서인 동시에 통치 계급의 부패상을 날카롭게 풍자한 것이었지만, 책의 기저에 깔린 정서는 일관된 비애였습니다. 그 안에는 송도를 노래한 다음과 같은 시가 있습니다.

『탕유관서록宕遊關西錄』

오백 년의 공적은 이제 헛된 것이 되었으니

석양에 핀 풀잎은 깃들이는 수심을 어찌할거나

뉘 집인지 허물어진 자리에 꽃은 주인도 없이 피고

기울어진 처마 밑에 새들만 노니네

호화로운 궁전 길은 오랜 세월 끝에 스러지고

노랫소리 끊긴 누대에는 무정한 구름만 머무는구나

철없는 아이들이야 전조前朝에 맺힌 한을 알 리 없으니

그저 순진한 노랫소리만 퍼져 울리네

그는 또 자신의 감상을 다음과 같이 남기고 있습니다.

내가 만일 관리 노릇을 하고 있었다면 이렇게 아름다운 경치를 구경하며 돌아다닐 수 없었을 것이요, 사심 없이 자연에 흠뻑 젖을 수도 없었을 것이다. 자연 속에서 태어난 인간이 명리에 얽매이면 그저 일에 쫓기어 모이를 찾아다니는 새나 나무에 붙어 살아가는 풀과 무엇이 다르겠는가.

『탕유관동록宕遊關東錄』과 『탕유호남록宕遊湖南錄』

1457년 10월, 김시습은 단종이 살해되었다는 말을 듣고 여덟 명의 동지와 함께 동쪽 산속에 사당을 세우고 세조 정권을 비난하는 운동에 열중합니다. 그들의 이러한 저항 운동은 바로 세조 정권의 귀에 들어갔고, 신변의 위험을 느낀 그들은 따로 흩어져 유랑을 계속합니다. 김시습은 금강산金剛山을 비롯한 관동 지방(關東地方 : 한반도의 중동부인 태백산 일대) 일대의 명승지를 찾아다니며 1460년에 『탕유관동록宕遊關東錄』을 내놓았고, 또한 호남 지방으로 여행을 계속하며 1463년에 『탕유호남록宕遊湖南錄』을 내놓았습니다.

그는 8년에 걸쳐 전국을 떠돌아다니며 여러 가지 풍물을 보면서 백성들의 생활의 진수를 알게 되었고, 권력층의 부패를 구석구석까지 볼 수 있었습니다. 때때로 그는 강원도 산속에서 직접 화전을 일구며 농민 생활을 하기도 하였습니다.

김시습이 호남 지방을 여행한 후 한성에 책을 사러갔을 때, 그는 세조의

큰아버지인 효령대군(孝寧大君 : 태종 이방원의 둘째 아들)을 만나게 됩니다. 효령
대군은 정계에는 일체 얼굴을 내놓지 않고 조용히 여생을 보내고 있었는데,
예전부터 김시습의 재능을 아끼고 있었던 만큼 그를 세조와 가깝게 만들어
관리의 길로 인도하려 하였습니다.

김시습은 효령의 권유를 거절하였지만, 한때 세조가 벌이던 불교 경전
의 국문 번역 작업을 돕기도 하였습니다. 그러나 세조가 그에게 적극적인 관
심을 보이자, 그 손길을 뿌리치고 산으로 돌아옵니다. 1464년 30세가 된 그
는 주거지를 강원도에서 신라의 고도 경주 근처에 있는 금오산金鰲山으로 옮
기고, 사당을 지어 일생을 여기에서 보낼 결심을 굳힙니다.

그러나 이듬해인 1465년 3월에 효령의 추천을 받아 다시 한성으로 올라
간 그는 마침 세조가 한성 근교에 세운 원각사圓覺寺 낙성식에 참가하게 되
고, 효령의 요청에 따라 「원각사 찬시」를 써서 세조에게 바칩니다. 세조는
매우 기뻐하면서 그를 신축한 절에 머무르게 합니다. 때로는 걸식승으로 심
한 모욕을 당하기도 한 그가 안정된 생활 속에서 재능을 발휘하며 살고 싶은
생각에 사로잡혀 있을 때였습니다. 그래서 세조의 대접을 기꺼이 받아들였
으나, 일단 자리를 잡고서 보니 권력 사회의 흉한 모습에 혐오감이 들어 이
내 참을 수 없는 노여움에 휩싸입니다.

김시습은 귀족들의 생활 속에 자기 몸을 두기가 도저히 불가능한 일임
을 분명히 깨닫습니다. 효령이 극구 그를 말렸으나 결심을 굳힌 그를 설득할
수는 없었습니다. 그가 한성을 떠났다는 소식을 들은 세조는 그의 지인을 시
켜 쫓아가 데려오려 하였지만 그는 요지부동 움직이지 않았습니다.

자신이 권력 사회 속에서 양심을 굽히며 살 수 없는 인간임을 절실하게
깨달은 김시습은 금오산의 초라한 사당으로 돌아가 저항의 삶이 자신에게
어울린다는 사실을 새삼 깨닫습니다. 그는 가난한 농민이 되어 땅을 일구며
문학적 정열에 불타 오직 시 쓰기에 열중합니다. 그리고 세속과 단절된 엄격
한 생활 속에서 우리 문학사에서 불후의 명작으로 불리는 소설 『금오신화金
鰲新話』를 썼고, 『유금오록遊金鰲錄』이라는 저항 정신이 넘쳐흐르는 시집을
만들어 냅니다.

『금오신화金鰲新話』와
『유금오록遊金鰲錄』

불후의 명작 『금오신화』를 쓰다

『금오신화』에 담긴 다섯 편의 소설

『금오신화』는 「만복사저포기萬福寺樗蒲記」, 「이생규장전李生窺墻傳」, 「취유부벽정기醉遊浮碧亭記」, 「남염부주지南炎浮洲志」, 「용궁부연록龍宮赴宴錄」 등 총 5종의 단편으로 되어 있습니다. 이 책이 중국의 『전등신화剪燈新話』*의 영향으로 쓰여진 것이라는 말도 있지만, 이 소설에는 우리 민족의 아름다운 심성과 예술적인 향기가 가득 차 있습니다. 여기에 그 소설들의 줄거리를 소개하겠습니다.

■ 「만복사저포기」 ― 남원에 사는 양생梁生이라는 젊은이가 만복사를 찾아와 부처님께 좋은 배필을 만나게 해달라고 기원했는데, 마침 절에 온 미녀를 만나 서로 부부가 될 것을 맹세한다. 다음날 양생은 여인이 준 은잔을 가지고 여인이 일러준 대로 보련사普蓮寺에서 재를 지내는 여인의 부모를 만난다. 그런데 그날은 바로 여인이 죽은 지 사흘째 되는 날이며, 그 은잔은 여인이 항상 몸에 간직하던 것이었다. 두려워 떠는 사람들 앞에 여인의 영혼이 다시 나타나 혼인 언약을 축하하는 화려한 잔치가 벌어졌지만, 이윽고 때가 되자 여인은 황천으로 돌아가야 한다며 이별의 말을 남기고 모습을 감춘다. 그 후 양생은 두 번 다시 혼인을 하지 않고 산속에서 약초를 캐며 일생을 보낸다.

■ 「이생규장전」 ― 개성에 사는 이생李生이라는 젊은이가 하루는 선죽교 근처를 지나는데, 울타리 너머로 예쁜 낭자를 보고 사랑을 느낀 나머지 편지를 써서 울타리 너머로 던진다. 머지않아 그들은 사랑하는 사이가 되어 부부가 되었지만, 때마침 우리나라를 침입한 홍건적의 난 때 여인이 적의 칼에 죽게 된다. 하지만 여인은 이생에게로 다시 돌아와 두 사람은 행복한 나날을 보낸다. 3년이 지난 어느 날, 여인은 지금까지 뜰에 뒹굴고 있는 자신의 유골을 수습하여 장사를 지내달라고 부탁한 후 이생의 곁을 떠난다. 이생은 여인이 부탁한 대로 했으나 곧 병이 들어 부인을 따라 세상을 떠난다.

■ 「취유부벽정기」 ― 개성에 사는 홍생洪生이 평양의 부벽루에 올라 시를

---

* 중국 명나라의 구우瞿佑가 지은 단편 소설집으로 고금古今의 괴담기문怪談奇聞을 엮어 만든 책이다.

지으며 즐기고 있는데, 기자箕子의 후예라는 미녀(위만에게 나라를 빼앗긴 기자의 딸)가 나타난다. 이 세상에서 함께 살 뜻이 없어 선녀가 되었다는 미녀와 홍생은 밤을 새우며 즐겼는데, 날이 밝자 미녀는 운명을 거역할 수 없다는 말을 남기고 모습을 감춘다. 꿈에서도 미녀를 못 잊은 홍생은 얼마 지나지 않아 세상을 떠난다.

■ 「남염부주지」 ― 경주에 사는 박생朴生은 유교 교리에 정통한 사람이다. 그는 꿈속에서 부처님을 만나 유교와 불교의 교리 문답을 한다. 부처님은 박생의 정연한 논리에 감복하여 자기 자리를 박생에게 양보하겠노라고 말한다. 꿈에서 깨어난 박생은 곧 황천길로 가야 한다는 사실을 깨닫고는 자리에서 일어나지 않은 채 세상을 떠난다.

■ 「용궁부연록」 ― 개성에 사는 한생韓生은 재능 있는 선비였는데, 어느 날 용왕의 사자가 와서 그를 용궁으로 데려간다. 마침 아내를 맞이하기 위해 건물을 신축하던 용왕은 한생에게 대들보를 세우는 데 축하문을 지으라고 명한다. 한생의 문장에 감동한 용왕은 헤어질 때 비단 두 필과 옥을 주었는데, 꿈에서 깨어난 한생의 손에 비단과 옥이 쥐어져 있는 것을 보고 그는 용궁에 갔다 온 것이 꿈이 아니었다고 믿는다. 그 후 그는 세상의 명리에 눈을 돌리지 않고 명승지를 찾아다니다가 모습을 감춘다.

모순의 벽 속에서 : 백성은 국가의 근본이다

1468년 세조가 죽고 그의 아들 예종이 왕위에 올랐으나 그도 1년 만에 죽자, 젊은 나이에 죽은 세조의 장남의 아들인 성종이 왕위에 오릅니다. 그 동안 금오산에 칩거하고 있던 김시습은 창작에 몰두하는 고통스러운 생활 속에서 건강이 매우 나빠져 있었습니다.

세조도 이미 죽었고, 널리 인재를 구한다는 정책이 실시되자 그에게 호의를 품고 있던 많은 사람들이 상경을 권합니다. 지칠 대로 지친 그는 가냘픈 희망을 품고 1471년 한성으로 돌아오는데, 이미 정계는 크게 변해 있었습니다.

김시습이 유일하게 마음의 친구로 믿고 있던 서거정(徐居正 : 1420~1488년)은 달성군達成君이라는 칭호를 얻어 대귀족의 신분으로 권세를 누리고 있었고, 그가 은둔하면서 비열하기 짝이 없다고 싫어하였던 인간들은 어느새 재상이 되고 대신이 되어 거들먹거리고 있었습니다.

이러한 권력자들이 그를 관직에 등용하겠다고 말하였지만, 아무리 신동으로 소문이 났다고 해도 이름 있는 국립 학교에 다닌 적도 없고 더욱이 과거 시험을 치른 적도 없는 그에게 높은 직책을 줄 리 만무했습니다. 게다가 그는 당시 양반들로부터 천시 받고 있던 이름 없는 무관 집안의 자식이었습니다. 김시습은 궁전에서 거들먹거리고 있는 권력자들의 거만한 모습에 굴욕감을 느낍니다.

절망감에 시달린 김시습이 스스로 무례한 사람처럼 행동하였다는 일화가 몇 가지 전설이 되어 전해지고 있습니다.

어느 날 술에 취한 그는 한성의 대로에서 평소 경멸하고 있던 재상의 요란한 행렬을 보고 "너 이놈 그만 해먹어라!" 하고 호통을 쳤다고 합니다.

또 어느 날인가는 화려한 복장을 하고 궁전으로 향하는 서거정을 발견하고, 거지처럼 때에 절은 지저분한 차림에 거친 새끼를 허리에 두른 김시습이 호위병들의 제지를 물리치고는 "야, 너 어지간히 출세했구나"라고 비꼬았다고 합니다.

한성의 생활에 견디다 못한 김시습은 1472년 경기도 양주의 시골에 정자를 세우고 조그마한 화전을 일구면서, 시 쓰기를 계속하고 철학적인 사색에 빠집니다. 그는 특히 고려 말기의 유명한 학자였던 이색과 정도전의 학설을 깊이 연구하였습니다. 그는 '태극설太極說'을 주장하였는데, 태극이 곧 음양이고, '이理'와 '기氣'는 불가분의 관계에 있으며, 태극은 곧 사물이 운동하고 변화하는 법칙성이라고 말하였습니다.

김시습의 철학 이론은 그의 소설에 잘 표현되어 있으며, 당시의 시대적 한계에도 불구하고 관념론을 벗어난 입장에서 이론을 전개하고 있는 것이 특징입니다. 즉 그는 모든 진리는 마땅히 객관적인 현실 세계에서 찾아야 할 것이요, 생활의 실천을 통해 찾아내고 또다시 창조해야 하는 것이라고 주장하였습니다.

그는 저서에서 옛 학우들과의 논쟁을 인용하고 있습니다.

"유학의 길을 버리고 이단의 길을 가는 것이 옳단 말인가? 참된 논리는 『논어』나 『맹자孟子』 속에서 찾아야만 하네."

이처럼 주장하는 친우에게 그는 다음과 같이 답하였습니다.

"『논어』나 『맹자』라 해도 옛날 사람들이 전해온 것이 아닌가? 진리는 오직 자기 생활 속에서 실천을 통해 찾아내고 창조해야 할걸세."

그리고 이렇게 비꼬아 말했습니다.

"세상 인간들은 그저 눈을 부릅뜨고 출세 길만 찾고 있지만, 세상에 도움 될 만한 일은 하나도 하지 못하고 늙어갈 뿐이지 않은가?"

김시습이 승려라고는 하지만 불교에 대한 맹신이나 미신에 반대하였습니다. 그가 승려가 된 것은 불교를 믿어서가 아니라 세조의 왕위 찬탈에 대한 항의의 표시라고 할 수 있습니다. 후세에 그의 전기를 쓴 학자들도 "그는 내심으로는 유교를 생각하고 겉으로는 불도를 따랐다"고 말하고 있습니다.

그는 불교의 폐해와 황당무계함을 공격하는 많은 시를 썼고, 미신 같은 풍수설이나 무녀들의 행위를 비난하였습니다. 그는 또한 논설에서 다음과 같이 말한 적이 있습니다.

백성을 다스리는 왕은 항상 백성의 처지에 세심한 주의를 기울여야 한다. 백성은 국가의 근본이니, 근본이 서 있어야 국가가 편안해지는 것이다. 민심이 왕과 함께 해야 비로소 왕이 될 수 있으며, 민심이 왕을 떠나면 왕은 하루아침에 예사 인간이 될 뿐이다. 따라서 왕은 항상 백성을 사랑하고 존중해야 한다.

여기에는 물론 15세기라는 시대적 제약에서 오는 사상의 한계가 있습니다. 그러나 그는 제자들과 함께 땅을 일구고 곡식을 심는 노동을 통해 물질적인 부를 생산한다는 것의 실천적인 의의를 알고 있었습니다.

권력과 부정에 대한 증오심에 불타다

직접 농사를 지은 김시습은 권력의 무자비한 세금 수탈을 일상적으로 경험하면서 백성들이 얼마나 고통을 당하고 있는가를 뼈저리게 느끼고 있었습니다. 그런데 그의 친구였던 서거정은 대귀족이 된 것을 뻐개며 광대한 농장을 차지하고 거리낌 없이 농민을 착취하였습니다. 그래서 그는 대관의 지위에 있는 모든 권력자들을 격렬하게 증오하였습니다.

그가 젊었을 때 신숙주의 도움을 받은 적이 있어 그의 은혜를 고맙게 생각하였습니다. 그러나 세조의 왕위 찬탈 때 신숙주가 앞잡이 노릇을 한 것을 보고는 인간으로서 절대 용서할 수 없다며 증오하였습니다. 그런데도 신숙주는 그에게 신경을 써주며 호의를 보였습니다.

김시습이 한때 한성에 있을 때 신숙주가 일부러 자신임을 숨기고 다른 사람을 시켜 그를 정중하게 대접한 적이 있습니다. 그는 술을 너무 많이 마셔 정신없이 취하였고, 신숙주는 잠든 그를 자기 집으로 옮겨와 자기 침실에 뉘었습니다. 다음날 아침 눈을 뜬 김시습은 자기가 신숙주의 방에서 자고 있다는 것을 알고는 즉시 자리를 박차고 일어나 한마디 말도 없이 뛰쳐나갔습니다.

신숙주는 김시습의 옷소매를 잡고 말렸습니다.

"옛정을 생각하더라도 너무나 박절한 처사가 아닌가? 푹 쉰 다음 오래간만에 마음을 터놓고 술잔이라도 나눠야지."

하지만 그는 끝내 아무 말 없이 뿌리치고 나왔습니다.

언젠가는 서강(西江 : 강원도 영월군 소재)을 여행하다가 세조의 수족인 한명회의 시가 걸려 있는 것을 보게 됩니다. 그는 '청춘부사직 백수와강호(青春扶社稷 白首臥江湖 : 젊어서는 종묘사직을 짊어지고, 늙어서는 강호에 누웠네)'라는 시에서 '부扶'를 '망亡'으로, '와臥'를 '오汚'로 고쳐 써넣었습니다. 그렇게 하고 보니, 시의 뜻이 '젊어서는 나라를 망치고 늙어서는 세상을 더럽힌다'는 뜻으로 바뀌고 말았습니다.

지나가는 사람들은 이 시를 보고 배를 잡고 웃었습니다. 나중에야 이 사실을 안 한명회는 화가 치밀어 이 시를 찢어버렸다고 합니다. 권력에 아부

'젊어서는 나라를 망치고 늙어서는 세상을 더럽힌다'

하는 자들에 대한 김시습의 증오가 얼마나 깊었는지를 잘 보여주는 대목입니다.

그의 이러한 생각은 권력자에게 학대받아 도탄에 빠진 농민의 고통을 그린 시 속에서도 잘 나타나고 있습니다. 「농부 이야기를 적다」, 「산골짜기 농가의 고통」, 「누에치는 아낙네」, 「아아 슬픈 노래여」, 「유쾌한 생각의 노래」 등의 시가 있는데, 그중 「영산가고(詠山家苦 : 산골짜기 농가의 고통)」라는 시 가운데 다음과 같은 구절이 있습니다.

> 일 년 농사 비바람에 고생도 하도할사
> 관가 조세 물고 나면 남은 것이 그 얼마냐
> 무당들은 제 지내래, 중놈들은 시주하래
> 내년 봄 먹을 양식 속절없이 줄어드네

> 一年風雨幾勞辛 일년풍우기로신
> 租稅輸餘僅入囷 조세수여근입균
> 巫請祀神僧勸善 무청사신승권선
> 費煩還餒翌年春 비번환뇌익년춘

환속하였지만 절에서 생애를 마치다

김시습은 속세를 떠나 산골에서 농민으로 살면서 가끔 한성에 나타나 권력자들에게 방약무인하게 행동하였지만, 그의 행동을 막는 이는 아무도 없었습니다. 대부분의 사람들은 그를 실성한 사람으로 여겼고, 그나마 양심이 있는 사람은 그의 굴할 줄 모르는 강한 의지와 용기에 겁을 먹었기 때문입니다.

이렇게 10년 세월이 흐르는 동안 어느덧 그의 나이는 마흔넷이 됩니다. 그동안 수없이 사상적 방황을 거듭하던 그는 결국 철저한 불교도가 되지 못하는 자신에게 정나미가 떨어졌는지 아니면 중노릇 하는 자기 모습이 싫었는지 훌연히 머리를 기르고 고기를 먹기 시작합니다.

환속을 결심한 그는 유교 법도대로 제사를 지내고 안씨의 딸을 아내로 맞이하여 생애 처음으로 아늑한 가정을 꾸밉니다. 그러나 모처럼 꾸민 안락한 가정도 부인이 갑자기 세상을 떠나면서 물거품처럼 사라지고 맙니다. 게다가 궁궐 안에서는 왕비 윤씨(폐비 윤씨廢妃尹氏)의 추방 문제로 권력자들 사이에 파벌 싸움이 벌어지고 있었습니다. 부인의 죽음으로 인생의 무상함을 느끼고 있던 그는 정권 싸움에도 완전히 정나미가 떨어져 다시 한성을 떠나 방랑의 길로 돌아갑니다. 1483년 그의 나이 마흔아홉 때였습니다.

그는 동해안의 양양부에 사는 지인을 찾아가 한동안 그곳에 머물렀으나, 한곳에 오래 머물지 않는 성격 탓에 강릉, 설악산, 춘천 등 아름다운 자연을 찾아 유람합니다. 그는 묵는 곳마다 젊은이들을 모아 글을 가르치기도 하고 도를 설파하기도 하였으며, 물론 시도 계속 지었습니다.

이제 한성에 아무런 미련도 없어진 그는 명승지를 두루 찾아다녔으나 건강의 한계를 느끼기 시작하자, 충청남도 부여 홍산鴻山에 있는 무량사無量寺라는 누추한 절에 마지막 거처를 마련합니다. 그리고 1493년 2월에 이 절에서 쉰다섯의 생애를 마칩니다.

승방 안에서 숨을 거두었으니 그의 시신은 당연히 화장해야 하였지만, 승려처럼 죽는 게 싫었던 그는 화장을 하지 말라는 유언을 남깁니다. 완고하게 특이한 길을 걸어온 그의 의지는 생의 마지막 순간까지 발휘됩니다. 이 때문에 그의 시신은 3년간이나 절 안에 안치되어 있었는데, 제사를 지낼 때 관을 열어 보니 그의 얼굴이 마치 산 사람 같았다고 합니다. 승려들은 이를 보고 그가 부처가 되었다고 하면서 정중하게 화장해 주었습니다.

김시습은 일찍이 자화상을 그린 적이 있는데, 그 그림에 "너의 모양은 조그마하고 너의 말은 크게 분별이 없구나. 너는 구덩이 속에 처박아두어야 마땅하다"라는 자학의 글을 적어 넣은 적이 있습니다.

이러한 자학은 그가 추악한 현실을 격렬하게 증오하고 권력에 강하게 저항하면서도 그 강함이 철저하지 못하거나 혹 타협을 생각하는 자신의 나약함을 비판한 것으로 볼 수도 있습니다. 또 그의 이러한 사고는 척불숭유의 당시 사회 속에서 불교의 이념과 유교 교리의 상반된 사상의 통일을 생각하는 기초가 되었다고도 말할 수 있습니다.

김시습은 끝내 불교도가 되지는 못하였지만, 형식적인 유교 논리 역시 배격하였습니다. 그는 당시 유학자들이 가볍게 여기던 소설의 중요성을 역설하며 『금오신화』와 같은 명작을 남겼습니다. 이는 과거 시험을 위한 무미건조한 학문에 반대하는 사고방식과 함께, 김시습이 참으로 사려 깊은 학문을 한 위대한 학자였다는 것을 증명하는 것입니다.

이렇게 평생 동안 관리로 나서지 않고 인생을 끝맺은 그는 어떤 의미로는 구제할 수 없는 고독 속에서 고통 받았던 인간이라고 말할 수도 있습니다. 그러나 그는 우리 역사상 길이 빛나는 뛰어난 철학자요, 문학자로 거대한 업적을 남겼습니다. 이런 점에서 본다면 그는 가장 행복한 삶을 산 사람이었는지도 모릅니다.

15. 언어의 대중화에 헌신한 언어학자 최세진

훈민정음이라는 훌륭한 우리 문자를 만들어낸 공로자들의 이야기는 이미 앞서 말한 대로인데, 그 언어학의 전통을 이어받아 훈민정음의 대중화에 공적을 남긴 사람은 바로 최세진(崔世珍 : 1473?~1542년)입니다.

중인 계급 출신으로 질정관으로 선발되다

최세진의 아버지 최정발崔正潑은 중인中人 계급인 역관譯官이었습니다. 그래서 양반 본위인 봉건 사회에서 사사건건 차별과 박해를 받습니다. 그는 한 시대의 대학자임에도 불구하고 그에 대한 기록은 거의 남아 있지 않으며, 어디에서 태어났으며 어떠한 교육을 받고 성장하였는지에 대해서도 전혀 알려지지 않습니다.

계급 차별은 이미 고대 사회부터 시작되었으며, 역사 발전 속에서 학대받는 사람들은 끊임없이 지배자에게 반항하고 싸우면서 사회를 바꾸어 왔습니다. 고려 시대의 피지배 계급의 지배 계급에 대한 투쟁 역시 대단하였습니다. 이 싸움으로 인해 고려 왕조가 멸망해갔고, 부部, 곡曲, 향鄕 등 전국 곳곳에 산재한 피차별 지역이 사라져 많은 천민들이 해방되었습니다.

그런데 조선으로 바뀌고 나서 역대의 왕을 비롯한 권신들의 반민중적인 지배 정책이 강화되는 가운데, 엄격한 신분 제도가 시행돼 신분 차별이 강화됩니다. 국가를 지배하는 관직은 모두 양반 계급에 독점되었고, 양반 가문에서 태어나지 않으면 아예 과거 시험을 볼 자격도 주어지지 않았습니다.

일반 민중은 양민良民이라고 불렀으며, 백성 또는 상민常民이라고도 하였습니다. 농업과 공업, 상업에 종사하는 사람들은 세금을 내고 부역을 하며 징집되어 나라를 지켜야 하였습니다. 그 밖에 천민 계급이 있어서 관청과 권력층의 노예로 종사하였습니다.

중앙 관청과 지방 관청의 하급 사무직을 향리鄕吏 또는 서리胥吏, 아전衙

계급 차별은 고대 사회부터 시작되었으며, 역사 발전 속에서 학대받는 사람들은 끊임없이 지배자에게 반항하고 싸우면서 사회를 바꾸어 오다.

前이라고 불렀으며, 이들은 양반과 양민의 중간 위치에 있었습니다. 그러나 향리들은 양반들에게는 멸시당하고 서민들에게는 권력층의 앞잡이로 세금을 가혹하게 수탈하여 증오의 대상이 되었습니다.

양반과 서민층 사이에는 중인이라 불리는 또 한 계층이 있었습니다. 이들은 대체로 조정에 소속되어 의료, 역관, 경리, 천문 관측, 법률 사무, 인쇄, 그림 등 주로 전문 기술을 익혀서 실무에 종사하는 사람들로, 한성의 중촌中村이라는 지역에 살았으며 조상 대대로 그 일에 종사하는 세습 제도를 따르고 있었습니다(조선 후기에 가면 위의 양자를 구별하지 않고 모두 중인이라 부르게 됨).

이 중인 계급은 중요한 기술자였으므로 사람들의 존경을 받고 때로는 양반처럼 대우 받기도 하였으나, 양반들에게는 향리와 다름없이 차별을 받았습니다. 최세진은 역관인 중인 가문에서 태어났으므로 숙명적으로 가업을 이어받을 수밖에 없었습니다.

역관 중에는 한어(漢語 : 중국어), 몽골어, 왜어(倭語 : 일본어), 여진어(만주어) 등을 전문적으로 담당하는 사람들이 있었습니다. 그의 아버지는 한어 담당이었으므로 당연히 아들인 최세진에게 한어를 철저하게 가르쳤을 것입니다.

통역을 하는 중인 집안은 거의가 가난하였기 때문에 양반집 자제처럼 공부에 열중할 수 없었고, 집안일을 돕기 위하여 여러 가지 일을 해야만 하였습니다. 아마도 최세진은 소년 시절에 집안일을 도우며 짬나는 대로 아버지의 가르침을 받았으리라 생각됩니다. 그러나 그는 천재적인 재능을 가진 사람이었고 또한 노력가였습니다. 그는 일찌감치 한어에 정통하여 이문(夷文 : 중국 정부의 외교 문서)을 쓰는 데에도 뛰어난 실력을 발휘하였습니다.

그래서 그는(연대는 확실치 않으나) 역관 국가 시험인 원과院科에 합격하여(합격자는 매우 적었음) 습독관(習讀官 : 무관의 선발 혹은 병서의 강습을 맡아 보는 훈련관 訓鍊觀에 속한 관직)으로 임명되었고, 왕 앞에서 자기가 연구한 성과를 발표하는 기회를 얻게 됩니다. 학문을 좋아하는 성종은 크게 감동하여 그를 질정관(質正官 : 중국으로 가는 사신을 수행하여 중국의 여러 가지 사물을 조사하거나 중국의 고전을 조사하는 관리)으로 선발합니다.

그러자 즉시 일부 양반들이 이에 항의합니다. 중인 출신 역관 따위에게 중요한 외교 일을 맡긴 예가 없었으므로 양반으로 교체해야 한다는 이유였습니다. 자존심이 상한 성종은 화를 내며 이렇게 거절하였습니다.

전례가 필요하면 내가 전례를 만들 것이다.

"둘도 없는 적임자를 뽑았는데 전례에 매달릴 필요가 있는가? 전례가 필요하면 내가 전례를 만들 것이다."

그래서 그는 질정관으로 중국에 가게 되었으나, 그를 못마땅해 하는 양반들로부터 심하게 닦달을 당하였다고 합니다.

권력의 이전투구 속에서 묵묵히 일하다

최세진은 능력을 인정받아 몇 번이나 중국의 수도로 파견되었습니다. 그동안 그는 중국 연구의 견문을 더욱 넓혀서, 중국의 고전이나 역사는 물론 여러 가지 문물과 제도에 이르기까지 모르는 것이 없을 정도였습니다. 또한 애초부터 자신이 있었던 이문에 더욱 능통해져서, 표현 양식이 독특하였던 중국 정부와의 외교 문서는 그가 아니면 제대로 쓸 수 없었습니다.

결국 그는 국가에 없어서는 안 될 귀중한 존재가 되었습니다. 그러자 고관들 중에도 그를 눈여겨본 사람이 있었는지 그에게 과거 문관 시험에 응해 보라고 권유하였고, 그는 1503년(연산군 9년)에 보란 듯이 문과에 합격합니다. 그리하여 그는 양반과 같은 자격으로 조정의 관직에 나아갔으나, 이는 또한 고난의 길이기도 하였습니다.

최세진이 연산군(燕山君 : 1476~1506년)이라는 악명 높은 폭군 밑에서 관직에 오른 것은 짓궂은 운명의 장난이었습니다. 연산군은 성종의 장남으로, 1494년 12월에 부왕이 죽은 후 10대 왕위에 오릅니다. 취임 직후에는 선왕의 정책을 답습하여 큰 과오가 없었으나, 고루한 고관들의 잔소리가 듣기 싫었는지 자기 앞에서 아첨하는 사람들만을 가까이하게 됩니다.

절대적인 지배 체제를 갖춘 양반 계급은 15세기 중반부터 격렬한 권력 다툼을 벌이다가, 15세기 말인 1493년에 마침내 그 싸움이 폭발하고 맙니다. 마침 이 해에 선왕인 성종 시대의 기록(『성종실록成宗實錄』)을 편찬하게 되었는데, 왕의 환심을 사고 있던 일파가 반대파를 권력에서 몰아내기 위하여 실록을 집필하고 있는 사람들이 왕실에 반역하는 사상이 담긴 글을 쓰고 있다며 왕에게 밀고를 한 것입니다.

분별력이 없는 왕은 밀고자들의 말만 믿고 실력 있는 많은 관원들을 사형에 처합니다. 이 사건이 바로 '무오사화戊午士禍'*입니다. 그 결과 음험한 자들이 절대 권력을 쥐었고, 이 자들을 겁내 조정의 관리들은 누구 하나 바른말을 하지 못하게 됩니다. 무오사화戊午士禍

최세진은 이런 상황에서 관리가 되었으므로 오직 침묵을 지키며 학자로서 자기 연구에 매진할 따름이었습니다. 그런데 이 어리석은 왕은 1504년에 또다시 대량 학살을 저지르고 맙니다. 불행하게 죽어간 생모의 복수를 한다는 명목으로 저지른 사태였습니다.

성종의 첫 왕비는 젊은 나이에 병사하였고, 다음 왕비인 윤씨가 연산군을 낳았습니다. 연산군이 세자가 되자 윤씨는 쾌재를 불렀지만, 성종이 다른 후실이나 여관女官을 가까이하자 이를 시기하여 왕에게 자주 강짜를 부리다가 급기야 용안에 상처까지 내고 맙니다. 이에 넌더리가 난 성종은 측근들과 상의하여 윤씨를 서민으로 격하시켰을 뿐만 아니라(1479년), 나중에는 결국 사약을 내립니다(1482년). 왕위에 오른 연산군이 후에 이 사실을 알고 피의 복수를 한 것입니다.

어려서 어머니가 사약을 받아 죽은 것을 모르고 자라온 연산군은 1504년에 임사홍(任士洪 : 1445~1506년)으로부터 어머니가 궁궐에서 추방되어 죽임을 당한 것은 성종의 두 후실이 교사하였기 때문이라는 이야기를 듣게 됩니다. 이에 불같이 화가 난 연산군은 당장 후실들을 궁전 앞뜰에 끌어내어 베어 죽이고, 그 후실들이 낳은 이복동생들까지 처형해 버립니다. 또한 이 소식을 들은 할머니(인수대비仁粹大妃)가 난폭한 행실을 책망하자, 연산군은 병든 조모까지 죽게 만듭니다.

---

* 조선 시대 4대 사화 가운데 하나이다. 1498년(연산군 4) 김일손金馹孫 등 신진사류가 유자광柳子光을 중심으로 한 훈구파에 의해 화를 입은 사건으로 조선의 역사에서 '사화'라는 이름이 붙은 첫 사건이기도 하다.

갑자사화(甲子士禍)

또한 연산군은 죽은 어머니의 명예를 회복하여 왕후의 지위로 격상시키고 선왕의 묘에 함께 안장하려 할 때, 이에 반대하는 의견을 제시하였다는 이유로 두 명의 관리를 죽이고 망모 추방에 찬성하였던 관리들을 남김없이 살해하니, 그 수가 수십 명에 달하였다고 합니다. 왕은 이미 죽은 자들까지도 역적으로 규정하고, 그 자손과 일족들을 참혹하게 처형하였습니다. 이 사건이 바로 '갑자사화(甲子士禍 : 1504년, 즉 연산군 10년)' 입니다.

이때 처형된 관리들 중에 이세좌(李世佐 : 1445~1504년)라는 사람이 있었는데, 최세진이 이 사람의 추천을 받은 적이 있다는 이유로 그를 직위에서 내쫓습니다.

그런데 이 사건은 권신들 사이의 권력 다툼과도 깊은 연관이 있었습니다. 많은 고관들을 죽이고 재산을 몰수한 연산군과 임사홍 일파는 제멋대로 권력을 휘둘렀습니다. 그는 세조 때 지은 화려한 원각사를 부수고 승려들을 추방한 후 기녀들의 숙소로 만드는가 하면, 사냥터를 만든다고 2만여 명의 주거지를 부수어 강제 이주시키는 난폭한 짓까지 저지릅니다.

민중들의 원망이 날이 갈수록 높아져 왕과 권신들의 비도덕적 행위를 비난하는 투서가 나돌았으며, 권력층을 규탄하는 유인물이 벽에 나붙었습니다. 그것은 대개 국문(훈민정음)으로 쓰여졌고, 이에 폭군 연산군은 국문 금지령을 내립니다. 이런 폭압 속에서 지식인들은 숨을 죽인 채 입을 다물고 있을 때, 민중들의 반항 운동이 점점 불타오릅니다.

최세진이 추방된 것도 평소 그의 출세를 시기하던 일부 양반들의 비열한 중상모략 때문이었습니다. 하지만 그가 추방되고 얼마 안 있어 중국에서 외교 문서가 도착하여 조정은 이에 답장을 보내야 할 처지에 놓입니다. 자신들의 지위를 지키기 위하여 중국에게는 항상 사대주의 외교 정책을 폈던 왕과 권신들은 당황하여 '이문'에 정통한 사람을 찾아 헤맸으나 최세진 외에는 적임자가 없었습니다. 그래서 조정은 곧 그의 지위를 회복시킵니다.

인간으로서 견디기 힘든 이중 삼중의 굴욕을 겪었지만, 그는 중인 계급 출신이라는 서글픔 때문이었는지는 몰라도 오직 침묵만을 지키며 인내하고 있었습니다. 그는 항상 어리석은 권력 투쟁을 되풀이하는 양반들의 행태를 냉정하게 바라보며 경멸할 뿐이었습니다. 그가 이렇게 모든 것을 참고 견딜 수 있었던 것은 자기가 갖고 있는 능력을 십분 발휘하여 민족과 국가를 위하여 일하겠다는 헌신적인 신념이 있었기 때문이라 생각됩니다.

우국의 열정으로 훈민정음 대중화에 힘쓰다

연산군의 국문 금지령은 세계에 자랑할 빛나는 민족 문화를 뿌리째 파괴하려는 짓이었습니다. 언어학자로서 훈민정음의 대중화를 위하여 심혈을 기울이고 있던 최세진은 피가 역류하는 듯한 분노를 느꼈을 것입니다. 그러나 그는 이 폭군을 타도할 힘을 갖고 있지 못하였습니다. 그는 내면의 고통과 싸우며 훈민정음의 대중화를 위한 연구를 계속하면서 때가 오기를 남몰래 기다리고 있었습니다.

폭군을 타도하라는 외침이 전국을 뒤흔들고, 마침내 1506년 9월에 쿠데타가 일어납니다. 그리하여 연산군은 추방되어 죽고, 그의 이복동생이 왕위에 오르게 됩니다. 이를 '중종반정中宗反正'이라 부릅니다. 이에 따라 국문 금지령도 폐지되어 최세진은 다년간 생각해온 일을 실행에 옮길 수 있게 됩니다.

중종반정(中宗反正)

그는 우선 오랫동안 중국어 교과서로 사용되어온 『노걸대老乞大』와 『박통사朴通事』를 훈민정음으로 번역하여 출판합니다. 한문책을 국문으로 번역한 것을 '언해諺解'라 하는데, 그는 단순히 한문을 국문으로 번역하는 수준이 아니라 중국어의 의미를 알기 쉽게 설명하고 누구든지 이 책을 읽고 독학할 수 있도록 만든 것입니다.

또한 그는 『노걸대집람老乞大輯覽』, 『박통사집람』 등 상세한 해설서를 쓰고, 중국어 단어를 해설한 사전 비슷한 책도 집필합니다. 이 저서들은 중국어를 배우는 사람들에게는 '성전'처럼 받들어지며, 그 후 오랫동안 수많은 사람들에게 애독됩니다.

하지만 최세진의 명성이 높아감에 따라 다시 권력층 내에서 그를 비방하는 중상모략이 잇따릅니다. 그가 중국을 왕래하며 암거래를 하고 있다는 소문이 돌면서 한학 교수직에서 추방된 적도 있습니다. 그러나 그는 당시 국가에 없어서는 안 될 인물이었습니다.

중종(中宗 : 1488~1544년, 조선 제11대 왕) 10년(1515년)에 재상 유순(柳洵 : 1441~1517년)이 왕에게 다음과 같이 건의하였다는 기록이 남아 있습니다.

"신이 생각건대, 문신들 중에 이문과 한음에 정통한 자는 오직 최세진 한 사람뿐입니다. 이 사람이 없으면 중국에서 오는 서신을 정확하게 해석할 수 없고, 또 중국에 보내는 외교 문서를 작성할 수도 없습니다. 지나치게 그에게만 의지하는 것이 걱정일 따름입니다."

최세진은 영문도 모른 채 비난받고 밀려나기를 몇 차례나 겪었지만, 오로지 훌륭한 후계자를 양성하기 위하여 노력할 뿐이었습니다.

『사성통해四聲通解』

공문서에 한문만을 사용하던 당시 사회에서, 특히 같은 한자라도 발음이 다른 중국어를 정확히 배운다는 것은 대단히 어려운 일이었습니다. 때문에 15세기 세종 때 신숙주를 비롯하여 중국어에 정통한 많은 학자들이 중국의 전통 발음 표기 사전이라 할 수 있는 『운서韻書』를 저술하였습니다. 최세진은 그들의 업적을 집대성하고 보완하여 『사성통해四聲通解』를 편찬합니다. 이는 매우 이해하기 쉽고 실용적인 책이었습니다. 이 책은 당시로서는 매우 귀중한 자료로 그는 이 책을 정리하기 위하여 4년이란 시간을 연구에 몰두해야만 하였습니다.

『이문집람吏文輯覽』

그는 또한 어려운 이문을 이해하기 쉽도록 『이문집람吏文輯覽』이란 책을 썼으며, 이 책은 후세까지 전해져 내려오는 유일한 참고서로 이름을 날립니다.

최세진은 『사성통해』의 서문에 다음과 같은 글을 썼습니다.

처음 한어(중국어)를 배우려는 사람은 우선 『노걸대』와 『박통사』를 교과서로 삼아 공부하고, 이 두 권을 배우는 사람들은 반드시 『사성통고(四聲通攷 : 신숙주 등의 저서로 알려져 있지만 현존하지 않음)』를 보고 한자로 된 중국 서적의 정통음과 속음을 배운다.

그러나 이 두 책의 의미나 해석은 예전부터 잘못된 내용을 그대로 이어받고 있다. 그리고 『통고』의 한자도 음만 있을 뿐 의미는 해설하지 않는다.

예전부터 내려온 잘못을 그대로 답습하면 아무리 경험이 풍부한 역관일지라도 바르게 사용할 수 없고, 음만 있고 뜻을 해설해 놓지 않으면 한자가 겹칠 때 모르게 되는 경우가 있다. 그런 까닭에 이 두 책의 언해 속에서 고어를 모아 『집람』을 간행하여 배우는 사람들에게 도움이 되도록 하였다.

『통고』 한 권으로는 불편하다는 조정의 요청에 따라, 옛 운서류를 참고해 그 음과 뜻을 선택하여 주야를 가리지 않고 초고를 무려 일곱 번이나 고쳐 썼다. 마침내 4년 만에 완성하여 상·하 두 권으로 만들고 『사성통해』라고 이름 붙였다.

처음 배우는 사람들이 찾기 쉽고, 원본을 따라 책을 펼치기만 하면 음과 해설을 바로 알 수 있게 하였다. 그리하여 같은 문자를 여러 가지 잘못된 음으로 읽지 않도록 하였다.

이 글 속에는 그의 훌륭한 인격이 그대로 드러나 있습니다. 즉 어려운 것을 쉽게 가르치려고 하는 그의 배려가 절절하게 배어나오고 있는 것입니다.

그는 계속하여 『운회옥편韻會玉篇』이라는 사서(辭書 : 낱말의 발음, 의미, 용법 등을 해설한 책)를 편찬합니다. 그리고 새로 『이문독집집람吏文讀集輯覽』도 내놓습니다.

『운회옥편』과 『이문독집집람』

최세진이 얼마나 자상한 선생이었는가는 그의 제자들이 추억을 더듬어 여러 가지로 기록하여 전하고 있습니다. 그는 학문의 대중화를 실천하기 위하여 누구라도 쉽게 한자를 학습할 수 있도록 『훈몽자회訓蒙字會』라는 책을 펴냈습니다. 이 책은 상·중·하 세 권으로 되어 있으며, 상권은 천문, 지리, 꽃, 나무, 풀, 과일 등 16개 항목에 걸쳐 자연과 관련 있는 단어 가운데 실용 한자 1,120자를 소개하고 있습니다.

『훈몽자회訓蒙字會』

중권은 사람, 집, 관청, 그릇, 음식물, 옷 등 16개 항목 1,120자를, 하권은 항목을 설정하지 않고 상·중권에 들어 있지 않은 여러 가지 생활에 필요한 단어 1,120자를 소개하고 있습니다.

이는 종래의 한문 교과서인 『천자문千字文』 등과 달리 일상 생활에 필요한 것을 중심으로 편집하여, 각 글자 밑에 한글로 글자의 뜻과 음을 표시하고 필요한 해설 등을 한문으로 추가하여 쓴 것입니다. 또한 이 책의 권두에 우리 국문(훈민정음)의 자모와 읽는 법, 철자법 등을 알기 쉽게 소개해 놓았습니다.

여기에서 그는 훈민정음 창제 당시에 발표한 문자의 배열을 바꾸고 문자수를 줄여 27자로 하였습니다. 그것이 과연 당시에 그렇게 바뀌어 있었던 것인지 아니면 그가 배우기 쉽게 하려고 바꾼 것인지는 확실치 않으나, 그 배열과 읽는 법은 4백여 년이 지난 지금도 그대로 사용되고 있습니다(현재는 24자로 되어 있음).

양반 자제들이 문자를 배우기 시작할 때 의례히 한자만 배우던 당시에, 그가 감히 국문 교과서를 만들어 먼저 국문부터 학습할 것을 강조한 것은 민족 문화를 발전시키고 우리 민족의 독자성을 드높이려는 애국적 발로에서 나왔다고 생각됩니다. 그는 민중들에게 우선 우리 문자를 가르치고, 특권 계층의 독점물로 되어 있던 한문까지도 민중들에게 가르치려고 하였습니다.

폭군 연산군이 국문 금지령을 내렸을 때 죽음이 두려웠던 양반들은 아무도 이를 거역하려 하지 않았습니다. 그러나 바꿔 생각해보면, 당시 특권층인 양반들은 민중에게 국문 문학을 보급하는 데 별로 관심이 없었다는 이야기도 됩니다. 그가 은인자중하면서 국문의 대중화, 학문의 대중화를 위해 이처럼 훌륭한 교과서를 세상에 내놓은 것은 그의 강한 정신력, 강한 애국심의 발로였습니다.

『여훈어해』, 『여효경』 및 『소학편몽』

그는 또한 배움의 기회가 전혀 없던 부녀자의 교육을 위하여 『여훈어해 女訓語解』, 『여효경女孝經』 등의 책을 썼고, 아이들의 교육을 위해 『소학편몽小學便蒙』이라는 책을 내놓았습니다.

최세진은 유학과 관련된 저서는 물론 전문적인 지리책도 썼으며 문학에 대해서도 조예가 깊었습니다. 교육자로서 또한 학자로서, 나아가 유능한 외교관으로서 그가 쌓은 많은 업적에 대해 이제는 어느 누구도 무시할 수 없게 되었습니다.

조정은 1539년에 그의 업적을 기려 표창을 내렸으며, 1542년 그가 죽기 직전에 '동지중추부사同知中樞府事'의 지위를 하사합니다. 이 직책은 종2품에 해당되는 지위로서, 명문가의 양반일지라도 공적이 없으면 받을 수 없었습니다. 아마도 중인 출신으로는 전무후무한 일이었으리라 생각됩니다. 출생 기록이 확실하지 않아서 그가 몇 살 때였는지 모르지만 아마 70세 전후였을 것이라고 추측됩니다.

봉건 사회라는 시대적인 한계 때문에 그의 사상도 그 틀을 뛰어넘을 수는 없었으리라 생각되지만, 그는 불우한 환경을 자신의 노력과 재능으로 극복하고 나아가 민족 문화 발전에 큰 공헌을 한 훌륭한 언어학자임에는 틀림없습니다.

16. 신진 세력 조광조와 재야 철학자 서경덕

16세기 초, 봉건 지배하의 권력 투쟁

15세기 말부터 16세기 초에 걸쳐 계속된 연산군의 포악한 행위는 앞서 이야기하였지만, 연산군이 죽고 중종 시대가 되어서도 봉건 지배자들의 민중에 대한 수탈 행위는 결코 사라지지 않았습니다. 권력을 가진 양반들은 새로운 개간지나 농민들의 경작지를 탈취하여 자기 사유지로 만들고, 경작하는 농민들로부터 막대한 소작료를 거둬들였습니다.

1518년, 전라도에 파견된 한 관리의 보고서를 잠시 살펴보겠습니다.

"대토지 소유자 중 집에 1만 석이나 되는 곡물을 쌓아놓은 자가 있는가 하면, 5, 6천 석의 곡물을 쌓아놓은 자들도 있었다. 일개 군에 있는 토지를 불과 두세 명이 차지하고 있어서 농민들은 경작할 토지를 전혀 소유하지 못하는 형편이었다."

같은 해 다른 관리의 보고를 보면 다음과 같이 쓰여 있습니다.

"농민들은 토지를 경작하지 않으면 살아갈 수 없는데도 대토지 소유자들에게 빚 독촉을 받아 가난한 자들은 조상에게 물려받은 토지를 모두 팔아 치워야 할 형편이다. 부자는 더욱 많은 토지를 갖게 되고 가난한 농민들은 오동나무 한 그루 심을 땅도 없다. 부자는 더욱 부자가 되고 가난한 사람은 더욱 가난해지고 있다."

'사화士禍'는 대부분이 본질적으로는 대토지 소유자들의 권력투쟁이다.

이처럼 15세기 말부터 16세기에 걸쳐 권력자들은 점점 많은 토지를 사유지로 만들어 권세를 누렸고, 권력의 자리에 앉지 못한 양반들은 이 권력자들을 끌어내리고 죄인으로 몰아세워 그 재산을 탈취하려는 욕심에 빠져 권력투쟁을 전개한 것입니다. 따라서 당시 많은 권력자들을 죽음으로 몰아간 이른바 '사화士禍' 사건은 대부분이 본질적으로는 대토지 소유자들의 권력 투쟁이었습니다.

'중종반정'을 일으켜 연산군을 추방한 권력자들은 거의 모두가 연산군 밑에서 권력을 차지하고 있던 무리들로, 중종이 즉위한 후에도 민중을 대하는 정책에는 아무런 변화가 없었습니다. 오히려 부패만 점점 심해져서 농민들과 수공업자들의 생활은 더욱 빈궁해집니다. 따라서 권력을 쥔 양반들을 원망하는 소리는 높아만 갔고, 또 국토의 태반을 대토지 소유자들이 빼앗아가 조세가 제대로 걷히지 않아 국가 재정의 기초가 무너질 지경이었습니다.

이러한 가운데 청렴한 정치를 주장하며 국가의 기초를 다시 일으켜 세워야 한다는 소리가 높아집니다. 그러한 주장을 가장 강하게 편 사람들은 지방에서 유학을 공부하고 있던 젊은 유림들이었습니다. 그들은 보수적인 권력파로부터 배척당하고 있었으나, 과거에 합격하는 우수한 인재는 거의 모두가 지방 출신의 젊은 유림들이었기 때문에 그들은 서서히 조정의 핵심 권력으로 부상할 수 있게 됩니다.

기묘사화로 조광조의 신진 세력이 무너지다

이들 신진 세력 가운데 가장 두각을 나타낸 사람이 조광조(趙光祖 : 1482~1519년)입니다. 그는 1482년 관리의 집안에서 태어났습니다. 그의 아버지가 지방관으로 평안도에 갔을 때, 나이 어린 조광조는 마침 근처의 회천熙川에 유배되어 있던 김굉필(金宏弼 : 1454~1504년)이라는 유학자에게 가르침을 받습니다. 김굉필은 유명한 유학자 김종직(金宗直 : 1431~1492년)의 제자로 조정의 관리로 있었으나, 1498년의 무오사화에 말려들어 유배되었습니다. 조광조는 스승의 영향을 받아 정계 진출의 꿈을 품게 됩니다.

조광조는 29세에 진사 시험에 합격하여 신진 학도들이 모이는 성균관의 유생이 됩니다. 그는 이목이 뚜렷하고 언변이 좋아 곧 주목을 받게 되었고, 2백 명의 성균관 유생들 가운데 제일 먼저 추천을 받습니다. 그리고 문관 고급 시험에도 합격한 그는 34세에 사간원의 정언正言에 발탁됩니다. 이는 국왕에게 간하는 자리였기 때문에 발언권이 강한 지위였습니다.

1515년 조광조가 정언으로 있을 때, 왕궁의 내분 문제에 대하여 의견을 개진한 두 명의 지방관이 처벌을 받게 됩니다. 그러자 조광조는 정의를 주장하는 사람을 억압하는 처사라며 이들의 처벌을 주장한 상관을 공격하여, 마침내 그 둘을 사직시킵니다. 그리고 그 자리에는 조광조의 동문이 임명됩니다. 이렇게 해서 자신의 위치를 단단히 다진 그는 왕의 절대적인 신임을 얻어 유학에 의한 왕도 정치의 실현을 주장하기 시작합니다.

조광조는 1518년 현량과賢良科 설치를 건의하여 관철시킵니다. 현량과는 이전의 과거 시험과는 별도로 시사 문제와 구체적인 정책에 관한 논문을 쓰게 하여 합격자를 관리로 등용한 것입니다. 이 새로운 등용 제도에 의하여 1519년부터 많은 신진 학도가 등용되었으며, 그들은 대개 조광조의 일파라고 할 수 있는 사람들이었습니다. 따라서 조광조의 세력이 점차 강해져 같은 해에 37세의 젊은 나이로 대사헌이라는 권좌에 오르게 됩니다.

이렇게 권력을 잡은 조광조는 지방의 중소 지주인 양반들의 이익을 대표하여 대토지 소유자인 중종반정의 공신들을 공격하기 시작합니다.

"공신들 중에는 국가의 이익보다는 자기의 이익을 위하여 연산군의 추방을 찬성한 사람이 많았고, 더욱이 그들 중에는 국토를 사유화하고 뇌물을 받고 관직을 주선하는 등 사복을 채우려는 자들이 많았습니다. 이들의 대우를 취소하고, 공훈으로 받은 토지를 전부 몰수하여 국가 재정의 기초를 튼튼히 해야 할 것입니다."

이 같은 조광조의 주장에 대하여 중종은 한 번 준 것을 다시 회수할 수는 없다고 하였지만, 조광조는 자기가 사직을 하더라도 이 일만은 결행하겠다고 고집합니다. 그러자 왕도 그의 주장대로 공신 4분의 3에 해당하는 76명의 토지와 노비를 몰수하기로 결정합니다.

이 결정은 권력을 가진 보수 양반 세력들에게 커다란 타격을 주게 됩니다. 그러자 그들은 도당을 만들어 조광조 일파를 추방하려고 획책하며 국왕에게 호소하기에 이릅니다.

"조광조 일파가 도당을 만들어 정권 탈취를 계획하고, 젊은 사람들을 끌어 모아 과격한 행동을 하고 있습니다. 양반 귀족을 짓밟을 뿐만 아니라 신분이 낮은 자가 높은 자를 끌어내리고, 천민이 귀족을 때려눕히듯이 나라의 기강을 문란케 하려고 합니다. 이리하여 조정의 위엄은 땅에 떨어졌습니다. 그들을 즉시 처벌해야 합니다."

조광조의 과격한 행동에 염증이 난 왕은 그 요구를 받아들였고, 조광조 일파를 체포하고 감옥에 가두게 됩니다. 반대파는 그들을 즉시 처형하라고 재촉하였으나 일부 대신들이 "젊은 사람들이 혈기가 왕성하여 시세를 판단하지 못하고 한 행동이니 죽여서는 안 됩니다"라고 눈물로 호소하여 일단 처형은 면할 수 있었습니다.

　　이러한 탄압 소식이 전해지자 성균관 학생들을 비롯한 1천여 명의 젊은 유생들이 궁궐 앞으로 달려와 조광조 등의 무죄 석방을 요구하며 연좌하였습니다. 관리가 시위 대표자를 체포하려 하자 젊은 유생들은 너도나도 감옥으로 달려 들어가 옥 안은 발 디딜 틈이 없었다고 합니다.

　　결국 조광조를 비롯한 다섯 명은 유배된 후 사형당하고 그 외 수십 명이 유배되었고 후원자로 지목된 대신들도 모두 관직에서 추방되었는데, 이 일로 처벌된 사람이 70여 명에 달하였습니다. 이를 '기묘사화(己卯士禍 : 1519년, 즉 중종 14년)'라고 합니다.

기묘사화

　　조광조는 이상적인 왕도 정치를 실현하기 위하여 모든 것을 걸었으나, 그도 역시 권력 의식이 강한 양반들의 사고방식에서 벗어날 수는 없었습니다. 그는 '군자소인지변君者小人之弁'이라는 말을 입버릇처럼 달고 다녔습니다.

　　재난이 일어나는 것은 소인이 군자를 몰아넣었기 때문이다. 사실 군자와 소인을 분간하기는 어려운 일이다. 왜냐하면 소인은 군자를 소인이라 하고 군자도 소인을 소인이라 말하기 때문이다. 소인은 밤이나 낮이나 군자를 공격하는 일만 생각한다. 소인은 국왕을 알현할 때 예장을 차리고 미사여구로 언변을 꾸미기 때문에 그 자가 과연 소인인지 군자인지 분간하기가 쉽지 않은 일이다.

　　그는 이처럼 권력 있는 양반들을 소인이라고 비난하였는데, 이 때문에 공연히 적을 만들어 결국 자기가 짓밟혀서 무너지는 원인을 제공한 것도 있습니다.

사화가 미친 영향

　사화土禍는 본질적으로 권력투쟁 속에서 일어난 사건입니다. 봉건 지배 밑에서 고통당하고 있는 민중들과는 아무런 관련도 없습니다. 사화 사건 이후 대토지 소유자들의 재산이 다른 권력자들에게 탈취당하였다고는 하지만 고생하는 농민들에게는 예전과 다름없이 혹독한 소작료만이 기다리고 있을 뿐이었고, 주인이 바뀌었다고는 하나 노비들은 짐승과 같은 취급을 받는 처지에서 벗어날 수 없었습니다. 게다가 사화 사건으로 탄압받는 사람은 권력을 갖지 못한 사람들이어서, 사건 후 권력자들의 수탈 행위는 더욱 심해질 뿐이었습니다.

　그러나 특히 조광조와 같은 사람들이 탄압을 받은 사화는 권력을 갖지 못한 양반들에게 커다란 영향을 미쳤습니다. 조광조를 비롯한 신진 학자들이 정계에 뛰어들어 새로운 시험 제도를 설치하였을 때, 가난한 양반 가문에서 자라 학문에 열중하여 실력을 쌓은 젊은 양반들은 새로운 희망을 품었습니다. 젊은 양반들 중에서 특히 기세를 올린 사람은 영남학파嶺南學派*라 불린 사람들입니다. 그들은 경상도 출신의 유학자 김종직의 문인들로 권력파인 이른바 훈구파(勳舊派 : 공신 세력을 중심으로 조정의 실권을 장악한 양반 귀족들로 신진 정치세력인 이른바 사림파士林派와 대비되는 정치세력을 지칭)에 강한 대항 의식을 갖고 권력 탈취를 위하여 야심을 불태우고 있었습니다.

　그러나 기묘사화에 의해 그들의 꿈은 깨지고 말았습니다. 많은 유생들이 고향으로 낙향하였고, 정치나 시사를 토론하기보다는 현실을 떠난 추상론으로 세월을 보내게 됩니다. 이러한 배경 속에서 정치와는 전혀 거리가 멀어 관직에 몸담는 것은 생각지도 않았던 한 사람의 천재적인 철학자가 나타납니다.

---

* 영남 지방의 학자들이 중심이 된 성리학의 유파로 김종직이 중심인 영학파嶺學派 외에도 이황李滉의 퇴계학파退溪學派, 조식曺植의 남명학파南冥學派, 장현광張顯光의 여헌학파旅軒學派가 있다.

사색하는 소년 서경덕, 독학으로 학문을 하다

서경덕(徐敬德 : 1489~1546년)은 1489년 고려의 옛 수도인 개경 교외에서 서호번徐好蕃의 아들로 태어났습니다. 그의 아버지는 관직에 있기는 하였지만 이름도 없는 하급 관리여서 소작을 부치면서 살림을 꾸려야 하였습니다.

서경덕은 어릴 때부터 뛰어난 소질을 보이더니, 7세 때부터는 혼자서 책을 읽었다고 합니다. 집안이 가난한 탓에 정규 교육을 받지 못하고 때때로 어른들에게 배운 것을 암기하곤 하였는데, 근처 서당의 훈장이 그를 눈여겨보고 학문을 가르치기 시작합니다. 그가 14세 때 선생은 그에게 중국 고전을 가르칩니다. 그 고전 중에는 역학曆學에 관한 내용이 있었는데, 역학 지식이 없던 선생은 그저 읽는 법만 설명할 뿐 내용을 해설할 수 없었습니다.

그는 집에 돌아와 몇 번이고 되풀이해서 읽으며, 그 의미를 터득하기 위하여 줄곧 생각에 잠기곤 하였습니다. 이렇게 사색에 빠진 소년은 15일 만에 그것이 1년 주기를 계산하는 방법임을 알아냅니다. 천문학이나 수학을 배운 적이 없는 소년이 제 힘으로 역학을 이해하였다는 것은 그가 얼마나 천재적인 두뇌를 가졌는지를 증명해 주는 일화입니다.

서경덕은 거의 독학으로 학문을 공부하였으며, 고전을 읽을 때는 언어의 의미뿐만 아니라 거기에 포함되어 있는 사상의 깊이를 하나하나 이해해 나갔습니다. 그의 나이 열여덟 때 그는 어떤 고전을 읽다가 감동한 나머지 눈물을 흘리면서, "아아! 인간으로서 우주의 진리를 깨닫지 못하고 어찌 인간이라 할 수 있겠는가. 학도로서 그것을 규명하지 못한다면 책을 읽은들 무슨 소용이 있겠는가"라고 탄식하였다고 합니다.

스물이 되었을 때는 "이제 스무 살이 되었다. 두 번 다시 오류를 범하는 인간이 되어서는 안 된다"고 부르짖었다고 합니다. 그는 조용히 서재에 묻혀서 학문을 연구하였으며, 언제나 깊이 생각한 연후에 읽는 방식을 취하였습니다. 연구와 사색에 몰두하던 그는 침식까지 잊어서 건강을 해치는 일도 있었습니다.

서경덕은 스물한 살 때부터 3년에 걸쳐 영남과 호남 지방의 명산을 찾아다니며 수도 생활을 계속합니다. 이것은 젊은 그가 유학의 진리를 뛰어넘어

아아! 인간으로서 우주의 진리를 깨닫지 못하고 어찌 인간이라 할 수 있겠는가.

"이제 스무 살이 되었다. 두 번 다시 오류를 범하는 인간이 되어서는 안 된다"

철학적 사색을 깊게 하기 위하여 사원의 승려들을 찾아다녔음을 뜻합니다.

여행에서 돌아온 서경덕은 고향에 틀어박힌 채 가난한 농민으로 생계를 꾸려가면서 학문을 계속합니다.

서경덕은 스물다섯 되던 해, 그는 이미 자신의 독창적인 학습 방법을 만들어냅니다. 자립적인 사색, 그리고 실천과 경험, 구체적인 사물 대상을 관찰하고 그 진리를 탐구하는 방법을 통하여 자기만의 독창적인 유물론적 우주관을 형성한 것입니다. 서경덕의 성실한 생활 태도는 부근 농민들의 존경의 대상이 되었고, 학문을 좋아하는 청년들이 주위에 모여들어 그에게 가르침을 청하였다고 합니다.

서경덕의 나이 서른하나가 되었을 때(1519년), 조광조 일파가 현량과 제도를 설치함에 따라 그는 개성에 칩거하는 큰 인물로서 조정에 추천됩니다. 하지만 관직에 전혀 관심이 없던 그는 정중하게 거절하고 응하려 하지 않았습니다.

그 직후에 조광조 등이 처형되는 사화가 일어났습니다. 조광조의 추천을 거절하였다고는 해도 그들의 정치 개혁 운동에 남몰래 호감을 갖고 있었던 만큼 서경덕의 실망은 대단히 컸으며, 따라서 권력파에 대한 그의 증오심은 더욱 깊어졌으리라 생각됩니다.

서경덕은 서른넷에 다시 금강산, 속리산, 지리산 등 명승지를 찾아다니며 산수의 아름다움을 찬양하는 시를 썼고, 지방 백성들의 살림을 관찰하며 착취와 압박에 짓눌려 지내는 민중의 생활을 한탄하는 시도 썼습니다.

여행에서 돌아온 그는 개성 교외의 화담花潭이라는 연못가 언덕 위에 조그마한 서재를 짓고, 평생을 그곳에서 가난하게 살아가며 후배들의 교육에 힘을 썼다고 합니다.

그는 언제나 생활이 궁핍해 밥 지을 쌀이 떨어진 적도 있었습니다. 어느 날 제자가 쌀이 없다는 말을 듣고 스승에게 물었습니다.

"쌀이 없다니 어찌합니까?"

그러자 그는 웃으면서 대답하였습니다.

"마실 물은 있지 않은가."

서경덕의 독창적인 철학 사상

조선 초기의 학문은 고려 말기부터 내려온 유학이 중심이었습니다. 유교의 관념론이 국교의 지위로까지 격상되었고, 주자학의 이론적 연구도 활발하게 진행되었습니다. 그러나 한편에서는 생산과 관련된 진보적이고 유물론적인 철학 사상도 나타나고 있었습니다.

유물론적인 철학 사상

서경덕은 유학 연구에서 멀리 앞서나가 유학 사상을 뛰어넘어 독창적인 철학 사상을 만들어 냅니다. 그는 세상의 모든 사물은 물질적인 '기氣'로 구성되어 있다고 주장하고, 세계의 통일성은 그 물질성에 있다고 보았습니다. 그의 학설은 난해한 점도 있지만 기존 조선의 학자나 중국의 학자들이 생각하지 못하였던 점을 통일적으로 정리한 것입니다.

그는 세상의 모든 사물은 물질적인 '기氣'로 구성되어 있고, 세계의 통일성은 그 물질성에 있다.

그는 병마와 싸우면서 『원이기原理氣』, 『이기설理氣說』, 『대허설大虛說』, 『귀신사생론鬼神死生論』 등 자신만의 철학 이론을 집필하였는데, 이 저서들에서 우주관과 생生과 사死에 대한 문제를 해명하고 있습니다. 그의 생활 자체가 그 철학 사상을 실천한 것이었다고 볼 수 있습니다.

『원이기原理氣』 외

가난에 절대 굴하지 않았던 그였지만, 어머니의 성화에 못 이겨 마흔넷의 나이로 사마시司馬試라는 문관 초급 시험을 쳐서 합격합니다. 그러나 그는 관직에 몸담으려고 하지 않았습니다.

서경덕의 나이 56세가 되었을 때도 관직에 추천되었으나, 그는 병을 핑계 삼아 완고하게 거절합니다. 주위에서는 언제나 가난하게 사는 그를 보다 못해 수입이 있는 일을 찾아주려고 애를 썼으나, 그는 가난을 하나의 생활 신조로 삼고 있었습니다.

이러한 그에게 가장 친한 친구는 촌에 사는 농민들이었습니다. 시골 사람들은 어떠한 일이든 그와 상의하였고, 송사가 있을 때는 관에 가기 전에 그에게 와서 의견을 물었습니다.

그는 자신의 이러한 생활과 관련하여 시를 몇 편 썼습니다. 그중 「계성(溪聲 : 개울물 소리)」이라는 시에서 이렇게 쓰고 있습니다.

바위 틈새로 흐르는 저 물소리 밤낮없이 괄괄괄 울어대는데

어쩌면 슬픈 듯 원망스러운 듯 아니 어쩌면 싸움질하는 듯하네
세상일 크든 작든 억울하지 않은 게 없는데
푸른 하늘에 대고 터뜨린 분노 아직도 가라앉질 않네

聒聒岩流日夜鳴 괄괄암류일야명
如悲如怨又如爭 여비여원우여쟁
世間多少銜冤事 세간다소함원사
訴向蒼天憤未平 소향창천분미평

또한 그는 자신의 생활 방식을 「독서유감讀書有感」이란 시의 한 구절에서 다음과 같이 노래하기도 하였습니다.

산나물 뜯고 물고기 낚아 그저 배를 채울 만하고
달빛이며 바람에 시를 읊노라면 마음은 더없이 편안하네
학문에 의혹이 없어 시원스레 트임을 알겠나니
한평생 헛되이 살지만은 않았나 보다

採山釣水堪充腹 채산조수감충복
詠月吟風足暢神 영월음풍족창신
學到不疑眞快活 학도불의진쾌활
免敎虛作百年人 면교허작백년인

그리고 또 그는 「두 사람의 문하생이 의복을 보내준 것을 감사하며」라는 시에 이렇게 쓰고 있습니다.

깊은 숲속에 숨어 사는 한 선비,
높은 의리 알아주는 사람 하나 없는데
도道를 씹으며 맛을 느끼니

오래도록 허기진 배 걱정이 다 무언가

마음은 비단으로 수놓고

몸에는 옷 한 벌 제대로 입지 못하니

굶주림과 추위는 세상에 비할 바 없으나

도리어 부귀가 찾아올까 두렵기만 하다

그러나 그의 철학 사상을 가장 잘 보여주는 시는 「유물(有物 : 존재하는 만물)」이라는 시입니다.

사물이란 와도와도 다 왔다는 게 없다

옴이 이제 다했다 싶은 곳에서 다시 따라 나온다

오고 옴이 본래 스스로한테 비롯되므로 첫 시작이라는 게 없으니

물어보자, 그대는 애당초 어디에서 왔는가

사물이란 돌아가도 돌아가도 다 돌아갔다는 게 없다

돌아감이 이제 다했다 싶은 곳으로 여전히 돌아간다

돌아가고 돌아가도 돌아감이 끝이 없는데

물어보자, 그대는 어디로 돌아가는가

有物來來不盡來 유물래래불진래

來纔盡處又從來 래재진처우종래

來來本自來無始 래래본자래무시

爲問君初何所來 위문군초하소래

有物歸歸不盡歸 유물귀귀불진귀

歸纔盡處未曾歸 귀재진처미증귀

歸歸到底歸無了 귀귀도저귀무료

爲問君從何所歸 위문군종하소귀

조용히 틀어박혀 학문에 몰두한 그였지만, 항상 그의 마음 밑바닥에는 백성의 피와 땀을 짜서 영화를 누리는 권력자들에 대한 분노와 미움이 가득 차 있었습니다. 그래서 그는 나라와 백성의 행복을 위하여 진리를 탐구하고, 그것을 위하여 모든 것을 바쳤던 것입니다.

백성의 빈곤과 불행의 근원이 무엇인지, 무엇이 해결해야만 할 사회 문제인지를 제기하다.

그뿐만 아니라 백성의 빈곤과 불행의 근원이 무엇인지, 무엇이 해결해야만 할 사회 문제인지를 제기하고 그것을 합리적으로 개선할 것을 요구하였습니다. 즉 그는 빈곤과 불행의 원인이 대지주 특권 관료들에 의한 토지 합병과 농민들에게 강요하는 엄청난 부역에 있다고 지적하면서 이를 개선할 것을 호소하였습니다.

서경덕은 또 정치는 항상 청렴해야 하고 형벌은 간소해야 하며 관리는 백성의 평안을 위해 복무해야 한다고 주장하였습니다. 그러나 그의 철학자로서의 심오한 사상도 당시의 시대적 한계의 제약을 받아서, 그 사상을 사회·정치 측면에서 일관되게 펼쳐 보이지는 못하였습니다.

결국 그는 자기 신념을 꺾지 않고 위대하고 독창적인 이론을 후세에 남기고는 1545년에 58세의 나이로 세상을 떠납니다.

그가 임종할 때 함께 있던 한 문하생이 "선생님, 기분은 어떠십니까?" 하고 묻자, 그는 조용히 이렇게 말한 후 눈을 감았다고 합니다.

내 일찍이 삶과 죽음을 알고 있던 터라 지금은 편안한 기분이다.

"내 일찍이 삶과 죽음을 알고 있던 터라 지금은 편안한 기분이다."

참으로 그에게 어울리는 훌륭한 철학자적 삶을 살았다 할 수 있을 것입니다.

끝으로 깨끗하고 바르게 살았던 서경덕에 얽힌 화려한 일화를 한 토막 소개하기로 하겠습니다.

당시 개성에는 보기 드문 국색(國色 : 나라를 대표할 만한 미녀)으로 소문이 자자했던 황진이(黃眞伊 : 1506?~1567년?, 중종·명종 때 활동했던 기생)라는 명기가 있었습니다. 그녀는 시인으로서도 이름이 높아서 세상의 내로라하는 영웅호걸과 명승들이 그녀를 찾아와 수많은 염문을 뿌렸는데, 정작 그녀는 은근히 서경덕을 사모하고 있었습니다.

그녀는 때때로 술과 안주를 들고 그의 가난한 서재를 찾아가 노래를 부르고 춤을 추면서 그를 유혹하였습니다. 그러나 서경덕은 조금도 태도를 흐트러뜨리지 않고, 그저 이웃 농가 부인들을 대하는 것처럼 정중하고 위엄 있는 말을 건넬 뿐이었습니다. 그래서 황진이는 서경덕에 대하여 이렇게 말하였다고 합니다.

"30년간이나 불문에서 수도를 쌓아 명승으로 이름이 높은 지족선사知足禪師도 나의 미색에 매혹되어 30년 수업을 하루아침에 무너뜨렸다. 그런데 서경덕 선생만은 친교를 해온 지 이미 여러 해가 되는데도 그저 친숙한 모습을 보여주실 뿐, 갖은 수단과 방법을 동원하여 손짓해보았지만 미동도 하지 않으셨다. 결국 내가 건지지 못하고 물러설 수밖에 없었다. 화담 선생이야말로 참으로 성인이라 할 수 있다."

그리고 그녀는 '송도 삼절松都三絶'로 박연폭포朴淵瀑布, 서경덕, 그리고 그녀 자신의 이름을 들었다는 이야기도 전해옵니다. 어쩌면 이 이야기는 황진이가 스스로 명성을 높이기 위하여 재미있게 각색한 것인지도 모르지만, 어쨌든 서경덕이 그만큼 많은 사람들에게 존경을 받고 있었다는 것을 말해주는 일화입니다.

송도 삼절松都三絶

17. 진실하고 뛰어난 여성의 표본 신사임당

　우리 민족의 여성에 대해서는 그 아름다움과 훌륭함이 고대 사회 때부터 여러 기록으로 남아 있습니다. 우리나라의 음악사와 가요사의 첫머리에 나오는 '여옥麗玉'이라는 뱃사공의 아내 이야기는 여성의 다정함과 슬픔을 전해 주는 한편 우리 민족의 여성들이 얼마나 현명한 사람이었는지를 말해 주는 것이기도 합니다.

　고조선 시대의 이야기이므로 지금부터 2천 수백 년 전의 일이었습니다. 어느 날 실성한 늙은 남편이 강으로 뛰어들어 빠져 죽자, 그것을 본 아내가 공후箜篌라는 악기를 들고 남편의 죽음을 한탄하는 노래를 부르고는 강에 몸을 던져 남편의 뒤를 따릅니다. 이것을 목격한 뱃사공이 집으로 돌아와 아내 여옥에게 이야기하였더니, 여옥은 눈물을 흘리면서 공후를 뜯으며 노래를 불렀다고 합니다. 이것이 바로 그 유명한 「공무도하가公無渡河歌」입니다.

> 님더러 물 건너지 말래도
> 님은 건너고 말았네
> 물에 빠져서 죽었으니
> 님이여 어찌하리오
>
> 公無渡河 공무도하
> 公竟渡河 공경도하
> 墮河而死 타하이사
> 當奈公何 당내공하

　고구려, 백제, 신라 삼국이 번창하였던 1천5백 년 전에 지어진 많은 이야기 속에는 아름다운 사랑을 열매 맺은 마음씨 고운 낭자의 이야기나 사랑하는 남편을 위하여 끝까지 정조를 지킨 아내 이야기, 눈이 먼 어머니를 부양하기 위하여 몸이 가루가 되도록 일한 효녀 이야기, 나무꾼에게 시집가서 남편을 천하 제일의 명장으로 만든 현명한 여인의 이야기 등 수없이 많은 아름다운 이야기와 슬픈 이야기들이 전해져 내려오고 있습니다.

　　이 이야기에 등장하는 우리 민족의 여성들은 아름답고 장하고 용기가 있으며, 풍부한 재능을 타고난 사람들이었습니다. 그러한 여성들의 훌륭한 소질을 가장 잘 보여준 사람 가운데 하나가 바로 신사임당(申師任堂 : 1504~1551년)입니다.

봉건의 압제 속에서도 유복하고 자유롭게 성장하다

　　조선 왕조는 국민 생활의 구석구석까지 유교적 도덕 관념을 강요하였습니다. 남녀 차별이 엄격하였으며, 특히 양반집 여인들은 집안에 틀어박혀 일체 사회 생활을 하지 못하도록 억눌렀습니다. 이러한 관습은 15세기부터 16세기 초에 걸쳐 더욱 심해집니다. 이런 환경 속에서 여성들은 태어나면서부터 이중 삼중의 무거운 짐을 져야 하였습니다.

　　신사임당은 1504년 강원도 강릉에서 태어났습니다. 그녀가 태어난 곳은 외가였는데, 그녀의 외가는 강릉 지방에서 세도가 높았던 양반 가문이었고 외할아버지는 이사온李思溫이라는 학식이 높은 사람이었습니다. 그는 관직에 나가지 않고 지방 생활을 즐기면서 살아가는 상당한 대지주였다고 생각됩니다. 그런데 이사온에게는 자식이 외동딸밖에 없었기 때문에, 그 딸을 신명화(申命和 : 1476~1522년)라는 명문가의 후손에게 시집을 보냈지만 딸을 계속 친정에 머물게 하였습니다. 사위 신명화는 처가의 원조를 받아 한성 본가에서 과거 공부를 계속하였고, 한 해에 몇 번 처가를 들르는 생활을 계속하였습니다. 그러면서도 신명화 부부는 잇달아 아이를 낳습니다. 아이 다섯이 모두 딸이었고, 신사임당은 그중 둘째였다고 합니다.

　　그녀가 태어난 때는 포악무도한 연산군이 왕위에 있을 때여서 유능한 학자와 관리들이 수없이 처형당하는 피비린내 나는 사건이 잇달았습니다. 하지만 신사임당의 아버지와 외가 사람들은 관직에 앉지 않고 한가롭게 살고 있었기 때문에 그 소용돌이에 말려들지 않았습니다.

외동딸이었던 신사임당의 어머니는 아버지 이사온으로부터 교육을 받아 상당한 학식을 쌓은 재녀였습니다. 신사임당과 자매들은 아버지가 집에 없었기 때문에 오로지 외할아버지인 이사온과 어머니 밑에서 자랐습니다. 차녀인 신사임당은 어려서부터 머리가 뛰어났고 얼굴이 예뻐서 외할아버지에게 특별한 사랑을 받았습니다.

그녀는 어려서부터 외조부와 어머니에게 가르침을 받았는데, 기억력이 좋아 한학의 기본 서적에 금세 정통하였고 그럴듯한 한시를 지어 사람들을 놀라게 하였습니다. 또한 그녀는 엄격한 어머니 밑에서 바느질과 부엌일도 배웠는데, 그 빠르게 익히는 모양이 평판이 자자할 정도였다고 합니다. 또 어머니가 자수를 뜨는 것을 보고 흉내를 내자 외할아버지는 그녀에게 그림 재능이 있음을 알아채고, 일곱 살 때부터는 그림을 배우게 하였습니다. 그리고 그림 교재로 세종 시대의 유명한 화가였던 안견(安堅 : ?~?, 「몽유도원도」를 그린 조선 초기 대표적 화가)의 산수화를 사주었습니다.

한학 공부에 천재성을 발휘한 이 소녀는 안견의 산수화를 가만히 뜯어보고는 집 밖으로 나가 서쪽으로 드높이 솟은 태백산맥의 험준한 산들을 바라보며 생각에 잠겼습니다. 이렇게 고심을 거듭한 끝에 소녀는 훌륭한 산수화를 그려냅니다. 그것은 그저 안견의 그림을 흉내 낸 것이 아니라 고향의 아름다운 산하를 새롭게 그린 것이었습니다.

소녀 신사임당은 그림 실력이 점점 좋아져, 풍경화뿐만 아니라 각종 화초, 과실, 벌과 나비, 잠자리 같은 곤충류를 즐겨 그렸습니다. 그중에서도 포도 그림은 그녀가 가장 자신 있어 하는 것 중 하나였습니다.

부모를 보고 배우다

한성에서 살면서 가끔 집에 들르는 아버지를 소녀 신사임당은 이상하게 느꼈는지도 모릅니다. 그러나 그녀의 어머니는 남편을 진심으로 사랑하고 있었던 것 같습니다.

아마도 남성 중심의 봉건적인 풍속 아래서 데릴사위로 처가 사람들에게 머리를 굽히며 떳떳치 못한 살림을 하는 것이 명문가의 후예라는 긍지를 갖고 있던 신명화에게는 견디기 힘든 일이었을지도 모릅니다. 또 개성이 강한 장인과 같이 사는 것이 탐탁지 않았을지도 모릅니다.

하지만 상냥하고 현명한 아내는 과거 공부 때문에 한성 본가에서 외로운 생활을 계속하는 남편의 모든 것을 깊이 이해하고 있었다고 생각됩니다. 그 때문에 아버지와 남편이 대립하거나 마찰을 일으키지 않도록 신경을 쓰면서 남편이 공부에만 열중할 수 있도록 뒷바라지를 계속하였습니다.

신명화가 예사 선비였다면 그런 환경을 벗어나기 위해서라도 과거 시험에 전념하여 관직에 올라 출세의 길을 달리고 싶어 하였을 것입니다. 그러나 그는 과거 초급 시험에 합격하고도 관직에 오르지 않은 채 학문에만 매달렸고, 41세에 과거 고급 시험에 합격합니다.

그가 마음만 먹으면 관직에 오를 수 있었겠지만, 오히려 관직에 나가지 않고 친구들과 교분을 쌓으면서 야인 생활을 계속합니다. 처가의 도움으로 물질적으로 어렵지 않아 관직 생활에 매력을 느끼지 못하였는지 아니면 권력욕에 여념이 없는 양반들의 추악한 모습에 환멸을 느꼈는지 그 내심을 알 수는 없지만, 아무튼 그는 실력 있는 학자로 명성을 떨치면서도 두드러지지 않은 존재였습니다.

그런데 그가 43세가 되던 1519년(중종 14년)에 훈구파의 책동으로 조광조를 비롯한 신진 관리들이 대량으로 추방되고 처형되는 사건이 일어나 신명화도 조광조 일파로 의심을 받게 되지만, 일체 관직에 몸담으려 하지 않는 무욕無慾이 인정되어 다행히 처형 대상에서 제외됩니다. 또한 그는 젊은 유생들에게 훌륭한 학자라는 존경을 받기도 합니다.

그로부터 3년 후에 사임당의 외할머니가 강릉 집에서 병사합니다. 신명화는 비탄에 빠져 있을 아내와 딸들을 생각하며 서둘러 강릉으로 떠났으나, 도중에 열병에 걸려 강릉 집에 실려 갔을 때는 이미 가망이 없었습니다. 그의 아내가 필사적으로 간호하였으나 회복될 조짐을 보이지 않자, 그녀는 남편을 구하고자 조상의 묘소 앞에서 자기 손가락을 자르며 남편의 회복을 눈물로 호소합니다. 그런데 지성이면 감천이라고 남편이 기적적으로 원기를 회복하게 됩니다.

이는 사임당의 어머니가 얼마나 남편을 사랑하였는지 말해 주는 일화입니다. 사임당은 아마도 이와 같은 부모를 보면서 부부의 깊은 정을 느꼈을 것으로 생각됩니다.

아내의 순애보에 감동하였는지, 사임당의 아버지는 강릉 집에 머무르며 화목한 가정을 이룹니다. 그때 장녀는 벌써 결혼하였고 동생인 사임당은 열여덟의 꽃다운 처녀였습니다.

신명화는 딸에게 어울리는 신랑감을 고르다가 한성에서도 수재로 평판이 높았던 이원수(李元秀 : 1501~1561년)라는 젊은이를 사위로 삼습니다. 이원수는 일찍이 아버지를 여의고 홀어머니 밑에서 자랐기 때문에, 신명화도 데릴사위를 맞이하여 딸을 집에 둘 생각이었습니다. 신명화는 딸을 시집보낼 때 사위에게 이렇게 이야기합니다.

"나는 딸뿐이어서 다 시집보낼 수밖에 없으나, 이 아이만은 내 집에서 내보낼 수 없네."

이원수가 매력이 넘치는 새색시에게 완전히 빠졌는지는 모르겠지만 그 마음씨 좋은 청년은 장인의 요구대로 새색시를 한성으로 데려가지 않고 처가에서 함께 머물렀습니다. 그러자 마음이 놓였는지 신명화는 혼자 한성으로 돌아갔다가 그 직후인 47세의 나이에 병사해 버립니다. 어떠한 사정이 있었는지는 명확하지 않으나, 정숙하기 짝이 없는 참한 아내 곁에서 일생을 마감하지 못한 것은 그에게는 참 불행한 일이라고 할 수 있습니다.

친정어머니를 그리며 시를 짓다

사랑하는 남편을 잃은 어머니는 나이 어린 딸들을 거느리고 쓸쓸하게 삶을 꾸려나갑니다. 신사임당은 어머니를 두고 시댁으로 떠날 수 없어서 부친상이 다 끝날 때까지 만 3년 동안 친정에 머무르며 어머니에게 효성을 다합니다. 그녀의 남편 이원수는 한성에 홀로 계신 어머니를 혼자 두게 할 수 없었기 때문에, 장인이 그랬던 것처럼 한 해에 몇 번씩 한성 본가와 강릉의 처가를 오르내렸습니다.

사임당의 어머니는 남편 상이 끝나기를 기다렸다가 딸에게 한성의 시댁으로 올라가라고 명합니다. 그녀도 남편과 오랫동안 별거 생활을 하였던 만큼 그 마음고생을 딸에게까지 시키고 싶지 않았던 것입니다.

그래서 21세가 된 사임당은 한성으로 올라가 시어머니인 홍씨에게 절을 올리고 며느리로서 새로운 생활을 시작합니다. 그러나 후처로 들어온 홍씨는 며느리를 죽은 남편의 고향인 한성 근교의 파주 율곡栗谷에서 살게 합니다.

사임당은 항상 친정어머니가 걱정되어 출산 등을 구실로 여러 차례 강릉 친정을 방문하였다고 합니다. 그녀는 슬하에 4남 3녀의 자녀를 두었고, 십 몇 년 동안 절반 정도는 친정살이를 하였습니다.

그 사이 친정어머니는 죽은 부모에게 효행을 다하고 죽은 남편에게 정절을 지켰다 하여, 1528년(중종 23년)에 나라로부터 열녀로 표창을 받게 됩니다. 그래서 고향인 강릉에는 그 공적을 기리는 기념각이 세워지고 사람들의 존경을 받게 됩니다.

어머니를 생각하는 신사임당의 마음도 변함이 없어서, 그녀의 나이 서른셋이 되었을 때에도 셋째 아이를 출산하기 위하여 고향으로 내려갑니다. 이때 태어난 아이가 역사상 유명한 대학자 이이(李珥 : 1536~1584년)입니다. 이 아이는 나면서부터 총명하였고, 어려서부터 보기 드문 재능을 보여 양친을 기쁘게 하였습니다. 신사임당은 특히 이 셋째 아들을 귀여워하여 자주 데리고 다녔는데, 어머니가 병에 걸리자 이 다섯 살짜리 아이가 사당 앞에서 어머니의 병을 낫게 해달라고 기도하였다는 이야기도 전해지고 있습니다.

다음해 신사임당은 이이를 데리고 친정에서 한성으로 돌아가는 도중에, 대관령 고개에 이르러 멀리 내려다보이는 마을을 바라보면서 친정어머니에 대한 절절한 마음을 시에 담습니다.

    늙으신 어머님을 고향에 두고

외로이 한성 길로 가는 이 마음

머리 돌려 북평 땅을 한 번 바라보니,

흰구름만 저문 산을 날아 내리네

慈親鶴髮在臨瀛 자친학발재임영

身向長安獨去情 신향장안독거정

回首北坪時一望 회수북평시일망

白雲飛下暮山靑 백운비하모산청

이렇게 친정어머니 생각으로 마음이 편치 못했던 그녀는 서른여덟에 한성에 새 집을 마련하고 시어머니와 함께 살게 됩니다. 홍씨 부인도 연로하여 살림을 모두 며느리에게 맡기고 며느리의 보살핌을 받아야 하였습니다.

현모양처의 모범

신사임당은 줄곧 한성과 고향을 오르내렸지만, 남편과 아이들을 소홀히 하거나 가정을 돌보지 않은 것은 아니었습니다. 그녀는 언제나 남편에게 상냥히 대하고, 아이들 교육에도 각별히 신경을 썼습니다. 그녀는 아이들과 헤어져 있을 때에도 세세하게 일과표를 만들어주고, 아이들이 읽어야 할 책의 분량과 해야 할 일을 반드시 지키도록 하였습니다.

이원수가 재상 이기의 문하가 되어 출세하려 하자, 이를 말리다.

그녀가 새로운 생활을 시작하였을 때 남편 이원수가 그 무렵 세력을 장악하고 있던 재상 이기(李芑 : 1476~1552년)의 문하가 되어 출세의 길을 찾으려고 하였는데, 그녀는 이를 말리며 말했습니다.

"그 재상은 성실한 사람들을 배척하고 권세를 제 마음대로 부리고 있지 않습니까. 그러한 사람의 권력은 필시 오래 지속되지 못할 것입니다. 재상은 당신과 같은 가문이고 숙부뻘이 되는 사람이지만 곧은 사람이 아니니, 그 사람 집에는 드나드시지 않는 것이 좋겠습니다."

남편은 처의 충고를 받아들여 재상과 교제를 끊습니다. 덕분에 훗날 이기가 역적으로 몰렸을 때 화를 면할 수 있었습니다. 이처럼 그녀는 예리한 판단력으로 모든 면에서 내조를 훌륭히 하였습니다.

그녀는 연로한 시어머니도 극진히 모시며, 다른 사람의 손을 빌지 않고 가계를 꾸려나간 모범적인 주부였습니다. 남편인 이원수도 관직이 올라 성실하게 일하여 1550년에 수운판관(水運判官 : 세금으로 거둬들인 곡물을 운반하는 책임자)으로 출세합니다.

그해 여름 이원수는 업무 차 평안도로 출장을 가게 됩니다. 일찍이 임관한 장남 준璿과 셋째 아들 이珥도 함께 하였습니다. 그런데 어찌 된 일인지 사임당은 눈물을 흘리면서 여행을 떠난 남편에게 편지를 써 보냅니다. 전에 없던 일에 놀란 집안 사람들은 무엇 때문에 그녀가 울면서 편지를 썼는지 모두들 이상하게 생각하였습니다.

그 무렵 이원수는 임무를 마치고 자식들과 함께 배편으로 한성으로 돌아오는 중이었습니다. 그런데 사임당이 편지를 보낸 며칠 후에 갑자기 병상에 눕더니 이삼 일 후에는 위독해졌고, 병상에 둘러앉은 자식들에게 "나는 이제 일어나지 못할 것이다"라는 말을 남기고 숨을 거둡니다.

그날 한성의 서강西江에 도착한 이원수와 두 아들은 이 비보를 듣고 넋을 잃었다고 합니다.

화가이자 시인, 그리고 여성으로서의 삶

처녀 시절부터 신사임당의 그림은 일류로 정평이 나 있었으며, 결혼한 뒤에도 그림 공부를 그만두지 않았습니다. 초기에 그녀가 즐겨 그린 산수화는 그 무렵 화가들이 그렸던 관념적인 그림이나 중국의 풍경화들과는 크게 달라, 그녀가 사랑하는 아름다운 고향의 산하를 사실적으로 묘사한 것이었습니다. 또한 생활 속에서 직접 체험하고 느끼는 주변 사물들을 주로 그렸습니다.

그녀의 그림은 날카로운 관찰력과 섬세한 감정으로 주의 깊게 그린 것으로 선 하나 점 하나에도 세심한 정성이 담겨 있습니다. 그녀의 곱고 밝은

「초충도」

「초충도草蟲圖」외

심성이 배어나오는 듯하여 보는 이의 기분을 온화하게 해주었습니다.

신사임당의 그림이 얼마나 사실성이 풍부한지에 얽힌 유명한 일화가 있습니다. 한번은 그녀가 그린 풀벌레 그림을 여름 볕에 말리려고 뜰에 펴놓았더니, 닭이 와서는 산 풀벌레인 줄 알고 그림에 그려져 있던 벌레를 쪼아 종이가 뚫어질 뻔했다고 합니다. 이 이야기는 신라의 명화가 솔거가 그린 노송 벽화에 새들이 날아와 앉으려 하였다는 전설을 생각나게 합니다.

신사임당의 그림은 오늘날 대부분 유실되었는데, 남아 있는 것 중 「초충도草蟲圖」에는 나비들의 입, 수염, 다리에 이르기까지 하나하나가 극히 세밀하게 그려져 있습니다. 그리고 「자리도紫鯉圖」는 잉어 비늘 하나하나에 잉어의 숨결이 담겨 있는 것처럼 생생하게 그려져 있습니다. 또한 바람이 흔들리는 갈대밭 위로 날아가는 기러기 떼를 그린 「노안도蘆雁圖」는 바라보고 있노라면 날아가는 기러기의 울음소리에 갈대가 호응하여 일제히 흔들리는 듯한 느낌을 줍니다. 이러한 모든 그림에는 삶에 대한 그녀의 깊은 애정이 담겨 있음을 느낄 수 있습니다.

신사임당이 문재에도 뛰어났다는 것은 앞서 말하였지만, 유감스럽게도 그녀의 시는 거의 남아 있지 않습니다. 단지 아들인 율곡 이이의 저서에 두 수의 시와 어떤 시의 일부가 기록되어 있을 뿐입니다.

「사친(思親 : 어머니 그리워)」

산 첩첩 내 고향은 천 리련마는
자나깨나 꿈속에도 돌아가고파
한송정 가에는 외로이 뜬 달
경포대 앞에는 한 줄기 바람
갈매기는 모래톱에 혜락 모이락
고깃배들 바다 위로 오고 가리니
언제나 강릉길 다시 밟아가
색동옷 입고 앉아 바느질할꼬

千里家山萬疊峰 천리가산만첩봉
歸心長在夢魂中 귀심장재몽혼중
寒松亭畔孤輪月 한송정반고륜월
鏡浦臺前一陣風 경포대전일진풍
沙上白鷺恒聚山 사상백로항취산
波頭漁艇各西東 파두어정각서동
何時重踏臨瀛路 하시중답임영로
更着斑衣膝下縫 갱착반의슬하봉

「단편短片」

밤마다 달을 향해 비옵는 말씀
생전에 어머니 한번 더 뵈었으면

夜夜祈向月 야야기향월
願得見生前 원득견생전

어머니를 그리는 신사임당의 마음이 담긴 시로, 그녀는 죽기 직전에도 어머니를 생각하며 눈물로 밤을 지새웠고, 친척집의 여종이 뜯는 가야금 소리에 눈물을 흘리며 어머니에 대한 그리움을 호소한 일도 있었습니다.

이렇게 다감한 신사임당이지만 한학으로 다져진 그녀의 글은 매우 남성적인 강력한 필치로서, 겨우 몇 점밖에 남아 있지 않지만 모두 명문들입니다.

신사임당은 요리나 바느질 실력도 뛰어나 그녀의 자수는 언제나 절찬을 받았습니다. 또한 그녀는 매우 소박하여 주변의 가난한 부인네들과도 스스럼없이 어울리는 사람이었습니다. 그녀의 그러한 인간성을 전하는 일화가 있습니다.

어느 날 그녀는 근처에 사는 사람들과 잔칫집에 초대되어 갔는데, 한 부인의 얼굴이 사색이 되었습니다. 이유를 물어보니, 잔칫집에 오려고 아는 집에서 비단 치마를 빌려 입었는데 그만 실수로 얼룩이 지고 말았다는 것입니다. 새 치마를 사서 변상해야 할 텐데, 집이 가난하여 그럴 만한 돈이 없다며 눈물로 한탄하였습니다.

그러자 신사임당은 좋은 방법이 있다며 화필을 가져다가 비단 치마의 얼룩진 곳에다 탐스런 포도송이를 그려 넣었습니다. 포도알이 그려진 빨간 명주 치마는 더욱 예뻐 보여 사람들이 모두 감탄하였습니다.

그 그림을 본 사람들은 이구동성으로 "이 정도라면 얼마든지 비싼 값으로 팔 수 있을 거요"라고 말하자, 그 부인은 그림 파는 집으로 달려갔습니다. 이 그림을 본 사람들이 모두 높은 가격을 매겨서 결국 그 치마는 비단 치마의 몇 배 가격으로 팔렸습니다. 부인은 그 돈으로 새 비단 치마를 사서 빌린 사람에게 돌려주고, 남은 돈은 사임당에게 주려 하였습니다. 그러나 사임당은 가난한 부인에게 살림에 보태 쓰라고 말하며 받지 않았다고 합니다.

훌륭한 화가이고 시인이며 서예가였던 그녀는 이렇게 자상하고 소박한 주부이기도 하였습니다.

반면에 그녀는 질투심도 갖고 있던 사람이기도 하였습니다. 기록에 그녀가 남편과 주고받은 대화가 남아 있습니다.

어느 날 그녀는 남편에게 물었습니다.

"내가 죽어도 재혼은 말아주세요. 우리는 일곱 아이가 있으니 더 이상 자식은 필요 없겠지요?"

그러자 남편은 옛날 중국의 성인들이 처와 이혼하거나 처를 쫓아냈다는 고사를 인용하며 그녀의 말을 반박하였습니다.

이에 사임당은 중국의 고전에 나오는 이야기들을 열거하며 남편이 그 참뜻을 알지 못하고 잘못 해석하고 있다는 것을 일일이 일깨워주었습니다. 이것은 그녀가 남편보다 학식이 더 뛰어났으며, 언제나 남편에게 인생의 진실을 가르쳐주었음을 짐작케 해주는 일화입니다. 하지만 그녀는 남편에게 상냥하게 대하고 변치 않는 애정을 쏟았습니다.

사임당의 남편은 그녀가 49세로 죽을 당시 두 살 연상인 51세였으나, 사랑하는 아내의 말대로 그 후 수십 년 동안 재혼이란 말은 입 밖에도 꺼내지 않았다고 합니다. 이 부부의 시신은 훌륭하게 장성한 자식들에 의해 한성 교외의 자운산紫雲山에 합장되었습니다.

그녀의 천재적인 두뇌는 셋째 아들인 이이가 이어받았고, 화가로서의 재능은 장녀인 매창梅窓과 넷째 아들 우瑀가 이어받아 각기 화가로 대성하였습니다. 그래서 후세의 사가들은 사임당의 어머니 이씨 부인, 사임당, 그리고 사임당의 장녀인 매창을 '모녀 삼대'의 걸출한 여성으로서 칭송하고 있습니다. 신사임당은 참으로 우리나라의 여성사를 장식하는 대표적인 사람이었다고 말할 수 있습니다.

모녀 삼대

18. 주자학의 일가를 이룬 퇴계 이황

15세기에 번성한 조선의 문화는 16세기에 이르러 더욱 꽃을 피웠고, 유학 연구가 활발해짐에 따라 많은 학자가 배출되었습니다. 특히 주자학朱子學이 전성기를 이뤘는데, 대표적인 학자 가운데 한 사람이 바로 이황(李滉 : 1501~1570년)입니다.

책을 좋아하는 집안에서 태어나다

이황은 경상북도 예안군(禮安郡 : 지금의 안동安東)에서 문관 이식(李埴 : 1463~1502년)의 7남으로 태어났습니다. 그런데 그가 태어난 지 일곱 달 만에 아버지가 마흔 살의 나이로 요절하여 그는 홀어머니 밑에서 자라야 하였습니다.

이황의 집안은 대대로 학문을 좋아하는 가문이었습니다. 그의 아버지 이식은 먼저 세상을 떠난 전처의 부친으로부터 방대한 장서를 증여받아 밤낮 독서에 열중하였습니다. 그는 언제나 자식들에게 이렇게 가르쳤습니다.

"나는 식사할 때 책을 옆에 두었고, 잠잘 때도 꿈속에서 책을 읽었다. 앉아 있을 때나 길을 걸을 때나 품안에서 책을 놓은 적이 없었다. 너희들도 공연히 세월을 보낼 것이 아니라 촌음을 아껴서 책을 읽어 학문으로 대성할 수 있도록 매진해야 할 것이다."

이식의 아우인 이우李堣도 형 못지않게 학문을 좋아하여 뛰어난 학자가 되었다고 합니다.

서른두 살의 젊은 나이로 과부가 된 이황의 어머니 박씨는 많은 자녀(7남 1녀)를 떠맡아 넉넉하지 못한 가계를 꾸려가면서도 자식들이 마음 놓고 공부할 수 있도록 세심한 주의를 기울였습니다. 이렇게 다부진 어머니는 자식들을 매우 엄하게 가르쳤습니다.

"세상 사람들은 아비 없는 자식은 버릇이 없다고 뒤에서 손가락질을 하게 마련이다. 너희들은 그 말을 단단히 새겨서 남보다 몇 배 노력을 해야 한다. 그렇지 않으면 남들의 손가락질을 면키 어려울 것이다."

이러한 모친의 교육을 받은 이황은 어릴 때부터 매우 얌전하고 어머니의 말씀을 잘 따르는 예의바른 아이였습니다. 그는 여섯 살 때부터 천자문을 배우기 시작하였는데, 언제나 스승 앞에서 단정한 자세로 앉아 배워 사람들의 칭찬을 들었습니다.

이황의 이러한 심성을 말해 주는 다음과 같은 일화가 있습니다. 그가 여덟 살 때, 형이 손을 다쳐 피를 흘리는 것을 보고 형에게 매달려 눈물을 흘렸다고 합니다. 그것을 본 어머니가 물었습니다.

"정작 손을 베인 형은 울지 않는데 네가 왜 우느냐?"

그러자 소년 이황은 눈물을 흘리며 대답했습니다.

"형은 울지 않지만, 저렇게 피를 흘리고 있으니 얼마나 아플까 싶어서요."

이황은 열두 살에 숙부인 이우에게 『논어論語』를 배우게 됩니다. 어느날 그가 논어의 주에 나오는 '이理'의 의미를 묻습니다. 숙부가 대답을 못하고 머뭇거리자, 황은 잠시 생각하고 나서 "사물의 올바름을 '이'라고 하는 것일까요?"라고 다시 물었습니다. 숙부는 어린 조카의 지적 호기심에 크게 감탄하였습니다.

그러나 숙부는 관직에 있었기 때문에 항상 조카들을 가르칠 수는 없었습니다. 그래서 이황은 아버지가 남긴 방대한 장서에 파묻혀 침식도 잊은 채 책을 읽었다고 합니다. 시인의 소질도 타고난 그는 소년 시절부터 훌륭한 한시를 지었는데, 열다섯 살 때 「석해(石蟹 : 게)」라는 시를 지었습니다.

돌을 지고 모래를 파니 절로 집이 되고
앞으로 가고 뒤로도 가니 발이 많기도 하다
한평생을 한 움큼 샘물 속에 살아가니
강호의 물이 얼마이건 물어 무엇 하리오

負石穿沙自有家 부석천사자유가

前行却走足偏多 전행각주족편다

生涯一掬山泉裏 생애일국산천리

不問江湖水幾何 불문강호수기하

요즘에 와서야 근원과
마주친 듯
내 마음 전체를 휘어잡
아 태허를 알아본다

열아홉 살 때에는 「영회(詠懷 : 품고 있던 생각을 시로 읊음)」에서 자신의 심경을 이렇게 노래하였습니다.

산림 속 초당에서 만 권의 책 홀로 즐기며

똑같은 한 가지 생각에 십 년이 넘었네

요즘에 와서야 근원과 마주친 듯

내 마음 전체를 휘어잡아 태허를 알아본다

獨愛林廬萬卷書 독애림려만권서

一般心事十年餘 일반심사십년여

邇來似與源頭會 이래사여원두회

都把吾心看太虛 도파오심간태허

이러한 환경 속에서 그는 열아홉 살 때『성리대전性理大全』을 통해 주자학의 진수를 접하고, 스무 살 때는『주역周易』을 읽고 침식을 잊을 정도로 진리 탐구에 몰두하였습니다.

혼자서 공부를 계속하는 동안 조급함 때문이었는지 이황은 건강을 완전히 해치고 말았기 때문에, 그 후 소화불량에 걸려 채식만 하게 됩니다. 뒷날 스스로 이야기한 것처럼 어린 나이에 공부하는 방법을 몰라 몸을 혹사시켰던 것입니다.

과거에 세 차례 낙방하다

이황은 스물한 살에 결혼을 합니다. 배우자는 역시 문관 출신인 허찬許

瓛의 딸로 집안이 상당히 유복하였다고 합니다. 그는 스물세 살 때 한성에 올라와 과거 시험을 위한 학교라고 할 수 있는 성균관에서 공부를 하였습니다. 그러나 과거 시험에 그다지 관심이 없었는지, 그는 세 번이나 낙방하였습니다. 어쩌면 시골에서 자기 혼자 공부하였기 때문에 답안지를 능숙하게 작성하는 데 서툴렀는지도 모릅니다.

그 무렵은 신진 사림파士林派(재야에서 유학을 공부하던 문인들을 중심으로 조선 중기 훈구파와 대립한 정치세력)의 대표 격이라 할 수 있는 조광조趙光祖 등이 축출된 1519년의 기묘사화己卯士禍 직후였습니다. 때문에 젊은 유생들은 큰 허탈감에 빠져 있었습니다. 성균관 유생들도 공부는 뒤로한 채 주색에 빠져 쓸데없이 호언장담이나 하며 돌아다니는 풍조가 만연하였습니다.

순진하기 그지없는데다가 고지식한 청년이었던 이황도 한성에 올라와 갑자기 이런 분위기에 휩쓸려 차분하게 공부할 수 없었습니다. 그 무렵 그도 아리따운 기녀들이 술시중을 드는 자리에 초대되어 동요한 적도 있고, 술맛을 알아 만취하기도 하였던 것 같습니다.

어쨌든 과거 시험에 세 번이나 떨어진 것은 그에게 큰 충격을 주었습니다. 그러나 그는 시험에 실패한 것 정도로 의지가 꺾여서는 안 된다고 스스로를 다독이고, 우연히 얻은 『심경부주心經附註』*라는 책을 해독하는 일에 모든 정력을 기울입니다. 그것이 주자학 연구에 큰 도움이 되었다고 뒷날 그는 제자들에게 말하였다고 합니다.

이황이 한성에서 이렇게 번민하고 있을 때 장남이 태어납니다. 이 때문에 고향으로 돌아간 것으로 보이는데, 결국 그는 스물일곱 살이 되어서야 경상도에서 시행된 향해 진사시鄕解進士試라는 과거 초급 시험에 수석으로 합격합니다. 이로써 이황은 주위에 면목이 섰지만, 그해 둘째 아들을 낳은 부인이 산후 조리를 잘못하여 세상을 뜨는 불행을 겪게 됩니다. 부호였던 장인이 처음부터 그를 물질적으로 도우려 하였지만, 그는 일체 받으려고 하지 않

---

* 송나라의 진덕수眞德秀라는 학자가 지은 『심경心經』에 명나라의 학자 정민정程敏政이 주석을 붙인 성리학 경전이다. 훗날 이황은 『심경부주』의 잘못된 부분을 바로잡아 「심경후론心經後論」을 간행한다.

있습니다.

이듬해 그는 다시 한성으로 올라가 진사회시進士會試라는 중급 시험에서 우수한 성적으로 합격하지만, 결과 발표도 보지 않고 고향으로 돌아가 버립니다. 이 시험에 합격하면 충분히 벼슬에 나갈 수 있었지만, 그는 관직에 오를 마음이 전혀 없었던 듯합니다.

이황은 전처가 죽은 지 3년 뒤에 권씨 규수와 재혼하였는데, 벼슬살이를 하는 것도 아니니 그 생활이 넉넉할 리가 없었습니다. 서른 살이나 되어서도 그저 책만 붙잡고 학문 연구로 세월을 보내는 그의 생활을 주위에서 결코 호의적으로 보지 않았습니다.

그는 서른두 살에 다시 문과 초급 시험을 치러 합격하였지만 적당한 벼슬자리가 없었습니다. 이듬해에는 경상도의 향시鄕試에 수석으로 합격하였지만 그가 원하는 벼슬자리가 아니어서, 다음해 다시 문과 고급 시험을 치러 합격하고 서른세 살이 되어서야 외교 문서를 취급하는 승문원承文院이라는 조정 관직에 나서게 됩니다.

관리로 출세하는 것을 바라지 않았던 그가 서른 살이 넘어서야 3년 연속 시험에 합격하였다는 것은 그만큼 필사적으로 노력하였음을 말해 주고 있습니다.

낙향을 거듭하며 관직 생활의 길을 걷다

이렇게 관직에 나선 이황은 역량을 인정받아 취임한 지 겨우 두 달 만에 승진하여 떳떳하게 금의환향할 수 있었습니다.

그리고 이듬해(1535년, 중종 30년) 호송관護送官이라는 중요한 임무를 띠고 죄를 범한 왜인을 한성에서 부산으로 호송하게 됩니다. 그 임무를 수행하는 동안 그는 왜인들의 요구나 불평을 충분히 들어주고, 나아가 일본의 실태나 일본인의 성격 등을 깊이 파악하고서 일본에 대하여 어떤 대응책을 취해야 할지도 생각하게 됩니다. 이와 같이 그는 맡은 임무에 충실할 뿐만 아니라, 국가의 장래에 도움이 되고자 하는 애국심으로 임무를 수행한 것입니다.

그가 잇달아 중요한 임무를 맡아 능력을 발휘하여 착착 출세의 길을 걷고 있던 도중인 1537년에 어머니 박씨가 세상을 뜨자 잠시 관직을 사양하고 고향으로 돌아와 모친상을 치릅니다. 그는 자신이 신봉하는 유학의 가르침대로 효자의 모범을 보이려고 노력한 것입니다.

삼년상이 끝난 1539년부터 그는 다시 조정의 관직에 복귀하였으며, 그 지위는 해가 바뀔 때마다 올라갔습니다. 특히 1542년 어사御史로서 충청도와 강원도를 순찰하는 임무를 수행할 때, 그는 관청의 수탈을 받는 농민들의 생활을 눈으로 똑똑히 확인합니다. 그리고 권력자의 횡포와 파벌을 이룬 양반들의 추악한 권력 투쟁이 국가에 얼마나 유해한 것인지도 깊이 인식하게 됩니다.

그러나 그는 그러한 추악함을 증오하면서도 그것과 싸우려는 적극성은 없었고, 오히려 그러한 추악함에서 도피하고 싶어하였습니다. 그의 퇴영退嬰적인 사고는 자신의 건강 상태에서 비롯된 것인지도 모릅니다. 1543년에도 그는 성균관 대사성大司成이라는 고관에 올랐지만, 병을 이유로 고향에 돌아가 조용히 독서를 즐기는 생활로 돌아갔기 때문입니다. 하지만 반년도 지나지 않아 조정에서는 그에게 출사出仕를 요구하고 잇달아 중요한 임무를 맡깁니다.

그러다가 1554년 중종中宗이 죽고, 이듬해에 인종(仁宗 : 1515~1545년, 조선 제12대 왕)도 죽어 중종의 둘째 아들 명종(明宗 : 1534~1567년)이 제13대 왕위에 오릅니다.

이때 쓰시마 도주島主로부터 전년에 왜구가 조선을 침입한 죄를 사죄하며 화평 조약을 맺고 싶다는 의사 표시가 있었는데, 조정은 이를 거절해 버립니다. 왜에 대한 대책을 중시하고 있던 이황은 즉시 왕에게 상소문을 제출합니다.

"북방 국경 지대의 여진족들이 침입할 우려가 그치지 않는 이때에 남방의 왜를 공연히 자극하여 남북 양쪽에서 적이 침입해온다면 커다란 혼란이 야기될 것입니다. 이것은 국가의 불행일 뿐만 아니라, 백성들의 생명이 걸린 문제입니다. 모쪼록 조정의 신하들과 널리 상의하시어 선처하시기를 바라 마지

않사옵니다."

그리고 왜를 달랜다는 이유로 저들의 요구를 무조건 수용하지 말 것이며, 함부로 조선에 도전하지 못하도록 단단히 단속하여야 한다는 점도 덧붙입니다.

을사사화乙巳士禍

그의 이러한 선견지명은 훗날 사가들로부터 크게 칭송을 받습니다. 하지만 당시 조정 내부에서는 왕위 계승을 둘러싼 권신들의 권력 투쟁이 잇따르고, 많은 문신들이 살해된 '을사사화乙巳士禍*'를 겪은 직후여서 권력자들은 그의 의견에 귀를 기울이지 않았습니다. 뿐만 아니라 "있지도 않은 사실을 유포하여 불안을 야기한다"고 하며, 그를 처형당한 반대파와 한통속처럼 다루어 관직을 박탈해 버리기까지 합니다.

그의 무고함이 곧 밝혀져 다시 관직에 복귀하였지만, 이듬해인 1546년에 둘째 부인 권씨가 사망하는 불행을 다시 겪게 됩니다. 조정에서는 그를 어떻게든 붙들어두려 하였으나, 그는 모든 것을 내던지고 향리로 돌아갑니다.

이황은 향리의 토계(兎溪 : 지금의 안동시 도산면陶山面 온혜리溫惠里에 위치)라고 하는 산골의 바위 아래에 '양진암養眞庵'이라는 작은 움막을 짓고 주자학 연구에 전념합니다. 그리고 그곳의 지명인 토계를 퇴계退溪로 고쳐 자신의 호로 삼습니다. 이 무렵 그는 『주자전서朱子全書』의 해독에 몰두하며 자신의 학문적 신념을 확고히 다져 나갑니다.

1548년에 그는 다시 정부의 호출을 받아 정월에 단양 군수에 임명되었고, 그해 10월에는 풍기 군수로 부임합니다.

그가 처음 관직에 제수되었을 때 그의 어머니가 그에게 주의를 준 적이 있었습니다.

"너는 대인 관계가 서툴러 세상 사람과 제대로 어울리지 못할 터이니, 출세 따위는 바라지 말고 지방 군수로 만족하는 것이 좋을 것이야."

---

* 명종이 즉위하던 해 일어난 사화이다. 명종의 어머니 문정왕후文定王后의 아우이자 명종의 외숙부 윤원형尹元衡 일파가 인종의 외숙부 윤임尹任 일파를 죽이고 몰아낸 사건이다.

하지만 그는 지방관으로 일하면서도 임지에 있던 '백운동서원(白雲洞書院 : 주세붕周世鵬이 고려 시대의 명유名儒 안향安珦을 기려 세운 서원)'을 운영하기 위하여 특별히 경상 감사에게 부탁하여 조정으로부터 원조를 받는 데 성공합니다. 또한 조정으로부터 많은 서적을 받고, 서원 운영을 위한 전지田地도 지급을 받습니다. 그리하여 그는 이 서원을 훌륭한 지방 교육 기관으로 만들어 내고, 이것이 하나의 모범이 되어 그 후 지방 각지에 서원이 만들어집니다. 이렇게 그는 교육 행정에 공을 세우게 됩니다.

그러나 이황은 군수직을 사퇴하고, 1550년에 고향으로 돌아가 집 옆에 작은 서당을 세우고 제자들을 양성합니다. 그는 이미 학자로서 이름이 널리 알려져 있었으므로 각지에서 우수한 유생들이 찾아와 그에게 가르침을 받습니다. 1552년 거듭 조정의 부름을 받고 잇달아 중요한 관직에 임명되었지만, 1556년에 병약함을 구실로 향리로 돌아가 버립니다.

그의 이러한 태도를 두고 당시 영의정은 이렇게 한탄하였다고 합니다.

"퇴계는 마치 야생 동물과 같아서 붙들어 길들이기가 어렵도다."

그토록 관직 생활이 마땅치 않았다면 두 번씩이나 출사할 필요도 없이 그냥 사양해버리면 좋았을 것을, 2년 후 그는 다시 부름을 받고 성균관 대사성에 임명됩니다. 이는 이황이 권력자 앞에서 단호한 태도를 취할 만큼 기질이 강하지 못하였기 때문이었으며, 또한 결코 반항적인 태도를 취하지 않은 그의 태도가 권력자로서는 이용하기 쉬웠는지도 모릅니다.

그리고 얼마 지나지 않아 그는 대사성에서 공조참판(工曹參判 : 생산 부문을 관장하는 관청의 차관급)으로 임명됩니다. 이것은 관리로서는 더할 나위 없이 영예로운 출세였지만, 그는 도저히 일할 자신이 없었는지 간곡히 사양하고 또다시 향리로 내려가 버립니다.

그로부터 8년 후인 1566년, 이황은 공조판서라는 대신직을 제수 받고 다시 한성으로 올라오는데, 이미 예순여섯 살의 고령인 그는 조정의 변치 않는 예우에 감동한 듯합니다. 그리고 이듬해에는 예조판서禮曹判書가 되었고, 나아가 국정의 중요한 상담역이 되기도 합니다.

그의 나이 예순아홉 살 때, 어린 국왕 선조(宣祖 : 1552~1608년, 조선 제14대

왕)에게 장문의 의견서를 제출하고 향리로 돌아갑니다. 그 문장에서 그는 다음과 같이 국가의 위급함을 호소합니다.

"지금은 평화가 계속되고 있지만 남북으로 항상 우리를 넘보는 세력이 있다는 점을 잊지 마십시오. 권력자의 수탈로 백성은 곤궁해지고 나라의 재정이 문란해져서 국고는 텅 비어가는 실정입니다. 이렇게 나간다면 머지않아 나라는 자멸할 수밖에 없을 터이고, 불의의 사변이 일어난다면 힘없이 무너져 버릴 위험이 높습니다."

그리고 이듬해에 그가 사랑해 마지않던 향리에서 일흔 살의 생애를 마칩니다.

시인으로서, 교육가로서의 삶

이황이 시재詩才에 뛰어났다는 것은 앞서 언급하였지만, 함께 공부한 벗들 역시 그의 뛰어난 문장력과 훌륭한 글을 칭찬하였습니다. 그러나 그는 이렇게 말하였다고 합니다.

"자법字法은 심법心法의 표현이며, 좋은 글씨를 쓰는 것은 명성을 얻고자 함이 아니다. 점 하나 선 하나를 쓸 때에도 공경하는 마음을 우선 명심할 것이며, 남들이 칭찬할 것인가에 마음을 두어서는 안 된다."

또한 그는 문장에 관해서도 이렇게 말하였다고 합니다.

"배우는 사람은 문장을 잘 이해할 수 있어야 한다. 문장은 자신의 뜻을 전달하는 것이므로 어지간한 표현력을 가지고는 안 되며, 문장을 정확하게 쓰지 못하면 제 뜻을 바르게 나타낼 수 없다."

그는 도연명(陶淵明 : 365~427년)*과 두보(杜甫 : 712~770년)**의 시를 좋아하였다고 하는데, 근엄한 생활 태도를 무너뜨리지 않았던 사람인 만큼 그의 시

---

* 중국 동진東晉부터 송나라 초기까지 활동한 중국의 대표적 전원시인이다.
** 중국 당나라의 최고 시인으로 시성詩聖으로 불린다. 시선詩仙으로 불리는 이백李白과 함께 병칭하여 이두李杜라고도 부른다.

에도 그의 인간성이 잘 드러나고 있습니다. 그가 쉰 살 무렵 향리에서 썼던 「퇴계退溪」라는 한시가 있습니다.

> 몸은 물러나 어리석은 분수에 맞는 안락함을 얻었지만
> 늙어 학문의 진수에서 멀어지는 것을 걱정할 뿐
> 시내 위에 비로소 집을 정하니
> 흐르는 물을 보며 날로 반성이 있네

> 身退安愚分 신퇴안우분
> 學退憂暮境 학퇴우모경
> 溪上始定居 계상시정거
> 臨流日有省 임류일유성

그의 대표적인 시는 역시 국문 시조 「도산십이곡陶山十二曲」인데, 그 가 도산십이곡陶山十二曲
운데 두 절을 소개하겠습니다.

> 이런들 어떠하며 저런들 어떠하리요
> 초야草野 우생愚生이 이렇다 어떠하리요
> 하물며 천석고황泉石膏肓*을 고쳐 무엇 하리

> 순풍淳風이 죽다 하니 진실로 거짓말이
> 인생이 어질다 하니 진실로 옳은 말이
> 천하에 허다한 영재英才를 속여 말씀하리요

이황이 후세 사람들로부터 우리나라에서 가장 뛰어난 학자로 존경받고 있는 것은 역시 교육자로서 빛나는 업적을 쌓았기 때문입니다. 관직에 있을

---

* 자연을 사랑하는 마음이 고질병처럼 깊다는 뜻이다.

때에도 많은 젊은 유학자들과 접촉하며 어떠한 질문에도 성실하게 답변하였고, 관직을 떠나 향리에 돌아와 있을 때는 전국 각지에서 모여드는 젊은이들을 흔쾌히 받아들였다고 합니다. 아무리 나이가 어린 사람이라도 대등한 친우를 대하듯이 정중하게 말을 주고받았고, 설령 젊은이들이 잘못된 말을 해도 끝까지 듣고 나서 그것은 이렇게 생각하는 것이 옳지 않겠는가라는 투로 말하여 상대방 스스로 제 잘못을 깨닫도록 설명해 주었다고 합니다.

그는 또한 제자들을 매우 소중하게 여겼습니다. 여행을 하다가 제자에 관한 언짢은 꿈을 꾸면 그의 안부를 염려하는 편지를 보내고, 스스로도 가난하였지만 곤궁한 제자가 있으면 곡물을 보내 주었다고 합니다.

서른다섯 살 연하인 스물세 살의 이이李珥가 멀리서 그를 찾아가, 사제지간의 연을 맺게 되다.

이황은 제자들이 찾아오면 설사 건강이 좋지 못해도 일어나 강의를 시작하였습니다. 한번은 서른다섯 살 연하인 스물세 살의 이이李珥가 멀리서 그를 찾아 시골로 내려온 적이 있었는데, 이 만남으로 두 사람은 사제지간의 연을 맺게 됩니다.

이렇듯 다정한 스승의 풍모가 당시의 국왕인 명종의 마음속에도 깊은 인상을 남겼는지, 그가 병환으로 한성에 올라오지 못하자 특별히 화가를 그의 시골집으로 보내 몰래 그의 서당이 자리 잡은 도산陶山의 풍경화를 그려오게 하였다고 합니다. 그리고는 그 그림에 퇴계의 문장을 적어서 궁전 벽에 걸어두고 매일 바라보았다고 합니다.

유학자로서 삶

이황이 학자로서 본격적으로 저술을 시작한 것은 1556년 향리에서 두문불출하고서부터입니다. 그의 첫 저서는 기존의 주자학 연구를 정리한 『계몽전의啓蒙傳疑』, 『주자서절요朱子書節要』였으며, 그리고 그해 『예안향약禮安鄕約』을 기초하였습니다. 이것은 농민들이 서로 도와 생활을 개선하기 위한 자치적인 규약으로 가난한 농촌을 진흥시키는 데 도움이 되는 책이었습니다.

그리고 1559년에는 『종계원명이학통록宗季元明理學通錄』이라는 방대한 저서를 저술합니다. 또한 1561년에는 『도산기陶山記』를, 1564년에는 『정암선생행장靜庵先生行狀』과 『심무체용변心無體用辯』을, 1566년에는 『심경후론心經後論』을 저술합니다. 1568년에는 나이 어린 국왕인 선조의 요구에 따라 『성학십도聖學十圖』를 저술하였는데, 이 책은 유학의 근본 원리와 실천 방법을 이해하기 쉽게 짧은 문장으로 표현한 것입니다.

언제나 겸허하고 적극성이 없는 그였지만, 자기 신념에 대해서는 완고할 만큼 주장을 내세우는 강인함도 있었습니다.

그가 어사가 되어 충청도를 순찰할 때, 민중을 가혹하게 수탈한 탐관오리를 극형에 처하라고 주장한 것도 그러한 일면을 보여주는 것 중 하나입니다. 또한 만년에 국왕 앞에서 강의하다가 기묘사화 때 처형당한 조광조의 뛰어난 인간성을 역설하고, 흑심을 품고 있는 자들이 충신의 얼굴을 하고서 권력을 제멋대로 휘두른 것을 통렬한 어조로 비난한 일도 있었습니다. 그러자 이를 통탄한 국왕이 이미 고인이 된 책임자들의 관직과 지위를 박탈해버렸다는 이야기는 유명한 일화로 남아 있습니다.

그러한 과격성은 자신과 의견이 다른 학자들과 논쟁할 때에도 나타납니다. 그는 논쟁을 거듭하여 철저하게 상대방을 굴복시키던가, 자기 주장이 통하지 않으면 영원히 서로 용납할 수 없는 사이로 상대방의 이론을 배척해버리는 일면도 있었습니다. 그리고 이유 없는 선물은 일체 받지 않고 되돌려 보내는 완고함이 있었습니다.

이황이 도산에 칩거하고 있을 무렵 가까운 토계에서 메기 잡는 것을 관청이 금지시킨 일이 있었는데, 그는 금어기禁漁期에는 아예 토계 옆으로는 다니지도 않았을 정도로 완고하였지만, 반면에 관청에서 부역령이 떨어지면 누구보다 앞장서 나갔다고 합니다.

그의 제자들 중에는 뒷날 정부의 고관이나 유명한 학자가 된 사람들이 수없이 많았으며, 또 그가 아꼈던 제자와 손孫제자들이 그의 저작을 연구하여 많은 해설서를 저술하기도 합니다.

그의 저서와 제자들의 저서는 그 후 국내 유학계의 주류를 이루게 되었으며, 일본이나 중국에까지 전해져 커다란 영향을 미칩니다.

『주자서절요』를 읽은 일본인 학자 야마자키 안자이(山崎闇齊 : 에도 중기 사람으로 제자가 수천 명에 이른다고 전해짐)는 퇴계 이황을 지극히 존경하여 언제나 그의 학설을 강의하였다고 합니다. 그의 『천명도설天命圖說』, 『자성록自省錄』, 『주자서절요』 등은 일본에서 널리 출판되었습니다.

야마자키의 문인인 사토 나오카타佐藤直方나 구로이와 지안黑岩慈菴 등은 그를 위대한 학자로 격찬하였고, 사토의 제자인 무라카미 교쿠스이村上玉水는 『이퇴계서초李退溪書抄』 10권을 저술하기도 하였습니다.

이 밖에도 그의 저서를 애독하고 그에게 심취한 사람들이 매우 많았습니다. 메이지明治 왕의 시강관侍講官이었던 모토다 에이후元田永孚는 퇴계의 학문을 계승한 사람이었습니다. 그가 썼다고 알려진 '교육칙어敎育勅語'는 퇴계의 『성학십도』에 쓰여 있는 유학의 근본 정신의 흐름이 담겨진 것이라고 평가됩니다.

이와 같이 퇴계는 우리나라에서보다 오히려 일본 유학자들에게 절대적인 존경을 받아 왔습니다.

퇴계 이황은 생전에 항상 왜의 침입을 염려하여 왜에 대한 경계를 늦추어서는 안 된다고 경고하였습니다. 그의 이러한 염려는 1592년에 도요토미 히데요시豊臣秀吉가 대대적으로 조선을 침략함으로써 단순한 예언이 아니라 구체적인 사실로 드러납니다. 우국충정에서 비롯된 그의 예언을 당시의 지배자들이 소홀히 한 탓에 우리나라는 커다란 타격을 받게 되는데, 그의 학문이 일본에 전해져 신앙에 가까울 정도로 존경받은 점을 생각하면 역사의 얄궂은 희롱을 느끼지 않을 수 없습니다.

퇴계의 학문은 오늘날 여러 각도에서 평가되고 있습니다. 그가 농민의 생활을 언급하고 국가의 장래를 염려한 점, 그리고 인간적인 면은 긍정적인 평가를 받고 있으며, 그가 뛰어난 유학자였다는 점은 누구도 부인하지 않습니다. 하지만 그 역시 시대적인 제약을 벗어나지 못한 인물로, 보수적인 체제파體制派의 사상을 옹호하는 위치에서 벗어날 수 없었습니다. 이 점은 많은 사람들이 지적하는 바입니다.

이황은 끝까지 서경덕徐敬德의 이론을 반대하고 비난하였지만, 사상가로서 그리고 철학자로서 서경덕 역시 그에 못지않은 경지에 도달한 인물이

이황은 끝까지 서경덕徐敬德의 이론을 반대하고 비난하였지만, 사상가로

었습니다. 게다가 서경덕이 끝까지 관직에 오르지 않은 데 비해 그는 관직을 꺼리는 듯하면서도 대신이라는 높은 지위에 올랐고, 죽은 후에도 봉건 신분 제도가 지속된 조선 왕조 시대는 물론이고 일제 식민지 시대에도 일본의 어용학자들로부터 절찬되어 왔습니다. 이런 점을 감안하면 과연 누가 더 뛰어난 학자였는지 다시 한 번 생각하게끔 만듭니다.

서 그리고 철학자로서 서경덕 역시 그에 못지 않은 경지에 도달한 인물이었다.

19. 참된 인간성을 지닌 위대한 사상가 이이

어머니에 대한 사랑

역사상 가장 명망 높은 학자의 한 사람인 이이(李珥 : 1536~1584년)는 1536년(중종 31년) 음력 12월 26일에 강원도 강릉군의 외가에서 태어났습니다. 그의 아버지는 하급 관리였던 이원수李元秀이고, 어머니는 그 유명한 신사임당申師任堂입니다.

셋째 아들로 태어난 그는 홀로 살던 외할머니 댁에서 자랐는데, 말보다 글을 먼저 깨쳤다는 전설 같은 이야기가 있을 정도입니다. 이처럼 신동다운 면모를 발휘하였던 그는 여섯 살 때 비로소 한성의 부모 집으로 돌아와 어머니 신씨로부터 직접 학문의 기초를 배우기 시작합니다. 일찍이 여덟 살 때에는 그의 5대조 할아버지가 지은 율곡촌栗谷村 화석정花石亭에 올라가 다음과 같은 한시를 지어 어른들을 깜짝 놀라게 하기도 하였다고 합니다. 「화석정시花石亭詩」라는 제목입니다.

숲속 정자에 가을이 이미 깊은데
시인의 정취는 끝없이 이어지네
물살은 널리 하늘에 닿아 푸르고
서리 맞은 단풍은 햇살 받아 붉구나
산은 외로운 둥근 달을 토해내고
강은 만리의 바람을 머금었네
차가운 저 기러기 어디로 가느냐
울음소리 저녁 구름 속으로 끊어져 버리네

林亭秋已晚　騷客意無窮　임정추이만　소객의무궁
遠水連天碧　霜楓向日紅　원수연천벽　상풍향일홍
山吐孤輪月　江含萬里風　산토고륜월　강함만리풍

寒鴻何處去 聲斷暮雲中 한홍하처거 성단모운중

　　이이는 열세 살 때 주위의 권유로 과거 초급 시험에 응시하여 매우 뛰어난 성적으로 합격합니다. 시험관들 역시 이 소년의 천재성에 감탄하였다고 합니다.

　　열여섯 살 때 그는 형과 함께 평안도로 출장 가는 아버지를 따라갔는데, 그가 집을 비운 동안 어머니가 돌아가십니다. 어머니를 경애해 마지않았던 그는 상을 마칠 때까지 3년 동안 어머니의 무덤 곁에 작은 움막을 짓고서 무덤을 지킵니다. 그는 상을 마쳤지만, 어머니를 그리워한 나머지 인간의 삶과 죽음 문제에 사로잡혀 마치 넋빠진 사람처럼 세월을 보내야 하였습니다. 그러던 중 때마침 선禪의 총본산으로 알려진 봉은사(奉恩寺 : 지금의 서울 삼성동에 위치)라는 절에서 불교 서적을 읽다가 자기 번민을 불교 연구로 해결하자고 결심합니다.

　　그리하여 열아홉 살 되던 해 봄, 금강산에 있는 절에 들어가 의암義庵이라 호를 짓고 칩거를 시작합니다. 비록 정식 출가는 아니었다 하더라도, 당시는 유생이 일단 불문에 들어가면 관직에 오를 수 없는 사회 제도였으므로 그의 결심이 얼마나 비장한 것이었는지 이해할 수 있는 대목입니다.

　　불교를 공부하는 동안 그는 한 노승과 토론을 벌인 끝에 다음과 같은 시를 짓기도 합니다. 「풍악증소암노승(楓嶽贈小菴老僧 : 가을 금강산의 작은 암자의 노승에게 주다)」입니다.

> 물고기가 뛰놀고 솔개가 나는 것은 위와 아래가 같은 것
> 이런 것은 색色도 아니고 그렇다고 공空도 아니네
> 뜻없이 웃다가 문득 내 몸을 돌아보니
> 해 기운 수풀 속에 홀로 서 있구나

魚躍鳶飛上下同 어약연비상하동
這般非色亦非空 저반비색역비공

等閒一笑看身世 등한일소간신세

獨立斜陽萬木中 독립사양만목중

그러나 그는 1년간의 수도 생활을 통해 불교 신앙으로는 인생을 이해할 수 없다는 결론을 내리고, 스무 살에 출생지인 강릉의 외할머니 댁에 몸을 맡기고 쇠약해진 몸을 회복하면서 인생을 재출발할 의지를 확고히 합니다. 그리고 11조로 이루어진 '자경문自警文'을 써서 반성의 거울로 삼았는데, 그 요점은 다음과 같습니다.

하나, 뜻을 크게 세워 성인의 경지에 도달할 때까지 끊임없는 노력을 기울일 것.

둘, 마음을 안정시켜 쓸데없는 말을 삼갈 것.

셋, 마음을 다잡을 것.

넷, 혼자 있을 때 더욱 조심할 것.

다섯, 실천이 없는 학문은 무용한 것.

여섯, 물욕과 영예에 마음을 두지 말 것.

일곱, 필요한 일에 성의를 다할 것.

여덟, 천하를 위한다 해도 죄가 없는 자는 한 사람이라도 희생해서는 아니 될 것.

아홉, 아무리 난폭한 사람이라도 감화시켜 이끌 것.

열, 게으름과 수면을 탐내지 말 것.

열하나, 수양과 공부는 초조해하지 말고 풀어지지도 말고 끈기 있게 할 것.

일 년 남짓 아름다운 자연과 벗 삼은 요양 생활로 몸도 마음도 깨끗이 씻어낸 이이는 스물한 살이 되던 해 봄에 새로운 희망을 품고 한성으로 돌아옵니다. 때마침 한성에서 '국가의 정책을 논하라'라는 '한성시漢城試'가 시행되어 천하의 수재들이 이 시험에 응시하였는데, 여기서 이이는 수석에 뽑혀 그의 이름은 금세 도성에 널리 퍼지게 됩니다. 그래서 부호였던 노경린(盧慶

麟 : 1516~1568년)이 그를 사위로 맞아들입니다(1557년, 즉 명종 12년). 노씨 집안
에서는 이 수재 사위를 극진히 대접하였고, 그도 관직에 오르지 않고 처가의
신세를 지고 있었습니다.

　　스물세 살 때 그는 강릉의 외할머니를 찾아가는 길에 이황의 집을 방문
합니다. 그때 이황은 쉰여덟 살로 천하에 명성을 떨치는 대학자였습니다. 이
이는 그곳에서 이틀 동안 머무르며, 이황의 학설에 대한 의문점이나 진의를
밝히고자 하는 점을 주눅 들지 않고 솔직하게 묻고 자세한 설명을 듣습니다.
이 만남으로 인하여 이이가 이황의 둘도 없는 제자로 알려지게 되었지만, 뒷
날 이황은 친구에게 이렇게 말하였다고 합니다.

　　"옛날 성인들께서는 후배를 두려워하라 하셨지만, 이이는 과연 두려운
재능을 가지고 있다."

　　그해 강릉에서 돌아온 그는 다시 한성에서 과거 시험을 치러 이번에도
수석으로 합격을 합니다. 시험 제목은 '천도책天道策'이었는데, 그는 이기론理
氣論*에 입각하여 우주관을 서술하고 또한 자연과 인생의 합일론合一論을 서술
하였습니다. 시험관이었던 정사룡(鄭士龍 : 1491~1570년), 양응정(梁應鼎 : 1519~
1581년)이라는 두 학자는 그의 논문을 읽고 칭찬해 마지않았다고 합니다.

　　"우리는 여러 날을 걸려 간신히 이 문제를 생각해냈는데 그는 짧은 시간
에 이렇게 뛰어난 답안을 작성하였으니, 참으로 천재가 아닌가."

　　그의 이 논문은 국내는 물론이고 중국에도 널리 전해져, 유학의 진수를
짚은 탁월한 철학 논문이라는 평판을 받습니다.

　　이이는 벼슬길에 오르지 않고 학문에 정진하고 있던 스물여섯 살 때 아
버지가 돌아가시자 삼년상을 치렀습니다. 그리고 상을 마친 스물아홉 살 되
던 해 7, 8월에 두 번 있었던 문과 고급 시험에 모두 수석으로 합격합니다. 도
성 사람들은 이러한 그를 '구도장원공(九度壯元公 : 아홉 번 장원한 사람이라는 뜻)
이이 선생'이라 불렀고, 아이들에 이르기까지 그의 이름을 모르는 사람이 없

옛날 성인들께서는 후배
를 두려워하라 하셨지
만, 이이는 과연 두려운
재능을 가지고 있다.

구도장원공(九度壯元公)

---

* 성리학의 이론 체계로, 이(理 : 로고스와 같은 개념으로 음양오행의 변화와 생성을 주재하는 이치)와 기(氣 : 만
　물을 생성하는 기운으로, 에너지와 같은 개념)의 원리로서 우주와 인간을 설명한다.

을 정도였습니다.

시무삼사時務三事

　　이이는 뛰어난 역량을 인정받아 신임 관리로서는 매우 파격적으로 호조 좌랑戶曹佐郎에 임명됩니다. 그리고 유능한 관리로서 직무에 힘썼으며, 사간원 정언司諫院正言으로 있던 서른한 살 때는 '시무삼사時務三事'라는 정책론을 왕에게 제출합니다. 그것은 국가의 정책을 논의하는 정언이라는 직무에 따른 것이기는 하였지만, 그 글에는 정치가로서의 포부가 언급되어 있습니다.

　　　첫째, 정치의 근본으로서 정의를 관철할 것.
　　　둘째, 뛰어난 인재를 등용하여 깨끗한 정치를 행할 것.
　　　셋째, 백성의 안정을 꾀하여 국가의 기초를 굳건히 할 것.

　　이것은 유학 사상의 표현이기는 하지만, 민생 안정을 강력하게 주장한 점에 정치가로서 그의 탁월한 생각이 담겨져 있습니다.

굳은 신념으로 파란을 극복하다

이이는 신념을 지키고 적극적인 삶을 지향한 인물로 이황과는 대조적이었다.

　　이이는 신념을 지키고 적극적인 삶을 지향한 인물이었습니다. 그런 점에서 속인들 틈바구니 속에서 상처받는 것을 피하고자 하였던 이황과는 대조적이었습니다.

　　1567년에 명종이 죽었으나 그에게 아들이 없어, 왕족 가운데 열여섯 살의 소년이 왕위를 계승합니다(선조). 왕이 아직 어리므로 선왕비先王妃인 인순왕후仁順王后 심씨沈氏가 정무를 보게 됨에 따라 심씨 일족이 권력을 장악하고 멋대로 위세를 휘둘렀고, 이러한 정세 속에서 모처럼 나라의 부름을 받고 향리에서 올라와 대신이 된 이황은 곧 관직을 던지고 고향으로 돌아가려고 하였습니다. 물론 예순여덟이라는 고령이기도 하였지만, 사실 보기 싫은 속인들과 어울리고 싶지 않았던 것입니다.

　　이때 서른두 살의 젊은 이이는 대선배의 귀향을 만류하고 국정을 개혁하도록 강력하게 권유하였지만, 이황은 이를 뿌리치고 고향으로 돌아가 버립니다. 그러나 이이는 조정의 신진 관리들과 결속하여 심씨 일가의 권력 핵심인 좌의정 심통원(沈通源 : 1499~1572년)을 탄핵하는 대담한 글을 올립니다. 탄핵문에서 이이는 심통원이 국가의 운명을 그르친 대역적이라고 폭로하고 심통원을 추방할 것을 강력하게 주장합니다. 이 고발문을 썼던 이이는 애초부터 죽음을 각오하고 있었습니다.

여러 가지 파란이 있었지만, 그의 정론은 소극적이었던 장로長老들을 분발시켜 얼마 후 선왕의 비가 물러나고 심통원도 사직하게 됩니다. 그러나 이 사건으로 이이 역시 심씨 일족의 원한을 사게 되자, 이이를 원조하는 사람들이 그를 서장관(書狀官 : 사신에 딸린 서기관)으로 추천해 명나라 사신 일행에 포함시킵니다. 그래서 그는 중국을 여행하게 되었고, 귀국하자마자 외할머니의 병세를 구실로 강원도의 고향으로 돌아갑니다.

이이는 일부 사람들로부터 무단으로 직무를 소홀히 하였다는 비난을 받았지만, 그를 이해하고 있던 사람들이 그를 두둔하여 이듬해 다시 조정의 관직으로 돌아올 수 있었습니다.

서른세 살이 된 그는 어린 왕 앞에서 『논어』를 강의하는 한편, 정치에 임하는 왕의 마음가짐을 서술한 『동호문답東湖問答』이라는 책을 써서 왕에게 건네줍니다. 이 책은 11조로 된 왕도학王道學이라고도 할 수 있습니다. 그 가운데에서 이이가 가장 강조한 것은 민생 안정을 위하여 백성들에게 가해지고 있는 나쁜 관행들을 즉시 제거하도록 호소한 것입니다.

예컨대 한 백성이 세금을 못 내면 그 일족이나 인근에 사는 사람들에게 책임을 지우는 악습을 근절시킬 것, 철마다 거듭되는 진상품이나 공물을 일체 폐지할 것, 백성들을 예사로 부리는 부역 제도를 개선하여 국가를 위한 근로 봉사는 최소한에 그치게 할 것, 지방 관리들이 백성들을 수탈하는 행위를 철저히 단속할 것 등을 언급한 것입니다.

서른네 살이 되던 10월에는 그를 길러준 외할머니가 세상을 떠납니다. 그리고 그 이듬해 8월에는 그에게 다정했던 큰형 선璿이 죽습니다. 사랑해 마지않던 두 육친肉親의 죽음은 그에게 커다란 충격을 주었고, 그는 곧 병에 걸려 관직을 사직하고 해주의 시골집에 칩거하며 요양을 합니다. 원기를 회

『동호문답東湖問答』

복한 그는 후배 양성을 위한 교육을 전개하는 한편, 생활비를 벌기 위하여 대장장이가 되어 괭이를 만들어 팔았다고 합니다. 또 그는 파주 율곡에 있는 집과 해주의 집을 자주 들락거리며 죽은 큰형의 유가족들과 가난한 일가 친척들의 생활을 돌봐주었습니다.

조정은 1571년 6월에 그를 청주 목사에 임명합니다. 약 반년 정도의 임기였지만, 그는 민생 안정을 위한 정책을 충실히 실천하였고 가혹한 세금 징수를 중지하며, 농민들이 서로 도울 수 있도록 '계契'를 만들기도 하였습니다.

이듬해 그는 다시 조정의 요직에 임명되지만 병을 이유로 사퇴하고 율곡에 있는 집으로 돌아갑니다. 그리고 그 마을의 이름인 '율곡'을 자신의 호로 삼습니다. 그는 그해에 네 번이나 여러 관직에 임명되었으나 한결같이 사양합니다.

그의 이러한 태도를 두고 일부 사람들은 비난을 퍼부었습니다.

"사퇴를 원하여 받아들여졌으니 당신은 마음이 개운할지 몰라도, 다 사퇴해버리면 도대체 누가 국사를 담당한단 말이오?"

그러자 그가 웃으며 대답하였다고 합니다.

"만일 위로는 상관으로부터 아래로는 하리下吏에 이르기까지 모두 사퇴할 생각을 가지게 된다면, 나라의 정세는 자연히 대도大道를 걷게 될 것이므로 일할 사람이 없어질까 염려할 필요도 없게 될 것이오."

그러나 그는 1573년 9월, 상당히 높은 직책인 직제학(直提學 : 홍문관 관원으로 정3품 당하관)에 임명되고, 이듬해에는 우부승지(右副承旨 : 승정원의 관원으로 정3품 당상관)로 승진합니다. 이때 그는 왕에게 '모든 정치를 성실히 수행하기 위하여'라는 뜻을 내포한 『만언봉사萬言封事』라는 정책론을 제출합니다. 여기에서 그는 현실을 직시하여 백성에게 도움이 될 수 있는 정치를 펼 것을 역설합니다.

같은 해 4월에 이이는 다시 병이 들어 율곡으로 돌아갔지만, 그의 회복을 기다렸다는 듯이 10월에 그는 다시 황해도 관찰사에 임명됩니다. 그는 여기에서도 백성에게 구체적으로 도움이 될 수 있는 정책을 실현하기 위하여

만일 위로는 상관으로부터 아래로는 하리下吏에 이르기까지 모두 사퇴할 생각을 가지게 된다면, 나라의 정세는 자연히 대도大道를 걷게 될 것이다.

모든 노력을 기울였지만, 과로로 인하여 다시 병에 걸려 겨우 반년 만에 사직하고 맙니다.

그는 책임이 따르는 일을 그만두고 요양에 힘쓰면서 교육 사업에 몰두하였고, 생활이 곤란한 친척들에게 해주의 석담石潭이라는 시골에서 농사를 지으며 모두 자립할 수 있는 여건을 만들어 줍니다.

1576년부터 1580년에 이르는 5년 동안은 그가 가장 궁핍했던 시절임과 동시에 교육자로서 가장 충실하게 일한 때이기도 합니다.

1581년 마흔여섯 살이 된 그는 다시 조정의 부름을 받아 사헌부 대사헌司憲府大司憲에 오르게 되고, 곧 호조판서戶曹判書에 임명됩니다. 그로부터 3년 동안은 이이가 정치가로서 책임 있는 자리에 올라 가장 열정적으로 활약하였던 시기였습니다. 그러나 원래 건강하지 못하였던 그는 신명을 다 바친 정치 활동에 지쳐서, 1584년 1월 겨우 마흔아홉이라는 젊은 나이에 세상을 뜨고 맙니다.

학자로서, 교육자로서의 삶

이이는 철학, 교육학, 사회·정치적 문제 등 각 방면에서 커다란 공적을 남겼는데, 특히 철학과 교육학에 관한 그의 사고는 당시로서는 매우 진보적이었습니다. 그는 당시의 보수적인 학자들에 대하여 이렇게 비판하고 있습니다.

"학자들의 나쁜 습관은 이치를 탐구하지 않고 예법을 지키는 것에만 신경 쓰는 데 있다. 길을 걸을 때도 자로 재듯이 걸으라고 할 정도니, 도대체 참된 이치의 근본을 어디서 찾는단 말인가?"

그는 주자학 입장에 서 있기는 하였지만, 설령 주자의 말이라도 무조건 복종하는 태도에는 반대하여 이치에 벗어나는 것은 대담하게 부인하였습니다. 주자의 교조적인 견해가 압도적으로 지배하던 당시의 학문 세계에서 그는 자주적인 학풍을 세웠다고 말할 수 있습니다.

당시 이황을 비롯한 보수적인 학자들은 인간의 인식 능력은 선천적으로 주어진 것이므로 이성적 인식만이 진리를 반영할 수 있고, 감성적 인식은 진실을 반영할 수 없다는 견해를 취하고 있었습니다. 이에 대하여 이이는 모든 인식은 감성적 인식을 거치지 않을 수 없으며, 따라서 감성적 인식은 진리를 반영한다는 점을 강조하였습니다.

사칠이기논쟁四七理氣論爭

이황과 이이의 견해 차이에서 비롯된 인식론 논쟁은 그 후 조선 왕조 말에 이르기까지 3백 년 동안이나 지속되었으며, 철학 사상에서는 이를 '사칠이기논쟁四七理氣論爭'이라고 합니다. 그리고 이황 학파의 이론을 '주리론主理論', 이이 학파의 이론을 '주기론主氣論'이라 칭합니다.

이이는 인간의 마음을 사유 기관으로 간주하고, 감각 기관과 더불어 물질적 육체의 일부분으로 인정하였습니다. 그래서 그는 물질적 육체의 일부분인 감각 기관과 사유 기관을 떠나서는 어떤 인식도 성립할 수 없다고 주장하면서 다음과 같이 서술하였습니다.

"귀가 있어야 비로소 소리를 들을 수 있고, 눈이 있어야 비로소 빛을 볼 수 있으며, 마음이 있어야 비로소 사고할 수 있다. ……도대체 어떤 사물을 귀가 없이도 들을 수 있으며, 눈이 없이도 볼 수 있으며, 마음이 없이도 사고할 수 있겠는가?"

그는 또 이와 같은 인식론의 기초 위에서 이렇게 말합니다.

"지각이 없는데도 어떻게 지옥과 극락을 알 수가 있을까? 불교의 인과응보설은 공격하지 않아도 스스로 무너져 버릴 것이다."

그는 봉건 시대에 양반 가문에서 태어난 만큼 그를 둘러싼 모든 것은 봉건적인 것뿐이었습니다. 따라서 그의 사회·정치적 견해도 본질적으로는 양반 지배 계급의 틀을 반대한 것은 아니었습니다. 그러나 진실을 규명하려는 그의 철학적 견해는 당시 부패한 봉건 통치를 비판하지 않을 수 없었습니다. 그는 대지주인 양반이 권력을 장악하고 있는 것을 증오하였고, 가난한 농민의 비참한 생활을 개선해야 한다고 주장하였습니다. 또 당시의 부패한 사회 제도를 개혁하여 국력을 기르고, 민생을 향상시키려 하였습니다. 그래서 양반 귀족들의 대토지 점유에 반대하고, 백성들에게 가해지는 모든 수탈을 바로잡을 것을 주장하였습니다.

이이는 정치는 당연히 백성을 사랑하는 애민정치愛民政治여야 하며, 백성을 존중하는 중민정치重民政治여야 한다고 역설하였습니다. 또한 백성의 생활을 안정시키는 것이 무엇보다 시급한 일이며, 국가의 생산을 높여서 백성을 구하는 것이 가장 중대한 문제라고도 주장하였습니다. 그는 왕보다 백성이 더 중요하고 백성들의 먹는 문제가 가장 시급하다고 말하며, 왕의 임무는 백성들이 안정되게 살 수 있도록 노력하는 것이라고 한 것입니다.

왕의 임무는 백성들이 안정되게 살 수 있도록 노력하는 것이다.

농민들이 토지를 떠나 유랑하는 현상을 두고 당시 보수파들은 농민의 천성이 나약하여 일어난 일이라며 농민을 탓하였습니다. 하지만 이이는 이 견해에 반대하면서, 그는 농민들의 경제 파탄과 궁핍은 권력자들이 그렇게 만든 탓이라고 지적하였습니다. 이이는 양반 권세가들이 백성들을 착취하고 수탈하는 것을 비난하였으며, 또 노비들의 지위를 개선해야 한다고 주장하였습니다. 그리고 만일 권력자들이 사회적인 폐해를 개혁하지 않고 백성의 생활 안정을 위하여 노력하지 않는다면, 중국에서 대대적인 폭동이 일어난 것처럼 조선에서도 대규모 폭동이 일어날 것이라고 경고하였습니다.

농민들이 토지를 떠나 유랑하는 것은 농민의 천성이 나약해서가 아니라 권력자들이 그렇게 만든 탓이다.

그는 다음과 같이 덧붙였습니다.

"군중의 천성이 폭동을 즐기는 것은 아니다. 폭동은 빈궁과 고통에 신음하는 사람들이 어쩔 수 없이 일으키는 것이다."

그는 백성을 구속하는 법률을 비난하였습니다. 어느 시대에도 적용할 수 있는 보편타당한 법이 있을 리 없으며, 설령 성현이 만든 법이라도 시대가 흘러 대상이 바뀌면 폐해가 일어나게 마련이므로 당연히 오늘날의 법도 개혁해야 한다고 주장한 것입니다.

어느 시대에도 적용할 수 있는 보편타당한 법이란 없다.

국방론에는 그의 애국심이 잘 드러나 있습니다. 그는 당시 통치자들이 태평세월을 구가하면서 자기의 부귀영화만을 추구하는 현상을 지적하며 통탄하였습니다.

"지금 군정이 완전히 무너져 국경을 지킬 군사가 거의 없는 상태다. 어느 날 갑자기 난리가 터지면 아무리 뛰어난 전략가나 장수가 나오더라도 싸울 병사가 없으니 어찌 감당할 수 있겠는가? 이것을 생각하면 등줄기가 서늘해지고 간이 떨려온다."

그는 국방력 강화를 위해서 무엇보다 우선 백성들에게 부역을 줄이고

10만 양병설

노인과 소년까지 동원하는 일을 중지하며 농민들이 안심하고 농사를 지을 수 있는 여건 마련을 역설하면서, 유사시에 대비하여 상비군 10만 명을 양성할 것을 주장하였습니다. 그리고 북방 경비를 강화하는 동시에 남방 해상의 왜구 침입에 대비한 수군을 강화할 것, 신식 무기로 무장한 전함을 건조할 것 등 국방에 대한 구체적인 대안을 조정에 제출하였습니다.

세상을 뜨기 직전까지 이러한 국방론을 적극적으로 주장하였지만, 부패한 권력자들은 공연히 불안을 일으키는 쓸데없는 의견이라며 무시해 버렸습니다. 그러나 그가 죽은 지 8년 후 그의 예언대로 왜구가 대대적으로 침입해 왔으니, 그가 얼마나 통찰력이 뛰어나며 선견지명이 있었는지를 잘 보여주는 부분입니다.

이이는 뛰어난 철학자이며 애국적인 정치 사상가인 동시에 탁월한 교육자이기도 하였습니다.

이이의 교육사상 그의 교육 사상은 첫째로 인간의 선천적인 소질을 절대시하는 보수파의 견해에 반대하여, 지식과 도덕은 교육과 교양에 의하여 함양될 수 있다는 견해를 취하였습니다. 둘째로 실생활과 동떨어진 교육에 반대하여, 현실적인 문제를 해결하지 못하는 교육이란 공허한 교조일 뿐만 아니라 유해하다고 생각하였습니다.

그는 선천적인 소질을 절대시하지 않고, 어떠한 사람도 교육으로 개조할 수 있으며 누구나 성인이 될 수 있다는 생각을 제기하였습니다. 물론 그도 인간의 선천적 소질을 인정하고는 있었지만, 이러한 소질은 바꿀 수 있는 것이며 교육으로 개조할 수 없는 소질은 있을 수 없다고 주장한 것입니다.

그는 다음과 같이 말했습니다.

"세상의 모든 기술을 어찌 태어나면서부터 알 수 있겠는가? 음악 공부를 예로 들어보자. 아이들이 처음 가야금을 켤 때 사람들은 그 소리를 듣고 귀를 틀어막고 싶을 것이다. 그러나 오랜 시간에 걸쳐 연습에 정진하면 마침내 그 소리가 아름다워져서 더할 나위 없이 신비한 소리로 바뀌게 된다. 그렇다면 이것이 과연 아이들이 선천적으로 음악적 재능을 가지고 있었기 때문인가? 아니다. 끊임없는 노력과 부단한 훈련을 거쳤기 때문에 그렇게 된 것이며, 어떠한 기예도 이러한 과정을 거치는 것이다."

그는 이러한 교육 사상에서 출발하여 많은 교육학 저서를 남기고, 스스로 교육을 실천하였습니다.

그는 아이들의 교양을 위한 『소아수지小兒修知』, 일반 학생의 교양을 위한 『격몽요결擊蒙要訣』, 대학생들을 위한 『학교모범學校模範』, 대중 교양을 위한 『향약해설鄕約解說』, 왕도 교육을 위한 『성학집요聖學輯要』, 가정 교육을 위한 『동거계同居戒』, 그리고 학교의 준칙인 『은병정사학설隱屛精舍學說』 등 일체의 교육 교양에 필요한 상세한 이론과 준칙 등을 써서 이를 전하였습니다.

인간은 모두 교육과 교양에 의하여 훌륭한 인간이 될 수 있으며 또한 마땅히 그렇게 해야 한다는 그의 교육 사상은 쓸모 있고 유능한 인재를 양성함으로써 부패한 정치를 개혁하고 국력을 기르고자 하는 그의 애국적인 사상이 뒷받침되어 있었습니다.

이이의 교육 사상은 교육과 학문이 당연히 현실 생활에 유익한 것이어야 한다는 점에 특색이 있습니다. 그는 현실 생활은 아무것도 모르면서 책만 읽고 있는 인간이나 사회 생활에는 무지하면서 호언장담하는 인간이 어찌 진정한 학자가 될 수 있으며 유능한 정치가가 될 수 있겠느냐고 하면서, 진정한 학자는 정세에 밝지 않으면 안 되며 올바른 정치를 하기 위해서는 우선 잘못된 정책과 제도를 잘 알고 이것을 개혁해야 한다고 주장하였습니다.

그는 교육의 중요성을 역설하기는 하였지만 교육이 모든 문제를 해결하는 것은 아니라는 점도 분명히 인식하고 있었습니다. 그는 백성을 바르게 교육하기 위해서는 우선 그들의 생활을 안정시키는 것이 선결 과제라고 말했습니다.

이와 같이 그는 학자이자 애국적인 정치가로서 부패한 정치를 개혁하고 도탄에 빠져 고통 받는 민중을 구하기 위하여 수많은 개혁안을 제기하고 몸소 실천한 사람이었습니다.

백성을 바르게 교육하기 위해서는 우선 그들의 생활을 안정시키는 것이 선결 과제이다.

율곡 이이의 사람 됨됨이

이이는 언제나 밝은 태도로 사람을 접하고, 누구와도 밀담을 나누거나 쓸데없이 남 이야기를 하지 않았습니다. 누가 말을 해도 잘 들어 주었으므로 어떠한 직업을 갖고 있는 사람이라도 마음 놓고 그에게 말을 건넬 수 있었고, 그 또한 누구와도 즐거움을 함께 나누는 풍모를 지니고 있었습니다. 그는 또한 도량이 넓은 사람이어서, 아무리 바쁠 때라도 찾아오는 사람을 따뜻하게 맞아주었고 어떠한 말도 친절하게 들어 주었습니다.

어느 날 이웃의 아이들이 놀러와 그의 서재에서 귀중한 물건을 훔쳐간 일이 있었습니다. 집안 사람들은 아이들에게 다시는 오지 말라고 꾸짖었으나 그는 아이들을 불러 잘못은 바로잡으면 그만이라고 말하고, 다시 전처럼 스스럼없이 놀도록 하였습니다.

그는 이러한 고운 마음씨의 소유자였던 반면, 결정내린 일을 실행하는 데 있어서는 어떠한 위험 상황에서도 동요되지 않는 담력이 있었습니다.

그는 천재적인 두뇌를 가지고 있었을 뿐만 아니라 독서력 또한 대단하였습니다. 그래서 누가 그에게 무엇을 물으면 그 자리에서 명쾌하게 답변하였고, 문장을 쓸 때에도 물 흐르듯이 써 내려갔다고 합니다.

그는 또 형제간의 우애가 깊었습니다. 양친과 큰형이 세상을 뜬 뒤, 둘째 형이 궁궐에서 높은 지위에 있는 아우 이이를 불러 하찮은 일을 부탁하였습니다. 그는 심부름을 시킬 수 있는 제자들이 곁에 많이 있었음에도 불구하고 몸소 형을 위하여 동분서주하였다고 합니다. 이에 제자들이 딱해하면서 물었습니다.

"선생께서 몸소 그런 일까지 하시는 것은 지나친 공손이 아닙니까?"

그러자 이이는 이렇게 대답하였습니다.

"부형父兄 앞에서 지위의 높고 낮음이 무슨 관계가 있는가? 부형의 분부를 지키는 데 지나친 공손이란 있을 수 없다네."

이이의 형 또한 날마다 아우가 돌아오면 "그래 오늘은 어떤 시를 지었느냐?" 하고 묻고는 그의 시를 일일이 적어 두었는데, 덕분에 율곡의 시와 문장이 온전히 기록되어 후세에 전해질 수 있었습니다. 이처럼 그의 형 역시 동생을 배려하고 있었던 것입니다.

한번은 부자였던 처가에서 율곡을 위하여 한성에 집을 사준 일이 있었습니다. 그러나 그는 그 집을 팔아 가난한 친척들의 생활비로 나누어 주었다고 합니다. 옛날 중국에 아홉 세대의 친척을 돌본 사람에 대한 기록을 읽고 감동한 율곡은 그가 가장 궁핍했던 마흔두 살 때 해주 석담에 집을 짓고 궁핍한 친척들을 모두 불러 모읍니다. 그래서 한때는 가족 수가 백 명에 가까웠다고 하니, 가정 살림은 항상 가난에 쪼들려 죽도 끓이지 못하는 날이 계속되었습니다.

이 이야기를 들은 황해도 재령載寧의 군수가 그의 집에 쌀을 보내온 적이 있었습니다. 그러나 이이는 "이것은 관청 쌀이니, 이것을 받으면 죄가 된다"고 하면서 돌려보냈다는 일화도 있습니다.

그가 부제학(副提學 : 홍문관의 장관으로 정3품 당상관)을 거쳐 파주의 율곡에 살고 있을 때, 한 친구가 찾아와 식사를 함께 한 일이 있었습니다. 반찬도 없는 보잘것없는 밥상에 친구는 놀라지 않을 수 없었습니다.

"어떻게 이렇게 가난한 지경에 이르렀는가?"

"겨울이 되면 반찬 없는 식사도 과분하지."

친구의 말에 그는 이렇게 대답하였다고 합니다.

이처럼 어떠한 일에나 초연한 그였지만, 정계를 피하여 시골집에 칩거하고 있을 때는 매우 비장한 시가를 자주 썼습니다. 이러한 시에는 나라의 운명을 걱정하는 애국적 정서가 깃들어 있었습니다.

임종하는 자리에서도 입 밖에 내는 말 모두 국사를 걱정하는 말뿐이었습니다. 그날 아침 일찍 이이는 손톱을 깎고 몸을 깨끗이 하고서, 평온하게 동쪽으로 머리를 두고 바른 자세로 누워 편안하게 숨을 거둡니다. 그러나 어찌 된 일인지 그의 눈은 이틀간이나 떠져 있었다고 합니다.

이이가 죽었을 때 그의 집에는 저축해 놓은 것이 아무것도 없었기에 시신에 입힐 수의조차 부득이 친구의 것을 빌려와 거우 장례식을 치를 수 있었습니다. 일국의 대신을 지낸 그는 이렇게 비참하고 궁핍한 생계 속에서 삶을 마감합니다. 관직에 나서면 모두들 큰 부를 쌓았던 당시의 풍조 속에서 그만은 최후까지 청렴함을 지켰던 것입니다.

율곡의 서거를 알리는 비보가 세상에 전해지자 가난한 백성과 아이들까지 모두 비통해 하였습니다. 장례식이 있던 날에는 해질 무렵에 그의 혼을 전송하는 횃불이 한성의 중심가에 흘러 넘쳤는데, 그 횃불 행렬이 수십 리에 이르렀다고 합니다. 하지만 그가 죽은 뒤 한성에는 유족들이 살 집 한 칸도 없었습니다. 보다 못한 친구들과 제자들이 돈을 모아 겨우 유족들이 살 만한 집을 변통해 주었습니다.

백성의 생활 안정을 부르짖고, 백성의 생활 향상을 위하여 싸웠던 이 위대한 정치가는 문자 그대로 자신의 사생활을 희생하면서 그 숭고한 이념을 완수하였습니다. 그리고 그 숭고함으로 인하여 그는 영원히 존경받는 위대한 학자로서, 정치가로서, 그리고 교육자로서 우러러 받들어졌습니다.

마지막으로 이이가 국론 통일을 위하여 얼마나 노력을 기울였는지 살펴보겠습니다.

조선 왕조가 계속되는 동안 수많은 양반 귀족들이 피비린내 나는 권력 투쟁을 벌였습니다. 이이가 관직에 있을 때에도 조정은 두 파벌로 나뉘어 서로 반목하며 상대편을 무턱대고 소인배로 취급하였는데, 그는 이런 반목이 국력을 약화시킬까 걱정하여 두 당파가 손을 잡고 화합하도록 호소하였습니다. 그러나 두 당파는 도리어 율곡을 미워하였습니다. 그러자 어떤 사람이 그에게 말했습니다.

"세상에는 시시비비是是非非가 있게 마련인데, 당신은 두 당파의 시비를 논하지 않고 단지 양쪽 모두 옳고 그름이 있으므로 화합하라고 말하는구려. 그렇게 말하면 저들이 들어주지 않을 것이오."

그러자 이이는 이렇게 답변하였습니다.

"세상에는 본래 양시양비兩是兩非가 있는 것이오. 두 당파가 국가의 기본을 생각하지 않고 서로 싸워서 나라가 어지러워진다면 그것은 양쪽 모두의 비非이며, 양쪽이 손을 잡으면 양쪽 모두 시是가 되므로, 시비를 논하기보다는 먼저 화합해야 하지 않겠소?"

그러나 두 당파의 싸움은 해가 갈수록 격렬해졌고, 율곡은 죽기 직전까지 두 당파를 조정하는 데 혼신의 힘을 다하였습니다. 그가 염려한 대로 국가 수호를 망각한 파벌 대립은 국란을 불러오는 결과를 초래하였습니다. 이이가 국론 통일을 위한 화평 작업을 끝내 이루지 못하고 일생을 마친 것은 매우 유감이지만, 이러한 그의 애국 정신은 오늘날 우리에게도 참으로 커다란 교훈을 주고 있습니다. 시비를 논하기에 앞서 우선 화합해야 한다는 그의 주장은 오늘날 우리들에게 무엇보다도 필요한 자세일 것입니다. 그의 업적을 생각할 때마다, 우리가 얼마나 위대한 선각자를 가졌는지에 대한 긍지를 느낄 수 있습니다.

20. 호탕하고 뜨거운 정치인이자 시인인 정철

정철(鄭澈 : 1536~1593년)은 수많은 한글 장편시를 남겨 국문학의 기초를 닦았다는 점에서 큰 공적을 남긴 인물입니다.

비극적인 소년기를 보내다

정철은 음력으로 1536년 12월 6일, 한성의 문관 집안에서 태어났습니다. 그의 아버지는 조정의 요직에 있었고, 첫째 누나는 인종仁宗의 귀인貴人이었으며, 둘째 누나는 왕족인 계림군桂林君 유瑠(성종의 셋째 아들 계성군桂城君의 양자)의 아내가 되었습니다. 4남 2녀의 막내로 태어난 정철은 누나들 덕분에 어릴 적부터 자주 궁궐에 놀러갔으며, 특히 왕자의 친구로 사랑받았다고 합니다.

그러나 예기치 않은 재난이 그의 일가를 덮칩니다. 1545년 왕위 계승을 둘러싼 을사사화乙巳士禍라는 추악한 권력 투쟁이 벌어져 매부인 계림군이 피살되고, 그의 일파라는 이유로 큰형인 자滋도 붙잡혀 잔혹한 고문을 받고서 유배를 가다가 죽은 것입니다. 그리고 그의 아버지도 북쪽 국경 지대로 유배됩니다. 일가가 뿔뿔이 흩어지고, 열 살 난 정철은 어머니를 따라 온몸이 얼어붙을 듯한 추위를 견디며 아버지의 유배지인 머나먼 국경 지대까지 걸어가야 하였습니다. 그리고 1년 뒤에 아버지가 다시 경상도 영일로 옮겨가게 되자 그도 어머니와 함께 천리 길을 떠나야 하였습니다.

정철은 죄인으로 떠돌아다니는 아버지 곁에서 학문을 배웠기 때문에 차분하게 공부만 하고 있을 수는 없었습니다. 그는 어머니를 도와 나무도 베고 집안일도 거들었습니다. 그러나 죄인 곁에서 살아서는 안 된다는 명령을 받고 어머니는 아버지 곁에 그만 남겨둔 채 둘째 아들 소沼와 전라도 순천으로 이사를 하게 됩니다. 때문에 그는 어머니와 헤어져야 하는 슬픔을 겪어야만 하였습니다.

그러던 1551년에 정철의 아버지가 사면을 받아 일가는 아버지의 고향인
전라도 담양의 창평昌平으로 옮겨 살게 됩니다. 그러나 뜻하지 않은 행운이
그를 기다리고 있었습니다. 순천으로 어머니와 형을 맞이하러 가던 중 성산
(星山 : 지금의 전남 담양군 지곡리)에 있는 부호의 집에서 하룻밤을 묵게 되었는
데, 이 부호가 소년 정철의 됨됨이에 반하여 자기 외손녀와 약혼을 시킨 것
입니다. 그는 정철을 자기 집에서 살게 하고 공부도 마음껏 시켜 줍니다.

그는 유명한 학자 밑에서 공부에 힘썼으며, 가까운 곳에 살고 있던 임억
령(林億齡 : 1496~1568년)이라는 노시인으로부터 가르침을 받기도 하였습니다.
아버지의 유배지에서 살았던 어려운 소년기와는 달리 성산에서 보낸 10년은
참으로 꿈같은 시간이었습니다.

그는 이 행복했던 시절을 장편시 「성산별곡星山別曲」에서 묘사하고 있습
니다.

순탄치 않는 벼슬살이를 하다

1561년 스물여섯 살이 된 정철은 진사시進士試라는 과거 시험에서 일등
을 하고, 이듬해에 문과 시험에서 수석으로 합격합니다. 어린 시절 그와 함
께 놀았던 명종은 그의 합격을 매우 기뻐하며 바로 궁전에 불러들여 축하연
을 베풀어 주었고, 그는 곧 조정의 관리로 임명됩니다. 국왕이 친구처럼 대
하는 정철은 갑자기 높은 지위에 올랐으니 물론 영광이라고 할 수 있으나,
그것이 또한 화근이 되고 맙니다.

관직에 오르자마자 그는 국왕의 사촌이 저지른 범죄 사건을 다루게 되
는데, 어느 부호의 딸과 결혼한 한 왕족이 처갓집의 재산을 강탈하기 위하여
재산 상속인을 살해한 것입니다. 사건이 발각되어 그 왕족이 사형당하게 되
었을 때, 왕은 정철에게 관대한 처분을 부탁합니다. 그러나 강직한 정철은
아무리 왕의 부탁이라 해도 비열한 짓을 저지른 인간을 살려줄 수는 없다고
하면서 법규대로 사형에 처해 버립니다. 이렇게 왕의 기분을 상하게 한 정철
은 이리저리 관직을 옮겨 다녀야 하였습니다. 그러나 정철은 그 능력을 인정

정철이 1566년에 이율곡
과 함께 호당湖堂에 들
어가다.

받아 1566년에는 부수찬(副修撰 : 홍문관의 종6품)에 올랐고, 이율곡과 함께 학문
하는 사람들이 동경해 마지않는 호당(湖堂 : 독서당讀書堂)에 들어가게 됩니다.

정철은 자기 주장을 결코 굽히지 않는 사람이어서, 관청에서도 상관의
의견까지 물리치고 자기 생각을 관철시키려 하였습니다. 상관이 후덕할 경
우에는 그의 의견을 묻고 일을 진행시켰지만, 그렇지 못한 상관을 만나면 격
론을 벌이기 일쑤였습니다.

정철의 이런 격렬한 성격은 정치적 의견이 대립할 때 설령 국왕 앞이라
해도 상대방을 가차없이 공격하는 모습으로 나타났고, 결국 정철과 논쟁에
서 패배한 사람이 관직에서 추방되는 일도 있었습니다. 따라서 정철 주변에
는 적이 많아졌고, 일부 사람들은 그의 이러한 강경함을 이용하려고 자기 패
에 끌어들였습니다. 그리하여 그는 저도 모르는 사이에 파벌 대립의 소용돌
이에 휘말려, 한 파벌의 영수 노릇을 하다시피 하였습니다.

동인東人과 서인西人

1567년 명종이 죽고 선조가 왕위에 오르자 조정 안에는 동인東人*과 서
인西人**이라는 커다란 파벌 대립이 일어나 두 당파는 사사건건 으르렁댔는
데, 그는 서인의 대표적인 논객이 되어 동인을 격렬하게 공격하였습니다.

그러던 중, 1570년 아버지가 세상을 뜨자 정철은 사직하고 상을 치릅니
다. 상이 끝난 다음해에 다시 어머니가 세상을 떠납니다. 그는 부모의 무덤
을 한성 서쪽 고양高陽의 신원新院에 마련하여 무덤 곁에 작은 집을 짓고 밤
낮으로 무덤을 지키며 제사를 올렸는데, 묘 앞에서 곡하는 소리가 멀리 떨어
진 마을까지 들렸다고 합니다. 이는 단순한 효행 때문만이 아니라 어린 시절
유형지에서 함께 고생한 부모를 생각하며 그 비통한 운명을 슬퍼하였기 때
문이라고 생각됩니다. 또한 타협을 모르는 그의 격렬한 성격도 어쩌면 고통
스러웠던 소년 시절의 생활 속에서 싹튼 것인지도 모릅니다.

아무리 유교가 지배하는 세상이라 해도 대부분의 양반들은 그저 형식적

---

* 조선 중기의 김효원金孝元, 류성룡柳成龍 등이 중심에 있었던 신진 사림세력으로 영남학파에 속한다.

** 조선 중기 사림파 가운데 심의겸沈義謙, 정철이 중심이 된 구사림 세력을 말하며, 기호학파(畿湖學派 : 이
  이李珥를 중심으로 했으며 경기도와 충청도 일대를 근거지로 둠)에 속한다.

으로 부모상을 치렀으니, 무덤 옆에 지은 작은 집에서 매일 손수 제사를 올리는 철저함을 보고 세상 사람들은 모두 놀라지 않을 수 없었습니다.

동인과 서인, 당쟁에 빠져들다

모친상이 끝난 1574년, 정철은 한성으로 돌아와 다시 조정의 요직에 임명됩니다. 그때 조정에서는 또다시 한 형사 사건 문제로 동인과 서인이 대논쟁을 벌이게 됩니다. 바로 황해도 재령에서 노비가 주인을 살해한 사건이었습니다.

이 사건에는 여러 가지 의문스러운 점이 많았고, 증거도 확실치가 않아서 판단하기가 매우 어려웠습니다. 서인이었던 최초의 재판관이 심리를 거듭하다가 병이 들어 판결을 내리지 못하고 사임하자 동인 관리가 후임을 맡았는데, 설사 증거가 없더라도 노비가 주인을 살해하는 불손한 행위는 절대 용납할 수 없다는 결론을 내립니다. 이 사건은 지방 관청에서 무죄와 유죄가 여러 번 반복되다가 마침내 조정에까지 올라오게 된 것입니다. 이 판결을 둘러싸고 두 당파가 대립하여 도저히 정상적인 정무를 집행할 수 없을 만큼 혼란 상태를 야기합니다.

정철은 이 사건과 직접적인 관계가 없었음에도 불구하고 서인의 논객으로서 동인을 맹렬히 공격하였습니다. 그때 요직에 있던 이율곡은 당파 싸움을 중지시키기 위하여 왕에게 진언하여 두 당파의 영수들을 지방관으로 전임시켰으나 논쟁은 여전히 그치지 않았습니다. 서인은 이 기회에 동인을 몰아내려고, "동인의 영수인 김효원金孝元은 보잘것없는 소인배이므로 해직시켜야 한다"고 주장하였습니다.

정철은 율곡에게 김효원을 관직에서 추방하라고 요구하였지만 율곡은 "죄상도 확실치 않은데 함부로 해직한다면 오히려 정사를 어지럽힐 뿐이오"라고 거절하며, 도리어 정철에게 소란을 피우지 말라고 나무랐습니다. 국론 통일을 염원하였던 율곡은 어느 당파의 편에도 서지 않았습니다.

이율곡을 둘도 없는 친구로 여기던 정철은 율곡의 이러한 태도에 크게 실망하여 관직을 내놓고 고향인 창평으로 돌아갑니다. 그러자 율곡은 정철에게 편지를 보내 충고합니다.

"나라를 위하는 마음으로, 사람을 사리에 치우치지 말고 냉정한 눈으로 객관적으로 평가하시게."

정철이 심술궂게 조정의 호출에도 응하지 않고 있는 동안, 지칠 대로 지친 이율곡도 고향으로 돌아가 버립니다.

하지만 정철은 원래 시골집에 틀어박혀 있을 만한 성격이 아니었습니다. 1578년 1월 거듭되는 조정의 요청에 따라 그는 다시 관직에 복귀합니다. 같은 해 3월 율곡도 조정에 돌아왔지만, 당파 싸움이 점점 격화되는 상황에 실망하여 다시 귀향하고 맙니다.

관직에 있던 양반들 가운데 동인이나 서인에 속하지 않은 사람은 거의 없다시피 한 형편이었습니다. 그만큼 당파 조직이 강화되었던 것입니다. 동인이 다수파를 이루고 있던 당시, 정철은 서인의 용장으로 동인의 거두인 이발(李潑 : 1544~1589년)과 격렬한 논쟁을 전개합니다. 그런데 서인인 한 지방관이 뇌물을 받은 사건을 정철이 은폐하고 있었다는 사실이 밝혀지면서 동인의 탄핵을 받고, 그는 관직에서 쫓겨나 고향으로 돌아가게 됩니다.

왕이 정철을 지지하여 잇달아 관직에 임명하였지만, 그는 동인이 지배하고 있는 조정에 복귀할 마음이 없어 시골집에 머물러 있었습니다. 그러나 1580년 1월에 강원도 관찰사觀察使에 임명되자 그는 흔쾌히 임지로 부임합니다.

물 만난 고기처럼 관직에 오르다

정철이 도의 장관이라는 높은 지위에 기뻐하였는지는 모르겠지만, 아무에게도 구애받지 않고 자기 역량을 마음껏 발휘할 수 있는 그 직책에 만족감을 느꼈던 것 같습니다.

원주原州의 감영(監營 : 관찰사가 직무를 보던 관청)에 도착한 그는 우선 도내 순시를 시작합니다. 도민의 생활 실태를 정확히 파악하여 도민의 생활 안정을 꾀하고자 하는 이상을 갖고 있었기 때문입니다.

그는 이르는 곳마다 농민들과 술잔을 나누며 터놓고 대화하였습니다. 특히 그를 감동시킨 것은 강원도의 아름다운 자연이었습니다. 그는 도내의 명승지를 잇달아 돌아다녔으며, 금강산의 절경에 반해 문득 창작 의욕이 샘솟아 신들린 듯이 대장편시 「관동별곡關東別曲」을 써냈습니다.

이 시는 당시 민간에서 널리 불려 지던 것을 한글로 기록한 것으로, 그대로 가사로 삼아 노래를 부를 수 있는 아름다운 가락이었습니다. 더구나 말로는 도저히 표현하기 어려운 금강산의 복잡한 경관을 참으로 정확하게 묘사하여, 한 구절 한 구절이 주옥같이 빛나고 읽는 사람이나 듣는 사람 모두 금강산의 아름다운 자연 속으로 끌어들이는 힘을 갖고 있습니다. 그런 만큼 이 장편시는 조선 고전 문학의 최고 걸작의 하나로 칭송되고 있습니다. 여기에는 외국어로 도저히 번역할 수 없는 우리말의 독특한 맛이 살아 있습니다. 그 가운데 금강산 기슭으로 들어가는 한 구절을 소개하겠습니다.

> 영중螢中은 무사無事하고 때는 좋은 삼월三月인데
> 화천花川 가는 시냇길이 풍악楓岳으로 뻗어 있다
> 행장行裝을랑 다 떨치고 돌바닥길 막대 짚어
> 백천동百川洞 옆에 두고 만폭동萬瀑洞 들어가니
> 은 같은 무지개며 옥 같은 용의 꼬리
> 섯돌며 뿜는 소리 십리十里에 잦았으니
> 들을 때는 우레더니 와서 보니 눈이로다

도내를 구석구석 돌아다닌 그는 또한 백성을 위하여 「훈민가訓民歌」라는 열여섯 수의 시조를 씁니다. 그것은 도학자처럼 백성에게 훈시를 내리는 것이 아니라, 민중의 소박함을 칭송하는 아름다운 시가입니다. 그 가운데 몇 편을 소개하겠습니다.

> 어버이 살아실 때 섬길 일은 다하여라

돌아가신 후에 애통한들 무엇 하리
평생에 다시 못할 일은 이뿐인가 하노라

부인네 가는 길을 사내가 돌아가듯
사내가 가는 길을 부인네 비껴가듯
제 남편 제 아내 아니거든 이름 묻지 말진저

오늘도 날이 샜다 호미 메고 가자꾸나
내 논 다 매면은 네 논 좀 매어주마
올 길에 뽕 따다가 누에 먹여보자꾸나

이고 진 저 늙은이 짐 풀어 나를 주오
나는 젊었으니 돌인들 무거울까
늙기도 섧다 하겠거늘 짐조차 지실까

남편 죽고 우는 눈물 두 젖에 흘러내려
젖맛이 짜다고 자식은 보채거든
저 놈아 무슨 심정으로 여자 되라 하느냐

여보게 이 사람아 이 세상 어찌 살리
양식은 떨어지고 바가지도 다 없구나
하물며 밀기울조차 따리니 누를 믿고 살겠는가

가난에 고통 받고 심성이 아름다운 백성을 애달파하는 정철의 생각이 잘 담겨 있는 시가라 할 수 있습니다.

정철이 도의 장관으로서 쌓은 공적은 여러 가지 이야기로 전해지고 있지만, 1년 남짓 지나자 다시 조정으로 돌아가게 됩니다. 그리고 곧 대사성이라는 요직에 임명되어 국왕의 명을 받아 대신의 건의에 대한 왕의 회답을 대필하게 됩니다. 그런데 그를 미워하는 사람들이 그의 문장이 악의에 찬 중상이라고 트집을 잡았고, 개중에는 정철을 나라의 역적으로 매도하는 자도 있었습니다. 이 같은 무리에 둘러싸인 조정의 업무에 넌더리가 난 정철은 술을 마시면 평소 고깝게 보았던 사람들을 거침없이 매도하기도 하였습니다. 적은 늘어만 갔고, 결국 배겨날 수 없게 된 그는 직책을 버리고 고향으로 돌아갑니다.

정철에게 변치 않는 우정을 베풀었던 이율곡은 송별연에서 충고를 아끼지 않았습니다.

"말을 삼가도록 하시게, 그리고 술을 끊도록 하시게."

정철을 중앙 관청에 두기보다는 지방 장관이 어울린다고 본 조정은 그해에 그를 전라도 관찰사에 임명합니다. 지방 장관이 되자 그는 물을 만난 고기처럼 정력적으로 일하였고, 다음해에는 함경도 관찰사로 부임하게 됩니다. 그리고 겨우 세 달 만에 다시 조정의 부름을 받고 한성으로 올라갑니다.

낙향과 유배, 실의에 빠지다

조정으로 돌아온 정철은 1583년 3월에 예조판서에 오릅니다. 그러나 동인과 서인의 당파 투쟁은 점점 격렬해졌습니다. 숫자상으로 우위를 차지하고 있던 동인은 항상 국론 통일을 주장하며 그들을 만류하는 이조판서 이율곡을 눈엣가시로 여겨 이율곡 추방 운동을 대대적으로 벌입니다.

정철은 율곡을 옹호하기 위하여 전력을 다하였지만 보람도 없이 율곡은 관직을 떠납니다. 그리고 1584년 1월, 정철의 유일한 마음의 친구이며 어떤 면에서는 그의 정신적 지주이기도 한 이율곡이 세상을 뜨고 맙니다.

친구를 잃고 비탄에 빠진 그는 관직을 떠나려 결심하였지만 국왕의 만류에 할 수 없이 머물러 있었습니다. 가식 없는 정철의 솔직한 성격에 호의를 갖고 있던 선조는 그를 달래기 위하여 특별히 말 한 마리를 하사하였는데, 이 말이 마음에 들었는지 정철은 매일 그 말을 타고 관청을 드나들었습니다. 남 험담하기를 좋아하는 도성 사람들은 그의 이러한 모습을 보고 '총

마어사聰馬御史'라며 입방아를 찧었다고 합니다.

　　동인의 집중 공격을 받은 그는 1585년 8월에 거의 추방되다시피 도성을 떠나 시골집이 있는 창평으로 돌아갑니다. 그리고 오로지 시를 짓는 일에 전념합니다. 그의 대표작으로 일컬어지는 「사미인곡思美人曲」, 「속미인곡續美人曲」이라는 한글 장편시 역시 이때 태어난 것입니다.

_{「사미인곡」}　　「사미인곡」은 헤어진 지아비를 연모하는 여인의 슬픔을 묘사한 것으로, 왕의 곁을 떠나 실의에 빠져 있는 자신의 슬픔을 노래한 것입니다. 그 가운데 한 구절은 다음과 같습니다.

　　　　이 몸이 생겨날 때 임을 따라 생겼으니
　　　　한평생 연분緣分이며 하늘도 모를 일이런가
　　　　나 한 몸 젊어 있고 임 한 분 날 괴오시니
　　　　이 마음 이 사랑은 견줄 데 전혀 없다
　　　　한평생 원하기를 한데 살자 하였더니
　　　　늙어서야 무슨 일로 외오 두고 그리는고

_{「속미인곡」}　　문답 형식의 장편시인 「속미인곡」은 사랑하는 연인들 사이의 기쁨과 슬픔을 묘사한 것으로, 특히 많은 사람들에게 애창되었습니다.

　　　　저기 가는 저 각시 본 듯도 하오구려
　　　　천상天上 백옥경(白玉京 : 옥황상제가 산다는 곳)을 어찌하여 이별하고
　　　　날도 다 저무는데 누굴 보러 가시는고

　　라는 구절로 시작하여,

　　　　아! 허사로다 이 임이 어디 간고
　　　　잠결에 일어 앉아 창을 열고 바라보니
　　　　가엾은 그림자만 나를 따를 뿐이로다

차라리 죽어져서 낙월落月이나 되어서

임 계신 창 밖에 번하게 비치리라

각시님 달은 그만두고 궂은 비나 되소서

라는 구절로 끝이 나는 시입니다.

이러한 은둔 생활 속에서 정철은 옛 동지들의 부음을 듣고, 또한 장남의 죽음을 겪어야 하였습니다. 어느덧 4년의 세월이 흘렀지만 그의 가슴속에 타오르는 적에 대한 증오의 불꽃은 결코 꺼지지 않았습니다.

1585년 자신이 격렬하게 증오하던 정여립(鄭汝立 : 1546~1589년)이 반역을 꾀하였다는 소문을 들은 그는 주위의 만류를 뿌리치고 국왕의 처소로 급히 달려가 반역자 토벌을 진언합니다. 그리고 왕이 정철에게 반역 사건을 취조하라는 명을 내리자, 정철은 음모에 가담한 많은 동인들을 고발하여 사형에 처합니다.

이 공적으로 그는 우의정에 오르게 됩니다. 하지만 당시 동인이었던 영의정 이산해(李山海 : 1539~1609년)는 그를 몰아내기 위한 계략을 꾸미고 있었습니다.

선조의 왕비에게는 적자嫡子가 없고 측실에게서 많은 왕자가 태어났습니다. 여러 신하들이 세자 책봉 문제를 언급하자, 정철은 이산해의 책략대로 왕이 의중에 두지 않고 있던 왕자 광해군光海君을 추천하였다가 왕의 노여움을 사고 맙니다. 이로 인하여 그는 지위를 박탈당하고 함경도 명천明川으로 유배됩니다. 그 후 잠시 경남 진주晉州로 옮겨졌다가 다시 국경 지방인 평안도 강계江界로 추방되어 위리안치(圍籬安置 : 일정한 장소에 울타리를 치고 그 안에서만 거주케 하는 형벌)되는 엄벌을 받습니다. 1590년의 일입니다.

임진왜란의 국란을 맞다

1592년 4월, 조선에는 일본의 대군이 침입하는 심각한 국란이 일어납니다.

도성을 버리고 북방으로 피난 가던 국왕은 개성에서 백성들의 집중 공격을 받습니다. 이산해와 같은 간신을 믿고 정철과 같은 충신을 유배 보냈기 때문에 사태가 이 지경에 이르렀다는 비난을 들은 왕은 즉시 이산해를 추방하고 정철을 불러들입니다.

유형지에서 급히 달려온 정철은 평양에서 왕의 일행과 만나 의주義州까지 피난하였는데, 거기에서 정철은 호서와 호남을 순찰하라는 명을 받게 됩니다. 적의 점령 지역으로 들어가려면 죽음을 각오해야 하였습니다. 그는 이러한 심경을 다음과 같은 시로 남기고 있습니다. 「승전선하방답포(乘戰船下防踏浦 : 전선을 타고 방답포로 내려가다)」라는 제목입니다.

전선戰船에 돛을 펴고 한바달 질러가니
수없는 봉우리들 거꾸로 선 칼끝 같네
극동으로 곧장 나가 소혈(巢穴 : 소굴, 즉 왜놈들 소굴)을 들이치면
적을 막을 금성탕지金城湯池* 소용이 없잖겠나

戰船張帆截大洋 전선장범절대양(대양大洋 : 악한 이를 비유)
亂峯無數劒攢鋩 란봉무수검찬망
東邊直擣扶桑穴 동변직도부상혈(부상扶桑 : 해가 뜨는 동쪽 바다, 일본을 뜻함)
不用金湯禦犬羊 불용금탕어견양

정철의 이러한 격렬한 기개는 각지에서 일어난 의병들의 사기를 진작시키는 데 큰 힘이 되었습니다.

이듬해인 1593년에 정철은 사은사(謝恩使 : 조선시대 명나라와 청나라에 보냈던 사절)로 명나라에 파견되어 민족의 자주성을 강조하는 태도를 취하였지만, 이러한 전란 속에서도 그를 미워하던 무리들은 "정철이 명나라에 가서 일본군을 모두 격퇴하였다고 허풍을 떨었다" 며 그를 비난하였습니다.

---

* 쇠로 만든 성과 뜨거운 물로 가득 찬 못이라는 뜻으로, 즉 방어가 잘 되어 있는 성을 말한다.

이에 절망한 정철은 조용히 강화도에 칩거하고 있었는데, 끼니조차 잇기 힘들어 친구에게 도움을 청하는 형편이었습니다. 그리고 그해 12월 18일, 이 섬에서 쉰여덟 살의 생애를 근심 속에서 마치게 됩니다.

술과 더불어 살다

술에 취하면 격렬하게 남을 매도하는 술버릇 때문에 정철은 이르는 곳마다 실수를 거듭하였지만, 그의 생애는 술과 함께 하였다고 해도 좋을 만큼 술을 즐겼습니다. 그런 만큼 그는 술을 노래한 시를 많이 남겼는데, 그 가운데 몇 편을 소개하겠습니다.

> 한결 백년을 산들 그 아니 구차한가
> 구차한 덧없는 인생 무슨 일을 하려 하여
> 잔 잡아 권하는 술 덜 먹으려 하느냐

> 재 너머 성권농成勸農 집에 술 익었단 말을 어제 듣고
> 누운 소 발로 박차 언치 놓아 눌러 타고
> 아이야 네 권농 계시냐 정좌수鄭座首 왔다 하여라

> 한 잔盞 먹세그려 또 한 잔 먹세그려
> 꽃 꺾어 셈하고 무진무진無盡無盡 먹세그려
> 이 몸 죽은 후면 지게 위에 거적 덮어 졸라매어 지고 가나
> 화려한 상여에 만인萬人이 울며 가나
> 억새 속새 떡갈나무 백양白楊 속에 가기만 하면
> 누른 해 흰 달 가는 비 굵은 눈 쌀쌀한 바람 불 때 누가 한 잔 먹자 할꼬
> 하물며 무덤 위에 원숭이 휘파람 불 때 뉘우친들 무엇 하리

이렇게 그의 시는 당시 사람들의 해학적인 대화의 한 구절 한 구절을 매

우 알기 쉽게 묘사하였습니다. 그만큼 정철의 시는 서민들에게 친근하여 끊임없이 애창되었습니다.

정철은 과격한 성격 때문에 많은 사람들의 증오를 받으며 생애를 마쳤지만, 그의 시가는 우리 문학사에 금자탑으로 받들어져 영원불멸의 빛을 발하고 있습니다. 한마디 덧붙이자면 그의 호는 '송강松江'으로, 이는 청춘 시절을 보낸 성산에 있는 강 이름에서 취한 것입니다.

21. 백성을 사랑한 민족 의학의 대가 허준

수수께끼 속의 성장 과정

허준(許浚 : ?~1615년)은 16세기부터 17세기 초에 걸쳐 활약한 명의名醫입니다. 그의 가계나 성장 과정에 대한 기록이 전혀 남아 있지 않아 후세 사람들은 여러 가지로 추측만 할 따름입니다.

조선 사회에서 의관은 대개 중인 계급 출신이므로 그의 집안도 양반은 아니었으리라는 설이 있습니다. 그러나 그는 당시 명문으로 알려진 양천陽川 허씨 출신으로, 문관과 무관을 많이 배출한 양반 가문이었다는 설도 있습니다. 하지만 양반 출신으로 명성을 떨친 사람이라면 당연히 가계에 대한 설명과 생애에 대한 기록이 남아 있을 법한데도 없는 것을 보면, 양반인 그의 아버지가 낮은 신분의 첩에게서 낳은 자식임에 틀림없다고 주장하는 사람도 있습니다. 당시는 양반의 자식이라 해도 첩의 자식은 과거 시험을 치를 수 없었으므로 당연히 관직에 오를 수 없는 심한 차별을 받았기 때문에 그렇게 생각할 수도 있을 법합니다.

그러나 어떤 환경에서 태어났건, 그가 뛰어난 소질을 가진 훌륭한 인간이라는 점에는 변함이 없습니다. 다만 기록이 없기 때문에 어떠한 공부를 하여 의학의 길로 나아가게 되었는지를 알 수 없다는 점이 유감스러울 따름입니다.

허준은 1546년 무렵에 태어났을 것이라고 추측되는데, 그의 업적이 최초로 기록에 등장한 것은 1575년 국왕 선조의 시의侍醫의 한 사람으로 뽑혔다는 사실입니다. 기록에 명의名醫라고 되어 있지만, 허준이 뛰어난 의관이라는 뜻에서 그렇게 일컬어진 것인지 아니면 당시 의관의 지위를 일반적으로 명의라고 일컬었는지는 확실하지 않습니다.

그러나 당시에는 3년에 한 번씩 의과 시험을 치렀는데, 불과 몇 명만이 초시에 합격하는 매우 어려운 시험이었습니다. 이때 초시 합격자들이 치르는 중시에 합격한 사람을 명의라고 불렀습니다. 따라서 중시에 합격하는 사람이 거의 없었다고 합니다. 아직 서른 살이 되지 않은 젊은 허준이 국왕의 시의가 되었던 만큼, 아마 이 중시에 합격한 사람이라는 의미에서 명의라고 일컬어진 것 같습니다.

어느 역사가의 고찰에 따르면 그의 할아버지는 경상도 우수사右水使를 지냈으며, 그 인연으로 그는 소년 시절 경상도 산청군山淸郡에서 자라 그 지방의 신의神醫라고 일컬어진 유의태柳義泰에게 의학을 배우고 1574년 4월 의과 시험에 합격하여 궁궐의 의관이 되었다고도 합니다(유의태는 허준보다 뒷시대의 사람이라는 주장도 있음).

어찌됐든 허준이 국왕의 시의로서 뛰어난 능력을 인정받아 국왕의 절대적인 신임을 받게 됩니다.

백성의 고통을 자신의 고통으로 느끼는 의학도

허준은 매우 열심히 공부하는 의학도였습니다. 특히 그는 조선 왕조 초기의 명의들이 편찬한 방대한 저서를 연구하여 모든 의서醫書에 정통한 것 같습니다.

『찬도방론맥결집성』

그 연구 성과로서 1581년에 『찬도방론맥결집성纂圖方論脈訣集成』 네 권을 편찬합니다. 이 책은 조선 초기의 진단에 관한 대표적인 명저로 알려진 『찬도맥결纂圖脈訣』의 미흡한 곳과 해석하기 어려운 곳 등을 정정하여 이해하기 쉽게 써낸 것입니다. 『찬도맥결』은 의학도의 필수 교과서로 의과 시험도 여기서 출제하였는데, 문장이 난해하여 의학도들이 의미를 파악하는 데 꽤나 애를 먹었다고 합니다.

그가 편찬한 이 책이 출판되자 모든 의원들은 이 책을 진단의 기준으로 삼게 되어, 우리나라 의학 연구사에서 중요한 역할을 하게 됩니다. 이렇게 의학 연구를 계속하는 한편 그는 궁궐의 내의원으로서의 책무도 성실하게 수행합니다. 1590년에는 위독한 왕자의 병을 낫게 하여 왕으로부터 특별히 품계를 올려 받았고, 그의 명성은 널리 알려지게 됩니다.

그러나 그 무렵 권력자들은 서로 파벌을 만들어 당파 투쟁에 몰두하여 국정은 완전히 어지러워졌습니다. 그리고 그 얼마 뒤인 1592년 임진왜란(壬辰倭亂 : 1592~1598년까지 2차에 걸친 일본과의 전쟁)이 일어납니다. 국왕이 난을 피하여 멀리 북방의 의주로 피난갈 때, 그는 시의로서 끝까지 왕 곁에 있었습니다.

피난 도중에 선조는 민중들로부터 그 무능함을 공격받아 영의정을 교체하는 등 여러 가지 곤욕을 치릅니다. 허준은 학식이 있었고 민중의 고통스러운 생활도 잘 알고 있었으며 정치적으로 높은 식견을 가지고 있어서, 왕의 둘도 없는 상담자가 되어 왕은 무슨 일에서나 그의 의견을 구하였다고 합니다.

이듬해에 백성들의 의병 투쟁과 명나라의 원조를 받아 왜군을 몰아내고 한성을 회복하여 왕 일행은 피난지에서 돌아옵니다. 왕은 허준을 공신이라 칭송하고, 정식 시의에 임명하였을 뿐만 아니라 양반의 지위를 내리고 유력한 측근으로 삼습니다.

허준은 왕과 함께 한성으로 돌아오면서, 왜군의 포악한 약탈로 황폐해진 조국의 산하와 모든 재물을 적에게 빼앗기고 도탄에 빠져 고통을 겪고 있는 민중의 참혹한 생활을 직접 목격합니다. 많은 백성들이 병에 걸려 신음하고 있었지만 약을 구할 방도가 없어 죽기만을 기다리는 형편이었습니다. 백성의 고통을 자신의 고통으로 느끼던 허준은 이 참상을 보고 자신의 임무가 무엇인지를 뼈저리게 느낍니다.

왜군과의 화평 교섭으로 일시 휴전 상태에 있었지만 왜군이 아직 남해안 일대에 머무르고 있던 1596년, 선조는 국가적인 사업으로 새로운 의학서를 편찬할 것을 명합니다. 그리고 궁궐의 의원醫院 안에 편찬국을 두고 시의장侍醫長인 양예수楊禮壽를 비롯하여 정작鄭碏, 허준, 김응탁金應鐸, 이명원李命源, 정예남鄭禮男 등의 의관들을 모아 일을 맡깁니다.

이때 선조의 명령서에는 다음과 같이 씌어져 있습니다.

요즈음 중국에서 들어온 의학서는 크게 쓸 만한 것이 없으며, 오히려 번거로운 것만 많아서 기준이 되는 것이 없다. 인간의 병이라는 것은 대저 조심과

섭생을 중시하지 않아 일어나는 것이다. 일상적으로 몸을 소중히 하고 수양하는 것이 우선이요, 약은 그 다음이다. 이 점을 잘 헤아려 옛 의학서를 잘 연구하고 정리하여 번거로운 처방이나 실용성이 적은 것은 버리고 정수만을 모아 의학서의 기준이 되도록 하고, 또한 알기 쉽게 해설해야 할 것이다. 그래서 산간벽지에 사는 농민들도 손쉽게 병을 고칠 수 있도록 하여 허망하게 죽거나 전염병으로 쉽게 죽는 일이 없도록 해야 한다. 그리고 우리나라에서 산출되는 많은 약재를 일일이 자세하게 분류하여, 지식이 없는 자, 가난한 자들도 의학지식을 쉽게 이해할 수 있고 누구나 병을 고칠 수 있도록 해야만 한다.

이 명령서에는 우리나라 실정을 중시하는 훌륭한 문장으로서 가난한 백성에 대한 동정심이 담겨 있습니다.

그러나 생각해보면 선조라는 왕은 권력을 가진 양반들이 제멋대로 행동해도 이를 억누를 힘이 없었고 외적의 침입을 예상하지도 못하였을 뿐만 아니라 왜군에게 국토를 유린당하여 백성에게 더할 나위 없는 고통을 초래한 책임자로 민중들로부터 무능한 임금이라는 비난을 받은 사람입니다. 그런 사람이 이렇게 훌륭한 문장을 썼을 리 없고, 또 이런 의의 있는 일을 추진할 리 만무합니다. 선조가 이 사업을 진행한 것은 필시 측근 가운데 누군가가 성의를 다하여 건의하였기 때문임에 틀림없고, 아마 왕의 명령서도 그것을 입안한 자가 썼으리라 생각됩니다.

기록에 없으므로 입안자가 누구인지는 알 수 없지만, 필시 허준이었으리라 생각됩니다. 왜냐하면 이 사업이 진행되는 동안 다른 사람들은 거의 아무 일도 하지 않았을 뿐만 아니라, 이듬해인 1597년에 일본의 대군이 재차 내습하자 모두 일을 내팽개치고 도망쳐 버렸기 때문입니다. 오직 허준만이 홀로 남아서 적이 공격해오는 위험도 무릅쓰고 일을 계속하였습니다.

한성에 돌아온 왕이 허준을 특별히 예우하자, 권력 있는 양반들은 한결같이 비천한 신분의 의관에게 높은 지위를 주어서는 안 된다고 반대합니다. 또한 동료 의관들도 왕에게 높은 대우를 받는 그를 질시하였습니다. 그리하여 허준은 늘 바늘방석에 앉아 있는 것 같았습니다.

그런 만큼 이 국가적인 대사업에 착수할 때 모든 일을 국왕의 명령이라는 형식을 취하여, 왕명에 따라 의관들을 동원하려는 것도 어쩌면 허준의 정치적인 전술이었을지도 모릅니다. 그렇다면 왕의 명령서는 바로 허준의 애국적인 신념과 민중을 사랑해 마지않던 그의 사상을 표현한 것이라고 말할 수 있을 것입니다.

『동의보감』을 완성하다

1598년 11월 왜군은 전선 곳곳에서 패주하였고, 왜군에 대한 최후의 추격전에서 전사한 영웅 이순신(李舜臣 : 1545~1598년) 장군의 공훈 등으로 전쟁은 승리로 끝이 납니다. 이어서 한성의 복구도 추진되고, 내의원(內醫院)이라는 궁궐 의원도 정비됩니다. 그런데 선조가 허준 한 사람에게 새로운 의학서를 편찬하는 일을 맡긴다는 명령을 내려 결국 그는 혼자서 국가적인 대사업을 진행하게 됩니다.

다른 의관들 가운데 이 사업에 참가하고 싶다고 신청한 사람이 한 사람도 없었던 점을 보면, 모두들 지난한 이 대사업을 매우 귀찮아했던 것 같습니다. 그런 상황인지라 허준은 주위로부터 차가운 시선을 받으면서 묵묵히 작업에 몰두합니다.

그는 궁궐 안에 있는 5백 권의 의학서를 한 권도 남김없이 정독하고 고증을 거듭해나갑니다. 그것은 어떤 의미에서 지루하고 고된 작업이었지만, 허준은 왕성한 사명감으로 분발하여 정열을 기울였습니다.

하지만 이 대사업을 추진하면서도 그의 눈길은 언제나 민중을 향하고 있었습니다.

어느 시대나 전란 후에는 으레 전염병이 따르게 마련입니다. 임진왜란이 끝난 지 몇 년 지나지 않은 1601년에 전국에서 천연두가 맹위를 떨치고 있었습니다. 변변한 예방 대책도 세우지 못한 채 사람들은 죽어가는 자식을 지켜볼 수밖에 없었고, 의원들조차 병이 두려워 환자를 피하는 형편이었습니다.

허준은 매우 중요한 작업 중이었지만 분연히 의료 활동의 선두에 나섰습니다. 이 소문을 들은 환자의 부모들은 앞 다투어 자식들을 안고 그에게 달려왔습니다. 그리고 사람들은 "약을 몇 번 받아먹으니 금세 효력이 나타나 열이면 열 모두 살아난다"라면서 그를 칭송하였습니다.

『언해두창집요』

허준은 이 천연두에 대한 예방법과 치료법을 민중에게 널리 보급하기 위하여 즉시 한글로 『언해두창집요諺解痘瘡集要』라는 책을 써냅니다. 15세기에 활약한 의학자 임원준(林元濬 : 1423~1500년)은 천연두 치료에 대한 『창진집瘡疹集』이라는 명저를 써 남겼는데, 내용이 난해하여 이해하는 사람이 거의 없었습니다. 허준은 이 책을 알기 쉽게 고쳐 쓰고, 자신이 직접 치료하면서 가장 효과가 좋았던 방법을 덧붙여 누구라도 읽을 수 있도록 한글로 쉽게 써낸 것입니다. 조정은 이 책을 즉시 인쇄하여 전국에 배부함으로써 천연두를 박멸하는 데 커다란 효과를 거둡니다.

그는 이 책의 서문에서 이렇게 쓰고 있습니다.

천연두가 맹위를 떨쳐 전국 방방곡곡의 어린이들이 거의 죽고 말았다. 우리나라의 인구가 늘지 않는 것은 사실 이 천연두 때문이다. 참으로 통탄할 일이 아닌가. 환자의 집에 이 책이 한 권만 있어도 큰 도움이 될 것이다.

민중에 대한 한결같은 애정이 담긴 말입니다.

『언해구급방』과 『언해태산집요』

그는 그해에 또 『언해구급방諺解救急方』이라는 구급 치료법에 관한 책을 한글로 써내고, 계속 연구를 거듭하여 몇 년 뒤에는 『언해태산집요諺解胎産集要』를 역시 한글로 써냅니다. 이 책은 아기를 낳다가 목숨을 잃는 농가의 주부들을 위하여 출산과 유아 양육법 등을 해설한 것입니다.

이 두 권의 책은 15세기 초에 활약한 유명한 의학자 노중례盧重禮가 쓴 의학서를 기본으로 삼아 그것을 이해하기 쉽게 한글로 쓴 것인데, 이러한 한글 의학서는 대량으로 인쇄되어 전국 구석구석까지 보급되어 민중의 생활에 커다란 도움을 주었습니다.

1604년 국왕은 전란중의 공적을 기려 허준에게 삼등공신이라는 지위를 내리고, 1606년에는 의학에 관한 그의 위대한 업적을 기려 양평군陽平君이라는 귀족 칭호와 더불어, 보국숭록대부輔國崇祿大夫라는 문관 정1품의 지위를 수여합니다. 미천한 신분으로 알려진 허준에게 최고 지위가 수여되자 권력을 가진 양반들이나 다른 의관들은 그를 증오하고 한층 질시하지 않을 리 없었지만, 왕이 직접 임명한 것이어서 반대할 수도 없는 상황이었습니다.

이러한 영예를 안은 그는 필시 감개무량하였을 것입니다. 그래서인지 허준은 어느 날 고향에 돌아가 서글픈 삶을 살다 간 부모의 무덤 앞에서 이 영예를 고하였다고 합니다. 그것은 효성스러운 행실로서 칭찬받을 만한 일이었지만, 그를 헐뜯으려는 자들에게는 더없이 좋은 구실이 되었습니다.

"허준은 국왕의 주치의면서도 왕명을 소홀히 하고 사사로운 일로 마음대로 고향에 돌아갔습니다. 이는 역신과 다름없는 행동이므로 바로 체포하여 모든 직책과 지위를 박탈하고 엄벌에 처해야 마땅할 것입니다."

국왕은 이 말에 버럭 화를 내며 정도가 지나친 여론을 물리쳐 주었습니다. 그러나 1608년 2월 선조가 궁전이 아니라 별저別邸에서 급사하게 됩니다. 궁전 안에 있던 허준은 왕이 임종하는 자리는 물론 약 한 번 복용하도록 권해보지 못하였습니다. 이는 예상치 못한 사고였으므로 꼭 그에게 책임이 있다고는 말할 수 없는 일이었습니다. 그러나 적들은 이 기회를 놓치지 않았습니다.

"허준이 멋대로 여러 가지 약을 올렸기 때문에 이렇게 된 것이다. 허준의 죄다."

허준은 왕의 주치의로서 왕의 건강에 무관심하였다는 책임을 지고 마침내 관직을 삭탈당하고 유배형을 받습니다.

이러한 재난을 겪으면서도 그는 새로운 의학서를 편찬하는 일을 단념하지 않고 유배지에서도 매일 집필을 계속합니다. 그러나 허준에 대한 적들의 탄압은 한층 격렬해져서, 이듬해 4월에 유배지에 있는 그를 더욱 엄중히 감금하라는 위리圍籬 조치를 취하였으니, 이것은 머지않아 사형에 처하겠다는 예고이기도 하였습니다.

그해 11월 허준을 사형에 처해야 한다는 주장이 제기되었지만, 광해군

(光海君 : 1575~1641년)은 즉시 그를 석방하라는 명령을 내립니다. 어린 시절에 허준이 목숨을 구해주어 그를 은인으로 생각해온 광해군은 선조의 죽음이 허준의 책임이 아니라는 것을 누구보다 잘 알고 있었습니다. 게다가 의원으로서 가장 실력이 있는 허준을 자신의 주치의로 삼고 싶은 마음이 간절하였습니다.

그리하여 12월에 한성으로 돌아온 허준은 다시 내의원에 소속되어 의학서 편찬에 모든 정력을 쏟아 붓게 됩니다. 그리고 이듬해인 1610년 8월 6일, 마침내 새로운 의학서인 『동의보감東醫寶鑑』 25권을 완성합니다.

1610년 8월 6일, 마침내 새로운 의학서인 『동의보감東醫寶鑑』 25권을 완성하다.

『동의보감』의 가치

허준이 이 대사업을 완수하자 모든 사람들이 그에게 경의를 표하였고, 조정에서도 다음과 같은 포고문을 내렸습니다.

양평군 허준은 선왕으로부터 의서 편찬을 지시받아 오랜 세월 동안 노고를 거듭하여, 특히 유배당하는 고난 속에서도 그 일을 중단한 적이 없었다. 이에 허준에게 태복마(太僕馬 : 왕이 내려주는 말) 한 필을 하사하여 그 공로를 치하하노라. 이 의서는 내의원에 사무국을 두고 조속히 출판 사업을 추진하여 전국에 배포할 것이다.

이 사업을 시작한 지 15년의 세월 동안 허준은 문자 그대로 갖은 시련을 견뎌내면서 고군분투하여 마침내 목적을 달성합니다. 이 책은 출판 준비에 또한 3년의 기간이 들어, 1613년 11월에야 출판이 완료됩니다.

출판된 『동의보감』의 서문은 당시를 대표하는 대학자로 알려진 이정구(李廷龜 : 1564~1635년)가 썼는데, 그는 이렇게 칭송하고 있습니다.

이 책은 고금의 모든 의서를 종합하고 그 근원을 살펴 정연한 강목을 마련하고 남김없이 망라하고 있는데, 그 기술이 매우 간결하고 이해하기가 쉽다.

허준은 이 책에서 치료 의학보다 예방 의학이 우선되어야 한다고 역설하였고, 또한 다음과 같이 말하였습니다.

"예전의 처방은 약의 분량이 지나치게 많아 가난한 사람은 감히 이용할 수 없었다. 그 처방을 개선하여 효과 있는 약을 한 재씩 나누어 누구나 손쉽게 이용할 수 있도록 하였다."

또한 이렇게 덧붙이고 있습니다.

"중국 약재와 국산 약재를 분류하여, 국산 약재에는 그 지방 특유의 명칭, 산지, 채취 계절, 제약 방법 등을 첨서하여 누구라도 간단히 구할 수 있도록 하였다."

그는 또한 여러 가지 중세에 대한 각종 처방을 자세히 기록하는 한편 반드시 단방(單方 : 한 번의 투약만으로 효과가 있는 방법)을 열거하고, 약만으로는 효과가 없는 경우에 쓰는 침구법鍼灸法도 덧붙였습니다.

그는 "우리나라는 동방에 위치하고 있는데, 예부터 의학이 발달하고 약재에 대한 연구도 발전해 왔다. 그러므로 우리나라의 의학을 중국의 의학과 구별하여 동의東醫라 부르는 것이 옳다"는 신념을 피력하고, 의학에 관한 모든 고전 문헌 가운데 자신이 실제 시험하여 성과를 거둔 것을 기준으로 하여 우리 민족의 체질에 맞는 처방으로 개선하였습니다.

우리나라의 의학을 중국의 의학과 구별하여 동의東醫라 부르는 것이 옳다

이 책은 목차 2권, 내과인 내경편內景篇 4권, 외과인 외형편外形篇 4권, 유행병, 급성병, 부인병, 소아과 등의 잡병편 11권, 약제藥劑, 약학이라고 할 수 있는 탕액편湯液篇 3권, 침구편 1권으로 이루어져 있습니다. 인용된 의서는 86종에 달하는데, 조선 초기에 편찬된 『의방유취醫方類聚』, 『향약집성방鄕藥集成方』 등이 중심이 되고 있습니다. 이를 보더라도 그가 우리나라의 의학 연구의 전통을 얼마나 중요시하였는가를 잘 알 수 있습니다.

이렇게 출판된 『동의보감』은 우리나라의 모든 의원들의 귀중한 참고서가 되었을 뿐만 아니라, 일반 가정의 상비 의학서이기도 하였습니다.

그 뒤 『동의보감』을 기준으로 임상 연구가 진행되었고, 많은 의학도들이 잇달아 해설서나 더한층 진전된 의학 논문을 발표하였습니다.

『동의보감』은 그 후 중국에 전해져 중국 내에서도 여러 번에 걸쳐 대량

으로 출판됩니다. 또한 1723년에는 이 책이 일본에 전해져 일본에서도 많은 책이 출판되었습니다. 중국판 서문에 "천하의 보물은 마땅히 전 세계가 함께 사용해야 한다"라고 쓰여 있듯이, 이 책은 동양 사회 전체에서 성전聖典으로 떠받들어지고 있습니다.

이 책이 완성되었을 때 허준은 이미 고령이 되어 있었지만, 의원으로서의 노력을 결코 소홀히 하지 않았습니다. 1612년에는 함경도에서 유행하기 시작한 발진티푸스가 전국에 퍼지는 것을 막기 위하여 『신찬벽온방新纂辟瘟方』을 써냈는데, 이 책은 곧바로 내의원에서 출판되어 전국에 배포되었습니다.

하지만 이 전염병이 채 수습되기도 전에 이번에는 성홍열猩紅熱이 유행하기 시작하여 전국 각지에서 많은 사망자가 나옵니다. 그는 이에 대응하여 『벽온신방辟瘟神方』을 썼고, 이 책은 치료에 커다란 효과를 가져왔다고 합니다.

이 두 책은 전염병 대책으로서는 거의 완벽한 것이라고 평가되며, 그 과학성이 높이 평가되어 당시로서는 세계에서 가장 발달한 것이었습니다.

이처럼 어떠한 위험과 곤란도 무릅쓰고 미지의 전염병이 유행하면 바로 현지에 달려가 환자를 치료하면서 그 방지책을 생각하여 민중의 생명을 구하는 데 전력을 기울였던 허준은 1615년 11월 10일 그 생애를 마감합니다(일설에는 일흔 살로 8월 13일에 사망했다고도 함).

그가 유형 중에 빼앗겼던 양평군 보국숭록대부라는 칭호는 죽은 뒤 다시 증여되었지만, 그것이 과연 허준이 원하였던 것이었는지는 알 수 없습니다. 의원이며 학자이기도 하였던 그는 오로지 우리나라의 의학 발전을 위해 평생을 바쳤습니다. 그를 지탱해준 것은 결코 영예를 얻고자 하는 사욕이 아닌, 백성들의 건강한 생활을 지키는 데 공헌하겠다는 강한 신념이었습니다.

허준의 이러한 숭고함은 후세 사람들이 존경해 마지않고 있습니다. 중국인들도 그를 가리켜 '동국의성 양평군東國醫聖陽平郡'이라 부르며 추앙하는 것을 보면 그가 편찬한 『동의보감』이 얼마나 뛰어난 가치를 갖고 있는지를 새삼 생각하지 않을 수 없습니다.

천하의 보물은 마땅히 전 세계가 함께 사용해야 한다.

『신찬벽온방』

『벽온신방』

22. 자유로운 영혼의 풍류와 기백이 넘친 임제

자유분방한 인물 됨됨이

임제(林悌 : 1549~1587년)는 절도사(節度使 : 지방의 육군 사령관으로 병마절도사兵馬節度使의 약칭. 흔히 병사兵使라고도 함)였던 임진(林晋 : 1526~1587년)의 아들로 전라도 나주羅州에서 태어났습니다. 그의 집안은 대대로 시문에 능통하고, 뛰어난 무관도 많이 배출하였습니다.

양반 가문에서 태어난 그는 소년 시절부터 과거 시험을 위하여 면학에 힘썼지만, 당시는 양반 귀족들 사이에 격렬한 권력 투쟁이 거듭되고 추악한 파벌 투쟁이 계속되던 무렵이었습니다.

어느 날 임제는 당시 학자로 유명한 성혼(成渾 : 1535~1598년)의 눈에 들게 되어, 성혼이 그에게 "그대는 어느 가문의 자제인가?"라는 질문을 하게 됩니다. 유명한 학자에게 질문을 받았으니 예사 서생이었다면 감격하여 환심을 사려고 애를 썼겠지만 임제는 "저는 이름 없는 평민의 자식입니다"라고 대답하였다고 합니다.

그 무렵 성혼은 이이와 격렬하게 철학 논쟁을 거듭하여 유명해진 사람이었습니다. 아직 젊은 임제였지만 그는 이 논쟁에 관심을 갖고, 보수적인 관념론을 내세우는 성혼보다는 이이의 성실성에 존경심을 느꼈음에 틀림없습니다. 그러므로 그는 성혼의 권위주의에 반발하여 감히 그에게 그런 태도를 취한 것으로 생각됩니다. 그것은 또한 저항심이 강한 임제의 성격을 드러내준 것이라고도 할 수 있습니다.

문재文才가 뛰어난 임제는 스무 살에 『원생몽유록元生夢遊錄』이라는 소설을 썼는데, 이 책은 1세기 전에 문호 김시습이 쓴 『금오신화金鰲新話』의 영향을 받았습니다. 주인공인 원생이 꿈속에서 저승 사람이 되어, 1456년의 난으로 왕위에서 쫓겨난 단종의 복위 운동을 벌이다가 세조에게 죽임을 당한 '사육신死六臣'의 망령과 친해지는 과정을 통해서 세조가 얼마나 흉악한 역적인지를 상징적으로 묘사하고, '사육신'들이 얼마나 정의감이 강한 사람들

『원생몽유록』

인지를 칭송하는 작품입니다.

이 작품을 통해 임제는 권력을 위해서라면 아무리 비열한 짓이라도 거리낌없이 저지르는 왕과 귀족들의 추악함을 통렬히 비판하고 있습니다. 하지만 "충신은 두 임금을 섬기지 않는다"는 봉건적인 도덕관을 강하게 주장하고 있으므로 정의감이 강하다고 할 수 있을지는 몰라도, 역시 충군애국忠君愛國의 유교 사상에서 벗어나지 못하였음을 잘 보여주고 있습니다.

그는 스물여덟 살에 과거 시험에 합격하고, 이듬해에는 상급 시험인 문과에 합격하여 지방관이 되어 부임하기도 하고 중앙 관직에 오르기도 하였습니다. 그러나 그는 비록 관직에 몸담고는 있었지만, 고지식한 관리처럼 일정한 틀 속에 매어 있을 성격은 아니었습니다.

평안도 도사(都事 : 관찰사에 딸린 종5품의 관원)로 임지에 가는 도중, 그가 명기名妓로 명성을 날린 황진이의 무덤에 들러서 남긴 「청초 우거진 골에」라는 시조가 있습니다.

청초靑草 우거진 골에 자는가 누웠는가
홍안紅顔을 어디 두고 백골白骨만 묻혔는가
잔盞 잡고 권할 이 없으니 그를 슬퍼하노라

평양에 가는 김에 일부러 고도古都 개성에 들러 이런 풍류적인 시를 남긴 것입니다. 그의 또 다른 유명한 시조가 있습니다.

북천北天이 맑다커늘 우장雨裝 없이 길을 나니
산에는 눈이 오고 들에는 찬비 온다
오늘은 찬비 맞았으니 얼어 잘까 하노라

이 시는 당시 평양에서 평판이 높았던 '한우寒雨'라는 기생에게 준 시로 알려져 있는데, 이에 대하여 한우는 다음과 같은 답시答詩를 전하였다고 합니다.

어이 얼어 자는고 무슨 일로 얼어 자는고

원앙침(鴛鴦寢 : 원앙이 그려진 베개) 비취금(翡翠衾 : 비취색 이불)을 어디 두고
얼어 자는고

오늘은 찬비 맞았으니 더욱 덥게 자리라

이렇게 화려한 염문을 뿌리고 다니는 그를, 도학자道學者를 자처하는 조
정 대신들이 그대로 임지에 놔둘 리 없었습니다. 그는 곧 조정에 소환되어
예조정랑(禮曹正郎 : 정5품)에 제수됩니다.

그 무렵 조정은 동인, 서인 두 파로 갈려 격렬한 당쟁을 거듭하고 있었
는데, 임제는 그 어느 편에든 속하지 않으면 인간 대접을 받지 못하는 중앙
관계官界의 추태에 완전히 정나미가 떨어져 관직을 버리고 문필 생활에 전념
하기 시작합니다.

도성을 떠난 그는 충청도 보은군報恩郡에 있는 속리산에 들어가, 그곳에
일찍부터 머물고 있던 성대혼(成大渾 : 1497~1579년)이라는 대선배를 만나 둘
도 없는 스승으로 모십니다. 성대혼의 호는 대곡大谷이며, 재능이 뛰어났지
만 그의 형이 1540년의 '을사사화'로 사형당하였기 때문에 속세를 떠나 보
은에 은거하며 평생 도학 연구에 매진해온 사람이었습니다.

임제는 성대혼의 고매한 인격과 높은 학식에 감동을 받았으며, 이 스승
의 영향을 받아서인지 그는 철학적인 사색에 빠진 학자들과 깊은 교류를 쌓
아 나갑니다. 모처럼 잡은 출세길을 스스럼없이 버린 그를 도학자들은 예의
를 모르는 방탕아로 여기며 상대해주지 않았지만, 이이나 정철 등은 그의 솔
직한 성격을 아끼고 있었습니다.

일화가 많은 인물

정의감이 강하고 부정을 극도로 미워한 임제는 자신의 정직한 마음가짐
을 나타내기 위하여 종종 사람들을 놀라게 하곤 하였습니다.

어느 날 그는 말을 타고 외출하면서 왼발에는 가죽신을 신고 오른발에

는 짚신을 신었습니다. 말을 끄는 아이가 놀라서 물었습니다.

"가죽신과 짚신은 짝이 맞지 않는데, 혹시 취하셨나요?"

그러자 그는 이렇게 말했습니다.

왼쪽으로 가는 사람은 내가 가죽신을 신고 있다고 할 것이고, 오른쪽으로 가는 사람은 짚신을 신고 있다고 볼 것이다.

"공연한 소리 마라. 왼쪽으로 가는 사람은 내가 가죽신을 신고 있다고 할 것이고, 오른쪽으로 가는 사람은 짚신을 신고 있다고 볼 것이다. 누가 짝이 맞지 않는 신발을 신고 있다고 하겠느냐?"

그는 이러한 방법으로 당파 투쟁을 벌이고 있는 권력과 양반들을 비웃은 것입니다.

또 어느 날 그는 한성 교외에서 꽃구경을 하는 젊은이들과 마주쳤습니다. 양반집 자제들답게 시작詩作을 즐기는 그들을 보고 임제는 자기도 그 모임에 끼워달라고 부탁하였습니다. 그러나 행색이 초라한 임제의 모습을 보고 양반집 자제들은 시도 제대로 짓지 못할 텐데 하면서도, 어쩔 수 없다는 식으로 마지못해 받아들여 주었습니다.

그는 싱글싱글 웃으며 나는 무식해 한시를 지을 수 없으니 내가 하는 말을 한자로 받아 적어달라고 부탁하였습니다. 그러자 젊은이들이 임제가 읊는 내용을 한자로 고쳐 적어 나갔습니다. 그런데 받아 적고 보니 문자와 음률이 격식에 맞는 멋진 한시가 되어 있는 것입니다. 젊은이들은 놀라서 물었습니다.

"혹시 백호(白湖 : 임제의 호) 선생이 아니십니까?"

그들이 머리를 조아리자 그는 개의치 말라고 하면서 그들과 즐거운 한때를 보냈다고 합니다. 그에게는 이렇게 장난스러운 일면도 있었던 것입니다.

그는 또 여행을 좋아하여 전국 방방곡곡에 있는 명승고적을 찾아다녔습니다. 북쪽 국경 지대에 있는 마천령(摩天嶺 : 함경남도와 북도 사이에 위치) 산맥에서 남으로는 제주도까지 돌아다니면서 조국의 구석구석을 살피고, 사람들이 살아가는 모습을 살펴보았습니다. 그리고 수많은 풍물과 자연의 아름다움을 서정적으로 묘사한 시를 지었습니다. 이 시 가운데 「규원閨怨」이라는 한시가 있습니다.

열다섯 난 아리따운 처녀가
수줍은 마음에 말없이 님을 여의고
돌아와선 대문 중문 다 걸어 닫고
배꽃에 비친 달을 우러러 눈물지네

十五越溪女 십오월계녀*
羞人無語別 수인무어별
歸來掩重門 귀래엄중문
泣向梨花月 읍향이화월

또한 대동강의 풍경을 묘사한 「패강가浿江歌」라는 시도 있습니다.

대동강 처녀들이 봄을 즐기는데
강물에 드리운 버들은 남의 애를 끊누나
끝없는 아지랑이로 베를 짤 수 있다면
내 그대를 위하여 춤출 옷을 지으리라

浿江兒女踏春陽 패강아녀답춘양
江上垂楊政斷腸 강상수양정단장
無限煙絲若可織 무한연사약가직
爲君裁作舞衣裳 위군재작무의상

이렇게 서정이 넘치는 시의 이면에는, 젊은 과부를 평생 재혼할 수 없도록 하는 가혹하기 그지없는 봉건적 관습에 대한 격렬한 노여움이 담겨 있습니다.

---

* 월계녀越溪女는 '월나라' 최고의 미녀로 알려진 서시西施를 뜻한다. 서시는 중국의 4대 미녀 중 한 명으로 꼽히는 인물로 아름다운 사람의 대명사로 통한다.

또한 남해의 끝과 북방 국경 지대를 살펴보고 돌아온 그는 이 강산을 사랑하는 마음을 「잠령민정蠶嶺閔亭」이라는 시로 표현하고 있습니다.

　　　동쪽 바다에는 큰 고래가 있고
　　　서편 국경에는 사나운 도야지가 있다
　　　강 성에는 잔약한 군사가 울부짖고
　　　바다 수자리에는 굳센 진터 없어라
　　　조정의 계책은 너무나 옳지 않거니
　　　죽음을 겁냄이 그 어찌 사나이랴
　　　한풍(寒風 : 옛날 중국의 유명한 말 관상쟁이)이 다시 살아오지 않아
　　　준마가 속절없이 늙고만 있구나
　　　초야에 묻힌 사람 그 뉘가 알리
　　　영웅의 마음 날마다 천리를 달리누나

　　　東溟有長鯨 동명유장경
　　　四塞有封豕 사새유봉시
　　　江障哭殘兵 강장곡잔병
　　　海徼無堅壘 해요무견루
　　　廟算非良籌 묘산비양주
　　　全軀豈男子 전구기남자
　　　寒風不再生 한풍부재생
　　　絶景空垂耳 절경공수이
　　　誰識衣草人 수식의초인
　　　雄心日千里 웅심일천리

　　동해의 고래란 왜구를 가리키며, 서쪽 국경의 도야지란 여진족을 가리킵니다. 이 시에서 임제는 우리나라를 침략하려는 세력은 밤낮 틈을 엿보고 있는데, 조정이나 어리석은 양반들은 내분으로 날을 새우며 국방 대책을 세

우지 않으니 나라가 위기에 직면하고 있음을 호소한 것입니다.

그리고 그는 옛날 선조들이 여진족을 격퇴한 고적지인 고산역(高山驛 : 지금의 함경도 안변安邊에 위치했던 역참驛站)에서 다음과 같이 묘사합니다.

> 오랑캐가 일찍이 북쪽 이십 주를 넘어다볼 때
> 장군이 말을 달리어 국토를 완정시켰다
> 그 뒤로 이 변방에 싸움이 없으니
> 오늘 초소를 지키는 장사들도 옛 역루에 올라 한가히 졸고 있구나
>
> 胡虜曾窺二十州 호로증규이십주
> 將軍躍馬取封侯 장군약마취봉후
> 如今絶塞無征戰 여금절새무정전
> 壯士閑眼古驛樓 장사한안고역루

그는 또한 위정자들의 어리석음을 「마우가馬牛歌」라는 시로 날카롭게 풍자하고 있기도 합니다.

소를 타고서 말에다간 짐을 싣고 가네

> 세상에는 병적인 심보를 가진 사람도 있어
> 소를 타고서 말에다간 짐을 싣고 가네
> 이렇듯 그 재능에 맞춰 부리지 않으면서
> 채찍질하는 데는 추호의 사정도 없어
> 태행산太行山과 청니판靑泥坂의 험한 산길에
> 말은 넘어지고 소는 자빠지니 어찌할거나
> 아! 건강한 소와 좋은 말이 한꺼번에 쓰러졌으니
> 뉘라서 짐을 지고 또 달릴 수 있으랴
>
> 世有病心人 세유병심인
> 騎牛馬載去 기우마재거

用之旣違才 용지기위재

鞭策不少恕 편책부소서

太行之路靑泥阪 태행지로청니판

馬蹶牛笨將何助 마궐우분장하조

籲嗟健牛良馬一時斃 유차건우양마일시폐

誰爲負也誰爲馭 수위부야수위어

인재를 쓸 때 적재적소에 배치하지 못하여 무능한 무리를 권좌에 앉히고 유능한 사람을 썩히고 있는 왕과 권신들의 무능한 태도와 그릇된 정책을 임제는 이와 같이 암담한 심정으로 묘사한 것입니다.

『원생몽유록』, 『수성지』, 『화사』 등 소설가로서의 삶

젊은 시절부터 소설을 쓴 임제는 수많은 작품을 썼다고 하는데, 후세에 전해지는 작품으로는 『원생몽유록』 외에 『수성지愁城誌』, 『화사花史』, 『서옥설鼠獄說』 등이 있습니다.

『수성지』는 그가 지방관을 역임하고 있을 무렵 전근되어 가던 길에 국왕의 행렬 앞을 말을 타고 지나갔다는 이유로 심한 질책을 받은 일이 있었는데, 그 울분을 바탕으로 하여 썼다고 전해집니다.

〔『수성지』〕

그는 이 작품에서 봉건적인 도덕 규범인 인仁, 의義, 예禮, 지智와 인간의 심정을 나타내는 희喜, 노怒, 애哀, 락樂, 그리고 인간의 감각과 행동을 나타내는 시(視 : 보다), 청(聽 : 듣다), 언(言 : 말하다), 동(動 : 움직이다) 등을 각기 독립된 인간의 성격을 가진 것처럼 묘사하였습니다. 또한 이러한 것들을 예전에 무참히 살해된 충신이나 의사義士들의 화신처럼 다루어, 이 화신들이 모여 우수憂愁를 이야기하였다는 매우 상징적인 묘사법을 취하고 있습니다. 임제는 이 작품을 통해 당시 권력 사회가 참된 충성이나 의리를 짓밟고도 부끄러운 줄도 모를 만큼 부패하고 타락하였다는 점을 부각시켰습니다.

〔『화사』〕

『화사』는 봄, 여름, 가을, 겨울의 4계절에 네 개의 나라 이름을 붙이고,

각 나라의 왕을 매화, 꽃받침, 모란, 연꽃에 비유하고 이 나라들의 영고성쇠
榮枯盛衰를 묘사한 작품입니다. 이 이야기는 매우 예술적인 수법으로 아름답
게 묘사되어 있는데, 왕들이 달콤한 언어로 아첨하는 간신들을 가까이하여
교만하게 사치스러운 생활에 빠져 국방을 게을리 하고, 나라를 진정으로 생
각하는 충신들을 배척하여 마침내 나라를 멸망의 구렁텅이로 빠뜨린다는 것
을 담담하게 서술하고 있습니다.

임제는 이 소설의 말미에 다음과 같이 쓰고 있습니다.

자연은 꽃을 빌려 봄, 여름, 가을, 겨울의 4계절을 나타낸다. 이 꽃을 보고
사람들은 봄이 왔다, 여름이 왔다, 가을이 왔다, 벌써 겨울이 오는구나 하며
희로애락의 감정을 나타낸다.

사람이 꽃만큼 성실하고 정직할 수 있을까? 꽃만큼 믿을 수 있으며 굳은 절
조를 지킬 수 있을까? 봄, 여름, 가을, 겨울 4계절을 자로 잰 것보다 더 정확히
전해주는 꽃만큼 사람에게 신의가 있을까?

꽃은 피고 진다. 봄이면 따사로운 햇빛을 받아 꽃을 피우고, 가을이면 거칠
게 부는 바람에 장렬하게 떨어져 간다. 그러나 꽃은 아무도 원망하지 않는다.
오, 얼마나 숭고하고 고결한 도의의 실천자이냐. 분명 그 아름다운 마음은 어
떠한 인간보다 아름답고 순수하다.

꽃은 또한 어디서나 자라며 꽃을 피운다. 장소를 가리지 않는다. 기름진 땅
이든 메마른 땅이든 황무지든 바위 틈새든 뿌리가 내릴 수 있는 곳이면 어느
곳이든 가리지 않고 자라서 꽃을 피운다. 높고 낮음을 가리지 않고, 귀천을 묻
지 않는다. 인간 세계에 이와 같이 공평하고 관대한 자기 희생의 정신이 있을
까? 꽃과 같이 공평무사한 마음이 있을까?

꽃은 이 세상에서 가장 믿을 만하며, 성실하고 아름답고 공평하다. 그것은
우주의 진정한 본질이다. 자연과 더불어 살다가 자연과 더불어 죽는 진정한
충신이다. 말없이 제 몸을 지키다가 죽어가는 만고의 충신이다.

그러나 이처럼 숭고하고 아름다운 꽃에 비하면 인간은 얼마나 교활하며 몰
염치하며 신의가 없는 존재인가. 초라하고 보잘것없는 재능을 내세우고, 자자

손손 영화와 부를 누리려 하며, 타인을 짓밟고 달려들어 물어뜯고 쳐서 넘어
뜨려 타인의 주검 위에 책상다리를 하고 앉아 공명을 다투고 후세 만대에 자
신의 빛나는 투쟁의 역사와 명예를 남겨두려고 하지 않는가.

그러나 아름다운 꽃에 이와 같은 욕망이 있을까? 꽃은 인간 사회 속에서 가
장 존귀한 군자와 같다.

당시의 추악한 권력 사회에서 아름답게 살고자 하였던 그의 청결한 마
음이 배어나오는 문장이라 할 수 있습니다.

『서옥설』

그의 대표작은 『서옥설(鼠獄說 : 쥐에 대한 재판)』이라고 알려져 있습니다.
그 줄거리는 대강 다음과 같습니다.

교활하고 늙은 커다란 쥐가 일족을 이끌고 나라의 창고로 몰래 기어들
어가 한참 동안 실컷 배를 불리다가 창고의 신에게 발각되어 재판을 받게 됩
니다. 그런데 큰 쥐는 자기 죄를 즉각 인정하지 않고 복숭아꽃과 같은 식물
에서 시작하여 고양이, 개, 족제비, 두더지, 여우, 그리고 남방에 사는 코끼
리, 기린, 사자, 그리고 상상의 동물인 용에 이르기까지 무려 80여 종류의 동
식물을 열거하면서, 그 동물들에게 자기 죄를 뒤집어씌우려고 합니다. 이 엉
뚱한 밀고 때문에 그 동식물들은 차례대로 창고의 신 앞으로 소환되어 각기
자기의 무죄를 주장해야만 하였습니다.

이러한 변명과 핑계가 재미있게 묘사되어 있어 독자들을 끌어들입니다.

오랜 조사 결과 결국 큰 쥐의 나쁜 계략이 밝혀지고, 창고의 신은 큰 쥐
를 극악무도한 놈이라고 엄하게 꾸짖고 사형에 처할 것을 선포합니다. 그러
자 큰 쥐는 끝으로 진실을 말하겠다고 하면서 최후 진술을 합니다.

"세상 만물은 모두 천제天帝에 의해서 태어났습니다. 천제가 우리나라
창고에 있는 곡물을 먹도록 하신 것이니 저는 아무 죄도 없습니다."

창고의 신은 다 듣고 나서 저도 모르게 실소하고 맙니다. 그리고 한숨을
내쉬었습니다.

"사실 만물을 창조하신 천제께서는 너무 경황이 없으셔서 그만 너처럼
간악한 놈을 만드시고 말았구나. 그래서 세상에 커다란 폐를 낳게 하셨으니

천제님도 그 책임을 벗을 수는 없을 것이다······."

그리고 창고의 신은 큰 쥐에게 "천제마저 끌어내어 자기 죄를 벗어나려는 패씸한 놈이로다!"라며 꾸짖으며, 천제에게 보고한 뒤 큰 쥐를 사형에 처하고 죄 없는 동물들을 모두 석방합니다. 그리고 큰 쥐 일족이 토벌되고 난 후로는 창고의 곡물 피해가 없어지게 됩니다.

임제는 나라의 곡물을 훔치고도 끝까지 죄를 다른 사람에게 뒤집어씌우려는 큰 쥐의 모습을 통해, 당시 사회의 간악한 권력자와 양반들, 그리고 농민들을 수탈하는 지주들을 신랄하게 풍자하고 있습니다. 그러면서도 임제는 창고의 신의 우유부단하고 무능한 재판 방식을 그려내 당시 이루어지던 재판의 불합리성과 관원들의 무능함을 폭로하기도 하였습니다.

만일 창고의 신이 사태의 진실을 정확히 헤아리는 능력을 가졌다면 즉시 큰 쥐의 범죄를 간파하여 재판을 금방 마쳤을 것입니다. 그러나 창고의 신은 큰 쥐에게 굳이 "누가 너에게 이러한 잘못을 저지르도록 부추겼는가?"라고 불필요한 것을 물은 탓에, 큰 쥐는 교묘한 거짓말로 많은 동식물들에게 죄를 전가하여 그 동물들이 소환되게 만든 것입니다. 그리고 이 악당의 입놀림 때문에 많은 무고한 자들이 혹심한 고초를 겪게 되고 재판은 지연되었는데, 이는 곧 당시 양반 사회에서 간악한 권력자들의 흉계 때문에 많은 선량한 사람들이 무고한 죄에 빠지는, 지극히 모순된 실상을 묘사한 것입니다.

그는 이 소설의 말미를 다음과 같은 문장으로 마무리합니다.

"이와 같이 교활하고 흉악한 성질을 가진 자가 어찌 저 창고를 좀먹은 큰 쥐뿐일까?"

이 짧은 이야기 속에는 작가가 이 작품을 쓴 목적이 선명하게 드러나고 있습니다.

당시 도학자들은 소설을 경시하였을 뿐만 아니라, 세상을 혼란시키고 백성을 속이는 것이라며 격렬하게 비난하였습니다. 따라서 그는 양반 사회로부터 끊임없이 박해와 공격을 받았고, 그 때문에 그의 업적을 전하는 기록이 거의 말살되고 말았습니다. 그러나 이 소설은 민중의 절대적인 환영을 받아 널리 애독되었고, 이 작품은 우리 문학사의 중심적인 흐름 속에 있는 위대한 작품으로 평가받고 있습니다.

임제는 1587년에 서른여덟 살의 젊은 나이로 세상을 떠납니다. 그는 임종할 때 처자에게 다음과 같은 부탁의 말을 남겼다고 합니다.

"사해 여러 나라의 어디를 가보아도 제帝라 칭하는 자가 없는 곳이 없는데, 다만 우리나라만이 제라고 칭하지 않는다. 이렇게 쩨쩨한 나라에서 태어나 살아왔으니 어찌 죽는 것이 슬프겠는가? 내가 죽는다고 해서 너희들은 결코 눈물을 흘리지 마라. 하물며 장례식 때 곡일랑 하지 말거라."

이 유언에는 사대주의적인 좁은 틀 속에서 당파 싸움에 빠져 있는 양반 계급에 대한 그의 증오가 깃들여 있으며, 어떤 점에서는 반역의 싹이 엿보이는 매우 대담한 말이라고 할 수도 있을 것입니다.

임제는 이러한 강렬한 의욕과 소질을 가지고 있었지만, 그가 살던 시대의 제약과 환경 탓에 그의 사상은 유교적인 봉건성에서 완전히 벗어나지 못하고 이상주의에 머물러 있었습니다. 하지만 그의 문학 작품 속에는 불의를 증오하며 정의를 위하여 살기를 바라던 그의 마음이 일관되게 담겨 있다고 할 수 있습니다. 그는 정치적인 야심을 모두 버리고 오로지 문학의 길을 걸었으며, 그로 인하여 우리 문학사에서 불멸의 존재가 되었습니다.

23. 무인 기질과 애국을 노래한 시인 박인로

　박인로(朴仁老 : 1561~1642년)는 17세기에 활약한 뛰어난 시인이었습니다. 그는 평생 요직에 제수된 적이 없었기 때문에 그의 경력은 그다지 자세히 알려져 있지 않으나, 한편으로는 그가 명문가에서 태어나지 않은 탓도 있다고 생각됩니다.

　박인로는 1561년 경상도 영천永川의 가난한 양반 가문에서 태어났습니다. 어릴 때부터 유학을 배우기 시작하였는데, 항상 책에 열중하여 자유자재로 한시를 지었으므로 신동이라는 평판이 자자하였다고 합니다. 박인로는 여러 가지로 재능이 많았던 소년이었는지 기마술騎馬術과 궁술弓術에서도 천재성을 보여 주었습니다.

　이런 인물이라면 당연히 과거 시험을 치러 벼슬길을 바랐을 텐데 그러한 기록이 남아 있지 않은 것을 보면, 신동이라고 불리던 그도 끌어주는 유력자가 없어 어쩔 수 없이 재야에 머물렀던 것 같습니다. 그러나 그로 인하여 박인로는 시를 짓는 데 몰두할 수 있었고, 가난한 양반이었던 만큼 생계를 위하여 농사를 계속 지을 수밖에 없었으리라 생각됩니다.

왜적을 무찌르는 전선에 서다

　1592년 4월 일본의 대군이 갑자기 우리나라를 침범하였습니다. 평화에 길들여져 국방을 소홀히 한 탓에 방위선이 잇달아 무너졌고, 보름 뒤에는 왜군이 한성까지 쳐들어 올라왔습니다. 왜군은 도처에서 약탈과 폭행을 자행하였고, 왜군이 지나간 자리는 모두 폐허로 화하고 말았습니다.

　포악하기 그지없는 왜노倭奴들의 행동에 격분한 많은 사람들이 각지에서 궐기하여 왜적을 무찌르는 데 앞장섰습니다. 이때 박인로도 붓과 괭이를 내던지고 용감하게 전선으로 달려 나갔습니다.

　그가 어떠한 형식으로 어느 전선에 참가하였는지는 확실하지 않지만,

당시 경상도에서는 곽재우(郭再祐 : 1552~1617년, 임진왜란 때의 의병장)를 비롯한 의병 부대가 속속 궐기하여 왜군에게 커다란 타격을 주었던 만큼 박인로도 처음에는 의병 부대에 참가하여 지도적인 위치에서 싸웠으리라 생각됩니다.

왜군은 멀리 함경도와 평양까지 쳐들어갔지만, 먼저 함경도에서 가토 기요마사(加藤淸正 : 가등청정이란 이름으로도 잘 알려진 임진왜란 때의 왜군 장수) 부대가 의병 부대에 패하여 남방으로 철수하고, 평양에서는 1592년 12월에 김응서(金應瑞 : 1564~1624년, 임진왜란 때의 병마절도사) 부대 등의 활약으로 고니시 유키나가小西行長가 무너지기 시작하였으며, 이듬해 1월에는 북방의 왜군 전체가 한성 부근까지 후퇴합니다.

왜군 격멸에 가장 위대한 공적을 올린 사람은 잘 알려져 있다시피 이순신(李舜臣 : 1545~1598년) 장군입니다. 그는 침략 초기에 연전연승하며 서쪽으로 진격하려던 일본 수군을 5월 7일부터 8일까지 4회에 걸쳐 출격하여 거제도 옥포玉浦, 고성固城 등에서 맹공을 퍼부어 37척의 적선을 격침시킨 것을 비롯하여, 9월 1일에는 부산포釜山浦에서 나머지 적선 백여 척을 전멸시킴으로써 일본 수군의 숨통을 끊어 놓았습니다. 이로 인해 왜군은 보급이 끊겨 육상에서도 패전을 거듭할 수밖에 없었습니다.

이어서 1593년 2월에는 한성 부근의 대회전에서 권율(權慄 : 1537~1599년, 임진왜란 당시의 전라도 관찰사로 행주대첩幸州大捷을 승리로 이끌었음)을 총대장으로 한 우리 군대가 왜군에게 치명상을 입힙니다.

이에 왜군은 남해안으로 철수하여 화평 교섭을 요청하면서도 여전히 침략의 야망을 버리지 않은 채 재침을 위한 시간을 벌고 있었습니다.

한성으로 돌아온 조정이 관군을 재편성할 때, 대부분의 의병 부대가 관군으로 편입되었는데 이때 박인로도 관군에 가담하였으리라 생각됩니다.

1597년 왜군은 다시 대군을 동원하여 침략을 재개합니다. 그때 박인로는 경상좌도 절도사 성윤문成允文의 휘하에 용장이 되어 왜적 격퇴의 최전선에 서서 많은 공을 세웁니다. 그가 세운 전략이 모두 적중하여 사령관인 성윤문이 그때마다 손뼉을 치면서 기뻐하였다는 기록이 남아 있는 것으로 보아 그가 매우 뛰어난 참모였음을 알 수 있습니다.

1598년 11월 왜군은 우리 군대의 총공격을 받고 궤멸되어 왜군 대장들은 병사를 버리고 도망쳐 버립니다. 하지만 한 가지 아쉬운 것은 최후의 추격전인 노량(露梁 : 경상남도 하동과 남해도 사이의 해협) 해전에서 이순신 장군이 장렬히 전사하고만 것입니다.

이렇게 우리 민중은 왜군을 물리쳐 빛나는 승리를 거두었습니다. 이에 박인로 장군은 이 위대한 전투에서 용감히 싸운 장병들의 훈공을 기리며 장편시 「태평사太平詞」를 썼습니다.

적의 잔당을 소탕하는 수군의 노고를 노래한 「태평사」

「태평사」는 박인로의 부대가 패주하는 왜적을 쫓아 부산진釜山鎭까지 추격하였다가, 적의 잔당을 소탕하는 수군의 노고를 직접 보고 그 감동을 묘사한 것입니다.

이 장편시를 쓸 때 그는 이미 서른여덟 살이었으며, 시인으로서는 노계蘆溪라는 호로 알려져 있었습니다.

「태평사」는 다음과 같이 먼저 우리 민족의 오랜 문화를 기리는 가사로 시작됩니다.

> 나라가 한쪽으로 치우쳐서 해동海東에 버려져 있어도
> 기자箕子의 끼친 풍속 고금 없이 순박하여
> 건국 이래 이백 년간 예의를 숭상하니
> 우리의 모든 문화 중화中華 같이 되었더니

그러한 국토를 왜적에게 습격당한 노여움을 그는 이렇게 표현하였습니다.

> 섬 오랑캐 많은 군사 일조一朝에 몰아와서

수많은 우리 겨레의 혼백이 칼 빛 따라 놀랐나니

들판에 쌓인 뼈는 산보다 높아 있고

큰 도읍 큰 고을은 여우 소굴이 되었거늘

그는 계속해서 맹반격에 나선 아군의 태세를 다음과 같이 묘사하였습니다.

거룩하신 천자天子님이 노염 한 번 크게 내어

평양의 모든 흉적 한칼 아래 다 베고

바람같이 몰아내어 남해가에 던져두고

궁한 도적 내치지 않고 몇 해를 지냈는고

낙동강 일대의 외로운 우리 겨레

우연히 때를 만나 훌륭한 장군을 만나니

오덕五德이 밝은 장수 아래에서 앞장서서 싸우는 병사가 되었다가

영웅들의 인자함과 용기를 전하게 되었으니

나라가 편안하고 장사將士 군마軍馬 강하더니

황조皇朝 하룻밤에 정유재란丁酉再亂 바람 이니

용 같은 장수와 구름 같은 용사들이

깃발은 하늘 덮어 만리萬里나 이어졌으니

요란한 군마 소리 산악을 흔드는 듯

어영대장(御營大將 : 어영청의 대장) 선봉을 인도하여 적진에 돌격하니

모진 바람 큰비에 벼락이 터지는 듯

청정(淸正 : 왜장 가등청정加藤淸正을 말함) 틀어올린 머리 손아귀에 있건마는

하늘 비가 빌미되어 장병들이 피곤커늘

잠깐 동안 풀어주어 사기를 북돋았다가

적의 무리 무너지니 못다 잡고 말겠는가

적굴을 두루 보니 튼튼한 듯하다마는

패전하여 사라지니 요새지도 소용없네

또한 그는 승리의 기쁨을 소리 높여 노래 부르고 있습니다.

화살을 높이 들고 개선가를 아뢰노니

외치는 환성 소리 공중에 어리도다

예리한 긴 칼을 흥에 넘쳐 둘러메고

휘파람 불면서 춤을 추러 일어서니

보배로운 칼빛이 두우간(斗牛間 : 북두성北斗星과 견우성牽牛星 사이)에 쏘이

도다

손이 추고 발이 뛰어 저절로 즐기노니

칠덕가七德歌 칠덕무七德舞*를 그칠 줄 모르도다

인간의 즐거움이 이 같음이 또 있는가

그는 또한 전화戰禍를 피하고 있던 민중들의 기쁨을 다음과 같이 묘사하

고 있습니다.

곳곳의 구러텅에 흩어 있던 늙은이(오랜 전쟁으로 지쳐있는 군인들을 뜻함)가

봄날의 제비같이 옛집을 찾아오니

그립던 고향이매 뉘 아니 반겨 하리

이에서 거처하니 즐거움이 어떠한고

그리고 시인은 끝으로 오로지 평화를 열망하고 있습니다.

---

* 당태종이 형상화 해놓은 무사武士의 일곱지 덕을 일컫는다.

천운이 순환함을 알겠도다 하느님이시여

이 나라를 도우시어 만세무강 누리소서

요순堯舜 때와 같은 이 땅에 삼대 일월三代日月[*] 비치소서

천년만년 전쟁을 그치소서

밭 갈고 우물 파매 태평가를 불리소서

우리도 임금을 모시고 함께 태평 즐기리라

이와 같이 임진왜란의 전모를 묘사한 박인로의 장편시는 전편에 애국적 정열이 넘쳐흐르며, 평화를 갈망하는 우리 민족의 고상함을 묘사함으로써 장병들로부터 절찬을 받았을 뿐만 아니라, 모든 사람들에게 애창되어 우리 문학사에서도 기념비적인 작품이 되었습니다.

군관으로 활약하다

전쟁이 끝난 다음해인 1599년, 박인로는 무과 시험에 합격하여 나포(羅浦 : 지금의 군산에 위치)의 만호(萬戶 : 각 진鎭에 소속된 종4품의 무관직)에 임명되었으나, 그가 관리로서 어떻게 활동하였는가는 기록이 분명치 않습니다. 1605년에는 통주사統舟使라는 지역 수군水軍 사령관으로 부산에 부임하였는데, 여기에서 그는 「선상탄(船上嘆 : 배 위에서의 탄식)」이라는 장편시를 쓰게 됩니다.

이 시는 언제 침략해올지 모르는 왜군에 대비하여 국방의 요충지인 부산으로 부임하는 장면에서 시작하여 병선에 올라 해상을 순찰하면서 국방을 위해 모든 것을 바치려는 애국적인 결의와 열정을 묘사한 것입니다.

이때 그는 마흔다섯 살이었는데, 병치레가 잦았는지 아직 회복되지 않은 몸으로 임지로 향하는 사정이 묘사되어 있습니다.

이 장편시 가운데는 다음과 같은 구절이 있습니다.

---

* 왕도정치王道政治가 행해졌던 하夏, 은殷, 주周 세 나라 시대의 세월을 뜻한다.

나라 위한 걱정과 충성이야 일각인들 잊을쏜가

분개 넘친 장한 기개 늙어 더욱 장하다마는

미약한 이 몸이 병조차 들었으니

분 풀고 한을 펼이 어려울 듯하건마는

죽은 제갈량諸葛亮도 산 중달仲達을 멀리 쫓고*

발 없는 손빈孫臏도 방연龐涓을 잡았거늘**

하물며 이 몸은 손발이 갖춰 있고 목숨이 이었으니

쥐 개 같은 도적이야 조금이나 두려울까

비선飛船에 달려들어 선봉을 내려치면

구시월 서릿바람에 낙엽같이 헤치리라

제갈량의 칠종칠금七縱七擒*** 우린들 못할 건가

꾸물대는 오랑캐야 빨리 빌고 항복하라

항복한 자 안 죽이니 너를 굳이 섬멸하랴

　이와 같이 병든 몸을 채찍질하며 전선을 지키고 있던 그였지만, 권모술수가 소용돌이치는 관계에 염증을 느꼈는지 얼마 후 그는 직무를 그만두고 고향인 영천으로 돌아가 다시 농사를 지으면서 시를 짓는 일에 몰두합니다. 정의감이 강한 성격이 이 같은 길을 걷게 한 것으로 보이며, 문학적 자질 역시 그를 이런 삶으로 이끈 것이 아닌가 생각됩니다.

---

* 중달은 사마의의 자이다. 촉蜀나라 제갈량과 위衛나라 사마의의 결전이 벌어졌을 때, 제갈량이 그만 병
　사하고 만다. 촉나라 군대는 어쩔 수 없이 철수할 때, 생전에 제갈량이 아끼던 부하 강유姜維란 자가 방향
　을 돌려 위나라 군대를 공격한다. 이에 제갈량이 살아 돌아온 줄 알고 사마의가 허둥지둥 달아난 일을 말
　한다.
** 방연은 손빈과 함께 병법을 배운 자인데, 손빈의 재주를 시기하여 그의 다리를 잘랐다. 하지만 구사일
　생으로 살아난 손빈은 제齊나라의 장수가 되어 위나라의 장수였던 방연을 잡아 죽게 하였다.
*** 제갈공명이 남만南蠻의 왕 맹획孟獲을 일곱 번 잡았다가 일곱 번 놓아 준 일을 말하는데, 이는 상대방
　을 마음대로 다루거나 상대가 숙이고 들어올 때까지를 기다린다는 뜻으로 쓰인다.

누항陋巷 속에서

박인로는 자신의 이러한 생활을 「누항사陋巷詞」라는 장편시에서 말하고 있습니다.

> 어리석고 못나기는 나 이상 같 이 없다
> 길흉과 화복을 하늘에 맡겨두고
> 누추한 깊은 곳에 오막살이 집을 짓고
> 바람 비 조석에 썩은 짚이 섶(땔감)이 되어
> 세 홉 밥 다섯 홉(초라한 음식) 죽에 연기만 많이 난다
> 덜 데운 숭늉으로 빈 배 속일 뿐이로다
> 생계가 이렇다고 장부 뜻을 옮길런가
> 안빈낙도 한 마음을 적을망정 품고 있어
> 의를 따라 살려 하니 날마다 어긋난다

또한 이 시 속에서 밭을 갈려고 부잣집에 소를 빌리러 갔다가 처량하게 쫓겨나는 모습을 다음과 같이 묘사하고 있습니다.

> 들에서 김을 매고 밭 가는 늙은이를 천賤타 할 이 없건마는
> 아무리 갈고자 한들 어느 소로 갈겠는가
> 가뭄이 매우 심해 시절이 다 늦은 때
> 서쪽 둔덕 높은 논에 잠깐 지나는 비에
> 근원 없는 길바닥 물 반쯤만 대어두고
> 소 한 번 주겠다고 범연히 하는 말씀
> 친절하다 여긴 집에 달 없는 저녁에 허둥지둥 달려가서
> 굳게 닫은 문 밖에 우두커니 혼자 서서
> 큰기침 애햄 소리 오래도록 하온 뒤에
> 누구신가 묻기에 염치없는 내라 하니
> 초경初更도 다 됐는데 그 어찌 왔나 한다

해마다 이러하기 구차한 줄 알건마는
소 없는 궁한 집에 셈 많아 왔다 하니
공짜로나 값을 치나 빌릴 만도 하다마는
다만 어젯밤에 건넛집 저 사람이
목 붉은 수꿩을 지글지글 구워내어
갓익은 삼해주三亥酒*를 취토록 권하거든
이러한 은혜를 어찌 아니 갚겠는가
내일 소를 주겠다고 굳은 언약 하였거든
위약違約함이 미안하니 대답하기 어렵다네
사실이 그렇다면 어찌할 수 있나 하고
헌 쓰개 숙여 쓰고 축 없는 짚신에 맥없이 물러오니
풍채 작은 모습에 개만 짖을 뿐이로다

그는 이 시의 말미에 자신의 인생관을 이렇게 묘사합니다.

무상한 이 몸에 무슨 뜻이 있으랴마는
두세 이랑 논밭을 다 묵혀 던져두고
있으면 죽이요 없으면 굶을망정
남의 집 남의 것은 전혀 부러워 말랬노라
나의 빈천 슬피 여겨 손을 젓는다하여 물러가며
남의 부귀 부러워하여 손을 치다 나아오겠는가
인간의 어느 일이 운명 밖에 생겼으리
가난을 무원無怨함이 어렵다 하건마는
내 삶이 이러해도 설운 뜻은 없느니라
단사표음簞食瓢飮** 검소함을 이도 족히 여기노라

---

* 음력 정월 셋째 해일亥日에 만든 술로 좋은 술을 뜻하는 말이다.
** 대나무 그릇에 담긴 밥과 표주박에 담긴 물을 말한다. 즉 소박한 살림살이를 뜻한다.

호의好衣 포식飽食에는 내 평생 뜻이 없다
태평한 이 세월에 충과 효를 일삼아
형제 화목 붕우 신의朋友信義 잘못이라 뉘가 하리
그 밖의 남은 일이야 생긴 대로 살겠노라

이와 같이 빈농의 생활을 직접 체험하며 가난한 백성의 생활을 자세히 살펴본 그는 농민들을 수탈하는 양반 관료들에게 격렬한 증오심을 느끼지 않을 수 없었습니다. 그는 「경작가耕作歌」에서 이를 다음과 같이 묘사하고 있습니다.

산의 곽공조(郭公鳥 : 뻐꾸기)도
계절을 잊지 않고
날아와 어지러이 날아다니고
경작할 봄을 전하는구나

사람 생활의 기본은
농작에 기대는 것
하지만 밭을 일구지 않는 자가
탐욕스레 먹다니 이 무슨 일인고

또한 그는 때마침 경상도에 부임하였을 때 백성들에게 선정을 베풀던 이근원李謹元이라는 관리의 치적을 기려 「영남가嶺南歌」라는 시를 남기기도 하였습니다. 이 시 앞머리에는 전쟁터가 되어버린 경상도의 황폐한 산하와 상처받은 백성들의 생활을 매우 사실적으로 묘사하며, 백성이 무엇을 원하고 있는가를 극명하게 나타내고 있습니다. 이것은 곧 백성의 생활을 근심하는 자신의 심정을 토로한 것이기도 합니다.

늙어서도 애국적 열정을 불태우다

1636년 여진족이 우리나라에 침입하였을 때 박인로의 나이 이미 일흔여섯 살의 고령이었습니다. 그러나 그는 끓어오르는 애국심을 「술회(述懷 : 마음에 품은 생각)」라는 시에서 다음과 같이 묘사하고 있습니다.

초야에 묻힌 어리석은 이 한 몸이
시국과 나라를 걱정하여 애가 타누나
나라 은혜 갚지 못한 채 머리털 먼저 희니
멀리 장안을 바라보며 눈물만 지네

草野愚懦一箇身 초야우용일개신
念時憂國暗傷神 염시우국암상신
聖恩未報頭先白 성은미보두선백
西望長安淚濕巾 서망장안루습건

나라를 위한 한마음 오래도록 이루지 못해
외로운 잠자리에 긴 밤을 근심으로 새우니
꿈길에도 요동벌로 달려가
적장을 쏘아 죽이고 개가를 올리네

報國初心久未成 보국초심구미성
孤眼長夜惱愁情 고안장야뇌수정
夢中馳入遼陽路 몽중치입료양로
射殺單干奏凱聲 사살단간주개성

노시인은 이렇게 전선으로 달려가 적을 무찌르고자 하는 정열로 불타올랐습니다. 하지만 당시 위정자들은 유리한 국면이었음에도 불구하고, 전쟁을 두려워하여 싸움 도중에 항복해버리는 치욕적인 모습을 드러내고 맙니다. 여기에 대해서 이 노시인이 어떻게 생각하였는지는 기록되어 있지 않지만, 부패 타락한 권력층에 대한 그의 노여움은 매우 격렬하였을 것입니다.

그의 수많은 저작 가운데 후세에 전해지고 있는 것은 「태평사」, 「사제곡莎堤曲」, 「선상탄」, 「누항사」, 「독락당獨樂堂」, 「영남가」, 「노계가蘆溪歌」, 「도산가陶山歌」 등의 장편시와 여러 편의 한시, 그리고 시조 60여 수가 있습니다.

그의 시조는 대부분 도덕과 윤리에 관한 것이어서, 장편시처럼 민중의 생활을 사실적으로 묘사한 작품은 거의 없습니다. 그 가운데 돌아가신 어버이를 그리며 지은 「조홍시가早紅柿歌」라는 매우 서정적인 시조 한수를 소개하겠습니다.

반중(盤中 : 쟁반 가운데) 조홍감(일찍 익은 감)이 고아도 보이도다
유자柚子가 아니라도 품음직도 하다마는
품어 가 반길 이 없으니 그를 서러워하노라

또한 그의 시조 중에는 향리의 절경을 노래한 것이 20수 가까이 있습니다.

박인로는 명종 16년에 태어나 7년 뒤에는 선조 치세를 맞이하였고, 그가 관에서 떠난 다음해인 1608년에는 광해군이 왕위를 잇고 다시 1623년에 인조(仁祖 : 1595~1649년, 조선 제16대 왕)가 왕위에 올랐습니다. 그동안 왜와 여진의 침략 속에서 파란만장한 삶을 산 그는 1641년(인조 19년) 여든한 살의 나이로 고향에서 잠듭니다.

최후까지 정의감을 굽히지 않고 애국적인 심정을 노래해온 시인의 국문 장편시는 그가 죽은 뒤 점차 평가가 높아져 우리 국문학사에 기념비적인 작품으로 남아 있습니다.

24. 비극적 삶을 산 여류 시인, 황진이와 허난설헌

황진이의 성장과 삶

우리 문학사에 뛰어난 여류 시인으로 명성을 남긴 황진이(黃眞伊 : ?~?년)는 16세기 초에 개성에서 살았는데, 신분이 미천한 탓에 출생 연대는 분명하지 않습니다. 대체로 1490년대에 옛 고려의 서울인 송도松都에서 태어난 것으로 보이며, 출생과 관련하여 다음과 같은 이야기가 전해지고 있습니다.

그녀의 어머니는 현금玄琴이라는 사람인데, 성이 진陳이라는 것 말고는 어떤 신분에 속하였는지 분명치가 않습니다. 다만 그녀는 대단한 미인이어서 길을 지나던 황진사黃進士라는 젊은 양반이 그녀에게 반하고 말았답니다. 황진사에게 우물물을 떠준 것이 인연이 되어 그녀는 그의 첩이 되었고 곧 황진이를 낳았다고 합니다. 진사란 문관 시험 가운데 초급 시험에 합격한 사람에게 주는 칭호입니다. 그러므로 임관하여 출세길을 달리고 있던 사람으로 보이는데, 황진사에 대한 기록도 전해지지 않습니다.

한편 야담에는 다음과 같은 이야기도 전하고 있습니다. 황진이의 어머니가 처녀였을 때, 하루는 다리 아래서 빨래를 하고 있었는데 어떤 미소년이 다가와 몇 마디 대화가 오고 갔습니다. 해가 질 무렵에 그 소년이 다시 찾아와 물을 청하기에 떠주었더니, 그 물은 곧 술이 되어 이에 서로 정을 통하게 됩니다. 그는 이름을 가르쳐주지 않고 가버렸는데 혹시 선인仙人이 아닐까 생각되었습니다. 그 후 과연 임신이 되어 황진이를 낳았는데 사흘 동안 방안에 향내가 걷히지 않았다고 합니다.

황진이는 어머니 밑에서 자랐겠지만, 양반집 딸답게 규중 낭자처럼 예의범절을 배웠다는 것으로 보아 물질적으로는 어느 정도 풍족하였던 것이 틀림없습니다. 그녀는 여덟 살 때부터 천자문을 배우기 시작하였으며, 열 살 때에는 벌써 한문 고전을 읽고 한시를 짓는 재능을 보였습니다. 그리고 서화를 잘 그렸으며 가야금에도 뛰어났다고 합니다.

어머니는 아름다운 소녀로 자라는 딸을 버젓한 양반집 아들과 결혼시키기를 원하였던 것 같습니다. 그러나 당시의 엄격한 신분 제도에서 신분이 비천한 첩의 딸이 양반집 자제의 아내로 환영받을 리 없었습니다. 그래도 어머니는 돈 많은 서민이나 권력을 가진 지방 관청의 향리 등으로부터 들어오는 수많은 혼담을 모조리 거절하고 있었습니다.

이처럼 콧대가 높고 교만하다는 평판이 자자하던 황진이를 근처에 사는 한 젊은이가 연모하고 있었습니다. 순진한 젊은이는 그녀에게 속마음을 고백하지도 못하고 마침내 상사병에 걸리고 맙니다. 보다 못한 젊은이의 어머니가 황진이의 어머니에게 두 사람을 결혼시켜 달라고 애원하였지만 황진이의 어머니는 냉정하게 거절하고서 딸에게는 일체 알리지 않았습니다.

이에 절망한 젊은이는 결국 죽어 버렸는데, 시체를 짊어진 장례 행렬은 그녀의 집 앞에 멈춰 서서 황진이의 어머니를 격렬하게 비난하였습니다. 죽은 자의 염원을 마을 사람들이 대변한 셈이었습니다(관이 움직이지 않았다는 설화도 있음). 이에 당황한 어머니로부터 사태의 진상을 들은 황진이는 어머니가 혼숫감으로 마련해둔 나들이옷을 젊은이의 관 위에 덮어 주었습니다. 이 사건이 계기가 되었는지는 분명치 않지만, 그 후로 그녀는 스스로 기생의 길을 선택합니다. 어쩌면 신분 차별이 혹심한 사회 제도에 대한 분노에 몸을 던져 그 권력에 저항하려고 한 것인지도 모릅니다.

어쨌든 연회석에서 시중을 들게 된 그녀는 재능을 마음껏 발휘하여, 구애하며 접근하는 양반들을 마음대로 농락하면서 방약무인한 태도를 취하였습니다. 그녀는 송도 기계妓界의 여왕으로 명성이 한성까지 알려져 많은 풍류객들이 멀리 개성까지 오르내렸습니다.

황진이는 아무리 지체가 높고 근엄한 사람이라도 자기 앞에 끓어 엎드리게 하고 말았다는데, 그녀의 이런 오만함을 말해주는 몇 가지 일화가 남아 있습니다.

개성 교외의 천마산天馬山 청량봉淸凉峰 기슭에 지족암知足庵이라는 절이 있는데, 이 절에는 30년 동안 불법을 연구하여 '살아 있는 부처'라고 일컬어지는 선사禪師가 있었습니다. 그는 아무리 요염한 여성이 다가와도 눈 하나 꿈쩍하지 않았다고 합니다. 황진이는 어느 날 혼자 지족암을 방문하여 교묘한 언변으로 선사를 유혹합니다. 결국 그녀의 매력에 사로잡힌 선사는 마침 내 파계승으로 전락하여 절을 떠나 하산하지 않을 수 없었습니다.

이는 종교라는 허울 속에 사는 위선자의 정체를 벗겨냈다는 점에서는 통쾌한 이야기지만, 그녀의 허무주의적이고 냉혹한 일면을 잘 드러내주는 이야기라고도 할 수 있습니다.

또 그녀는 당시 고결한 도학자로 평판이 높았던 서경덕徐敬德의 암자를 종종 방문하였습니다. 개성 교외의 화담(花潭)에 초라한 서재를 짓고 철학적 인 사색에 빠져 있던 이 학자는 그녀가 찾아오면 너그럽게 반기었고, 그녀가 들고 온 술을 흔쾌히 마셨으며, 그녀의 노래나 거문고 연주를 즐겁게 들어주 었습니다. 그러나 그는 언제나 그녀를 친한 친구로 대할 뿐, 보통 남자들처 럼 성적 욕망의 대상으로 보지 않았습니다. 이러한 서경덕에게 그녀가 진실 한 애정을 느꼈다는 식의 편지를 써 보냈다는 이야기는 오히려 서경덕의 높 은 인격을 칭송하는 일화가 되었습니다.

그래서 개성의 읍지인 『중경지中京誌』에서는 명승지 박연폭포朴淵瀑布와 서경덕, 그리고 황진이를 세칭 '송도삼절松都三絶'이라고 전하고 있습니다. 혹은 그녀 스스로 이 말을 지어냈다고도 합니다.

송도삼절(松都三絶)

자연의 아름다움을 노래하다

그녀는 개성의 명승지인 박연폭포를 매우 사랑하여 이 웅대한 폭포를 기리는 한시를 남기기도 하였습니다. 이 시는 힘차면서도 고전에 정통한 그 녀의 다재다능함을 잘 보여주고 있습니다.

한 줄기 세찬 물굽이 바위 골에 뿜어내니
폭포수 백 길 넘어 물소리 우렁차다
거꾸로 쏟는 폭포 은하수 방불하고
노한 폭포 가로 드리워 흰 무지개 완연하다
어지럽게 쏟는 물벼락 골짜기에 가득하니

구슬 절구에 옥이 부스러져 맑은 하늘을 뒤덮네

구경꾼들아 여산이 더 낫다 말하지 말고

해동에서 으뜸가는 천마산을 볼지어다

一派長川噴壑礱 일파장천분학롱

龍湫百仞水潨潨 용추백인수총총

飛泉倒瀉疑銀漢 비천도사의은한

怒瀑橫垂宛白虹 노폭횡수완백홍

雹亂霆馳彌洞府 박란정치미동부

珠舂玉碎徹晴空 주용옥쇄철청공

遊人莫道廬山勝 유인막도려산승

須識天魔冠海東 수식천마관해동

이렇듯 이 시에는 향토와 조국에 대한 애정이 담겨 있습니다.

그녀는 또한 송도를 둘러싼 송악산松嶽山을 매우 사랑하였고, 고려의 궁궐터가 있는 만월대滿月臺를 자주 찾았습니다. 그녀의 시 「만월대 회고滿月臺懷古」는 다음과 같이 노래하고 있습니다.

옛 절은 말이 없이 어구 옆에 쓸쓸하고

저녁 해 고목에 비치어 더욱 서럽구나

태평 세월 쓰러지고 중의 꿈만 남았는데

영화롭던 그 시절이 탑머리에 부서졌네

황봉黃鳳은 어디 가고 참새들만 오락가락

두견화 핀 성터에는 소와 양이 풀을 먹네

송악산 영화롭던 옛모습 생각하니

봄이 온들 소슬한 줄 그 누가 알았으랴

古寺蕭然傍御溝夕 고사소연방어구

夕陽喬木使人愁 석양교목사인수

煙霞冷落殘僧夢 연하냉낙잔승몽

歲月鏋嶸破塔頭 세월쟁영파탑두

黃鳳羽歸飛鳥雀 황봉우귀비조작

杜鵑花發牧羊牛 두견화발목양우

神松憶得繁華日 신송억득번화일

豈意如今春似秋 기의여금춘사추

　　그녀는 자신의 허망한 심경과 고향을 연모하는 마음을 이 시가를 빌려 표현한 것인지도 모릅니다.

　　자연을 관찰하는 그녀의 시선은 냉정하게 변하여 있었는지도 모릅니다. 그녀는 다음과 같은 시조도 썼습니다.

　　산은 옛 산이로되 물은 옛 물이 아니로다

　　주야로 흐르니 옛 물이 있을쏘냐

　　인걸人傑도 물과 같도다 가고 아니 오노매라

　　청산靑山은 내뜻이오 녹수綠水는 님의 정情이

　　녹수 흘러간들 청산이야 변할쏜가

　　녹수도 청산을 못 잊어 울며 어디 가는고

여심女心을 시를 빌려 노래하다

　　남자를 남자로 여기지 않는 강인한 여자로 알려진 황진이였지만, 남녀의 애환을 잘 아는 그녀였던 만큼, 그녀의 시 가운데에는 절절한 여심을 노래하고 있는 것도 있습니다. 님을 떠나보내고 후회하는 여인의 마음을 담은 시 한수를 소개하겠습니다.

어져 내 일이야 그릴 줄을 모르더냐

이시랴 하더면 가랴마는 제 구태여

보내고 그리는 정은 나도 몰라 하노라

그녀의 수많은 일화 가운데 이런 이야기가 있습니다.

황진이의 명성을 듣고 멀리서 개성에 놀러온 소세양(蘇世讓 : 1486~1562년)이라는 풍류객이 한 달 동안이나 유명한 문인들을 모아 즐거운 나날을 보냈는데, 판서 지위에 있는 사람인 만큼 기일이 되자 미련 없이 귀경하려고 하였습니다. 그때 그녀는 「봉별소판서세양(奉別蘇判書世讓 : 소세양 판서를 보내며)」이라는 한시를 씁니다.

달 아래 뜰 가운데 오동잎 모두 지고

서리 속에 들국화 곱게 피었네

누대는 높아 자칫하면 하늘 닿을 듯

오가는 술잔에 끝도 없이 취하네

흐르는 물은 거문고 가락에 서늘하고

매화 향기 피리 소리 뿜어 보내네

내일 아침 눈물지며 헤어진 뒤에

그리운 정 물결처럼 끝이 없겠지

月下庭梧盡 霜中野菊黃 월하정오진 상중야국황

樓高天一尺 人醉酒千觴 누고천일척 인취주천상

流水和琴冷 梅花入笛香 유수화금냉 매화입적향

明朝相別後 情與碧波長 명조상별후 정여벽파장

이 시에 감동한 소세양은 출발을 하루 늦추고 그녀 곁에 머물렀다고 합니다.

황진이를 보기만 하면 반드시 사랑의 포로가 된다는 이야기가 한성에 퍼지자 호기로 이름을 날리던 벽계수碧溪守라는 왕족이 "나는 그런 여자는 안중에도 없다. 곁에 오면 쫓아버리겠다" 면서 임지인 개성으로 향하였습니다. 과연 그는 큰소리를 친 대로 연회석에서도 그녀에게 전혀 눈길을 주지 않았다고 합니다. 그러던 어느 날 밤 벽계수가 만월대의 야경을 구경하러 나갔다가 아름다운 절경에 빠져 있을 때, 어떤 여인의 아름다운 목소리가 들려왔습니다.

> 청산리靑山裡 벽계수야 쉬이 감을 자랑 마라
> 일도창해一到滄海하면 다시 오기 어려우니
> 명월明月이 만공산滿空山하니 쉬어 간들 어떠하리

노랫소리와 함께 부드러운 발소리가 가까워지더니 아름다운 손길이 그의 말고삐를 잡았습니다. 달에 비친 그녀의 얼굴을 잠시 내려다보던 벽계수는 말에서 내려 그녀의 손을 잡았습니다. 이렇게 맺어진 그들은 벽계수가 임지에 머무른 일 년 동안 열렬한 사랑을 나누었다고 합니다.

또한 여심의 미묘함을 풍부한 우리말로 노래한 두 편의 시조는 뛰어난 걸작으로 문학사의 시조 선집에 수록되어 있기도 합니다.

> 내 언제 믿음 없어 임을 언제 속였관대
> 월침月沈 삼경三更에 온 뜻이 전혀 없네
> 추풍에 지는 잎 소리야 낸들 어이 하리오

> 동짓冬至달 기나긴 밤을 한 허리를 베어 내어
> 춘풍春風 이불 아래 서리서리 넣었다가
> 정든 임 오신 날 밤이거들랑 굽이굽이 펴리라

이 애처로운 여자의 마음을 아낌없이 바쳐 만족한 생활을 하였는지는 알 수 없지만, 그녀는 아마도 무상한 인생의 심연을 깊이 맛보고 있었던 것이 틀림없습니다.

그녀는 마흔 전후의 젊은 나이로 병사하였다고 하는데, 1530년 무렵으로 추측됩니다. 임종하는 자리에서 그녀는 다음과 같은 유언을 남겼다고 합니다.

"내가 죽으면 시신을 관 같은 데 넣지 말고 마을 밖 냇가에 던져주시오. 그래서 개미, 까마귀, 솔개의 먹이가 되게 하여 세상 여자들의 교훈이 되게 하시오."

참으로 섬뜩한 이야기라고 할 수 있습니다. 그녀가 죽음에 직면하여 이렇게 비감한 생각을 한 것을 보면 그녀의 인생관이 얼마나 견고하고 심오하였나를 엿볼 수 있습니다. 후세 사람들 중에는 그녀가 자신의 삶을 부끄러워하여 죄의식으로 고통 받고 있었다는 식으로 해석하는 사람도 있지만, 그것은 정말 속된 해석입니다. 어쩌면 당시 사회와 시대에 철저히 저항하지 않을 수 없었던 그녀의 고독한 분노가 토로된 것이라고 할 수 있는지도 모르겠습니다.

호의를 갖고 황진이를 지켜보았던 주위 사람들은 그녀가 죽기 전에 몸을 의지하였던 개성 근처의 장단長湍에 정중히 묻어 주었습니다. 지금도 장단 판교리板橋里에는 황진이의 무덤이 있으며, 그녀가 살던 입우물 고개에는 약수가 난다고 합니다.

그녀의 수많은 시작 가운데 지금까지 전해져 오는 것은 얼마 되지 않지만, 그 시들은 민족의 마음을 노래한 걸작으로 사람들의 심금을 울리고 있습니다.

명문 출신의 여자 신동 허난설헌

우리나라의 대표적인 여류 시인의 한 사람인 허난설헌(許蘭雪軒 : 1563~1589년)은 1563년 강원도 강릉에서 태어났습니다. 그곳은 유명한 이율곡의 어머니 신사임당이 태어나 자란 곳이기도 합니다.

그녀의 아버지는 30여 년 동안 요직에 있었으며 경상도 관찰사를 역임한 바 있는 허엽(許曄 : 1517~1580년)입니다. 그의 장남은 성筬, 차남은 봉篈, 그녀가 그 밑이고, 셋째 아들 균筠은 그녀의 아우였습니다.

허난설헌의 어릴 적 이름은 초희楚姬였는데, 그녀는 수재로 소문난 오빠와 동생 사이에서 함께 한학漢學을 공부하였습니다. 조선 시대는 남녀 차별이 심한 봉건 사회로 여자에게는 글을 가르치려 하지 않았지만, 어린 허난설헌은 오빠들 어깨 너머로 한자를 배워서 한번 익힌 것은 결코 잊지 않았고 어려운 한학 서적을 거침없이 읽어 냈습니다. 이에 놀란 주변 사람들은 그녀에게도 똑같이 한학을 가르쳤습니다.

그러자 겨우 여덟 살밖에 안 된 이 소녀는 「광한전백옥루 상량문廣寒殿白玉樓上樑文」*이란 글을 썼고, 이 훌륭한 문장을 읽은 어른들은 크게 놀라며 여신동이 나타났다면서 그녀를 칭찬하였다고 합니다.

그녀는 어릴 때부터 많은 시를 지었지만, 소녀 시절을 어떻게 보냈는지는 확실하지 않습니다. 다만 그녀는 당시 최고의 한시인漢詩人의 한 사람이었다는 이달(李達 : 1561~1618년)에게 가르침을 받았다고 전해집니다.

몇 살 때 썼는지는 알 수 없지만 그녀가 자신의 스승과 관련하여 지은 「대아시大雅詩」라는 시가 있어 소개합니다.

> 요즘 들어 최경창과 백광훈 같은 분의
> 성당盛唐의 시경을 익혔다더니
> 아무도 아니 쓰던 '대아'의 시풍
> 이들에 와 다시 한 번 울리는구나
> 낮은 벼슬아치는 벼슬 노릇이 어렵고
> 변방의 살림은 시름만 쌓이네
> 나이 들어갈수록 벼슬길은 막히니

---

* 광한전은 선녀가 살고 있다는 상상 속의 달세계 궁전이고, 백옥루는 상상 속의 천제天帝가 사는 궁전을 말한다. 이 글은 자신이 '광한전백옥루'의 상량식에 초대받아 상량문을 짓게 되는 과정을 상상하면서 쓴 글이다.

시인 노릇 힘들다는 걸 이제야 알겠구나

近者崔白輩 攻詩軌盛唐 근자최백배 공시궤성당

廖廖大雅音 得此復鏗鏘 요료대아음 득차부갱장

下僚因光祿 邊郡悲積薪 하료인광록 변군비적신

年位共零落 始信詩窮人 년위공령락 시신시궁인

  이 시는 그녀의 스승을 비롯하여 당시 뛰어난 시인들이 오히려 사회로
부터 박해를 받아 가난하게 살고 있는 현실에 분노와 한탄을 담아 지은 것입
니다.

  그녀는 열일곱 살에 명문 양반 가문에 시집을 갑니다. 남편 김성립(金誠立
: 1562~1592년)은 나중에 과거에 합격하여 중앙 관청에 근무하였지만 별로 유
능하지 못하였는지 그리 높은 지위에는 오르지 못하였습니다. 그래서 뭇사람
들이 무슨 일에서나 남편을 부인의 재능과 비교하자, 그녀를 매우 못살게 굴
었던 것 같습니다. 또한 미루어 짐작할 수 있듯이 시어머니도 며느리를 가혹
하게 구박하였던 것도 같습니다. 집안일은 적당히 하고 언제나 책상에 매달
려 책을 읽거나 시를 짓는 며느리가 고깝지 않을 수 없었을 것입니다. 어쨌든
그녀는 불행한 결혼 생활을 강요당하였던 만큼, 친정의 고상하고 지적인 분
위기와 따스하게 감싸주던 친정 식구들을 더욱 그리워하였을 것입니다.

  그러나 그녀의 친정은 차츰 불행을 겪게 됩니다. 수재인 그녀의 오빠들
은 과거에 합격하여 요직에 올랐지만 정적들의 시샘을 받아 자주 궁지에 몰
렸는데, 특히 둘째 오빠인 봉은 멀리 북방 국경 지대인 갑산(甲山 : 지금의 함경남
도에 위치)으로 유배된 적도 있었습니다. 그녀는 그 비애를 다음과 같이 노래
하였습니다.

「송하곡적갑산(送荷谷謫甲山 : 갑산으로 귀양가는 오라비를 보내며)」

멀리 갑산으로 귀양가는 나그네여

함경도 길 가느라고 마음 더욱 바쁘겠네

쫓겨가는 신하야 가태부賈太傅*와 같겠지만

쫓아내는 임금이야 어찌 초楚나라의 회왕懷王** 같으랴

가을 언덕에 강물이 찬찬히 흐르고

변방의 구름은 저녁노을에 물드는데

서릿바람 받으며 기러기 울어 예니

걸음이 멎어진 채 차마 길을 못 가누나

遠謫甲山客 咸原行色忙 원적갑산객 함원행색망

臣同賈太傅 主豈楚懷王 신동가태부 주기초회왕

河水平秋岸 關雲欲夕陽 하수평추안 관운욕석양

霜風吹雁去 中斷不成行 상풍취안거 중단불성행

이 시는 또한 그녀 자신의 고독한 심경이기도 하였습니다.

여인으로 살며 시를 짓다

바늘방석 같은 시집살이였지만 허난설헌은 아내로서 또 며느리로서 최
선을 다하였던 듯합니다. 그녀는 자신의 고되고 쓸쓸하였던 생활을 많은 시
로 남겼습니다.

「기부강사독서寄夫江舍讀書」

기울어진 처마 스쳐 짝지어 제비 날고

낙화는 분분하게 비단옷을 치고 지네

---

* 중신들의 모함으로 조정에서 쫓거나 요절한 한漢나라의 충신 가의賈誼를 말한다.
** 나라의 충신 굴원屈原의 충언을 듣지 않은 채, 간신의 말만 믿고 진나라에 갔다가 잡혀 죽은 초나라의
  왕을 말한다.

동방 깊은 곳엔 임 생각 상한 마음
푸른 강남 가신 임은 돌아오질 아니하네

燕掠斜簷兩兩飛 연략사첨양양비
洛花撩亂撲羅衣 낙화료란박나의
洞房極目傷春意 동방극목상춘의
草綠江南人未歸 초록강남인미귀

「야좌野坐」
비단 폭을 가위로 결결이 잘라
겨울옷 짓노라면 손끝 시리다
옥비녀 비껴 들고 등잔 가를 저음은
등잔불도 돋울 겸 빠진 나비 구함이라

金刀剪出篋中羅 금도전출협중라
裁就寒衣手屢呵 재취한의수루가
斜拔玉釵燈影畔 사발옥채등영반
剔開紅焰救飛蛾 척개홍염구비아

「강남곡江南曲」
호숫가 달이 떠서 밝아오며는
연 캐는 아가씨들 밤중에야 돌아가네
이 기슭에 행여나 배 저을세라
한 쌍의 원앙들이 놀랄까 두렵구나

湖裏月初明 호리월초명
采蓮中夜歸 채연중야귀
輕橈莫近岸 경요막근안

恐驚鴛鴦飛 공경원앙비

「규원閨怨」
달 비친 누樓에 가을 깊고 옥병풍 허전한데
서리 친 갈밭에는 저문 기러기 내린다
거문고 아무리 타도 임은 안 오고
연꽃만 들못 위에 맥없이 지고 있네

月樓秋盡玉屛空 월루추진옥병공
霜打蘆洲下暮鴻 상타로주하모홍
瑤瑟一彈人不見 요슬일탄인부견
藕花零落野塘中 우화영락야당중

　　그러나 그녀는 결코 고독을 한탄하고 있지만은 않았습니다. 그녀는 세
상 여인들의 여러 가지 고충을 동정하고, 특히 가난한 집에서 태어나 산다는
이유로 학대받고 굶주림에 울어야 하는 사람들의 비애와 분노를 자신의 고
통처럼 노래하였습니다.

「빈녀음貧女吟 1」
어찌 용모인들 남에게 빠지리오
바느질 길쌈 솜씨 그 역시 좋은데
가난한 집에 나서 자라난 탓에
중매 할미 모두 나를 몰라준다오

豈是乏容色 기시핍용색
工鍼復工織 공침부공직
少小長寒門 소소장한문
良媒不相識 양매불상식

「빈녀음貧女吟 2」

밤새도록 쉬지 않고 베를 짜는데
삐걱삐걱 베틀 소리 처량하게 울리네
베틀에는 한 틀 베가 짜여졌는데
뉘 집 아씨 시집갈 때 옷감 되려나

夜久織未休 야구직미휴
戛戛鳴寒機 알알명한기
機中一疋練 기중일필련
終作阿誰衣 종작아수의

「빈녀음貧女吟 3」

손으로 가위를 잡느라고
추운 밤 열 손가락 곱아오는데
남 위해 시집갈 옷 짜고 있건만
자기는 해마다 홀로 산다오

手把金剪刀 수파금전도
夜寒十指直 야한십지직
爲人作嫁衣 위인작가의
年年還獨宿 년년환독숙

그녀는 이처럼 가난한 사람들에 대한 동정심을 노래하였을 뿐만 아니라 사회의 불합리와 신분 차별에 대해서도 날카롭게 지적합니다.

「감우感遇」

양반댁 세도가 불길처럼 융성턴 날
드높은 누각엔 풍악 소리 울렸건만

가련한 백성들은 헐벗고 굶주려
주린 배를 틀어안고 오두막에 쓰러지네

그러다 일조에 가문이 기울면
그제야 가난한 백성들을 부러워한다

흥망과 성쇠는 때마다 바뀌는 것
누가 감히 이 천리天理 어길 것이랴

東家勢炎火 高樓歌管起 동가세염화 고루가관기
北隣貧無衣 腹蓬門裏裏 북린빈무의 효복봉문리
一朝高樓傾 反羨北隣子 일조고루경 반선북린자
盛衰各遞代 難可逃天理 성쇠각체대 난가도천리

또한 그녀는 국가의 운명을 염려하는 백성의 목소리에 귀를 기울이고,
국토 방위를 위한 공사에 동원된 서민들의 애국심을 노래하였습니다.

「축성원築城怨」
천 사람 일제히 방망이 들고
땅바닥 흙을 다져 웅성거리네
힘 모아 성곽을 잘도 쌓건만
운중 요새 위상은 보이지 않네

성을 쌓고 또 쌓아
성이 높아 도적을 막아내리라
다만 수많은 적들이 쳐들어오면
그를 막지 못할까 두려워지네

千人齊抱杵 土底隆隆響 천인제포저 토저융융향

努力好操築 雲中無魏尙 노력호조축 운중무위상

築城復築城 城高遮得賊 축성부축성 성고차득적

但恐賊來多 有城遮未得 단공적래다 유성차미득

　　이와 같이 그녀는 넓은 안목으로 인생을 생각하고 겨레를 생각하고 조국의 운명을 염려한 사람이었습니다. 그래서 후세의 뛰어난 학자와 문학자들은 한결같이 "우리나라의 뛰어난 여류 시인 가운데 가장 탁월한 이는 허난설헌이다"라고 칭송하고 있습니다.

　　그녀는 생각하고 느끼는 모든 것을 마치 일과처럼 시로 남겼는데, 그렇게 쓴 시고詩稿가 커다란 장롱으로 가득 찼다고 합니다. 그러나 여자로서 항상 고독했던 그녀는 1589년 겨우 스물일곱 살의 젊은 나이로 세상을 떠납니다. 숨을 거두기에 앞서 그녀는 생명을 불태우듯이 써왔던 시고를 전부 태워버리라는 말을 남겼다는데, 유언대로 그녀가 죽자 주옥같은 시들은 모두 불태워졌습니다. 물론 시댁 사람들이 한 일이지만 통탄스럽기 짝이 없는 일입니다. 다행인 것은 그녀가 친정에 남겼던 시고가 그녀의 동생인 허균에 의해 소중하게 보관되고 있었다는 점입니다.

낙양의 지가를 높이다

　　천부적 재능을 살리지 못하고 허망하게 죽은 그녀였지만, 그녀가 세상을 뜨고 열일곱 해가 지난 1606년, 그녀는 일약 국제적인 유명세를 타게 됩니다.

　　그해 조선에 온 명나라 사신 주지번朱之蕃과 부사 양유년梁有年이 시작을 좋아하여 허균과 친교를 맺었는데, 어느 날 두 사람은 허균이 보여준 죽은 그녀의 유고를 보고 크게 경탄합니다. 주지번은 허균에게 부탁하여 허난설헌의 시고를 명나라에 가져가 조선의 여류 시인 『허난설헌집』을 발간하였고, 이 시집은 명나라 도처에서 크게 환영받아 각지에서 시집의 주문이 쇄도하여 문자 그대로 낙양(洛陽)의 종이 값을 올렸다는 평판을 얻습니다.

그 중에서도 명나라의 유명한 문인 조문기趙文奇는 그녀가 일곱 살 때 쓴 「광한전백옥루 상량문」을 읽고 절찬하였습니다.

"이 문장을 읽으니 흡사 신선이 되어 백옥루에 올라 있는 느낌이로다."

명나라에서 그녀의 시집이 대단한 평판을 받자 곧 조선에 역수입되었지만, 허균이 1618년 반역죄로 처형되자 그녀의 시집도 그대로 매장되고 맙니다.

그리고 1692년이 되어서야 다시 그녀의 시집이 출판되었는데 그것은 명나라에서 출판된 것과 같은 것이었고, 그마저도 한성에서 출판된 것이 아니라 부산 동래東萊에서 간행되었습니다. 하지만 무역 차 부산을 왕래하던 일본의 사신과 상인들이 이 시집을 일본에 가지고 가면서, 1711년 분다이야 지로文台屋治郎 등에 의해 간행되어 일본에서도 널리 애독됩니다.

이 시집을 명나라에서 발간한 정사正使 주지번은 "그녀의 시는 주옥 같다"고 하였으며, 부사인 양유년 역시 "이 시는 매우 아름다워 중국의 역대 시집 가운데에서도 두드러진다"고 하였습니다.

이렇게 국제적인 각광을 받은 그녀의 시는 16세기 조선을 대표하는 시인의 한 사람으로 우리 문학사에 빛나는 존재가 되었지만, 그녀의 시고가 대부분 불타버린 것은 아무리 생각해도 유감스러운 일이 아닐 수 없습니다.

25. 명필 한석봉과 실학 운동의 선구자 이수광

아들 한석봉과 그의 어머니

우리나라의 대표적인 서예가의 한 사람인 한호(韓濩 : 1543~1605년)의 호는 석봉石峰인데, 그는 중종 38년 송도 교외에서 태어났습니다. 그의 할아버지 한관韓寬은 정랑(正郞 : 육조六曹에 소속된 정5품의 관원)이었지만, 그가 태어날 무렵에는 매우 가난하였던 듯합니다. 게다가 그는 아버지를 일찍 여의어 홀어머니 밑에서 외아들로 자라야 하였습니다.

천재적인 소질을 가지고 있는 아들을 키우기 위하여 그의 어머니는 떡을 팔아 생계를 꾸려 나갔습니다. 그의 어머니는 자식의 교육 환경을 고려하여 집에서 오십 리나 떨어진 서당에 기숙시키기도 하였는데, 이 모자를 둘러싼 여러 가지 일화가 전해지고 있습니다.

어머니는 자식에게 설날이나 추석, 제사, 그리고 계절이 바뀌어 옷을 갈아입을 때 외에는 절대로 집에 돌아와서는 안 된다고 하면서, 공부에만 힘쓰도록 신신당부를 하였습니다. 그래서 석봉은 집에 자주 올 수 없었습니다. 그러던 어느 날 마침 어머니 곁에서 저녁 시간을 함께 하고 있을 때였습니다. 소년은 등잔불 아래서 글씨를 연습하고 어머니는 곁에서 떡을 썰고 있었는데, 그때 문득 문틈 새로 바람이 불어와 등잔불이 꺼져 방안이 깜깜해졌습니다. 소년은 글씨 연습을 중단하였지만, 어머니는 어둠 속에서도 여전한 손놀림으로 떡을 썰면서 말했습니다.

"얘야, 너도 어둠 속에서 글씨 연습을 계속하거라. 조금 있다가 불을 켜서 과연 네가 쓴 글씨와 내가 썬 떡 가운데 어느 것이 바르게 되었는지 비교해보자."

소년은 어둠 속에서도 조금도 변함없는 칼 놀리는 소리를 들으며 붓끝에 신경을 쏟아 한 자 한 자를 정성들여 써 나갔습니다. 한참 후 어머니는 등잔불을 붙이고 두 사람의 솜씨를 비교하였습니다.

"어머니께서 썬 떡은 전혀 흐트러지지 않고 가지런하군요. 어둠 속에서 어떻게 이렇게 쓸 수 있나요?"

소년은 어머니의 솜씨에 감탄하며 여쭈었습니다.

"너도 어둠 속에서 이만큼 글을 썼으니 어지간히 실력이 늘었구나. 하지만 내 손놀림을 따라오려면 아직 멀었다. 어떤 일이든 열심히 노력하여 훈련을 거듭하면 반드시 훌륭하게 될 것이다. 너도 눈을 감고서 글자를 작고 훌륭하게 쓸 수 있을 때까지 부지런히 공부하거라."

어머니는 소년에게 이렇게 당부하였습니다. 소년은 어머니의 실천적인 교훈에 감동하여 자신을 위해서뿐만 아니라 어머니에 대한 효도를 위해서라도 반드시 공을 거두자고 결심하였습니다.

한번은 석봉이 서당에서 밤늦게까지 공부를 하다가 어머니가 병을 앓고 있다는 소식을 듣고 즉시 오십 리 길을 달려온 적이 있습니다. 마을에 당도하니 벌써 동녘이 밝아오기 시작하였습니다. 그런데 이렇게 이른 새벽부터 우물물을 긷는 사람이 있어 달려가 보니 바로 어머니였습니다.

"어머니! 병환으로 누워 계시다고 들었는데, 이렇게 일찍 일어나셔도 괜찮습니까?"

자식은 어머니의 건강한 모습을 보고 저도 모르게 들떠서 말했습니다. 그러나 어머니는 그를 엄히 꾸짖었습니다.

"공부는 안 하고 왜 왔느냐?"

"어머니께서 병환으로 누워 계시다고 하기에 병간호를 위해 달려왔어요."

"병간호가 필요하다면 내가 사람을 보내 너를 부를 것이다. 나를 염려하기보다 공부에 힘쓰는 것이 효도라는 점을 잊었단 말이냐? 자, 그냥 서당에 돌아가거라."

어머니는 심하게 꾸중을 하였습니다. 눈물을 꾹 참으며 꾸짖는 어머니의 모습에 감동한 소년은 그대로 발길을 돌려 피곤과 배고픔도 참고서 다시 오십 리 길을 걸어 서당으로 돌아갔다고 합니다.

나뭇잎과 돌조각에도 글을 쓰다

서당의 훈장은 석봉의 천재적인 글씨에 감탄하여 "너는 장차 반드시 명필이 될 터이니 글씨 연습에 힘쓰거라" 하면서 그를 격려하였습니다. 석봉은 중국 최고의 명필이라는 왕희지(王羲之 : 303~361년, 중국 동진東晉 때 정치가이며 서예가)의 서체를 항상 교본으로 삼아 공부하였는데, 왕희지를 능가하는 초서체로 멋진 병풍에 글씨를 쓰는 꿈을 자주 꾸어 자신에게 왕희지의 혼이 내린 것은 아닌가 생각한 적도 있었다고 합니다.

그러나 어머니가 떡을 팔아 보내주는 돈만으로는 붓과 먹을 넉넉하게 살 수 없었습니다. 글씨 연습을 계속하려면 아무리 종이가 많아도 부족할 지경이었으며, 당시 그에게 종이 값은 너무 비쌌습니다.

석봉은 산에 올라가 감나무 잎이나 떡갈나무 잎을 구해와 종이 대신 나뭇잎에 글씨를 쓸 수 있었지만, 나뭇잎은 여름에나 초가을밖에 구할 수 없었고 나뭇잎에는 큰 글씨를 연습할 수 없었습니다. 생각다 못한 석봉은 돌다리의 돌판에 연습을 하기로 합니다. 사람들이 발로 밟고 다니는 돌판은 넓적하므로 아무리 큰 글씨라도 자유자재로 쓸 수 있었기 때문입니다. 게다가 돌판에는 묵도 연적도 필요 없이 물을 적시면 계속 쓸 수 있었습니다. 그러나 돌판에 연습을 할 때도 문제가 있었습니다. 돌판 위에도 비 오는 날에는 글씨를 쓸 수 없었던 것입니다. 그래서 그는 비가 오는 날이나 해가 진 후에는 항아리에다 글씨 연습을 했다고 합니다.

사실 붓 가격도 결코 만만치는 않았지만, 그는 돌판이나 항아리에 쓰는 붓은 스스로 궁리하여 대용품을 만들어 쓸 줄 알았습니다. 그렇기 때문에 이 천재 소년에게는 붓도 종이도, 벼루도 먹도 살 수 없는 것이 그다지 고통스럽지는 않았습니다. 천지 자연에 있는 것을 그대로 교구나 교재로 이용하였던 것입니다. 이렇게 피눈물 나는 수련 속에서 소년은 독특한 필법과 어떠한 일에도 흔들리지 않는 강한 정신력을 기르게 됩니다.

명필로 이름이 널리 퍼지다

석봉은 필사적으로 공부를 계속하였습니다. 아마도 그는 모든 양반집 자제가 그랬듯이 과거 시험을 치르기 위하여 한학 공부에 몰두한 것으로 생각됩니다. 그리하여 1567년 진사에 합격하였는데, 그때 나이 이미 스물다섯 살의 청년이었습니다. 그러나 이름도 없는 가난한 가문에서 자란 그를 발탁해주는 권력자가 없었는지, 바라던 관직에 임용되지는 못하였습니다.

하지만 그의 명필이 널리 알려져 중국에 가는 사신의 사자관(寫字官 : 필경사와 같은 말단직)으로 임용되어 중국을 여러 번 다녀오고, 또한 중국 사신을 접대하는 접빈사接賓使의 사자관에도 임용되어 중국 사신들과 접촉하는 일이 많았습니다. 연대는 분명치 않지만 그가 사자관으로 중국에 갔을 때의 일화가 있습니다.

명나라의 서울인 북경에는 서화 수집으로 유명한 대부호가 살고 있었습니다. 그는 중국 역대의 명필을 사 모으고 많은 서예가들을 초청하여 감상하는 것이 낙이었는데, 심미안도 매우 수준이 높아서 명필로 알려진 서예가들을 불러 모아 글씨를 쓰게 하면서 풍류를 즐겼다고 합니다. 어느 날 그는 많은 사람을 모아놓고, 거금을 주고 샀다는 명품 걸개를 집어 들어 펼쳤습니다.

"이 걸개에 어느 누구보다 훌륭하게 글씨를 쓸 수 있는 사람이 없겠소? 만일 이 걸개에 어울리는 글씨를 쓸 수 있다면 막대한 상금을 주겠소."

걸개는 종이에 금박이 뿌려져 있는 호화로운 것이었습니다. 그 자리에는 중국의 대표적인 서예가들이 두루 모여 있었지만, 자신이 없었는지 누구 하나 앞에 나서지 못하였습니다. 때마침 말석에 앉아 있던 한석봉은 이 기회에 중국의 명필이라는 사람들을 놀래주고자 결심하고 불쑥 앞으로 걸어 나갔습니다.

"어느 시골 서생 나부랭이가 장소를 구별하지 못하고 엉뚱한 짓을 하는군."

그곳에 초대된 사람들은 모두 이 낯선 이의 당돌한 태도에 이렇게 실소하였습니다.

석봉이 붓에 담뿍 먹을 묻히고서 글씨를 쓰려는 순간, 연회석에서 시중들고 있던 젊은 기녀들이 일제히 웃음을 터뜨렸습니다. 석봉의 무뚝뚝한 행동이 그 자리의 분위기에 너무 어울리지 않아 우스꽝스럽게 보였던 것이 분명합니다. 그 무례한 웃음소리에 흥분한 석봉은 그만 손가락이 떨려 아직 아무것도 쓰지 않은 백지 위에 먹물 방울을 점점이 떨어뜨리고 말았습니다.

"이게 무슨 짓인가!"

부호는 안색이 하얘지면서 석봉을 노려보았습니다. 실수를 하고 당황하는 석봉의 모습에 기녀들도 배를 움켜쥐고 웃어댔습니다. 좌중이 보내는 조소의 눈길을 받으며 석봉은 냉정을 되찾았고, 가슴을 펴고 말했습니다.

"여러분, 이것은 실수가 아닙니다. 미리 글자의 위치를 정해놓은 것뿐입니다. 자, 이제 보십시오."

그는 입술을 깨물고 붓에 힘을 주어 물이 흐르듯 초서체를 써 내려가자, 종이 위에 점점이 묻어 있던 먹물 방울의 흔적은 글자 속에 묻혀 자취를 감추었습니다.

완성된 걸개의 글자는 금박이 반짝거려 흡사 상상의 나라에서 용이 약동하는 듯하고, 수양버들 가지가 바람에 흔들리고 있는 듯도 하며, 시냇물 속에서 반짝이는 조약돌처럼 보이기도 하고, 절벽 위에 핀 난꽃 같기도 하였습니다.

그것을 본 사람들은 감탄한 나머지 말을 잃고 바라만 볼 뿐이었습니다. 주인은 만면에 웃음을 띠며 석봉의 손을 꼭 쥐고 절찬하였습니다.

"정말 명필이시오!"

그리고 어디서 온 누구냐고 물었습니다.

"저는 조선에서 온 사신의 일행인 한석봉입니다."

그러자 부호는 거듭 놀라면서 깍듯이 사죄하였습니다.

"내 일찍이 조선에 한석봉이라는 명필이 있다는 말은 들었소만, 바로 선생이셨구려. 내 그런 줄도 모르고서 실례를 범하였소."

그리고는 다시 잔을 권하며 약속한 대로 막대한 사례금을 건네주었다고 합니다. 이 소문은 바로 북경의 서예가들과 학자들에게 전해져 한석봉의 숙소에는 그의 글씨를 구경하러 오는 사람들로 줄을 이었습니다. 한석봉이 북경에서 쓴 그 걸개는 부르는 게 값이었다고 합니다.

국내외에 명성을 떨쳤음에도 불구하고, 그는 1583년이 돼서야 와서(瓦署 : 궁전의 기와나 벽돌을 굽는 공장)의 별제(別提 : 정6품의 책임자)로 임명됩니다. 그때 나이 이미 마흔한 살이었습니다.

중국 서풍에서 벗어나 독자적인 서도書道를 확립하다

한석봉은 왕희지의 글씨를 교본으로 삼아 글씨 연습을 하였지만 서예가로 이름을 얻기 시작한 무렵에는 중국의 서체를 모방하는 틀을 버리고, 전혀 새로운 독자적인 서체를 선보이기에 이릅니다. 중국의 서풍에서 완전히 벗어난 독특한 경지를 개척한 것입니다. 그는 해서楷書, 초서草書, 전서篆書, 예서隸書 등 모든 서체에 정통하였으며, 태자太字나 세자細字에서도 자유자재의 묘기를 발휘하였습니다. 조선에 온 중국의 사신들 역시 그의 서체에 감탄을 금치 못하였습니다.

"석봉의 글씨는 중국의 서성書聖인 왕희지나 안진경(顔眞卿 : 709~785년, 중국 당나라 때의 서예가)과 어깨를 견줄 만하다."

임진왜란 때 명나라의 대장으로 조선에 왔던 이여송李如松, 장군 마귀麻貴나 이달李達 등도 그의 글씨를 가장 귀한 보물로 여기며 가지고 돌아갔고, 멀리 류큐(琉球 : 지금의 오키나와)에서도 그의 글씨를 구하러 왔다고 합니다. 당시 중국의 명필가들은 그의 글씨를 이렇게 칭송하였습니다.

"성난 사자가 바위를 던지는 듯하며, 또한 굶주린 말이 샘으로 돌진하는 듯한 필세로다."

그가 경애해 마지않았던 어머니에게 어떻게 효도를 다하였는지, 그가 와서의 관리로 어떤 공적을 남겼는지, 임진왜란 당시 어떤 활약을 하였는지에 대해서는 기록이 남아 있지 않아 전혀 알 수가 없습니다. 이는 그가 당시 권력자들로부터 매우 경시를 받았기 때문이라고 생각됩니다.

하지만 임진왜란 뒤 선조는 그의 글씨를 매우 사랑하여 언제나 서재에

한석봉의 글씨

그가 쓴 걸개를 걸어놓았다고 합니다. 그리고 어느 날은 그의 글씨에 감격한 나머지 "형언키 어려울 만큼 용장勇壯한 신기神技로다"라고 칭송하며, 그에게 친히 술을 하사하였을 뿐만 아니라 특명을 내려 가평加平 군수에 임명하기까지 하였습니다.

왕의 즉흥적인 조치로 한석봉은 정4품에 해당하는 지방관이 됩니다. 출세를 제일로 치던 당시의 세태로 보자면 이는 어쩌면 어머니에 대한 최대의 효도였는지 모르지만, 지방 행정관으로서 그의 수완이 어떠하였는지는 알려지지 않고 있습니다. 그는 그 뒤 다른 지방관으로 전직하였다가 다시 조정의 사자관寫字官 도감都監이라는 책임자로 임명됩니다.

한석봉은 1605년 예순세 살에 병으로 죽었는데, 왕이 친히 약을 보내주었고 그가 죽자 많은 부의賻儀를 내렸다는 이야기가 그의 최후를 장식하는 기록이 되어 있습니다.

그의 명성은 사후에 점차 사람들 사이에 퍼져서, 한자를 배우는 사람은 모두 그가 쓴 『석봉 천자문石峰千字文』, 『석봉 서법石峰書法』을 교본으로 공부하게 되었지만, 유감스럽게도 오늘날 일반화되어 있는 책들은 그의 서체를 흉내 낸 것으로 그의 진필은 아니라고 합니다. 현재 그의 진필서는 거의 남아 있지 않고, 단지 그의 글씨를 새긴 비문의 탁본만이 전해지고 있을 뿐입니다. 대표적인 비문으로는 개성의 선죽교비善竹橋碑, 고양의 행주 승전비幸州勝戰碑, 개성의 서경덕 신도비徐敬德神道碑 등이 있습니다.

해가 감에 따라서 한석봉은 우리나라 서도의 귀재로 추앙되어 세 살배기들도 그의 이름을 모르는 아이가 없게 되었고, 어둠 속에서 어머니는 떡을 썰고 아들은 글자를 썼다는 일화는 우리 민족의 모든 가정에서 자녀 교육의 둘도 없는 교훈적인 이야기로 전해지고 있습니다. 조선 후기의 명필인 김정희(金正喜 : 1786~1856년)와 더불어 우리나라 최고의 서성書聖으로 오늘날까지도 추앙받는 그지만, 정진과 수련의 화신과 같은 그가 과연 인간으로서 행복하였는지 어떤지는 알 길이 없습니다. 어쩌면 천재적인 예술가는 철저히 고독 속에서 산 사람들이었는지도 모릅니다.

이수광, 혜택 받은 환경에서 자라다

가난하기 그지없고 적적한 환경에서 자란 석봉과 달리, 이수광(李睟光 : 1563~1628년)은 풍족한 명문가에서 자랐습니다.

한성에서 병조판서兵曹判書 이희검(李希儉 : 1516~1579년)의 아들로 태어난 그는 어렸을 때부터 머리 좋기로 평판이 났으며, 스무 살 때에는 벌써 진사 시험에 합격하고, 스물세 살 때는 뭇 청년 학도들이 동경하는 과거의 고급 시험인 문과에 합격합니다.

그는 바로 역사 편찬 기관인 춘추관春秋館의 사관史官이 되었고, 얼마 후 이조좌랑吏曹佐郎에 임명됩니다. 20대의 젊은이 이수광은 이렇게 조정의 권력에 가까이 다가갔지만, 그 무렵 고관들은 일본의 침략군이 조선을 침략할 계획을 세우고 대대적으로 군비를 확충하고 있다는 것도 깨닫지 못한 채 여전히 권력 투쟁에 몰두해 있을 때였습니다.

그는 권력파들의 횡포를 겪으면서도 자신의 올바른 진로를 찾기 위하여 열성을 다하지만, 보기 흉한 고관들의 작태에 실망하여 결국 관직을 버리고 집으로 돌아가 버립니다. 이때 그는 서른 살이었는데, 그해 4월 일본의 대군이 침범해 왔습니다. 대군이 내습하였다는 소식에 장안의 양반들은 앞을 다투어 도망가느라 정신이 없었지만, 애국심이 강한 그는 격앙하여 전선으로 나아가겠다고 자원합니다.

임진왜란의 최전선을 누비다

이수광은 즉시 경상도 방어사防禦使 조경(趙儆 : 1541~1609년)의 종사관(從事官 : 참모와 같은 관직)에 임명되어 임지로 출발하게 됩니다. 하지만 이미 적의 대군은 경상도를 지나 북상 중이었고, 그가 행선지를 바꾸어 전라도 운봉雲峰에 도착하였을 때에는 한성이 함락되었다는 소식을 듣게 됩니다.

남방 각지에 파견된 방어사들은 궐기한 의병들과 함께 우선 한성을 수복하는 작전을 세우고 6월에 5만 대군을 용인龍仁에 집결시킵니다. 그러나 무장도 빈약하고 훈련도 받지 못한 부대는 공격에 실패하고 뿔뿔이 흩어지고 맙니다. 그는 국왕의 피난지인 의주에 연락을 취하는 임무를 띠고 적진을 뚫고서 의주로 향하였습니다. 의주에 도착한 후에는 어사御使로 민정을 시찰하고 적과 싸우는 백성들을 격려하는 임무를 띠고 함경도에 파견됩니다.

함경도에는 가토 기요마사의 부대가 진격하고 있었는데, 의병 대장 정문부(鄭文孚 : 1565~1624년)의 지휘 아래 도민이 총궐기하여 적군을 물리치는 싸움에 떨쳐나서고 있었습니다. 여기에서 이수광은 우리 민중들의 영웅적인 투쟁을 목격하고, 적의 약탈과 폭행이 얼마나 잔혹한지를 직접 목격합니다.

그는 왜군을 완전히 제압하는 약 1년 반 동안 항상 나라를 지키는 전선에 서 있었으며, 뒷날 이 무렵의 일을 회상하며 다음과 같이 쓰고 있습니다.

영남에서 의주에 이르고, 또다시 함경도로 발길을 옮겨 전국을 걸어서 돈 것이 수만 리에 이른다. 그동안 적의 소굴을 수도 없이 뚫고 지나며 사경에 빠졌던 적도 한두 번이 아니었다.

……임진년壬辰年(1592년) 임금께서 서쪽으로 피난하신 뒤, 나라 안은 방비가 무너져 적병이 가득하고 조정의 명령이 지방에 전달되지 못하여 거의 무정부 상태에 빠진 것이 한 달 이상이 되었을 때였다.

이때 영남의 곽재우, 호남의 김천일金千鎰, 고경명高敬命, 호서의 조헌趙憲 등이 솔선하여 의병을 일으켜 각지에 격문을 띄웠다. 이때부터 백성들은 비로소 애국심이 고취되고, 각도 각군에서 민병을 모아 의병 대장이라 부르는 인사가 무려 수백 명에 이르렀다.

왜적을 무찌르고 나라를 회복한 것은 실로 의병의 힘이었다.

이처럼 그는 조정의 관원이었음에도 불구하고 관군보다 의병 부대의 공적을 칭송하였습니다. 그는 또 사랑하는 향토가 적에게 유린당하고 있는데도 일신의 안일만을 도모하여 싸우지도 않고 도망친 비겁한 양반 귀족들과 일부이기는 하지만 적에 투항하여 국가에 반역한 매국노들에 대하여 한없는 증오와 저주의 말을 퍼부었습니다.

반면에 자신과 행동을 함께 하면서 모든 위험과 고난을 극복한 이름 없는 한 역노驛奴를 더할 나위 없이 훌륭한 동지였다고 칭송합니다. 그리고 함경도에서 두 왕자와 중앙의 관원들을 적에게 팔아넘긴 매국노 국경인鞠景仁*일파를 처죽인 함경도 민중들의 행동을 더할 나위 없이 애국적 행동이었다고 평가합니다.

그는 또한 최대의 전공을 세웠던 수군의 영웅 이순신에 대해서도 절찬하였습니다.

통제사統制使 이순신 장군은 수군을 통솔하여 해상에서 적군의 진로를 가로막고, 왜적의 함대를 수없이 격퇴하여 무수한 적군을 살상하고 적을 공포의 도가니에 빠뜨렸으며, 적의 해로를 차단하여 서쪽으로 진출할 수 없게 하였다.

조선과 명나라, 즉 두 나라의 조정이 안전을 보전하고, 국권을 회복할 수 있었던 것은 모두 그의 힘이다.

왜군이 남해안 지역으로 철수하고 전쟁이 일시 휴전에 들어갔을 무렵, 이수광은 조정의 지시를 받고 수차례 사신단의 일원으로 명나라에 파견됩니다. 주된 임무는 일본의 침략으로 황폐해진 조선의 실정을 명나라에 이해시

---

* 본래 전주에서 살다가 함경도 회령會寧으로 유배된 인물이다. 임진왜란 때 조정에 대한 원한으로 반란을 일으킨다.

키는 것이었지만, 한편으로는 명나라에서 파견된 지원군과 조선 백성들 사이에서 일어나고 있는 갖가지 마찰과 의견 충돌 등을 조정하는 것도 임무의 하나였습니다.

물론 그는 사신으로서 본래의 임무를 충실히 수행하고 있었지만, 전란으로 피폐해진 조국을 부흥시키는 데 도움이 될 만한 것을 찾아내려고 항상 노심초사하고 있었습니다. 그래서 그는 북경에 온 여러 외국 사신들을 만나 새로운 지식을 얻는 데 열심이었습니다. 그는 그때까지 조선에 전혀 알려지지 않았던 유럽의 문물을 접하고 비상한 관심을 쏟습니다.

『천주실의天主實義』,
『중우론重友論』 등 유럽의 문물을 소개하다.

그 후 그는 귀국할 때 『천주실의天主實義』*, 『중우론重友論』** 등 서양의 문물을 해설한 서적을 가지고 돌아와 조선에 유럽의 문물을 소개하는 선구자가 됩니다.

정치가이기보다는 학자로 살다

1598년 일본 침략군을 완전히 물리치고 겨우 평화를 되찾았지만, 조정의 고관들은 여전히 권력 투쟁을 벌이고 있었습니다. 이수광은 전쟁 중에 정권의 중심에서 공적을 세운 유성룡(柳成龍 : 1542~1607년)으로부터 인정을 받고 있었던 만큼 유성룡에 반대하는 일파로부터 끊임없이 배척되었습니다. 그러나 전란 중의 공적이 인정받아 비교적 순조롭게 관직 생활을 계속할 수 있었습니다.

그는 도승지(都承旨 : 승정원에 속한 정3품 관직), 예조참판, 대사헌 등 조정의 고관직을 역임하면서 출세 가도를 달렸지만, 1607년 유성룡이 죽고 이듬해에 선조가 죽자 권력을 독점한 유성룡의 반대파로부터 한패가 되자는 유혹을 계속 받습니다.

독야청청 하는 태도를 고수하며 되도록 파벌 투쟁에 말려들지 않으려고

---

* 이탈리아의 신부 마테오 리치Matteo Ricci가 저술한 천주교 교리서이다.
**『교우론交友論』이라고도 한다. 이 책 역시 마테오 리치가 저술한 서양 윤리서이다.

조심해온 그였지만, 결국 권력파의 노골적인 박대에 견디지 못하고 1613년 관직을 떠나 집에 칩거한 채 사람들과 되도록 접촉하지 않고서 생활합니다. 파벌을 꺼리는 그는 원래 정치와는 거리가 먼 인물이었던 것입니다. 이수광은 조용히 책을 읽고 자신의 신념을 써나가는 데서 인생의 의의를 찾고자 하였지만, 권력자들은 그가 이렇게 안주하는 것을 허락하지 않았습니다.

1616년, 그는 다시 순천 부사順天府使에 임명됩니다. 조정의 고관이었던 그를 일개 지방관에 임명한 것은 극단적인 좌천이었지만, 왕명에 복종하지 않으면 반역자로 처벌되었기 때문에 부득이 임지로 떠날 수밖에 없었습니다. 이수광은 잠시 부사로 일하다가, 어떤 구실을 내세웠는지는 몰라도 관직을 떠나 다시 시골집으로 돌아와 원하던 대로 집필 생활에 들어갑니다.

그의 대표적인 저작은 1614년에 출간된 『지봉유설芝峯類說』(20권)인데, 여기서 지봉은 이수광의 호입니다. 이 책은 천문天文, 역학曆學, 지리, 역사, 제도, 풍속, 종교, 문학, 예술 등 25부문에 걸친 자신의 견문과 견해를 3,425 조항으로 기술한 것입니다.

『지봉유설芝峯類說』

그의 저서 『지봉유설』이 보여주는 것

이 책에 348명에 이르는 우리나라 학자의 저술이 인용되고 있는 것을 보더라도, 이수광이 얼마나 많은 책을 읽고 지식이 풍부하였는지 잘 알 수 있습니다. 그리고 그는 이 책의 각 부문에서 2,265명의 전문가를 소개하고 있습니다. 그는 특히 조국의 역사, 지리, 언어, 제도의 연구에 깊은 관심을 기울였으며, 유럽의 문물에 대해서도 일정한 비판적 자세를 견지하면서 그 장점을 자세히 서술하고 있습니다.

그는 당시의 시대적 배경과 환경의 제약 때문에 유교 사상에서 벗어나지는 못하였습니다. 그러나 이 책에 나타난 그의 사상은 사회 현상을 객관적으로 비판하고 불합리한 것을 시정하고 있으며, 나라의 진정한 발전과 민중의 생활 안정을 바라는 생각이 일관되고 있어 실생활에 도움이 되는 학문을 추구하고 있었습니다. 당시로서는 매우 진보적인 생각이었습니다.

그는 이 책에서 다음과 같이 서술하고 있습니다.

"백성이 비록 무지할지라도 그들을 속일 수 없으며, 비록 비천한 신분일지라도 그들을 경시할 수 없다. 군주가 된 자는 민심을 얻으면 천자라 할 수 있지만 민심을 얻지 못하면 단순한 범부凡夫에 지나지 않는다. 따라서 백성은 곧 군주의 하늘이다."

그는 당시 권력자들의 학정에 대해서도 자기 체험을 바탕으로 신랄하게 비판하였습니다.

"조정은 국경 지대에 육진을 설치하였다. 그런데 이 지역을 다스리는 탐욕스러운 장수와 부정한 관리들이 함부로 백성을 괴롭히고 백성의 재산을 빼앗고 있으나, 위에서 이를 막지 않으니 백성과 병사들이 원망하는 소리와 저항하는 소리가 높아지고 그로 인하여 국경 주변은 뿌리부터 흔들리고 있다. 그리고 이는 단지 육진에서만 일어나는 사태는 아니다."

"책을 읽는 서당은 독서당이 아니라 독사당毒蛇堂이라 불리며, 한성 한강에 있는 양반들의 압구정狎鷗亭은 악호정惡虎亭이라 일컬어지고 있다."

그는 또한 관리 등용 제도를 비판하여 "근년에 이르러 과거로 인재를 선별하지만 재주를 보고 뽑는 것이 아니라 다만 뇌물과 속임수로 시행되고 있다"고 쓰며 당시 유행하던 시구詩句를 기록합니다.

젊어서 누가 공부를 하랴
문장으로는 출세할 수 없네
조정에 가득 찬 청자색 예복을 걸친 귀족들
이들을 어찌 책 읽는 자라 할 수 있으랴

少小誰勤學 소소수근학
文章未立身 문장미립신
滿朝青紫貴 만조청자귀
不是讀書人 불시독서인

이것은 한문 교과서에 있는 오언절구五言絶句의 「권학시勸學詩」를 풍자적으로 비꼬아서 비유한 것입니다.

젊어 부지런히 공부하오
문장으로 입신할 수 있으니
조정에 가득 찬 청자색 예복을 걸친 귀족들
이들 모두 책 읽는 자라오

少小須勤學 소소수근학
文章可立身 문장가립신
滿朝靑紫貴 만조청자귀
皆是讀書人 개시독서인

그는 이 책의 「부국강병책富國强兵策」에서 먼저 국가를 부강하게 하려면 농사짓는 농민에게 토지를 공평하게 분배하는 것이 제일 중요하다고 주장하고, 권력파의 대토지 사유를 통렬히 비난하였습니다. 그리고 강력한 군대를 만들려면 백성들의 생활 안정이 기본이라고 역설하고, 경제를 풍족하게 하려면 국고의 낭비를 금해야 한다고 서술하였습니다. 또한 화폐 개혁을 촉진하여 유통 경제를 활성화해야 한다는 주장도 폈습니다. 이는 그가 매우 높은 정치적 식견을 가지고 있었음을 보여주고 있습니다.

이수광은 문화적인 면에서도 "금속 활자 인쇄는 우리나라가 창시한 것으로, 결코 중국에서 비롯한 것이 아니다"라며 우리 민족 문화의 우수한 전통을 강조합니다. 또한 우리 민족이 가진 아름다운 도덕과 품성, 재능, 용감성을 열거하고, 우리나라 공예품과 특산물의 우수성을 자세히 서술하고 있습니다. 이처럼 그는 애국적이었지만 결코 국수적이지는 않아서 옛것을 무조건 숭배하거나 모방하는 것을 반대하였습니다.

그는 또한 다음과 같이 쓰기도 하였습니다.

"요즈음 사람들은 함부로 어려운 문장을 쓰며 박식함을 뽐내려 하는데,

국가를 부강하게 하려면 농사짓는 농민에게 토지를 공평하게 분배하는 것이다.

이는 매우 어리석은 일이다. 무릇 모든 사람들이 알기 쉽게 읽을 수 있는 문장을 써야 할 것이다."

이는 민중을 위한 생각, 민중의 이익을 생각하는 그의 사상을 잘 보여주는 것입니다.

1623년 조정에 커다란 정변(인조반정仁祖反正)*이 일어나 권력파가 교체되고, 이수광 또한 조정에 부름을 받고 고관을 역임합니다. 그는 이조판서에 임명되지만, 1628년 12월에 예순여섯 살의 나이로 생애를 마감합니다.

그의 저서로는 『지봉유설』 외에 수십 권의 시문집, 수많은 수필집과 연구 논문집 등 수많은 작품이 남아 있습니다. 그는 전문적인 시인이나 작가가 아니어서 우리 문학사에서는 크게 평가되지 않고 있지만, 외교관으로 종종 중국을 여행하는 동안에 여러 나라 사람들과 교제하며 서로 시집을 교환하였기 때문에 오히려 외국에는 문인으로 알려져 있습니다. 뒤에 중국에 갔던 조선의 사신은 안남(安南 : 지금의 베트남), 류큐, 섬라(暹羅 : 시암Siam의 한자음으로 지금의 태국) 등의 사신들이 이수광의 시를 열심히 찾고 있었다는 사실을 전해 주었습니다.

그는 근대 과학의 시각에서 새로운 학문의 길을 연 '실학 운동'의 선구자요, 지도적인 사상운동思想運動의 개척자로 오늘날까지 훌륭한 평가를 받아오고 있습니다.

---

* 서인 일파가 광해군과 그를 지지하는 대북파大北派를 몰아내고 선조의 맏손자인 능양군(綾陽君 : 훗날의 인조)을 왕으로 옹립한 사건이다.

26. 사회 개혁을 꿈꾸었던 풍운아 허균

허균(許筠 : 1569~1618년)은 우리나라의 대표적 고전 소설의 하나인 『홍길동전洪吉童傳』의 작가로 유명하며, 17세기 초에 학자로 커다란 업적을 남긴 인물입니다. 그러나 그는 파란만장한 삶을 살다가 마침내 반역자로 형장의 이슬로 사라지고 맙니다.

명문 가문에서 태어나 자라다

허균은 1569년(선조 2년) 경상도 관찰사인 허엽의 셋째 아들로 태어났습니다. 이 가문은 대대로 문관이나 학자를 배출한 명문가로 출세 가도를 걸었던 아버지 허엽도 수재로 이름 높았으며, 또한 유명한 철학자 서경덕의 문하생이었습니다. 그는 동서 양파의 권력 투쟁이 한창일 때 동인의 영수로 세력을 떨치고 조정의 고관을 역임하여 판서까지 올랐지만, 허균이 열두 살 때 세상을 떠났습니다.

허엽의 전처는 1남 1녀를 남기고 요절하였고 후처가 2남 1녀를 낳았는데, 균은 후처가 낳은 막내였습니다. 전처의 딸인 허균의 손위누이는 그가 태어나기 전에 죽었으며, 아버지가 죽은 뒤에는 균보다 스물한 살이나 연상인 큰형 허성(許筬 : 1548~1612년)이 일가를 떠받치는 기둥이 되었습니다. 역시 후처가 낳은 둘째 형 허봉(許篈 : 1551~1588년)은 형 허성과 함께 일찍부터 문관이 되어 문재를 발휘합니다. 균의 손위누이는 우리나라의 대표적인 여류 시인인 난설헌, 즉 허초희(許楚姬 : 1563~1589년)입니다.

허균은 재능을 타고난 형제들 사이에서 남부럽지 않게 자랐습니다. 둘째 형 허봉은 누이와 동생의 뛰어난 재능을 아껴주었는데, 그는 동생들의 공부에 항상 신경을 써서 당시 시인으로 이름이 높았던 이달(李達 : 1539~1612년)에게 지도를 부탁합니다. 이 뛰어난 시인은 두 사람의 재능에 감탄하여 정성을 다해 지도합니다.

허난설헌의 다재다능함은 이미 앞에서 언급하였지만, 허균도 아홉 살 때부터 어른들이 혀를 내두를 정도로 훌륭한 시를 썼습니다. 스승 이달 아래서 누이와 함께 시를 배운 소년 허균은 즐거운 마음으로 공부에 열중합니다. 그러나 자신을 진심으로 아껴주던 누이가 그의 나이 열한 살 때 시집을 가자 소년 허균은 커다란 외로움을 느꼈음에 틀림없습니다. 허균은 외로움을 달래기 위해서라도 시작에 전념하였으며 스승의 모든 것을 빼앗겠다는 기세로 스승에게 매달렸습니다.

이달은 박학하고 지식이 풍부한 사람으로, 어린 허균은 진심으로 존경하는 스승에게 전적으로 의지하고 있었던 것으로 보입니다. 그는 인격의 기초가 형성되는 소년기에 스승에게 결정적인 영향을 받았고, 세상 물정을 알게 되면서는 스승의 얼굴에 드리운 어두운 표정을 느끼게 됩니다. 누구보다 학식이 높은 스승 이달이 과거 시험을 치르지 않는 것에 의문을 품게 된 허균은 곧 모든 것을 알게 됩니다.

당시 조선 시대에는 양반 자식이라 해도 첩의 자식은 과거 시험을 치를 자격이 없었고, 따라서 관직에 제수되지 못할 뿐만 아니라 모든 일에서 차별을 받았습니다. 이 악법은 15세기 초 조선의 3대조인 태종太宗에 의해서 만들어졌는데, 그 법은 바야흐로 철칙처럼 되어 있었습니다. 사실 이달은 양반집 자손이었으나 그의 어머니가 낮은 신분 출신의 첩이었던 것입니다.

이달은 균에게는 더할 나위 없이 자상한 스승이었지만 때때로 허망한 분위기가 감돌고 망령에 사로잡힌 듯이 주사를 부리며, 세상의 관습을 격렬하게 저주하고 마음속에 품었던 울분을 터뜨렸습니다. 그리고 감정이 가라앉으면 균이 묻는 대로 차별의 실태를 상세하게 들려주었습니다. 이에 큰 충격을 받은 소년 허균은 사회의 불합리한 차별에 대한 증오심을 키워 나갑니다.

형과 누이의 죽음으로 아픔을 겪다

허균은 양반집 자제로 과거 시험을 위하여 공부하는 것이 절대적인 사명이었습니다. 그러나 과거 시험을 앞두고 잇달아 친형과 누이를 잃는 불행을 겪게 됩니다.

둘째 형 허봉은 재기가 넘치는 사람으로, 열여덟 살에 이미 과거 초급 시험인 생원시生員試에 수석으로 합격하여 순조롭게 출세 가도를 걷고 있었습니다. 문재가 뛰어났던 그는 명사들과 널리 교제하며 동인의 논객으로서도 명성을 떨치고 있었고, 누구 앞에서도 거리낌없이 자기 주장을 관철하는 성격을 갖고 있었습니다.

하지만 허봉이 서른네 살에 창원 부사昌原府使라는 지방 관직에 제수되었을 때, 문학자요 뛰어난 정치가로 애국적인 생애를 마쳐 모든 백성들의 존경을 받고 있던 이이의 행적을 동지들과 함께 이러쿵저러쿵 비판하였다는 일로 반대 당파인 서인들로부터 불손하기 그지없는 인물로 맹렬한 공격을 받아, 북방 국경의 함경도 종성鍾城에 유배됩니다. 그리고 1588년, 유배지에서 풀려나 방랑 생활을 하다가 서른여덟 살의 젊은 나이로 금강산에서 병으로 죽고 맙니다.

평소 형과 성격이 매우 비슷하다는 말을 듣고 형에게 늘 사랑을 받았던 균은 형이 유배되자 커다란 심적 고통을 받고 있었는데, 형이 불행하게 죽었다는 소식을 듣고 절망적인 슬픔에 빠집니다. 이듬해에는 누이 허난설헌의 죽음으로 다시 깊은 충격을 받게 됩니다. 누이와 함께 스승 이달의 지도를 받았으며 누이의 시를 누구보다도 높이 평가하던 허균은, 누이가 불행한 결혼 생활 끝에 스물일곱의 젊은 나이에 세상을 뜨자 비탄의 심연에 빠지고 맙니다. 그럼에도 불구하고 허균은 슬픔을 이기고 그해 생원시에 합격합니다. 1589년, 그가 스물한 살 때의 일입니다.

이에 자신을 얻은 그는 문과 시험을 겨냥하여 열심히 공부하다가 1592년에 일본의 침략을 마주합니다. 양반 귀족들은 한성을 버리고 앞을 다투어 피난을 떠났고, 그도 어머니를 모시고 강원도 교산蛟山에 있는 애일당愛日堂으로 피난하였습니다.

여러 차례 관직을 박탈당하다

허균이 국난 초기에 어디에서 무엇을 하였는지는 분명하지 않습니다. 아마 양반집 자제들이 거의 그랬듯이 그도 위험을 피하여 신변의 안전을 도모하고 있었던 것으로 보입니다.

1593년 초 북진하던 왜군을 무찌르고 적의 주력을 남해안 지방으로 몰아낸 후 한성은 질서를 회복하여 1594년에는 과거 시험도 시행되었습니다. 그는 스물여섯 살인 그해에 문과에 합격합니다. 따라서 당연히 관직에 들어서야 하였지만 스승의 허무한 삶의 영향 때문인지 아니면 전란 중에 양반들이 보여준 부패한 생활에 대한 반항 때문인지 제 좋을 대로 행동하는 방탕자라는 비난을 들었고, 그로 인하여 적당한 관직에 임용되지 못하다가 1597년에야 황해도 도사(都事 : 감사 다음 지위로 상당히 높은 지위)에 임명됩니다. 사실 이는 큰형인 허성이 애쓴 결과였습니다.

큰형 허성은 참으로 모범적인 관리로 평판이 매우 좋았고, 국란에 처해서는 외교관으로 뛰어난 역량을 인정받아 국왕은 물론 조정의 고관들로부터 절대적인 신임을 받고 있었습니다. 그는 형 덕분에 임관되었던 것인데, 임지에 가서 행실을 삼가기는커녕 한성에서 기생을 데리고 가 숨겨두기까지 하였습니다. 이 사실을 안 사헌부는 당장 고발장을 제출합니다.

"황해도 도사 허균은 한성의 기생들을 데리고 가서 별장을 지어 앉히고, 무뢰한들의 첩까지 출입시키고 있습니다. 그리고 터무니없는 청원을 함부로 받아들여 정도를 어지럽히고 도민들의 비난을 사고 있습니다. 즉각 파면해야 합니다."

그러나 해직되어 한성에 돌아온 그는 부끄러워하는 기색도 없이 이듬해인 1598년에 중시(重試 : 문과 급제자를 대상으로 10년마다 시행하던 시험)에 수석으로 합격하여 조정의 중요한 문서를 담당하는 관리로 임명됩니다. 하지만 그의 방탕은 조금도 나아지지 않아 일 년도 못 되어 다시 해직되고 맙니다.

사실 그의 집에 출입하는 무뢰한들은 이달처럼 양반집의 자제이면서도 첩의 자식이라는 이유로 사회에서 소외받아온 젊은이들이었습니다. 허균은 이런 젊은이들을 동지로 맞이하며 세상을 한탄하는 그들과 술잔을 나누고 부패한 사회 제도를 매도하며 기세를 올렸던 것입니다. 당시의 권력자들로서는 봉건적인 권위에 노골적으로 반항하는 그의 태도를 절대 용납할 수 없었습니다. 그러나 그는 시인으로 문명이 점차 높아졌고, 1601년에 형조정랑 刑曹正郞에 임용된 후 조정의 각 부서의 관직을 두루 거쳐 1602년 서른네 살 때 중국에서 온 사신을 접대하는 종사관에 임명되기에 이릅니다. 그리고 조정에 복귀하지만, 1603년 다시 양반 귀족의 품위를 손상한 죄로 탄핵받아 관직을 박탈당하고 맙니다.

이보다 앞선 1601년(일설에는 1608년이라고도 함), 그와 동지적 교류를 맺고 있던 서출 서양갑(徐羊甲 : ?~1613년), 심우영(沈友英 : ?~1613년), 이경준(李耕俊 : ?~1613년) 등 일곱 명이 굳게 결속하여 서출에게도 임관의 길을 열어달라는 청원서를 왕에게 제출합니다. 허균도 이 운동을 적극적으로 지원하였습니다. 그가 근무하는 관청과 그의 집은 동지들이 모이는 집회 장소처럼 되어 권력자들의 미움을 사게 됩니다.

하지만 결국 그 청원이 조정으로부터 냉정하게 거절당하자, 서양갑 등 7명의 동지들은 강원도 산기슭에 동굴을 파 근거지를 만들고 궐기를 위한 준비 공작을 시작합니다. 그들은 죽림칠현竹林七賢을 본떠 강변칠우江邊七友* 라 자칭하였습니다.

강변칠우江邊七友

관직에서 쫓겨난 허균은 강원도 풍악(楓岳 : 가을 금강산)에 파묻혀 이들과 긴밀하게 연락하면서 그들의 공작을 지원하였을 뿐만 아니라, 오히려 그들의 운동을 지도하다시피 하였습니다. 그리고 그의 대표적인 소설 『홍길동전』의 초안이 이때 만들어집니다.

『홍길동전』의 초안을 작성하다.

---

*박응서(朴應犀 : 박순朴淳의 서자), 서양갑(徐羊甲 : 서익徐益의 서자), 심우영(沈友英 : 침현沈鉉의 서자), 이경준(李耕俊 : 이제신李濟臣의 서자), 박치인(朴致仁 : 상산군商山君 박충간朴忠侃의 서자), 박치의(朴致毅 : 박충간의 서자이며 박치인의 형), 김평손(金平孫) 등이 서출庶出이라는 이유로 벼슬길이 막혀있던 7명의 서생들의 모임이다.

유배생활 중 큰형 허성의 죽음을 맞다

허균이 말썽을 일으켜 관직에서 쫓겨나면 아우 때문에 늘 골머리를 앓는 큰형 허성은 간절한 편지로 아우를 어르고 달랬습니다.

"네 기분을 이해하지 못하는 바 아니나 세상일이란 네 생각처럼 되는 것이 아니다. 네 재능을 초야에 묻어버릴 수는 없지 않느냐. 항상 너를 염려하는 선배들과 우리 가문을 위해서도 모든 것을 꾹 참고 신중하게 행동할 수는 없느냐. 게다가 조정에 있는 이 형의 처지도 조금은 생각해주길 바란다."

아버지가 돌아가신 뒤 아버지를 대신하여 자기를 길러준 형이니만치 천하의 허균도 마치 아버지를 대하듯 어려워하기도 하고 응석도 부렸습니다. 그래서 형 앞에서는 매우 얌전하게 행동하였다고 합니다. 형의 지원으로 1604년 6월에 그는 황해도 수안 군수遂安郡守에 임명되었으며, 같은 해 8월에 형이 예조판서가 되면서 그는 성균관 전적(典籍 : 교관敎官)이 됩니다.

그는 마음껏 문재를 발휘할 수 있었으며, 또한 좋은 평판을 되찾을 수 있었습니다. 이렇게 문명이 높아지자, 이듬해인 1605년 명나라에서 황실의 경사를 축하하는 특사가 왔을 때 허균은 생각지도 않게 접대 책임을 맡게 됩니다. 명나라의 정사인 주지번과 부사 양유년은 명나라에서도 명성을 떨치는 문인이므로 그가 가장 적임이라는 추천을 받은 것입니다.

허균은 명나라 사신들의 요구대로 신라 말기의 최치원을 비롯하여 그후 우리나라의 대표적인 시 830편을 네 권으로 모아 건네주었습니다. 이때 명나라 사신들은 그의 시집과 그의 누이의 유고집도 가지고 돌아갔는데, 이 시집은 모두 명나라에서 출판되고 널리 유포되어 우리나라 문학을 중국에 소개하였다는 점에서 커다란 역할을 하였습니다.

이 공적으로 그의 지위는 안정되는 것처럼 보였지만, 1607년 삼척 부사三陟府使로 있다가 다시 물의를 일으켜 관직에서 물러나야 하였습니다. 이때 그의 나이 서른아홉 살이었는데, 그는 전부터 열심이었던 불교 연구가 점차 본격화되어 관청 안에서도 염주를 걸고서 불상을 경배하고 염불을 암송하곤 하였습니다. 하지만 유교를 숭상하고 불교를 배척하던 당시 권력자들이 이를 가만히 놔둘 리가 없었습니다. 그는 걸승 흉내를 내는 등 관리로서 있을 수 없는 짓을 하였다는 구실로 쫓겨나는 신세가 됩니다.

허균은 벼슬을 박탈당한 지 1년 후인 1608년에 다시 공주 부사公州府使에 임명되지만, 임지에 가자마자 탄핵을 받아 멀리 함경도로 유배되고 맙니다. 그는 곧 사면을 받아 이듬해에는 명나라 사신을 접대하는 종사관이 되고, 첨 지중추부사僉知中樞府事라는 정3품 당상관으로 출세하였으며, 이어서 형조참 의刑曹參議라는 고관이 됩니다. 그러나 신경이 쇠약해진 탓인지 한때 병에 걸 려 관직을 그만두었다가, 1610년에 전시殿試 시관試官이라는 고급 시험의 시 험관이 됩니다.

하지만 친구와 친척들을 우선적으로 합격시키는 부정 행위를 저질렀다 는 이유로 그는 또다시 엄중한 탄핵을 받아 직무를 박탈당하고 전라도 함열 咸悅로 유배됩니다. 사실 그가 부정 행위를 저질렀다고 생각되지는 않지만, 평소 서출의 등용을 주장하던 그였던 만큼 자기 직권을 이용하여 불우한 그 들을 합격시키려고 하였는지도 모르겠습니다.

형의 주선도 있고 하여 비교적 허균에게 호의를 가지고 있던 선조가 1608년에 죽고 광해군이 즉위한 뒤라, 형 허성도 힘을 쓰지 못하여 이제 누 구도 그를 두둔해주는 자가 없었습니다. 그러나 유배지에서 오히려 마음의 평온을 얻은 그는 오로지 저술에 몰두하여 『성소부부고(惺所覆瓿藁 : '성소'는 허균의 호로, 이는 그의 시문집임)』를 씁니다. 이 책은 그의 대표적인 저작으로 학 문적 가치가 대단히 높습니다.

『성소부부고惺所覆瓿 藁』

그러나 유배 생활 중인 1612년, 그에게 결정적인 타격을 주는 두 가지 소식을 접하게 됩니다. 하나는 형 허성의 죽음이었습니다. 예조판서를 비롯 하여 병조판서, 이조판서 등을 역임한 허성은 외교관으로도 명성을 떨치고 선조에게 최후까지 두터운 신뢰를 받은 인물이었습니다. 그런데 선조가 죽 은 후 왕위 다툼에 휩쓸려 왕위를 이은 광해군 일파로부터 배척당하여 쓸쓸 하게 죽어 갑니다. 형 덕분에 살아갈 수 있었던 균에게 형의 죽음은 문자 그 대로 천애 고아 신세가 되었음을 뜻하였습니다. 또 하나는 그의 동지들인 서 양갑 무리가 계획대로 궐기를 도모하고 있다는 소식이었습니다. 그는 유배 지에 갇혀 있어 동지들의 상세한 동정을 알 수 없었으므로 말할 수 없는 불안에 시달리고 있었습니다.

정적政敵 이이첨과 손을 잡다

1612년 12월, 허균은 예기치 않게 왜정진주사(倭情陳奏使 : 일본의 정세를 조사하는 외교관)에 임명되지만, 다음날 사간원의 탄핵을 받아 직책을 빼앗깁니다. 일단 죄인의 처지에서 풀려나기는 하였지만 한성에서 거주하는 것이 허락되지 않아, 그는 전라도 태인泰仁에서 거의 감시받다시피 하는 상태로 괴로운 나날을 보내고 있었습니다.

한편 그동안 궐기를 준비해온 서양갑 무리는 미곡상이나 염상鹽商을 차려 번 돈을 군자금으로 삼아 무기를 사들여 근거지에 비축하였고, 지방의 부호를 협박하여 군자금을 염출하였으며, 또한 한성과 경상도를 왕래하는 은상銀商을 위협하여 막대한 금품을 빼앗는 등 매우 과격한 행동에 나서고 있었습니다.

그들은 1608년에 선조가 죽은 후 중국 사신이 오는 기회에 무력으로 난을 일으킬 계획이었지만, 예정대로 동지들이 모이지 않아 거사가 연기되었습니다. 두 번째는 정권 탈취를 위한 파벌 투쟁을 이용하여 1612년에 궐기할 계획이었지만, 파벌의 주력인 대북파大北派가 예정보다 빨리 반대파인 소북파小北派를 모략으로 일망타진하여 일거에 백여 명을 살해해 버리자 궐기할 기회를 잡지 못하였습니다. 이에 굴하지 않고 서양갑 등은 점점 투지를 불태우며, 1613년에 장사 3백 명을 모아 일거에 궁궐을 점령하여 정권을 잡으려는 계획을 진행시켜 나갔습니다. 하지만 그해 4월 은상을 습격한 일당의 한 사람인 박응서(朴應犀 : ?~1623년, 강변칠우의 한 사람)가 관헌에 붙잡히는 일이 일어납니다.

박응서는 당시 권력자이며 대북파의 영수인 이이첨(李爾瞻 : 1560~1623년)의 감언에 속아 무죄 방면 받는다는 것을 조건으로 동지들의 계획을 전부 자백합니다. 책략에 뛰어난 이이첨은 그들의 음모가 대북파의 정적인 선왕비(인목대비仁穆大妃) 일파와 결탁하여 계획된 것처럼 날조하여, 서양갑 등과 함께 정적들을 모조리 살해해 버립니다. 이렇게 한 사람의 비열한 배신으로 동지들이 학살되고, 서출에 의한 거창한 거사 계획은 실패로 돌아가고 맙니다.

태인에서 거의 감금 상태에 있던 허균은 동지들의 비극적인 수난 소식을 듣고, 그 역시 사실상 주모자의 한 사람이었으므로 자신에게도 누가 미칠 것을 각오하고 있었습니다. 그러나 배신자인 박응서는 허균의 이름을 입 밖에 내지 않았을 뿐만 아니라, 서출 일당은 처형되기 전에 온갖 고문을 당하면서도 아무도 허균의 이름을 말하지 않았습니다. 허균은 죽음을 각오하고 고민의 나날을 보내다가 동지들이 최후까지 자신의 이름을 밝히지 않고 형장의 이슬로 사라진 것을 알고는 동지들의 신뢰에 보답할 길을 모색하면서 수많은 밤을 지새웁니다.

그리하여 도달한 결론은 동지들을 가차없이 몰살한 가증스러운 적인 이이첨을 찾아가는 것이었습니다. 얄궂게도 이이첨은 어릴 적 학우이며 오랜 친구이기도 하였습니다.

"관직 하나 마련해줄 수 없겠는가? 일을 맡겨만 준다면 나라를 위해서나 자네를 위해서 온 힘을 다 바칠 생각이라네……."

이이첨은 이렇게 머리를 숙이는 허균을 두 팔을 벌려 환영하였습니다. 정권을 독점하고 자신의 지위를 강화하기 위하여 허균의 재능은 이용할 만하다고 판단하였기 때문입니다. 이렇게 두 사람은 피차 상대방을 이용하려는 속셈 아래 손을 잡았고, 허균은 이이첨의 주선으로 1613년 12월에 형조참의에 임명되어 조정 안에서 착착 세력을 쌓아 나갔습니다.

1615년에 그는 외교 문서를 담당하는 승문원의 책임자가 되어 두 번이나 외교 사신으로 명나라를 다녀옵니다. 특히 두 번째로 명나라에 갔을 때 중국 문헌에 잘못 기록된 조선의 사실史實을 일일이 지적하고, 이를 정정하여 조선의 국위를 고양하였다는 면에서 커다란 공적을 쌓습니다. 이듬해 명나라에서 귀국한 그는 광해군으로부터 "그대의 충성은 해와 달처럼 빛나고 있다"는 찬사를 받았고, 포상으로 일약 형조판서에 제수되기에 이릅니다.

한편 정적들을 거의 추방한 대북파의 영수 이이첨은 여전히 국모國母라는 이름 아래 궁궐 안에서 세력을 가지고 있는 선왕비가 마땅치 않았습니다.

왕 또한 혈연 관계가 없는 선왕비를 별로 좋게 생각하지 않았습니다.

이이첨은 선왕비를 추방하기 위하여 허균을 시켜 그럴듯한 문장으로 선왕비를 규탄하도록 요구합니다. 원래 허균의 형 허성은 선왕비와 같은 파였고 살해된 서출 동지들도 선왕비 일파와 다소 관계를 가지고 있었으므로, 허균은 당연히 이이첨의 요구를 거절해야 할 입장이었습니다. 그러나 허균은 오히려 선왕비를 추방하는 데 적극적으로 선두에 나섭니다. 그는 스스로 선왕비 추방의 당위성을 주장하는 상소문을 썼을 뿐만 아니라 다른 자들의 상소문까지 대신 써주었습니다. 허균의 이런 지나친 행동에 많은 고관들은 의혹의 눈길을 보냈지만, 어쨌든 그는 부하를 시켜 마침내 선왕비가 반란을 일으킬 음모를 계획하고 있다는 고발 문서를 궁전에 던져 넣습니다.

이 고발 문서를 보고 놀란 왕은 급히 대신들을 불러 대책을 논의합니다. 정승 기자헌(奇自獻 : 1562~1624년)은 "아마도 간교한 사람의 모략일 것입니다"라는 말을 남기고 산속의 절로 피신합니다. 뒤에 기자헌은 왕 앞으로 편지를 보내 "허균의 소행이 틀림없습니다"라며 그를 고소하였다고 합니다. 이어 기자헌의 아들 기준격(奇俊格 : 1594~1624년)도 허균을 타도하기 위하여 사력을 다해 그의 신변을 감시하다가 이윽고 그의 과거의 전모를 파악하고 허균의 죄상을 고발하는 문서를 도처에 뿌립니다. 그러자 허균을 비난하는 소리가 날로 높아집니다.

그러나 왕은 허균을 옹호하였고, 이이첨은 허균의 고발 문서를 적극적으로 이용하여 1617년 11월 선왕비를 옹호하고 허균을 비난한 기자헌 일파를 유배형에 처해버립니다. 그리고 12월 허균은 정책 입안의 총책임자라 할 수 있는 좌참찬의 지위에 오릅니다. 결국 그는 왕의 절대적인 신임을 얻게 되었고, 이이첨에게도 명령을 내릴 수 있는 권력을 갖기에 이른 것입니다.

이듬해인 1618년 1월 마침내 선왕비는 '대비大妃'라는 칭호를 빼앗기고 서궁西宮에 유폐되어, 대북파는 모든 정적을 일소하고 권력을 완전히 독점하게 됩니다. 이에 봉건적인 명분을 중시하는 유학자들은 국모를 폐한 잘못을 비난하고, 특히 선봉에 서서 범죄적인 수단까지 동원한 허균을 타도하라고 규탄합니다.

선왕비 추방이라는 최종 목적을 달성한 이이첨은 더 이상 허균이 필요 없었습니다. 오히려 왕의 신임이 자신보다 허균으로 기울어, 허균이 정책을 세우고 자기에게 명령하는 입장에 섰으므로 깊은 시샘과 두려움을 품게 됩니다. 허균에 대해 규탄의 목소리를 높이는 자들에게 이이첨이 몰래 과거 허균의 역모 사건의 내막을 전해주고 있다는 소리가 허균의 귀에도 들어왔습니다. 이제 허균은 피할 수 없는 절체절명의 궁지에 빠지고 만 것입니다. 왕도 역시 믿을 수 없었고 사방이 적에게 포위되어 있는 형세였습니다.

최후의 궐기, 실패로 끝나다

이제 한시도 주저할 수 없다고 느낀 허균은 전부터 훈련시켜온 부하들을 불러 모았습니다.

"이제 궐기할 수 있는 마지막 기회가 왔다. 이대로 머뭇거리고 있다가는 우리 모두 역적이 되어 개죽음을 당할 수밖에 없다. 이 나라를 고쳐 세워 우리 목적을 달성할 수 있도록 사력을 다해 싸우자."

그의 외침에 부하들은 모두 비장한 자세로 최후까지 싸우겠노라 맹세하였습니다. 그 뒤 매일 밤 한성의 남산 꼭대기에서는 난데없는 함성이 메아리쳤습니다.

"북방의 오랑캐(여진족)들이 압록강을 건너 쳐들어왔다. 남쪽에서는 류큐(琉球 : 지금의 오키나와)의 왜구들이 쳐들어와 남해안의 섬을 점령하고 대군을 상륙시키려 하고 있다. 한성의 사람들은 한시라도 빨리 피난하라!"

이 함성은 즉시 입에서 입으로 퍼졌고, 이에 놀란 사람들이 앞을 다투어 피난하기 시작하였습니다. 왜군의 침략을 받아 약탈당한 기억이 아직도 사람들의 뇌리에 생생하게 남아 있었기 때문입니다.

"성안에 남아 있다가는 모두 죽는다. 빨리 시골로 피하는 게 좋다. 되도록 깊은 산골짜기로 피난하는 것이 가장 안전하다."

이런 말들이 백성들 사이에서 나돌자 사람들은 살림도 제대로 챙기지 못하고 겨우 옷보따리만 안고서 성문을 빠져나갔습니다. 한성은 불안과 공포에 휩싸여 며칠 동안 거의 무인지경이 되고 맙니다.

허균 부하들의 민심 동요 전술이 제대로 효과를 거둔 것입니다. 그 틈에 무장 부대를 성 안으로 돌입시켜 궁궐을 비롯하여 모든 관청을 점령하고, 권좌에 있는 양반 귀족들을 모두 살해하여 새 정부를 세우려는 작전 계획이었습니다. 각지에 흩어져 훈련을 받아온 무장 부대가 무기를 준비해서 한성에 돌입할 날이 얼마 남지 않았습니다.

이에 당황한 고관들은 변변한 대책도 세우지 못하고 그저 벌벌 떨고만 있었습니다. 허균은 이런 상황을 관찰하면서 자기가 세운 작전이 틀림없이 성공할 것이라고 확신하였습니다. 허균은 자신이 구상하던 이상적인 나라를 곧 세울 수 있다는 마음에 가슴을 부풀리며 동지들과 연락을 취하였습니다. 그러나 생각지도 못한 곳에서 계획이 탄로나고 맙니다. 불심검문에 걸려 체포된 그의 부하 현응민玄應旻 등이 고문과 회유에 넘어가 궐기 계획을 발설한 것입니다. 서양갑 등의 궐기 계획이 실패하였을 때 아무도 허균의 이름을 입 밖에 내지 않았으므로, 그는 동지들이 틀림없이 비밀을 지켜줄 것으로 믿고 있었습니다.

진상을 알아낸 이이첨은 전광석화처럼 내사를 진행하여 하룻밤 안에 허균을 비롯한 핵심 인물들을 모두 체포합니다. 그리고 체포된 피의자들을 조사도 하지 않고 즉각 사형에 처하였고, 주모자인 허균에게는 한마디 변명도 허용되지 않은 채 '능지처참凌遲處斬'이란 극형에 처합니다. 능지처참은 머리, 두 팔, 두 다리, 몸체를 여섯 토막으로 찢어 그 토막들을 각지에 보내 수많은 사람들에게 본보기로 삼는다는 가장 잔혹한 형벌입니다.

1618년 8월 24일 그가 사형당하고 재산도 모두 몰수되었으며, 그의 직계 가족 중에서 남자들은 모두 사형에 처해졌습니다. 그의 나이 쉰 살 때의 일입니다.

이이첨은 허균을 처형한 뒤 모든 권력을 장악하고 영화를 누립니다. 하지만 5년 뒤인 1623년 얄궂게도 자기 당파 내부의 배신자와 살아남은 반대파들이 손을 잡고 난을 일으켜 광해군을 추방하고, 이이첨 등은 역적으로 처형됩니다.

쿠데타가 성공한 뒤 일찍이 이이첨 등에게 추방당했던 사람들은 모두 풀려나 관직에 복귀하고, 처형된 사람도 명예가 회복됩니다. 하지만 허균만은 변함없이 역적으로 간주되어 영원히 명예 회복의 기회를 얻지 못하였습니다. 허균의 이름을 입에 올리는 것조차 금기시되었으며, 오랜 세월 동안 완전히 사람들의 뇌리에서 잊혀졌습니다. 그러나 그가 쓴 『홍길동전』은 세월이 흐르면서 점차 많은 사람들에게 애독되어, 작가 허균은 우리 문학사에서 영원불멸의 인물이 됩니다.

어쨌든 허균은 의혹이 많은 생애를 살았습니다. 무엇 하나 부족할 것 없는 환경에서 자랐고 천재적인 재능을 갖고 있어서, 원하기만 한다면 출세 가도를 걸을 수 있는 조건에 있었습니다. 그런데도 세상을 등진 무뢰한처럼 행동한 것은 스승인 이달과 서출 친구들의 영향 때문이라고 하더라도, 역시 이해하기 어려운 점이 상당히 많습니다.

허균은 서출 동지들과 혁명적인 궐기를 시도하였지만 그 계획이 결코 치밀하였다고 할 수는 없습니다. 냉정히 생각해보면 도저히 실현될 수 없는 꿈을 꾸고 있었던 것은 아닌가 하고 생각되는 점이 너무나 많습니다. 게다가 신분 차별을 극도로 증오하고 사회의 부조리에 저항한 허균이 결코 타협하여서는 안 되는 적과 너무나 쉽게 손을 잡고 지조를 저버렸다는 점도 납득이 가지 않습니다.

너무나도 특이한 삶을 산 인물이며, 도저히 상식으로는 판단할 수 없는 그의 성격을 밝혀내려면 그의 저서를 통해서 철저하게 분석할 수밖에 없다고 생각되며, 그 점을 깊이 파고들어 허균의 인간성을 해명하는 일은 꼭 필요하다고 봅니다. 그는 우리 민족의 뛰어난 유산을 남긴 사람이기 때문입니다.

학자로서의 삶

사회 개혁을 꿈꾸었으나 끝내 목적을 달성하지 못한 채 반역자로 비극적인 생애를 마친 허균이었지만, 그는 일찍부터 문인으로 명성을 날려 수많은 시와 논설을 남겼습니다. 그러나 후세에 전해지고 있는 저서는 1611년에 전라도 유배지에서 쓴 『성소부부고』인데, 그 안에 「성옹지소록惺翁識小錄」, 「한정록閑情錄」, 「성수시화惺叟 詩話」, 「국조시산國朝詩珊」, 「도문대작屠門大嚼」 등이 수록되어 있습니다.

이 책은 허균이 괴로운 유배 생활에서 틈나는 대로 쓴 논설과 시와 기록입니다.

「성옹지소록」

「성옹지소록」은 우리나라 유명인의 일화나 우리 문물 제도에 대한 견해를 기록한 것입니다. 이 책은 '아량雅量', '식감識鑑', '기경機警', '도술道術', '염정艷情', '지려智慮' 등의 항목으로 되어 있습니다. '도술'에서는 개성의 유명한 철학자 서경덕의 일화 등을 썼고, '염정'에서는 개성의 명기이며 천재적인 여류 시인인 황진이의 뛰어난 됨됨이를 썼습니다. 특히 '지려'에서는 다음과 같은 감동적인 이야기가 씌어 있습니다.

황형(黃衡 : 1459~1520년, 무신武臣)은 일찍이 강화 유수江華留守였을 때 수천 그루의 나무를 심었는데, 이것을 본 사람들이 물었다.

"이렇게 나이가 지긋하신데 나무는 심어서 무엇에 쓰시렵니까?"

그러자 황형은 이렇게 대답했다.

"훗날 자연히 알게 될 것이오."

그로부터 오랜 세월이 흘러 나무는 울창하게 자라 큰 숲을 이루었고, 임진왜란이 일어나자 이 섬을 지키던 김천일(金千鎰 : 1537~1593년) 장군과 최원崔遠 장군 등은 이 나무를 잘라 병선兵船을 건조하고 병사兵舍를 지어 적을 막아내는 근거지를 만들 수 있었다. 자기에게는 아무런 이익도 없는 황형의 나무 심기는 훗날 조국을 방위하는 데 필요한 자재가 됨으로써, 그 애국적 의지를 꽃피웠던 것이다.

이와 같이 허균은 진실한 애국심이란 어떠한 것인가를 보여주려 하였습니다.

「한정록」

「한정록」은 16항목으로 되어 있으며, 그 항목 중에 '치농治農'이 있습니다. 이 항목은 택지擇地, 자본資本, 종곡種穀, 종소種蔬, 양잠養蠶, 양우養牛, 양계養鷄, 양어養魚 등 농업 생산에 관한 전문적이고 독창적인 견해를 서술하고 있습니다.

그는 종자를 선택하는 방법, 종자를 파종하는 방법, 경지를 늘리는 방법, 비료를 쓰는 방법, 물을 끌어들이는 방법, 작은 경지에서도 많은 수확을 올리는 방법 따위를 구체적으로 서술하고 있습니다. 그리고 종소種蔬에서는 인간 생활에 야채가 없어서는 안 되는 것이라 역설하고 그 재배법을 서술하였습니다. 양잠養蠶에서는 누에를 기르면서 뽕잎이 부족할 때 그 대용식에 대하여 썼고, 양계養鷄에서는 닭의 질병을 치료하는 방법을 설명하였습니다. 또 양어養魚에서는 하천이나 연못 등을 이용한 담수어 양어법을 해설하고, 물고기 양어의 이익을 강조하였습니다. 이 서술들은 참으로 과학적이며, 농민의 생활을 풍족하게 하는 데 매우 적절한 교과서였다고 할 수 있습니다.

「도문대작」에서는 우리나라의 요리와 음식의 우수성을 논하고 있는데, 그 서문에서 우리나라 요리가 중국 요리에 못지않은 훌륭한 전통을 가지고 있으며 종류로 보나 맛으로 보나 자랑할 것이 많다고 강조합니다. 이런 점에서 그의 조상에 대한 자부심이 엿보입니다.

「도문대작」

「국조시산」과 「성수시화」는 우리나라를 대표하는 역대 시인들의 작품과 그 문인들에 대해 소개한 일화와 평론 등을 쓴 것인데, 여기에서도 그의 문예 평론가적인 뛰어난 역량을 엿볼 수 있습니다.

「국조시산」과 「성수시화」

이러한 저서를 보면 그가 학자로서 얼마나 박학하고 다방면에 걸쳐 깊은 전문 지식을 가지고 있었던가를 충분히 알 수 있습니다.

시인으로서의 삶

이제 시인이라는 시각으로 허균을 만나 보겠습니다. 그는 젊은 시절부터 발길 닿는 대로 떠돌아다녔다고 합니다. 그가 황해도 지방관으로 있을 때, 사랑하던 기생의 죽음을 슬퍼하며 다음과 같은 시를 써서 그녀의 영혼을 달랬다는 일화는 유명합니다.

남녀의 정욕은 인간의 본능이요

예법에 따르는 것은 성인의 가르침이라

하늘이 성인보다 더 높으니

나는 본능을 따르지 감히 성인을 따르지 아니하리라

男女情欲天也 남녀정욕천야

倫紀分別 聖人之教也 윤기분별 성인지교야

天高聖人故 천고성인고

我則從天而不敢從聖人 아즉종천이불감종성인

이 시는 당시 도학자들로부터 주색에 빠져 있다는 비난을 듣고서 문인에게 준 글이라는 이야기도 있습니다.

그는 앞에서 말하였듯이 삼척 부사로 있을 때는 불교에 심취한 탓에 관직을 빼앗기고 추방당한 일도 있었습니다. 그리하여 곧 집안 살림이 궁핍해지자 그의 아내는 불평을 터뜨렸습니다.

"어째서 당신은 스스로 고난을 자초하십니까. 집안 살림도 좀 생각해주서야죠."

그러자 허균은 이렇게 대답하였다고 합니다.

"인간의 운명은 하늘에 달려 있는 거요. 세상 잡것들이 내 마음을 알 리 없소. 변변찮은 벼슬아치들의 비위를 맞추느니 차라리 죽을 쑤어 먹더라도 내 생각대로 살아가는 것이 얼마나 즐거운 일이오?"

그리고는 다음과 같은 시를 썼다고 합니다.

「문파관작(聞罷官作 : 파관 소식에 시를 짓다)」

오랫동안 불경을 읽어온 것은

내 마음 머물 곳 없었음이라

주옹은 아내를 내 버리지 못했고

하윤은 고기를 금하기 더욱 어려웠어라
내 분수 벼슬과는 벌써 멀어졌으니
파면장이 왔다고 내 어찌 근심할 건가
인생은 또한 천명에 따라 사는 것
돌아가 부처 섬길 꿈이나 꾸리라

예절의 가르침이 어찌 자유를 얽매리오
인생사 부침浮沈은 다만 정에 맡길뿐
그대들은 모름지기 그대들의 법을 쓸게고
나는 나름대로 내 삶을 이루겠노라
가까운 벗들이 서로 찾아와 위로하고
아내와 자식들은 언짢은 마음을 품었건만
오히려 좋은 일이 생긴 듯 나는 즐겁기만 하니
이백이나 두보처럼 이름 날리게 되었음일레라

久讀修多教 因無所住心 구독수다교 인무소주심
周妻猶未遣 何肉更難禁 주처유미견* 하육갱난금**
已分靑雲隔 寧愁白簡侵 이분청운격 녕수백간침
人生且安命 歸夢尙祇林 인생차안명 귀몽상기림
禮敎寧拘放 浮沈只任情 예교녕구방 부침지임정
君須用君法 吾自達吾生 군수용군법 오자달오생
親友來相慰 妻拏 意不平 친우래상위 처노의불평
歡然若有得 李杜幸齊名 환연약유득 이두행제명

---

* 주周는 제나라 사람 주옹周顒을 뜻하는데, 불교에 밝은 그였지만 끝내 아내를 버리지 못하고 함께 살았던 일을 말한다.
** 하何는 제나라 사람 하윤何胤을 뜻하며, 불교를 신봉했지만 육식을 끊어내지 못했던 일을 말한다.

그는 이처럼 자부심이 강한 시인이었습니다.

또 서출인 친구들이 정권에 저항하여 궐기를 도모할 때에는 다음과 같은 시를 쓰기도 하였습니다.

참된 용은 아직 오르지 않는데
가짜 여우는 먼저 울어댄다

眞龍未起 진용미기
假狐先鳴 가호선명[*]

그는 이렇게 수많은 시를 썼지만 안타깝게도 그의 역모 때문에 대부분 매장되고 말았습니다.

허균은 또 소설을 애호하여 한글 소설에 정통하였을 뿐만 아니라, 중국의 유명한 고전 소설은 빠짐없이 읽었습니다. 특히 『수호전水滸傳』을 애독하여 여러 편의 소설을 썼다고 하는데, 그의 작품으로 남아 있는 것은 『홍길동전』뿐입니다. 하지만 이 작품은 우리나라 고전 소설의 대표작 가운데 하나로, 대중에게 가장 널리 애독되어 왔습니다.

『홍길동전』에 대하여

이 소설의 배경은 15세기 초인 세종世宗 무렵이지만, 실제로는 17세기 초의 사회가 배경이 되고 있습니다.

명문가로 알려진 홍洪아무개라는 이조판서의 집에 길동吉童이라는 사내아이가 태어났습니다. 이 아이가 태어나기 전, 선잠을 자고 있던 홍판서는 사내아이가 태어나는 길몽을 꾸고는 부인 방에 들어가 동침을 요구합니다.

---

[*] 이 시에서 진용은 영창대군을, 가호는 광해군을 뜻한다.

하지만 부인은 대낮부터 사대부다운 행실이 아니라고 하면서 그의 요구를 거절해 버립니다. 이에 실망하여 자기 방으로 돌아온 판서는 때마침 차를 날라 온 아름다운 하녀를 보고 욕정을 느껴, 열여덟 살의 춘섬春纖이라는 이 처녀에게 애를 갖게 합니다. 춘섬이 낳은 아이가 바로 길동이었던 것입니다.

그리하여 춘섬은 홍판서의 첩이 되었지만, 그녀는 자유로이 매매할 수도 있는 노비의 딸이었으므로 길동은 자식 취급을 받지 못하였을 뿐만 아니라 본처의 아들인 장남을 형이라 부르는 것도 허락되지 않았습니다. 그만큼 적서嫡庶의 차별이 심했던 것입니다.

길동은 보기 드문 소질을 타고나 학문과 무예가 출중하였으나, 서출이므로 과거 시험을 칠 자격도 없고 벼슬살이도 할 수 없다는 것을 알고는 괴로워합니다. 홍판서 역시 이를 불쌍히 여겨 길동과 그의 어머니를 잘 보살펴 줍니다.

그런데 홍판서에게는 기녀 출신의 초란初蘭이라는 첩이 또 하나 있었습니다. 초란은 길동 모자를 질투하여 길동을 죽이려고 작심하고 무녀巫女를 불러들였고, 그 무녀는 관상을 잘 본다는 여자를 데려와 길동의 관상을 보게 하고는 홍판서에게 고합니다.

"이 아이는 왕후王侯가 될 관상이니, 이대로 자라면 국왕에 반역할 것입니다. 가문을 파멸시키는 액운을 지닌 아이입니다."

이에 놀란 홍판서는 절대로 발설하지 말라고 다짐을 주었지만 초란은 홍판서의 본처와 장남을 부추겼습니다.

"가문이 파멸되기 전에 길동을 없애버리는 것이 상책입니다."

그리하여 두 사람의 동의를 받아내고는 수천 금을 주고 특재特才라는 자객을 고용하여 길동을 감쪽같이 처치하기로 합니다.

그러나 길동은 도술을 익혀서 '둔갑법'에 능하였습니다. 신변에 위협을 느끼고 숨어 있던 길동은 잠입한 자객을 일격에 쓰러뜨리고 무녀와 관상 보는 여자도 죽였지만, 초란은 아버지의 첩이므로 해치지 않았습니다. 그리고 그 이유를 밝히지 않고 어머니와 아버지에게 이별을 고하고 집을 떠납니다.

길동이 죽었다는 소식만 기다리던 초란은 오히려 자객과 무녀들이 살해되고 길동은 행방불명이 되었다는 소식을 듣고 당황합니다. 그래서 다시 본처와 장남과 이 일을 상의하지만, 장남에게 전후 사정을 들은 홍판서는 비로소 길동이 가출한 이유를 알고 격노하여 초란을 죽여 버립니다. 그리고 하인들에게 일러 사체를 치우게 하고 일체 밖으로 말이 흘러나가지 않도록 단단히 다짐을 받습니다.

정처 없이 걷고 있던 길동은 깊은 산 속에서 기괴한 바위 동굴을 발견합니다. 동굴로 들어가 보니 내부에 넓은 분지가 있고 수백 채의 집이 줄지어 있었고, 넓은 바위 위에 많은 사람들이 모여 성대한 잔치를 벌이고 있었습니다. 그 가운데 한 사람이 커다란 돌을 가리키며 말했습니다.

"이곳은 영웅 호걸들이 모여 있는 곳으로, 아직 두목이 정해지지 않아 지금 두목을 뽑고 있는 중이오. 당신이 어디서 왔는지 모르지만, 만일 우리 패에 끼고 싶으면 저 돌을 들어보시오."

"나는 한성 홍판서의 서자인 길동이라고 하오, 집안의 차별을 견딜 수 없어 사해 천지를 떠돌던 중에 우연히 이곳에 들어왔소. 여러 호걸들과 함께 지낼 수 있다면 더 바랄 것 없는 일이오. 대장부로서 어찌 저만한 돌을 들기를 근심하리까."

그렇게 대답한 길동은 큰 바위를 번쩍 들어 올려 수십 보를 걸어가다가 내던졌습니다.

"무서운 장사로다! 우리 수천 명 가운데 이 돌을 드는 자 없더니 오늘 하늘이 도우사 장군을 주심이로다!"

호걸들은 환호성을 지르며 길동을 두목으로 추대하고 백마의 피를 뿌려 맹세하였습니다. 길동은 이들에게 무예 훈련을 시켜 강력한 병력으로 만듭니다.

어느 날 병사들이 그에게 물었습니다.

"저희들은 전부터 합천陜川 해인사海印寺를 쳐서 재물을 탈취코자 하였으나 지략이 부족하여 아직 실행치 못하고 있습니다. 장군님의 의향은 어떠하신지요?"

그러자 길동은 흔쾌히 대답하였습니다.

"내 반드시 출격할 것이니 너희는 내 지휘에 따르기만 하면 된다."

그리고 그는 직접 해인사로 정찰을 떠납니다. 한성 고관 집의 자제처럼 변장한 길동은 종자從者 몇 명에 나귀를 타고 해인사로 들어가 먼저 주지승을 불러 이릅니다.

"나는 한성 홍판서의 자제요. 이 절에서 잠시 글공부를 하고자 하여 내일 쌀 스무 섬을 보낼 것이오. 그대들과 함께 밥상을 받을 것이니 요리를 단단히 준비해두시오."

그리고는 절의 상황을 살피고 돌아왔습니다.

산채로 돌아온 길동은 서둘러 약속대로 쌀을 절로 보내고, 약속한 날에 부하 수십 명을 데리고 절로 향하였습니다.

생각지 않게 굴러들어온 쌀에 절에서는 진수성찬을 차려 길동 일행을 반갑게 맞아들였습니다. 그리고 길동을 상석에 앉히고 성대한 잔치를 베풀었습니다. 그리고 중들과 술잔을 나누며 잔치가 한창 무르익을 무렵, 길동은 미리 준비해둔 모래를 슬쩍 입에 넣고는 우지직 씹는 소리를 냈습니다.

중들은 길동이 모래를 씹자 크게 당황하며 사죄하였지만 길동은 불같이 화를 냈습니다.

"음식에 모래를 넣다니, 괘씸하다!"

그리고는 즉시 부하들을 시켜 중들을 모두 묶어 무릎을 꿇리고, 미리 계획한 대로 수백 명이 단숨에 절로 들이닥쳐 재물을 털어갔습니다.

묶여 있던 중들은 제대로 손도 쓰지 못하고 그저 "도둑이야! 도둑이야!" 하고 소리칠 뿐이었습니다.

이들이 물러갈 무렵 마침 심부름을 다녀오던 한 중이 이 모습을 보고 급히 관가로 달려가 고하니, 관가에서는 수백 명의 관군을 풀어 도적을 추적하였습니다. 관군들이 도적의 뒤를 쫓고 있는데, 한 젊은 중이 봉우리 위에서 소리쳤습니다.

"도적들이 저쪽으로 도망갔으니 어서 쫓아가시오!"

길동이 중으로 변장하고 관군에게 반대쪽을 가르쳐준 탓에 관군들은 도적의 그림자도 찾아낼 수 없었습니다. 그동안 도적들은 유유히 본거지로 철수하였습니다.

길동은 이렇게 막대한 재물을 탈취한 도적 부대를 '활빈당活貧黨'이라 이름 짓고, 각 지방의 백성에게 부당한 세금을 징수하여 재산을 불린 부정한 수령의 집을 습격하여 그들의 재물을 빼앗아 가난한 백성들에게 나누어 주었습니다.

그러자 온 나라에 활빈당을 칭송하는 소리가 메아리치게 되었고, 이에 감격한 활빈당 무리들은 더욱 기세를 올립니다.

그 뒤 길동은 활빈당 일행을 이끌고 탐관오리로 악명을 떨치고 있던 함경도 관찰사를 습격하여 창고에 쌓아둔 쌀과 무기 등을 남김없이 탈취합니다. 활빈당 가운데 일부가 미리 성의 남문 밖에 불을 질러 성안의 관군을 모두 남문 밖으로 유인해내고, 그 사이에 성안의 창고에 쌓여 있던 물건을 싸들고 유유히 북문으로 탈출하는 작전이어서 관군은 도저히 활빈당을 잡을 수 없었습니다.

전국에 활빈당에 대한 수배령이 떨어지자 길동은 부하들을 모아놓고, 일곱 개의 짚인형을 만들어 길동과 똑같은 옷을 입히고 도술을 부려 인형들을 사람으로 둔갑시킵니다. 그러니 과연 어느 쪽이 진짜 길동인지 분별할 수 없었습니다. 길동은 이 분신들에게 활빈당 병사들을 나눠주어 전국 팔도로 파견하니, 활빈당은 팔도에서 같은 시각에 탐관오리를 습격할 수 있었습니다. 그러자 조정에는 각 지방에서 일제히 피해 보고가 들어와 온 나라가 소란스러웠습니다.

조정은 명장으로 이름 높은 우포도대장右捕盜大將 이흡李洽에게 길동을 체포하라는 특명을 내립니다. 그러나 길동은 둔갑법을 써서 오히려 이흡을 사로잡아 그 부하들과 함께 자루에 담아 한성의 북쪽 숲에 매달아 둡니다. 여덟 명의 길동은 때로는 어사를 사칭하고 대낮에 당당히 관가를 쳐들어갔으며, 탐관오리의 악행을 조정에 보고하는 식의 수단도 썼습니다.

국왕은 철저히 조사하여 결국 길동이 홍판서의 서자임을 알고, 홍판서와 그 장남을 데려다가 길동을 잡아오라고 엄명을 내립니다. 길동의 형인 인형仁衡은 경상도 관찰사로 임명되어 길동을 체포하는 임무를 띠고 경상도로 향하면서 각 고을마다 길동에게 자수를 권하는 고지문告知文을 내붙이게 됩니다. 이에 길동은 늙은 아버지가 자기 때문에 병이 들어 위독한 상태라는 글을 읽고 어느 날 형 앞에 나타나 순순히 포승을 받습니다.

활빈당의 두목이 포박되어 한성으로 연행된다는 이야기가 전해지자 연도沿道는 구경 인파로 꼭 차게 됩니다. 그런데 정작 한성에 도착해보니 전국 팔도에서 모두 여덟 명의 길동이 호송되어 온 것입니다. 이에 놀란 왕은 홍판서에게 진짜 길동을 찾아내라고 하였고, 늙은 판서는 크게 놀라 기절하고 맙니다. 그러자 길동은 환약 한 알을 입에 넣어 아버지를 살려냅니다. 그리고 여덟 명의 길동은 서자에 대한 부당한 박해와 백성을 괴롭히는 탐관오리의 죄안을 낭독한 뒤 앞으로 길동을 처벌하려 하지 말라고 말하고 홀연히 짚인형으로 바뀌게 됩니다.

그 후 왕은 다시 홍인형을 몰아세웠고 길동은 다시 형에게 잡혀 한성으로 연행되었지만, 궁중에 돌아오자마자 자기를 묶은 쇠사슬을 마치 썩은 새끼줄처럼 끊고 하늘 높이 올라가 버립니다.

그리고 이번에는 길동이 왕에게 요구합니다.

"내게 병조판서 지위를 준다면 조선을 떠나겠다."

왕은 부득이 길동의 요구대로 병조판서 직을 주고 천 석의 쌀을 내렸고, 길동은 약속대로 3천 명의 부하와 천 석의 쌀을 열 척의 배에 싣고 조선을 떠납니다. 그리고 남방의 저도猪島라는 섬에 가서 이상향을 세웁니다. 그곳은 토지가 비옥하고 수확이 많아 강력한 병사를 가진 부강한 나라를 만들 수 있었습니다.

길동은 홀로 저도를 나와 남방의 여러 나라를 돌아다니며 요괴들을 퇴치하고 사로잡혀 있던 아리따운 두 처녀를 구출하는데, 그 처녀들은 백씨白氏와 조씨趙氏라는 부잣집의 규수였습니다. 길동은 이 처녀들을 동시에 부인으로 맞이하고 금은보화를 가득 싣고 저도로 돌아옵니다.

그 후 다시 조선에 돌아온 길동은 돌아가신 아버지를 위하여 저도에 왕릉과 같은 무덤을 만들고 생모와 함께 살게 됩니다.

이윽고 길동은 저도에서 훈련한 정예 부대를 이끌고 비옥한 율도국聿島

國을 공략하여 마침내 율도국의 왕이 됩니다. 그는 고국인 조선과 친교를 쌓고 나라는 전보다 더욱 번창해져 갑니다. 그리고 일흔이 넘은 길동은 어느 날 두 왕비와 함께 속세를 떠나 승천합니다.

율도국은 그의 자손이 왕위를 이으며 오래도록 평화를 누립니다.

허균이 「홍길동전」에서 가장 강력하게 호소한 것

『홍길동전』은 한글로 쓰여진 최초의 장편소설로 평가되는데, 우리 민족에게 가장 애독되어온 소설 중의 하나입니다. 이 소설이 학대받던 민중의 마음을 사로잡고, 민중에게 즐거움과 희망을 주었기 때문입니다. 또 이 소설은 항상 이상을 꿈꾸던 작가 허균의 절규를 담은 것이라고도 할 수 있습니다.

『홍길동전』은 먼저 양반 귀족의 추악한 생활의 이면을 노골적으로 폭로하는 것으로 시작됩니다. 조선 봉건 사회에서 명문 양반집에서 태어난 사람들은 어느 정도 학문을 배우면 쉽게 출세할 수 있었습니다. 그 전형으로 묘사된 것이 홍판서와 그의 장남 인형입니다.

홍판서가 행정관 또는 통치자로 어떠한 업적을 쌓았는가는 전혀 소개되지 않습니다. 선량하기는 하되 소심하고 우유부단한 인간상만이 묘사될 뿐입니다. 그리고 그의 장남이며 주인공의 형인 인형은 남들의 부추김을 받고 아우를 살해하는 데 동의하는 보잘것없는 인간성을 가지고 있으면서도, 명문 출신인 덕분에 일찍이 고관에 오릅니다. 그는 뚜렷한 공적이 없는데도 불구하고 순조롭게 출세한 사람이었던 것입니다.

그리고 이들 명문 양반 귀족들은 하인들을 흡사 물건을 사고 팔 듯이 하며, 그들에게 사악한 짓을 서슴지 않고 저지릅니다. 이 소설의 서두에서 홍판서가 대낮에 열여덟 살 처녀를 범하여 잉태케 하는 장면은 당시 권력 사회의 부패와 무도한 작태를 사실적으로 묘사하고 있습니다. 또 양반들은 그렇게 낳은 자식을 아들로 대하지 않고 자신을 아버지라고 부르지도 못하게 하는 등 차별하고 학대합니다. 게다가 무능한 본처의 자식은 귀공자 대접을 하면서도, 유능한 첩의 자식은 가문에 재난을 초래할 존재라 하여 스스럼없이 쫓아내는 짓을 저지릅니다.

작가는 봉건 사회의 이러한 가혹함에 분노하면서 이 소설 곳곳에 부당한 제도를 비난하고 공격하고 있습니다. 그리고 양반 귀족은 첩이나 노비를 거리낌 없이 살해해도 전혀 죄로 취급되지 않았다는 것을 참으로 생생하게 폭로하고 있습니다.

이 신분적인 차별과 학대에 대한 격렬한 분노와 증오는 당시의 민중들에게 일관되게 흐르던 것이었습니다. 그래서 당시의 민중은 작가의 분노에 진심으로 공감하며, 불행한 길동의 고난을 자신의 고난으로 느끼면서 작가에게 한없는 갈채를 보내주었습니다.

민중은 스스로 나서서 권리를 찾아야 한다

명문 귀족 가문에서 가출한 길동이 찾아간 곳은 도적의 소굴이었습니다. 이 소설에서는 도적들이 무슨 이유로 도당을 결성하였는지는 설명되어 있지 않습니다. 그러나 당시 양반 계급에게 가혹하게 착취 받고 있던 민중은 도저히 살아갈 수 없는 지경에 이르면 스스로를 지키기 위해서라도 도당을 만들어 산적으로 나서는 것을 상식처럼 생각하고 있었습니다. 그래서 산적들은 흔히 농민들, 혹은 귀족 집이나 관가에서 탈주한 노비들이었습니다.

민중들로부터 착취한 재물을 쌓아놓는 관가의 창고는 본래 가난한 민중에게 돌아가야 할 것이었습니다. 길동이 활빈당으로 이름 지은 도적 무리는 말하자면 의군義軍인 셈입니다. 착취 받아 굶주린 민중이 도당을 만들어 빼앗긴 것을 되찾아 굶주린 백성들에게 나누어주었다는 것은 당시 사회의 농민 봉기에서 지극히 흔한 모습이었습니다.

이 소설에서 활빈당의 활동은 매우 약동적이어서, 독자로 하여금 흥분하지 않을 수 없게 만드는 박력을 갖고 있습니다. 해인사 습격과 함경도 관찰사 습격 사건 역시 그 과정이 참으로 상세히 묘사되어 있습니다. 허균은 불교 연구에 몰두하다가 관가에서 추방당한 경험도 있어서 조선 봉건 정부의 배불 정책에 반대하였지만, 불교에 대한 신앙과 사원이라는 착취 기관을 명확히 구별하고 있었다는 것을 보여주는 부분입니다.

작가는 이 해인사 습격 사건에서 대규모 사원이 종교라는 허울을 쓰고 민중을 착취하는 기관일 뿐 아니라, 사원에 기증된 재화는 결국 민중을 착취한 것이라는 생각을 정확하게 묘사하고 있습니다. 절이 도적을 신고하면 관가는 만사를 제쳐놓고 달려오는 것은, 결국 종교가 권력과 관계를 맺고서 권력의 일익을 담당하고 있는 사회 현실을 작가가 매우 사실적으로 설명하고 있는 것입니다.

함경도 관찰사는 변경을 수비하는 역할도 있는 만큼 권력 있는 지위였는데, 역대 관찰사 가운데 악덕 관리가 많았다는 것은 역사에서 증명되고 있습니다. 작가인 허균도 관에서 추방되어 있는 동안 이곳에 가서 가혹한 착취 실태를 직접 목격하였으며, 활빈당의 활동 배경으로 이곳을 특별히 선정한 것도 역대 함경도 관찰사들에 대한 작가의 분노를 보여주는 것이라고 할 수 있습니다.

활빈당이 전국 팔도에 걸쳐 일제히 활동을 전개한 것은, 당시 정부와 지방 관청이 백성의 이익을 위하여 통치한 것이 아니라 권력을 가진 양반 계급이 민중을 수탈하여 사복을 채우는 방편으로 통치 기구를 이용하였다는 사실을 적확하게 표현한 것이라고 할 수도 있습니다.

작가는 이처럼 당시 조선 왕조의 봉건적인 정치 기구와 권력 기구의 양상을 철저히 비판하고, 그와 같은 신분 제도나 권력 구조를 근본적으로 무너뜨리고 민중의 생활 안정을 위하여 새로운 이상 사회를 만들어야 한다는, 매우 혁명적이고 진보적인 생각을 보여 주고 있습니다. 이것이 바로 허균의 사상으로서, 혁명적 행동을 실천하려고 한 그의 의지를 잘 보여준 것이라고 할 수 있습니다.

『홍길동전』이 우리 민중들에게 애독되어온 것은 작가의 이러한 혁명적인 사상을 민중이 깊이 환영하여 열광적인 지지를 보내주었기 때문일 것입니다.

이상 사회의 건설과 그의 사상적 한계

길동이 활빈당 병사들을 이끌고 조선을 탈출하여 신천지에서 이상 사회를 건설하였다는 이야기 구성은, 길동이 도술에 통달하여 둔갑술을 써서 초인적으로 활동하였다는 설정과 함께 황당무계하고 현실성이 없이 허구로 쓰여져 있습니다. 하지만 이것은 당시 사회에는 진실을 있는 그대로 쓸 수 없는 여러 가지 시대적 제약이 있었기 때문이라고 생각됩니다. 게다가 이 소설에서 묘사되어 있는 왕은 매우 마음이 좋아서 길동의 요구를 다 들어주고 있습니다. 이런 왕이 있었으면 하고 허균이 바랐기 때문인지는 모르겠지만, 어쨌든 이는 그가 유교적인 사고방식에서 벗어나지 못하였음을 보여주는 것이기도 합니다.

허균은 정권을 무너뜨리고 국가 권력을 장악할 생각으로 혁명적인 계획을 실제로 세우기도 하지만, 이 소설에서는 환상적인 이상만이 묘사되고 있을 뿐입니다. 즉 그릇된 정치나 부패한 권력자들을 구체적으로 어떻게 쓰러뜨릴 것인지, 그리고 곤란한 조건을 극복하고 어떻게 결속을 다져서 싸움을 이끌어 나가야 하는지가 전혀 서술되어 있지 않습니다. 민중을 조직하는 방법, 그리고 착취를 제거하는 방법과 이론을 몰랐던 당시로서는 어쩔 수 없었겠지만, 허균 자신은 혁명적이고 저항적이었으면서도 그 사상의 바탕에는 역시 유교적인 충군애국忠君愛國 사상이 흐르고 있었던 것입니다.

또 이 소설에서 작가는 일관되게 처첩 제도와 서출 차별을 비난하고 항의하면서도 주인공이 두 미녀를 동시에 아내로 맞이한다는 전혀 모순된 행동을 취하고 있습니다. 이것은 본처와 첩을 차별하는 것은 안 되지만 두 여자를 똑같이 사랑하여 공평하게 대우한다는, 지극히 자의적이고 유치한 생각을 보여주는 것입니다. 사실 허균이 가는 곳마다 환락가를 드나들며 많은 여인을 사랑하였다는 기록이 있지만, 그는 이러한 행실에 양심의 가책을 느끼지 않았다고 생각할 수밖에 없습니다.

이 같은 구체적 한계들이 보이긴 하지만, 저도나 율도국의 구상에는 노동하는 사람들을 가혹하게 착취하지만 않으면 모두 풍족하고 행복하게 살 수 있다는 생각이 드러나 있습니다. 당시는 민중의 생활에 도움이 되는 정치나 학문을 해야 한다는 실학적인 사상이 싹트고 있었던 상황이었으며, 허균의 생각도 항상 진보적이었습니다. 허균의 다른 저서들을 참조해볼 때, 이 소설도 다소 소박하기는 하지만 그의 한결같은 진보적 희망을 표현한 것으로 생각됩니다.

한편 흥미로운 점은 저도나 율도국에 관한 부분입니다. 그 무렵 류큐(琉球 : 지금의 오키나와)와 왕래가 성하여 지식인들 사이에 류큐에 대한 관심이 높아졌던 만큼, 그는 류큐를 염두에 두고 저도를 묘사하였는지도 모릅니다. 그리고 율도국聿島國은 율도국硨島國이라고도 쓰여져 있는데, 필시 일본을 가리킨 것으로 생각됩니다. 당시는 임진왜란 직후여서 일본에 대한 증오가 쌓일 대로 쌓였던 때였습니다. 그래서 『임진록壬辰錄』 같은 군담 소설軍談小說은 일본을 정복하는 장면이 묘사되어 있는데, 허균도 일본을 정복하고 싶은 바람을 그렇게 표현하였는지도 모릅니다.

부분적으로는 여러 가지 결점이 있다고는 해도 『홍길동전』은 우리 민중에게 줄곧 애독되어온 고전 문학의 대표작 가운데 하나입니다. 그리고 작가인 허균 역시 우리 문학사에 찬란히 빛나는 위대한 작가로 기록되어 있습니다. 혁명의 꿈이 깨지고 비참하게 죽어간 허균이지만 우리 민족에게 위대한 존재였던 것은 분명한 사실입니다.

27. 유배지를 떠돌아 다니던 시조의 대가 윤선도

윤선도(尹善道 : 1587~1671년)는 우리나라의 고유한 시 형식인 시조 작가로 유명하며, 특히 민간에서 흔히 사용되는 쉬운 언어를 아름답게 표현하여 시조 문학을 대성시킨 인물입니다.

명문에서 태어나다

고산孤山이라는 호로 불렀던 윤선도는 1587년 2월 한성에서 윤유심尹惟深의 둘째 아들로 태어났는데, 그의 집안은 대대로 고관을 배출한 명문가로 향리인 전라도 해남海南에 광대한 토지를 가진 대부호이기도 하였습니다.

그의 종가宗家는 후손이 없어 유심의 아우인 유기惟幾가 양자로 들어갔지만, 유기에게도 자식이 없자 윤선도가 여섯 살의 나이로 유기의 양자로 들어갑니다. 숙부이자 양부였던 유기는 수재로 명망이 높았으며 일찍이 문과에 합격하여 관직에 종사하고 있었습니다. 윤유기는 양자인 윤선도를 매우 사랑하여 직접 학문을 지도하였다고 합니다. 하지만 그해 일본이 침입하여 한성이 전화에 휩싸이자 그들 일족도 적병에 쫓겨 혹심한 고초를 겪어야 하였습니다. 유기는 자식의 공부를 위하여 산속의 조용한 절을 빌려 머물게 하였는데, 전란중인데다 깊은 산속인지라 학문을 가르칠 스승이 없었기 때문에 윤선도는 거의 독학으로 공부를 하여야 하였습니다. 물론 그 역시 과거 시험을 위한 공부에 매진하였지만, 그 후 역사와 지리는 물론이고 의약서까지 통독하여 약을 조제하는 법과 치료법에도 정통하게 됩니다.

1612년 그는 스물여섯 살의 나이로 진사시에 수석으로 합격합니다. 그러나 당시 조정에는 역사에 악명 높은 이이첨 일파가 광해군을 에워싸고 권력을 멋대로 휘두르고 있었습니다. 자존심 강한 윤선도는 그들 무리에게 고개를 숙여야 하는 데 저항감을 느껴 벼슬을 단념하고, 유유자적하게 하루하루를 보내고만 있었습니다. 부호의 후손이었던 만큼, 가족을 부양하기 위하여 일을 해야 하였던 빈궁한 양반들처럼 형편이 절박하지 않았기 때문이기도 하였습니다.

아무런 관직도 없고, 국정에 참견할 만한 지위도 아니었지만 성격이 완강하였던 윤선도는 1616년 12월 국왕 앞으로 대담하기 그지없는 상소문을 제출합니다. 장문의 이 상소문은 국정을 좌지우지하는 권신 이이첨의 횡포를 조목조목 규탄하고, 영의정 박승종(朴承宗 : 1562~1623년)과 왕비의 오빠이며 중신인 유희분(柳希奮 : 1564~1623년)이 허수아비처럼 이이첨이 하는 짓을 묵인하여 국정을 그르치고 있음을 통렬히 비난한 것이었습니다.

물론 이는 그의 정의감에서 나온 것이었지만, 이이첨 일파는 이 상소문을 왕에게 보여주지 않고 구겨버렸을 뿐만 아니라, 윤선도를 제 분수도 모르고 불충한 생각을 하는 죄인으로 몰아 북방 변경인 함경도 경원慶源으로 유배를 보냅니다. 그리고 강원도 관찰사였던 그의 양부를 관직에서 추방합니다.

유배지에서 인생이 시작되다

이 사건은 윤선도가 얼마나 세상 물정에 어두웠는가를 잘 보여주고 있습니다. 아버지가 파면되고 자신은 중죄인으로 유배되는 재난을 겪으면서도, 그는 후회는커녕 마치 여행이라도 떠나는 듯한 당당한 얼굴로 2천 리 길을 죄인이 되어 끌려갔다고 합니다. 하지만 그래도 아버지에게는 죄스러움을 느꼈는지, 유배지에서 멀리 부친의 처소로 다음과 같은 한시를 써 보냅니다.

    머나먼 이천 리 저편의 변경으로 돌아가
    천애에 바치는 일자一字의 글
    다만 배소에 무병만을 바랄 뿐
    어찌하여 산촌의 밭을 가는 것을 귀찮아하리

그는 유배지에서 농사를 짓는 한편 책을 읽으며 시작에 몰두합니다. 죄인인 만큼 식사도 현지 농민들과 똑같이 좁쌀이나 피와 같은 잡곡밥과 채소

반찬뿐, 생선이나 고기 따위는 전혀 맛볼 수 없었습니다. 그는 여기에서 시조를 짓기 시작하였는데, 그 가운데 다음과 같은 두 수가 있습니다.

추성진楸城鎭 호루胡樓 밖에 울어 예는 저 시내야*
무얼 하리라 주야에 흐르는가
님 향한 내 뜻을 쫓아 그칠 줄을 모르누나

뫼는 길고 길고 물은 멀고 멀고
어버이 그린 뜻은 많고 많고 하고 하고
어디서 외기러기는 울고 울고 가나니

이 시는 군주에 대한 충성심을 노래한 것이라고 해석하는 사람도 있지만, 오히려 멀리 있는 가족을 그리는 소박한 심정과 국가의 운명을 염려하는 열정이 함께 깃들어 있다고 할 수 있습니다. 그는 또 시조를 새로운 음률로 표현하고자 연구를 거듭하고 있었습니다.

당시 경원에는 많은 정치범이 유배되어 있었는데, 조정은 이들이 단합하여 국경 지대에서 반란을 일으킬 염려가 있다 하여 유형자들을 분산시킵니다. 그래서 윤선도도 일 년 남짓 그곳에서 살다가 경상도 남쪽의 기장幾張으로 옮겨졌는데, 그해 그는 유배지에서 부친 유기의 사망 소식을 듣게 됩니다.

1622년에 일어난 난으로 광해군이 추방되고 인조가 즉위하여 이이첨 일파가 처형되자 윤선도도 유배에서 풀려날 수 있었습니다. 8년에 걸친 유배 생활 속에서 잡곡밥으로만 살아온 그는 집에 돌아와 흰쌀밥을 받고는 무심코 "이게 뭐지?"하고 물어 가족들이 눈물을 흘렸다는 일화가 남아 있기도 합니다.

새로운 정부는 윤선도를 의금부 도사義禁府都事에 임명하였지만, 그는

---

* 추성진은 윤선도의 유배지였던 경원에 설치 되어있던 진영鎭營이고, 호루는 적군의 상황을 살펴보던 누각을 말한다.

쇠약해진 몸을 구실로 사퇴하고 향리인 해남에 머무르면서 요양 생활을 계속합니다.

중년이 되어 시작한 벼슬살이

윤선도는 풍요로운 향리 생활 속에서 다시 면학욕이 되살아나 공부에 열심히 매진합니다. 그는 이렇게 식견을 넓히고, 1628년 마흔두 살에 별시(別試 : 정기 시험인 식년시年試와 구별되는 비정기 시험)를 치릅니다. 당시 시험관은 윤선도가 쓴 정책론을 읽고 감격하여 그를 격찬하였다고 합니다.

"이야말로 우리나라 최선의 정책이로다."

그리고는 윤선도를 사부(師傅 : 왕자를 가르치는 선생)로 추천하였는데, 이는 다시없는 영광으로 그의 미래는 환하게 펼쳐지고 있었습니다. 그는 왕자들의 교육에 전력을 쏟아 왕자들의 존경을 받고 왕의 절대적인 신임을 얻게 됩니다. 그는 왕자들을 가르치는 한편 육조의 좌랑, 정랑을 거쳐 마흔여섯 살에 한성부 서윤(漢城府庶尹 : 정4품)에 임명되기도 합니다.

그는 이듬해에는 중시重試에 합격하여 시강원 문학侍講院文學에 임명되지만, 우의정 강석기(姜碩期 : 1580~1643년, 소현세자의 장인)의 시샘을 받아 경상도 성산 현감星山縣監으로 좌천됩니다. 그 다음해에는 현감직마저 박탈당합니다. 그는 하고 싶은 말이 있으면 솔직히 내뱉는 성격이어서, 인조는 그를 크게 신임하였지만 고관들은 모두 눈엣가시처럼 여겼던 것입니다. 주변의 질시에 지친 그는 오히려 파면이 즐거운 듯 향리인 해남으로 돌아가 유유히 책을 읽고 시를 짓는 생활을 시작합니다.

이러한 생활을 시작한 지 일 년 정도 지난 1636년 12월(인조 14년), 청淸나라 군이 침입하였다는 소식이 들려옵니다.* 나라가 외적에게 유린되고 있다

---

* 병자호란丙子胡亂을 말한다. 병자호란은 후금(後金 : 청나라의 전신)과 벌어졌던 정묘호란丁卯胡亂에 이은 청淸나라의 제2차 침입으로 일어난 전쟁이다. 조선은 이 전쟁에서 굴욕적으로 패배하며 청나라와 항복 조약을 맺게 된다.

는 말에 격노한 윤선도는 즉시 향리의 젊은이 수백 명을 모아 무기를 준비한 후, 선대船隊를 이끌고 강화도를 구원하러 출발합니다. 강화도에 왕자와 왕족들이 피난해 있다는 소식을 들었기 때문입니다.

그들이 거센 겨울 파도를 이기고 간신히 강화도에 도착해보니, 섬은 이미 청나라 군에 함락된 뒤였습니다. 왕이 남한산성에 포위되어 있다는 소문도 있었고 경상도로 피난하였다는 소문도 들렸습니다. 그는 일단 다음 기회에 육로로 왕을 구원하기로 결심하고 선대를 이끌고 향리로 돌아갑니다. 그러나 돌아가는 길에 왕이 남한산성에서 청나라 군에 굴욕적으로 항복하고 한성으로 돌아갔다는 소식을 듣게 됩니다. 그는 왕과 고관들의 민족 반역적인 작태에 격앙합니다. 애써 울분을 억누르며 향리로 돌아갈 것을 포기하고, 항로를 제주도로 돌려 그곳에서 여생을 마치려고 작정합니다.

그러나 항해 도중에 마침 지금의 전라남도 보길도甫吉島에 들렀다가 이 섬의 아름다운 경치에 매혹되어 제주도행을 취소합니다. 그는 이 섬에 집을 지어 부용동芙蓉洞이라 이름 짓고, 낙서재樂書齋라는 정자를 세워 여생을 이곳에서 마칠 계획을 세우지만, 조정의 고관들은 그가 이 섬에서 사는 것조차 허락하지 않았습니다. 그들은 청나라 군의 침입으로 고초를 겪은 왕에게 문안드리러 오지 않은 것은 불손하기 그지없는 짓이라고 비난하며, 1638년 다시 그를 영덕盈德에 유배 보냅니다.

그는 여기에서 일 년 동안 유배 생활을 보내고 고향으로 돌아옵니다. 완전히 염세적이 된 윤선도는 집안일을 모두 자식들에게 맡긴 채 군내의 명승지에 수창동水昌洞, 문소동聞簫洞, 금쇄동金鎖洞이라는 별장을 짓고, 이 별장들을 옮겨 다니며 오로지 시작에 몰두합니다.

은둔 생활 중에 지은 시조들

그는 속세를 떠나 아름다운 자연에 끌려 조용한 세월을 보내면서 『산중신곡山中新曲』, 『산중속신곡山中續新曲』이라는 멋진 시조집을 써냅니다. 그 중에서 몇 수를 소개하겠습니다.

『산중신곡』, 『산중속신곡』

「만흥(漫興 : 저절로 흥취 일어)」 6수

산수간 바위 아래 띳집을 짓노라 하니
그 뜻을 모른 남들은 비웃고들 있다마는
어리석은 시골 사람의 뜻에는 내 분수인가 하노라

보리밥 풋나물을 얼마큼 먹은 후에
바위 끝 물가에 싫도록 노니노라
그 밖에 여남은 일이야 부러울 것이 있으랴

잔 들고 혼자 앉아 먼 뫼를 바라보니
그리던 님이 온들 반가움이 이러하랴
말씀도 웃음도 아녀도 못내 좋아하노라

누군가 삼공三公보다 낫다 하더니 만승萬乘이 이만하랴*
지금에 헤아리니 소부巢父와 허유許由**가 낫더라
아마도 임천한흥(林泉閑興 : 자연 속에서 누리는 즐거움)을 비길 곳이 없어라

내 성질이 게으르더니 하늘이 알아시어
인간 만사를 한 가지도 아니 맡겨
다만 다툴 이 없는 강산을 지키라 하시도다

강산이 좋다한들 내 분수로 누워 있겠는가
임금님 은혜를 이제 더욱 아노이다
아무리 갚고자 하여도 해드릴 일 없어라

---

* 삼공은 영의정, 좌의정, 우의정의 3정승을, 만승은 천자天子의 자리를 말한다.
** 중국 요순 시대의 은사이다. 요임금이 자신에게 왕위를 물려준다는 말을 들은 허유는 자신의 귀가 더러워졌다며 강에서 귀를 씻었는데, 소부는 허유가 귀를 씻은 물이 더럽혀졌다며 자신의 소에게 그 강물을 마시지 못하게 했다는 고사가 있다.

「조무요(朝霧謠 : 아침 안개를 노래함)」

월출산月出山이 높더니마는 미운 것이 안개로다

천왕天王 제일봉을 일시一時에 가리우다

두어라 해 퍼진 뒤면 안개 아니 걷으랴

「하우요(夏雨謠 : 여름비를 노래함)」

비 오는데 들에 가랴 사립 닫고 소 먹여라

장맛비가 항상이랴 농구農具 연장 다스려라

쉬다가 개는 날 보아 이랑 긴 밭 갈아라

「일모요(日暮謠 : 날 저믄 때의 노래)」

석양 넘은 뒤에 산기운은 좋다마는

황혼이 가까우니 물색物色이 어둡구나

아이야 범 무서운데 나다니지 말아라

「기세탄(饑歲歎 : 흉년을 탄식함)」

환자還子*타 쓴다 하고 그것을 그르다 하니

백이伯夷 숙제叔齊**가 높은 줄을 이리하여 알겠구나

어즈버 사람이야 나쁘랴 해의 운수 탓이로다

이와 같이 고산 윤선도는 아름다운 자연과 산하를 찬양하면서 농민의
생활 속에 파묻혀 그들의 생활을 생생하게 묘사하고, 관청의 착취를 받아 신
음하는 농민의 비애를 노래하였습니다.

---

* 흉년에 관청으로부터 쌀을 빌려 풍년에 갚는 구휼 제도였는데, 이것이 합법적인 고리대의 수단이 되어
  민중은 극도로 고통 받았다.
** 중국 은대의 지사로, 주나라에서 벼슬하지 않고 수양산에 틀어박혀 살다가 마침내 굶어 죽었다.

『고산유고』 권6 「산중신곡(山中新曲)」

「오우가五友歌」

내 벗이 몇인가 하니 수석水石과 송죽松竹이라

동산에 달 오르니 그 더욱 반갑구나

두어라 이 다섯밖에 또 더하여 무엇하리

구름 빛이 좋다 하나 검기를 자주 하였다

바람소리 맑다 하나 그칠 적이 많구나

맑고도 그칠 때 없기는 물뿐인가 하노라

꽃은 무슨 일로 피면서 쉽게 지고

풀은 어이하여 푸르다가 누레지니

아마도 변치 않을 건 바위뿐인가 하노라

더우면 꽃 피고 추우면 잎 지거늘

솔아 너는 어찌 눈서리를 모르는가

구천九泉의 뿌리 곧은 줄을 그 때문에 아노라

나무도 아닌 것이 풀도 아닌 것이

곧기는 누가 시키며 속은 어이 비었는가

저렇게 사시에 푸르니 그를 좋아하노라

작은 것이 높이 떠서 만물을 다 비추니
밤중의 광명이 너만한 이 또 있느냐
보고도 말 아니하니 내 벗인가 하노라

「오우가」에서는 물, 돌, 소나무, 대나무, 달만이 벗이라는 말에서 자연에 대한 윤선도의 깊은 애정을 느낄 수 있으며, 또한 인간의 추악함에 등을 돌리고 깨끗하게 사는 것을 이상으로 여기는 그의 한결같은 생각이 잘 드러나 있습니다.

그는 유배와 은둔 생활 속에서도 음악을 매우 사랑하였는데, 『산중신곡』속에 다음과 같은 두 수의 시가 있습니다.

「고금영古琴詠」
버렸던 가야금을 줄 얹어 놀아보니
청아한 옛 소리 반가이 나는구나
이 곡조 알 이 없으니 집에 끼워놓아 두어라*

「증반금(贈伴琴)」**
소리는 혹 있은들 마음이 이러하랴
마음은 혹 있은들 소리를 누가 하랴
마음이 소리에 함께 나니 그를 좋아하노라

이처럼 정치와는 완전히 동떨어진 생활을 보내고 있었지만 내심 치솟는

---

* 이 시는 가야금이란 악기를 빌어 자신의 뜻을 알아주는 지기知己가 없음을 한탄하는 작가의 마음이 드러나 있습니다.
** 반금이란 권해權海라는 거문고 명연주자의 호이다. 윤선도와는 절친한 사이였는데, 윤선도는 때때로 금쇄동에 초대하여 함께 거문고를 뜯었다고 한다.

격정을 억누를 수 없었던 듯, 1644년 재차 인재 등용에 관한 상소문을 비유가 풍부한 명문으로 써 보냅니다. 그러나 그에 대한 답서는 없었고, 조정의 고관들은 다시 그의 상소를 격렬하게 공격하기 시작하였다는 이야기만이 그에게 전해집니다. 윤선도는 체포를 우려하여 보길도의 부용동으로 피신하였는데, 이 시기에 그는 『산중속신곡』 두 수를 창작합니다.

> 「추야조秋夜操」
> 창승蒼蠅이 없어졌으니 파리채는 놓여졌으나
> 낙엽이 느껴우니 미인이 늙을게고
> 대숲에 달빛이 맑으니 그를 보고 노노라

> 「춘효음春曉吟」
> 엄동이 지난 거냐 설풍雪風이 어디 갔나
> 천산 만산千山萬山에 봄기운이 어리었다
> 창문을 새벽에 열고서 하늘빛을 보리라

이 두 수는 매우 정치적인 내용으로 고산 윤선도는 조정의 권신들을 파리에 비유하고 군주는 노쇠하였음을 은유하고 있습니다. 또 그러면서도 그가 새로운 미래에 희망을 걸고 있음을 내포하고 있습니다.

1649년 인조가 세상을 떠나자, 이전에 그가 가르친 왕자인 효종(孝宗 : 1619~1659년)이 제17대 왕위에 오릅니다. 고산은 곧 새 왕이 가져야 할 마음가짐과 국가 통치책을 서술한 상소문을 올렸는데, 이 일이 다시 중앙 고관들의 집중 공격을 받는 빌미가 됩니다. 신변의 위험을 느낀 그는 다시 섬으로 돌아가 어민들의 생활 속에 파묻혀 지내니, 그가 예순네 살 때의 일입니다.

그는 여기에서 「어부사시사漁夫四時詞」라는 장편시를 쓰게 됩니다. 원래 고려 시대부터 어민들은 '어부가漁夫歌'라는 노래를 부르고 있었습니다. 그 노래는 16세기에 시인 이현보(李賢輔 : 1467~1555년)에 의해서 아홉 절의 시로

「어부사시사漁夫四時詞」

정리되었는데, 한문조가 짙어 실제 어부들이 부르기에는 지나치게 어려웠습니다. 어민들과 함께 생활한 윤선도는 어부가를 어민들의 살아 있는 언어를 가지고 봄, 여름, 가을, 겨울의 사계절의 노래로 새로 창작합니다. 각 계절은 열 개의 절로 구성되어 있으므로 전편은 마흔 개의 절로 이루어져 있습니다. 여기에서는 각 계절마다 2수를 뽑아 소개하겠습니다.

「춘사春詞」 2수
앞 냇가에 안개 걷히고 뒤 산에 해 비친다
배 떠어라 배 떠어라
밤 물은 거의 가고 낮 물이 밀려온다
지국총至匊悤 지국총 어사와於思臥*
강촌 온갖 꽃이 먼 빛이 더욱 좋다
날이 덥도다 물 위에 고기 떴다
닻 들어라 닻 들어라
갈매기 둘씩 셋씩 오락가락 하는구나
지국총·지국총 어사와
낚싯대는 쥐고 있다 탁주병 실었느냐

「하사夏詞」 2수
궂은 비 멎어가고 시냇물이 맑아온다
배 떠어라 배 떠어라
낚싯대를 둘러메니 깊은 흥을 금치 못하겠다
지국총 지국총 어사와
연강첩장(煙江疊嶂 : 안개낀 강과 첩첩의 산)은 누구가 그려냈는고

연잎에 밥 싸두고 반찬일랑 장만 마라

---

* 노 젓는 소리를 한자어로 표기한 것이다. '찌거덩 찌거덩 어영차' 정도로 생각할 수 있다.

닻 들어라 닻 들어라

청약립(靑蒻笠 : 대삿갓)은 써 있노라 녹사의(綠簑衣 : 도롱이) 가져 오냐

지국총 지국총 어사와

무심한 백구(白鷗 : 갈매기)는 나 쫓는가 저 쫓는가

「추사秋詞」 2수

물외物外의 깨끗한 일이 어부 생애 아니더냐

배 띄어라 배 띄어라

어옹漁翁을 비웃지 마라 그림마다 그려 있더라

지국총 지국총 어사와

사계절의 흥이 한가지나 추강秋江이 으뜸이라

수국(水國 : 바다세계)에 가을이 드니 고기마다 살쪄 있다

닻 들어라 닻 들어라

만경징파(萬頃澄波 : 한없이 넓은 바다)에 실컷 흥을 드리워보자

지국총 지국총 어사와

인간세상을 돌아보니 멀수록 더욱 좋다

「동사冬詞」 2수

구름 걷은 뒤에 햇빛이 두텁구나

배 띄어라 배 띄어라

천지 폐색(天地閉塞 : 온 세계가 얼어붙는다는 뜻)하되 바다는 여전하다

지국총 지국총 어사와

끝없는 물결이 깁 편 듯 고요하다

주대도 다스리고 뱃밥을 박았느냐

닻 들어라 닻 들어라

소상瀟湘 동정洞庭*은 그물이 언다 하였다

지국총 지국총 어사와

이때에 어조漁釣하기 이만한 곳 없도다

스스로 택한 가시밭길을 걷다

효종은 즉위 3년 뒤인 1652년에 거듭 윤선도를 불러들였고, 성균관 사예司藝에 임명합니다. 윤선도는 국립 대학의 음악 주임이라고 할 수 있는 정4품의 이 관직에 오르기 위하여 실로 17년 만에 상경하게 됩니다. 그때 그의 나이 벌써 예순여섯 살의 백발이었습니다.

왕은 스승인 윤선도의 은혜에 보답하기 위하여 동부승지(同副承旨 : 정3품 당상관)로 승진시키고, 궁전 내의 강사로 임명하여 왕의 곁에 머무르도록 합니다. 하지만 그는 반대파의 시샘을 염려하여 궁전 출입은 애써 사양합니다. 그리고 윤선도는 건강이 나빠 정상적으로 근무할 수 없다며 사직을 요청하였는데, 그를 붙들어놓고 싶은 왕도 부득이 사직을 허락할 수밖에 없었습니다. 그 대신 한성 근처의 양주楊州에 있는 별장에서 몸조리하며 언제라도 왕의 자문에 응하도록 하였습니다.

그 후 몇 달이 채 안 돼 왕은 그를 예조참의로 특진시키고 서둘러 부임하도록 명합니다. 하지만 그는 한 달 뒤에 겨우 상경하여 병을 이유로 사직하면서 다시 「시무팔조時務八條」라는 정책론을 제출합니다.

"그대의 정책론은 명쾌하여, 한 자 한 자마다 간절한 마음이 담겨 있구려. 두 번 세 번 숙독하여 과인의 미흡함을 자각하였소. 부디 계속해서 의견서를 제출하여 과인의 부족한 바를 채워주기 바라오. 아무쪼록 빨리 직무에 복귀토록 하시오."

감격한 왕은 이렇게 요청하였지만, 그는 관직을 완강히 사양합니다.

---

* 소상은 중국 호남성(湖南省, 후난성)의 소수瀟水와 상강湘江이 합류하는 곳을 말하고, 동정이란 호남성에 위치한 동정호를 말한다.

윤선도는 당시 정승으로 있던 원두표(元斗杓 : 1593~1664년)가 공신이라는 점을 내세워 횡포한 짓을 하는 것을 보고 이를 엄히 비판한 적이 있는데, 조정의 고관들은 그가 관직에 나아가지는 않고 대신을 중상하는 자라고 격렬히 비난하며 왕에게 추방할 것을 요청합니다. 왕은 이를 거부하지 못하고 그를 향리로 추방할 수밖에 없었습니다.

1653년 2월 향리에 돌아온 그는 보길도의 부용동에 정자를 고쳐 짓고, 연못을 파서 연꽃을 심어 훌륭한 정원을 마련합니다. 그는 해남의 금쇄동과 부용동을 오가며 살면서 서재 곁에 제자들의 집을 지어 멀리서 찾아오는 많은 제자들을 맞이하였다고 합니다. 또 부호였던 그는 부용동에 갈 때 모든 비용을 스스로 부담하여 선대를 편성하였는데, 그 형상이 마치 대유람단이 이동하는 것 같았다고 합니다. 하지만 윤선도 자신은 언제나 농민이나 어부들과 함께 거친 식사를 하였습니다. 이처럼 권력파들의 배척을 받아 해남과 보길도에서 보낸 고독한 은둔 생활이었지만 정신적으로는 매우 충실하였다고 할 수 있습니다.

윤선도는 일흔한 살의 고령이 되었지만 1657년 왕의 특명을 받아 첨지중추부사僉知中樞府使에 임명되고, 이듬해에는 공조참의工曹參議로 전임됩니다. 사실 그는 사직하고 귀향하기를 바랐지만 왕의 만류로 머물러 있는 동안 격렬한 당파 싸움에 휩싸이고 맙니다.

1658년 4월 그는 승정원承政院이 일을 제대로 하지 않았다고 격렬하게 비난하여 물의를 일으킨데다가, 다시 6월에는 학자인 정개청(鄭介淸 : 1529~1590년)의 서원을 폐지하려는 반대파의 권신 송시열(宋時烈 : 1607~1689년), 송준길(宋浚吉 : 1606~1672년) 등의 행위를 통렬히 단죄하는 상소문을 제출하였다가 고관들에게 집중 공격을 받습니다. 그러자 왕도 어쩔 수 없어 8월에 그의 직책을 박탈하고 추방합니다. 조정에서 쫓겨난 윤선도는 다시 전에 살던 향리로 돌아가려고 하였지만 반역자라는 참언 때문에 부득이 양주에 머물러야만 하였습니다.

그리고 이듬해인 1659년에 효종이 세상을 떠나게 됩니다. 윤선도는 판서 심지원(沈之源 : 1593~1662년)의 추천으로 왕릉을 만들 장소를 심의하는 위원이 되지만, 그가 고른 장소는 반대파 위원들에 의해 부결됩니다. 또한 죽은 효종의 계모가 상복喪服을 입는 기간에 대하여 권력파가 기년(朞年 : 만 1년)을 주장한 데 반해, 그는 명분설을 내세우며 삼 년(만 2년)을 강력히 주장합니다. 윤선도의 과격한 상소문은 반대파에 의해 불태워졌고 그는 불충한 자라 하여 함경도 삼수三水에 유배됩니다. 하지만 일흔세 살의 그는 극한의 유배지로 쫓겨나면서도 지인에게 오만한 편지를 보내는 담대한 기백이 있었습니다.

그가 유배를 떠날 때, 조정에서는 칠십 노인을 영하 30도까지 내려가는 추운 지방으로 유배 보내는 것은 무리라는 여론이 있어 함경도 북청北靑으로 옮기자는 이야기도 나왔지만, 반대파는 이를 거절하고 오히려 유배지에 울타리를 쳐서 엄중하게 감시합니다. 윤선도의 석방을 주장하다가 투옥되는 사람이 나오는 등, 이런저런 소동을 겪은 끝에 1665년 2월 그는 간신히 전라도 광양光陽으로 이배됩니다. 6년 동안이나 얼어 죽지 않고 꿋꿋이 견뎌낸 그를 보고 모두 혀를 내둘렀다고 합니다. 광양에서 2년 동안의 유배 생활을 보낸 뒤인 1667년 7월, 그는 현종(顯宗 : 1641~1674년, 조선 제18대 왕)의 특명으로 겨우 석방됩니다. 나이는 이미 여든하나였지만 윤선도는 아직 눈과 귀가 정정하고 언동과 사고도 분명하였습니다. 놀랄 만한 의지력이라고 할 수밖에 없었습니다.

원래 그는 왕릉 문제 따위에 하등 관여할 필요도 없었고, 설령 판서의 추천을 받았다 해도 그가 의견을 제시하면 권력파들이 총반격으로 나오리라는 것쯤은 뻔히 알고 있었을 것입니다. 자기가 추방당하리라는 것을 알면서도 하고 싶은 말을 다한 것이라고 생각할 수밖에 없습니다. 결국 그는 스스로 가시밭길을 선택하여 걸어간 셈입니다.

특이한 성격의 소유자 윤선도, 은둔으로 특이한 인생 살다

당파 싸움에 몰려서, 또는 당파 싸움에 져서 비참하게 최후를 마친 사람은 역사상 얼마든지 있습니다. 또한 강한 정의감 때문에 견디기 힘든 박해를 받으면서도 결백하게 산 사람도 얼마든지 있습니다.

그러나 윤선도처럼 분명한 죄도 없을 뿐만 아니라 도당을 결성하여 반역을 기도한 적도 없이 그저 정론을 주장하였다는 이유로 생애를 대부분 유배지에서 보내고, 뛰어난 재능을 갖고서도 은둔 생활 속에 파묻혀 산 사람은 우리 역사상 찾아보기 힘듭니다.

어느 역사가는 윤선도를 까마귀 속에 홀로 서 있는 백로와 같은 존재라고 말합니다. 그는 분명히 순수하고 청결한 인간이었습니다. 그러나 그의 정의감은 어떤 의미에서는 독선적이고 귀족적이었다고도 할 수 있습니다. 윤선도는 생활이 풍족한 부호의 자손이었습니다. 그는 하인들이나 주변의 농민이나 어민들에게 언제나 친절하고 관대하였으며 제자들에게도 자상하였습니다. 윤선도는 그들에게 항상 동정적이고 은혜를 베풀었지만, 그들의 입장에 서서 함께 싸울 수는 없는 인물이었습니다. 이런 점이 그의 한계라고 말할 수 있습니다.

또한 그는 정의를 말할 때는 상대의 폐부를 찌르는 듯한 예리함을 보였지만 인간관계에서는 매우 관대하였다고 합니다. 그를 배척하던 정적이 위독한 상태에 빠졌을 때 스스로 약을 조제하여 정적의 아들에게 건네주어 마침내 병을 낫게 하였다는 일화도 있습니다.

윤선도는 흥이 나면 즐거이 노래하고 가야금을 연주하였지만, 술은 많이 마시지 않고 언제나 단정한 자세로 산 사람이었습니다. 또 그의 정책론은 대부분 반대파에게 묵살당하였지만 그의 통찰력은 매우 정확하여, 반대파들이 설치한 왕릉은 윤선도의 주장대로 15년 뒤에 토사가 내려앉아 붕괴되어 그의 바른 판단이 새삼 증명된 적도 있습니다.

오랜 유배 생활에서 돌아온 노인은 여생을 대부분 보길도의 부용동에서 보냅니다. 그는 여든세 살에 셋째 아들을 잃은 뒤 가난한 친척들에게 아낌없이 재산을 나눠주고 자선 사업에 힘을 쏟습니다. 그리고 1671년 윤선도는 사랑해 마지않던 부용동의 서재에서 비교적 장수한 여든다섯 살의 나이로 조용히 숨을 거둡니다.

윤선도는 뛰어난 시인으로 많은 한시를 남겼지만, 우리말의 아름다움을 완벽한 시로 표현하여 시조를 예술적으로 승화시켰다는 점에서, 또한 널리 서민들 사이에 대중화시켰다는 점에서 최대의 공적을 남겼습니다. 그 점에서 윤선도는 우리나라의 가장 위대한 문학자 가운데 한 사람이라고 할 수 있습니다.

그가 죽은 뒤 1세기 뒤에 조정에서는 그의 공적을 기려 그의 유고를 『고산유고孤山遺稿』라는 제목으로 출판하였고, 그를 이조판서에 추증하였습니다.

『고산유고孤山遺稿』

찾아보기